China's Domestic Private Firms:
Multidisciplinary Perspectives on Management and Performance

中国民营企业的管理和绩效
多学科视角

徐淑英　边燕杰　郑国汉　◎主编

北京大学出版社
PEKING UNIVERSITY PRESS

北京著作权合同登记图字:01-2007-2522号
图书在版编目(CIP)数据

中国民营企业的管理和绩效:多学科视角/徐淑英,边燕杰,郑国汉主编.—北京:北京大学出版社,2008.6
ISBN 978-7-301-13925-7

Ⅰ.中… Ⅱ.①徐… ②边… ③郑… Ⅲ.私营企业-企业管理-研究-中国 Ⅳ.F279.245

中国版本图书馆 CIP 数据核字(2008)第 084971 号

Anne S. Tsui, Yanjie Bian, and Leonard Cheng, editors, *China's Domestic Private Firms: Multi-disciplinary Perspectives on Management and Performance*(Armonk, NY: M.E. Sharpe, 2006).
Copyright © 2006 by M.E. Sharpe, Inc.

书　　　　名:	中国民营企业的管理和绩效:多学科视角
著作责任者:	徐淑英　边燕杰　郑国汉　主编
责 任 编 辑:	朱启兵
标 准 书 号:	ISBN 978-7-301-13925-7/F·1957
出 版 发 行:	北京大学出版社
地　　　　址:	北京市海淀区成府路 205 号　100871
网　　　　址:	http://www.pup.cn
电 子 信 箱:	em@pup.pku.edu.cn
电　　　　话:	邮购部 62752015　发行部 62750672　编辑部 62752926
	出版部 62754962
印　刷　者:	北京汇林印务有限公司
经　销　者:	新华书店
	650 毫米×980 毫米　16 开本　26.5 印张　369 千字
	2008 年 6 月第 1 版　2008 年 6 月第 1 次印刷
印　　　　数:	0001—4000 册
定　　　　价:	44.00 元

未经许可,不得以任何方式复制或抄袭本书之部分或全部内容。
版权所有,侵权必究
举报电话:010-62752024　电子邮箱:fd@pup.pku.edu.cn

主编和撰稿人

边燕杰（Yanjie Bian）（sobian@ust.hk），香港科技大学教授、社会科学部主任、调查研究中心负责人。他在纽约州立大学奥尔巴尼分校获社会学博士学位。他的研究领域包括社会网络与社会资本、社会分层与流动性、经济社会学以及当代中国社会研究。他目前正领导一个小组从事关于中国宏观社会调查的长期项目。

蔡　禾（He Cai）（lpsch@zsu.edu.cn），中山大学社会学教授。他的研究领域主要是组织与经济社会学。他最近的著作研究了中国改革时期雇佣关系以及组织中工人态度的变化。他正在对中国企业间关系进行广泛的案例研究。

陈冬华（Dong-Hua Chen）（sufechen@263.net），南京大学教授，上海财经大学研究员。他在上海财经大学获博士学位，研究领域包括中国背景下的公司治理，会计信息的契约角色以及转型经济中的管制。

郑伯埙（Bor-Shiuan Cheng）（chengbor@ntu.edu.tw），"国立"台湾大学教授。他在该校获工业与社会心理学博士学位。他的研究方向包括中国背景下的领导力和关系网，管理监督与组织承诺以及组织文化与组织变革。

郑国汉（Leonard Cheng）（leonard@ust.hk），香港科技大学经济学讲座教授。他在加州大学伯克利分校获经济学博士学位。其研究方向包括国际贸易与投资、货币危机、中国的外国直接投资、应用博弈理论、市场结构、技术革新与模仿以及香港/深圳的高科技公司。

周丽芳（Li-Fang Chou）（crhonda@seed.net.tw），"国立"台湾大学博士生。她在"国立"台湾大学农业分院获社会学硕士学位。她的研究方向包括领导力、中国背景下的关系研究、社会网络以及团队动力。

储小平(Xiao-Ping Chu)(chucp@lingnan.net),中山大学岭南学院教授。他的研究方向包括人力资源管理、企业组织、中国组织行为以及管理比较。他在西安交通大学获博士学位。

钟少凤(Siu Fung Chung)(cmcsf@graduate.hku.hk),在香港城市大学获公共政策与管理文学硕士学位,并在香港大学获得哲学硕士(社区医疗)和博士学位。她目前是香港约翰大教堂HIV教育中心董事。她曾是香港科技大学社会学系教学助理。

范博宏(Joseph P. H. Fan)(pjfan@cuhk.edu.hk),香港中文大学(CUHK)金融系和会计学院教授。他也是香港中文大学制度与治理中心副主任。他在匹兹堡大学获金融学博士学位。他的研究方向包括公司治理、公司金融和组织经济学。他目前的研究主要关注东亚和中国地区制度因素是如何与企业的会计、金融、治理和组织相互作用的。

樊景立(Jiing-Lih Farh)(mnlfarh@ust.hk),香港科技大学管理与组织系讲座教授。他在印第安纳大学布卢明顿分校获组织行为学博士学位。他目前的研究主要关注中国背景下的文化、领导力和组织行为。他在国际管理杂志上发表了超过40篇文章。

高棣民(Thomas B. Gold)(tbgold@berkeley.edu),加州大学伯克利分校国际与区域研究所副所长及社会学副教授。他也是中文研究校际项目的执行主任,该项目的教学部分在北京的清华大学。他在哈佛大学获社会学博士学位。他的研究方向包括中国民营企业、台湾的社会与政治变革、中国下岗职工以及关系研究。

龚亚平(Yaping Gong)(mnygong@ust.hk),香港科技大学副教授。他在俄亥俄州立大学获人力资源管理/组织行为学博士学位。他的研究方向包括跨国公司和跨国同盟中的人力资源管理、战略(国际)人力资源管理、跨文化调整、目标定位、跨国团队和组织人口统计学。他的文章发表在《美国管理学会学报》(Academy of Management Journal)、《应用心理学杂志》(Journal of Applied Psychology)、《管理学杂志》(Journal of Management)、《国际商务研究杂志》(Journal of International Business Studies)、《管理学国际评论》(Management International Review)、《国际人力资源管理杂志》(International Journal of Human Resource Management)和《跨文化关系国际杂志》(International Journal of Intercultural Relations)。

罗胜强(Kenneth Law)(mnlaw@ust.hk),香港科技大学管理系教授。他1991年在衣阿华大学获人力资源管理博士学位。他的研究方向包括战略人力资源管理、选择、薪酬、中国背景下的管理、OB/HRM中的情商和研究方法论。

李稻葵(David Daokui Li)(davidli@ust.hk),香港科技大学经济学副教授、清华大学经济学教授。他的研究领域包括转型经济学、公司金融、国际经济学和中国经济。

李家涛(Jiatao Li)(mnjtli@ust.hk),香港科技大学组织管理系主任。他在得克萨斯大学达拉斯分校获战略和国际管理学博士学位。他目前的研究方向主要在全球战略、组织理论、国际公司治理、同盟和合资企业以及中国的管理和组织领域。

李强(Qiang Li)(qlee@mail.tsinghua.edu.cn),清华大学社会学系主任、教授。他的研究领域包括社会分层和流动性、劳动市场以及城市社会学。他最近的研究项目集中在中国经济转型时期的社会分层和社会集团边界的变化。

林益民(Yi-min Lin)(y.lin@ust.hk),香港城市大学社会科学副教授。他的研究主要关注中国的组织和制度。他是《政治与市场之间:后毛泽东时代中国的企业、竞争和制度变迁》(Between Politics and Markets: Firms, Competition, and Institutional Change in Post-Mao China, 2001年和2004年)的作者。

克劳迪娅·伯德·斯库霍芬(Claudia Bird Schoonhoven)(kschoonh@uci.edu),加州大学欧文分校保罗·梅尔基商学院教授,西安交通大学管理学访问学者。她在斯坦福大学获组织理论和行为学博士学位。她的研究方向包括组织理论的产生以及在以科技为基础的企业发展、革新、新企业和新行业的产生以及企业家精神等相关问题中的应用。

徐淑英(Anne S. Tsui)(anne.tsui@asu.edu),亚利桑那州立大学W.P.凯里商学院国际管理摩托罗拉教授、香港科技大学管理学教授、北京大学荣誉访问教授。她是《美国管理学会学报》的第十四任主编,也是美国管理学会会员。她的研究获得过多项荣誉,包括《管理科学季刊》学术贡献奖、《美国管理学会学报》最佳论文奖以及美国管理学会人力资源分会学术成就奖。她同芭芭拉·古特克(Barbara Gutek)的《组织中的人口统计学差异:当前研究与未来方向》(*Demographic Differences in Organizations: Current Research and Future Direction*,1999)获2000年美国管理学会的特里图书奖。徐博士在(778位)被引述最多的商务和经济学研究学者(1993年1月至2003年1月)中排名第87位,同时在被引述最多的100名管理学学者(1981—2001年)中排名第21位。

温伟德(Wilfried R. Vanhonacker)(mkwvan@ust.hk),香港中文大学讲座教授、系主任、营销和分销中心(CMD)执行主任。他1979年在普度大学(印第安纳州)获管理学博士学位。从1985年开始,他广泛地参与了外国企业在中国的运作以及外企与中国进行的商务活动,因此积累了在中国设立和运作企业的广泛的经验和专业知识。

魏昂德(Andrew G. Walder)(walder@stanford.edu),斯坦福大学社会学教授,斯坦福国际研究所高级研究员。他在密歇根大学获博士学位,曾在哥伦比亚大学、哈佛大学和香港科技大学任教。他一直从事当代中国政治与社会的研究。

王一江(Yijiang Wang)(ywang@csom.umn.edu),明尼苏达大学教授、清华大学(中国北京)特聘教授,长江商学院(中国北京)访问教授。他在哈佛大学获经济学博士学位。他的研究方向包括人力资本理论、激励理论、组织设计、人力资源管理和其他与组织相关的课题。他对转型经济学中的课题也有浓厚的兴趣,并发表了大量文章。

白思迪（Steven White）（steven.white@insead.edu），欧洲工商管理学院（INSEAD）亚洲商务教授。他在麻省理工学院斯隆管理学院获得管理学博士学位，并在香港科技大学和香港中文大学任职。他目前的研究项目是合作网络、跨文化同盟以及中国企业的国际化。

黄德尊（T. J. Wong）（tjwong@cuhk.edu.hk），香港中文大学（CUHK）会计学教授，工商管理学院研究副院长。他也是香港中文大学制度与治理中心主任。他在狄金森学院卡莱尔分校获工商管理学士学位，并获得最杰出学生奖，在加州大学洛杉矶分校获工商管理硕士和博士学位。他的研究主要关注在中国及其他新兴市场中制度是如何影响公司治理和会计的。

武常岐（Changqi Wu）（topdog@gsm.pku.edu.cn），北京大学光华管理学院副院长、战略管理系教授和主任。他在天主教鲁汶大学获应用经济学博士学位。他的研究领域包括产业组织、竞争战略、国际商务和商务管制。

吴晓刚（Xiaogang Wu）（sowu@ust.hk），香港科技大学社会科学副教授，密歇根大学安阿伯分校人口研究中心研究员。他在加州大学洛杉矶分校获社会学博士学位。他的研究领域包括社会分层和流动性、教育、劳动市场和经济社会学以及数量方法论。

谢 伟（Wei Xie）（xiew@em.tsinghua.edu.cn），清华大学经济管理学院副教授。他在清华大学获得管理科学博士学位。他的研究领域包括技术管理、IT行业中中国本土企业的竞争战略。

忻 榕（Katherine Xin）（katherinexin@ceibs.edu），中国上海中欧国际工商学院管理学教授、米其林领导力及人力资源管理讲座教授。她在加州大学欧文分校获管理学博士学位。她的研究方向是领导力、组织文化、中国背景下的关系网络和战略人力资源管理。

杨静钰（Jing Yu Yang）（g.yang@econ.usyd.edu.au），悉尼大学国际商务系讲师。她的研究方向包括国际商务管理、企业战略和中国的组织和管理。

张展新(Zhanxin Zhang)(zhangzx@cass.org.cn),中国社会科学院副教授。他在香港科技大学获社会科学博士学位。他的研究方向包括中国转型时期的社会分层、人力资本和劳动市场分割。

周雪光(Xueguang Zhou)(xzhou@ust.hk),香港科技大学组织管理系管理学教授。他目前的研究主要考察企业间的合同关系和中国转型经济中的雇佣关系变化。另外,他还在从事一项有关市场信誉建立过程中的制度逻辑的研究项目。

崔大伟(David Zweig)(sozweig@ust.hk),香港科技大学社会科学部讲座教授,中国跨国关系中心主任。他曾任教于安大略金斯顿皇后大学和弗莱彻法律外交学院,曾在哈佛大学从事博士后研究。他的最新著作是《国际化的中国:国内利益与全球联系》(*Internationalizing China: Domestic Interests and Global Linkages*, 2002)。他目前的研究包括曾留学海外的中国人、WTO 对中国制药行业的冲击和中国以资源为基础的外交政策。他还是《全球化与中国改革:一个 IPE 角度》(*Globalization and China's Reforms: An IPE Perspective*,罗德里奇(Routledge)出版社,即将出版)的主编之一。他在密歇根大学获得政治学博士学位(1983)。

序　言

过去 25 年内,中国市场化改革的最重要的成果之一就是一个重要的民营经济部门的出现。这一部门的产出现在占据了中国国内生产总值的 1/3 以上,并且还在跳跃式增长。到目前为止,它是中国的收入和就业增长的最重要的来源。以任何方式度量,民营部门都毫无疑问地是中国未来经济的重要组成部分,尤其是中国许多行业的国有资产在持续民营化。考虑到中国的 13 亿人口,以及成千上万的企业(绝大多数都在民营部门中),民营企业日益增长的重要性怎么强调都不过分。显然,面对着这一数量级的企业和员工,发展有关中国民营企业的增长和发展的系统性知识,对于社会科学学者和管理学学者都是至关重要的。

迄今为止,有关中国组织的研究主要关注国有企业和外资企业。缺乏对新兴民营企业的研究并不令人惊诧,因为这一部门的历史还不到 20 年。而且,直到最近,政府的政策才给这些企业提供了一个安全、有利的环境。当企业还在为生存而挣扎,大量企业消失得如它们出现时一样快时,这意味着这类企业并非适合的研究目标或关注对象。然而,近年来情况发生了显著变化,所有迹象都指向了针对民营企业的更有利、更友好的环境。近期的政府政策确认了民营部门对中国持续的经济发展与繁荣的重要贡献。这是一个开始着手系统的研究项目,追踪这些企业随着时间的变化诞生、成长、变换和发展,以及同时进行对它们的管理模式、与环境的互动以及绩效的分析的理想时期。本书即是对这一巨大需求的抛砖引玉之作,在做出力所能及的贡献的同时,我们期待本书能激起对这一主题的活跃、系统的研究。

本书的显著特色是对中国民营企业进行分析的多学科视角。本书包含了从经济学、社会学和管理学角度对有关中国民营企业的迄今已发表文献的三篇综述。这是任何一个对中国的组织研究感兴趣的学生或学者的重要资源。本书的其他九章报告了本书出版前刚刚完成的研究项目的研究成果,这些最新的、及时的研究为各类中国民营企业的发展和绩效提供了最新的深刻见解。本书还包括了几位杰出学者和中国问题专家所写的原创章节。总体而言,本书填补了有关中国的管理和组织的文献的空白,为一个重要的、然而尚未经过仔细研究的领域贡献了新的知识,并可能为未来的研究开创了许多令人激动的新的方向。

本书是香港科技大学"中国商业与管理"重大影响领域研究基金(High Impact Area Research Grant for "China Business and Management")支持的第三本著作。第一本书,《中国背景下的管理和组织》(Management and Organizations in the Chinese Context),2000年由帕尔格雷夫·麦克米伦出版社(Palgrave Macmillan)出版(李家涛、徐淑英和伊丽莎白·韦尔登(Elizabeth Weldon)主编),主要关注在中国的外资企业以及在海外和中国的不同员工行为。第二本书,《中国企业管理的前沿研究》(The Management of Enterprise in the People's Republic of China),2002年由克鲁维尔学术出版社(Kluwer Academic Press)出版(徐淑英、刘忠明主编),更强调中国的国有企业,报告了同样由香港科技大学重大影响领域研究基金所支持的、在企业和个人层面上的十项实证研究结果。我们非常荣幸地推荐本书,《中国民营企业的管理和绩效:多学科视角》(China's Domestic Private Firms: Multidisciplinary Perspectives on Management and Performance),本书特别关注在中国迅速增长的民营部门。在支持了这三本书之外,重大影响领域研究基金还支持了学术期刊《组织科学》(Organization Science)"中华人民共和国的公司转型"(Corporate Transformation in the People's Republic of China)专刊的出版(第15卷第2期,2004年3/4月)。总体上,这三本书和《组织科学》专刊的作者为一个新兴研究领域——中国的组织和管理——的迅速增长的知识贡献良多。

在香港科技大学的慷慨财务资助之外,没有本书32位作者的智慧贡献,本书也不可能得以出版,这些作者为研究和各章的撰写付出了宝贵的时间。我们向他们的贡献和优秀的学术成果致敬。我们特别感谢温妮·吴(Winee Wu)在研究项目管理和编辑支持方面的努力,包括2003年组织本书的全体作者参与的研讨会,使作者们可以分享进程,并为彼此的工作提供建议。经历了珀耳塞福涅·多林娜(Persephone Doliner)的专业编辑后,本书在内容和风格上都有了很大改善。最后,我们将本书献给我们的家庭,他们容忍了我们在很多周末和晚间的"缺席",让我们能躲在办公室里,沉迷于本书作者们撰写的精彩章节。

徐淑英
边燕杰
郑国汉

目 录

第一章 解释中国民营部门的成长与发展 / 1
　　　　　　　　　　　　　　　徐淑英　边燕杰　郑国汉
第二章 关于中国新兴私有经济的社会学解释 / 30　边燕杰　张展新
第三章 中国的家庭企业(1978—1996)：参与和业绩 / 48　吴晓刚
第四章 跨国资本或社会资本——留学归国企业家
　　　 比对本土企业家 / 79　　　　温伟德　崔大伟　钟少凤
第五章 中国内资民营企业中的权力关系 / 104　　　　　　林益民
第六章 产权制度和企业行为：理论与证据 / 124
　　　　　　　　　　　　　　　　周雪光　蔡禾　李强
第七章 中国私营企业观察 / 153　　　　　　　　　　　　高棣民
第八章 中国非国有企业研究文献综述 / 164　　　　　　　李稻葵
第九章 政府放权和中国上市公司的董事会结构：政府官员会
　　　 危害董事会的专业性和公司业绩吗？ / 189
　　　　　　　　　　　　　　　陈冬华　范博宏　黄德尊
第十章 混合市场中的企业行为：以中国为例 / 216　武常岐　李稻葵

第十一章　在市场和董事会中:我们对中国的非国有
　　　　　企业了解多少？/ 240　　　　　　　　　　　　王一江

第十二章　中国民营企业:文献综述和未来研究的方向 / 254
　　　　　　　　　　　　　　　　　　　　李家涛　杨静钰

第十三章　权威与仁慈:中国员工对家长式领导的反应 / 285
　　　　　　　　　　　　樊景立　郑伯埙　周丽芳　储小平

第十四章　承诺为本的人力资源管理体制在中国私营企业
　　　　　中的应用及对业绩的影响 / 322　龚亚平　罗胜强　忻　榕

第十五章　联想集团有限公司对动态战略匹配的追求 / 343
　　　　　　　　　　　　　　　　　　　　　白思迪　谢　伟

第十六章　中国民营企业的崛起:制度和产业环境变革
　　　　　中的理论发展 / 369　　　　　　克劳迪娅·伯德·斯库霍芬

第十七章　中国民营部门:全球视角 / 388　　　　　　　　魏昂德

第一章 解释中国民营部门的成长与发展

徐淑英　边燕杰　郑国汉

对那些关心世界事务的人而言,中国无疑引起了他们的想象力。事实上,《华尔街日报》、《纽约时报》、《国际先驱论坛报》、《金融时报》等报纸几乎每天都会刊载有关中国的消息。中国也在《时代》、《商业周刊》、《经济学家》等期刊上频频露面。"中国近来很热门"这种说法虽有陈腔滥调之嫌,但其真实性不容置疑。事实证明,中国为大众所关注并不无道理。目前,中国在吸引外国直接投资方面居全球首位。2003年,中国的外国直接投资达到535亿美元,超出位居第二、三位的法国(470亿美元)和美国(298亿美元)(联合国贸易和发展会议,2004年,附录表B.1)。① 2002年,中国进出口总量达到6 207亿美元,如把欧盟视为一个单一实体,中国则位居全球第四。2004年,中国的进出口总量则达到1万亿美元,成为世界第三大贸易国,仅次于欧盟和美国。

目前,中国的出口已不再仅限于服装、纺织品、玩具和塑料。现在出口的产品包括信息和通信产品、电子消费品等,其中一些甚至准备与国际知名品牌展开正面竞争。从1978年到2004年,中国经济以平均每年9.4%的速度递增(Wong, 2004)。尽管日本和其他"亚洲四小龙"(中国台湾、韩国、新加坡、中国香港)也都曾经历过高速的经济增长,但考虑到中国各地的差异及它的经济规模,中国这样的经济增长速度不单令人动

---

① 百慕大、大开曼岛、卢森堡等避税港不在排名中。

容,而且在世界经济史上也是至关重要的。

更令人震惊的是,中国一跃成为世界重要经济大国只花了不到25年的时间。自1978年中国实行改革开放,打开门与国外做生意、接纳外国投资后,中国经济开始崛起。中国经济的飞跃增长不仅是全球商界、政界领导人必须面对的事实,对经济学者、社会学者、政治学者和管理学者而言都是一道"智力难题"。

究竟是什么原因促成了中国经济的飞跃增长,以及这种增长能持续多久,是众多学术辩论的主题。对大多数经济学家来说,中国与东亚其他国家的经济增长其实并无多大区别,只不过中国要解决额外的难题,即如何从计划经济转轨到市场经济,同时为市场经济建立一套行之有效的制度。此外,政策制定者和经济分析家均认定,中国年经济增长率将会出现下降趋势,未来10年可能降至7%,在接下来的几十年内可能会更低。考虑到日本和"亚洲四小龙"在早期学习和模仿阶段后也曾出现增速放缓的情况,这就意味着,那些认为中国经济将永远保持过去的高增长速度的人无疑是过于天真了。另一些人则更为悲观,他们预测在不远的将来,中国经济增长就像是个等待被戳破的泡沫。说中国神话即将破灭的预测多如牛毛,俨然是一个小行业,例如Chang(2001)。黄亚生(2003)最近撰写的一本书中提到,流入中国的大量外国直接投资其实对中国并不利,因为鼓励外国企业,歧视国内企业,从长远来讲会削弱中国在全球市场的竞争力。

尽管对中国的未来富有争议,但似乎有一个广泛共识,即中国在过去25年的经济成功并不全是国有企业(以下简称"国企")改革的功劳,而更应归功于中国建立了一个日益市场化的环境,非国有企业在这个环境下得以存活并兴旺发达。民营企业(以下简称"民企",也称非国有企业)有多种形式,在本文下面会一一列举,但它们总体上已经成为推动中国经济增长的最强劲动力。民企迅速发展后,国企在工业总产值中的比重从1978年改革开放开始时的几乎100%降至1990年的54.6%,在2003年更是只有33.04%(见第八章,表8.1)。国企生产总值占国内生产总值的比重在1995年低于50%,2000年则为33.3%(见Wu,2005,表2)。

毋庸置疑,外资企业(简称"外企")和民企对于推动中国经济增长作出了重要的贡献。但民营部门对中国的重要作用并不仅限于经济领域,也可能是推动中国政治和社会进程的重要力量。中国的发展道路反映了中国企业家和地方政府官员之间复杂的"互动"。企业家最根本的目标是创造财富,而政府地方官员则不单要创造财富并且要维持社会秩序。他们两者之间的"互动"反映了威权的政治体制和竞争日益加剧的市场之间的摩擦。本书通过分析逐渐兴盛的国内民营部门企业的成长、发展、目前所处的地位及前景,旨在找出究竟是哪些因素促成了中国经济上的成功。

经济学、社会学和管理学三个核心学科都能有助于从不同方面解构上述的"智力难题"。对于中国民企的大多数课题研究都是在上述三种社会科学领域里进行的。基于香港科技大学为"中国商业和管理重大影响领域"研究计划的大力资助,本书并列了上述三个核心学科的专家学者所取得的研究成果,给读者提供了一个跨学科的视角。本书分为三部分,每部分包括四至六章。第一部分包含六章(第二章至第七章),代表了社会学的视角;第二部分包括四章(第八章至第十一章),代表了经济学的视角;第三部分包括五章(第十二章至第十六章),代表了管理学的视角。每部分开始的一章均为对相关学科在民营部门问题上的文献的回顾,接下来的各章为实证研究,最后一章除了对前几章提出批评和意见之外,还提出新颖的观点,建议新的视角和未来研究的方向。本书最后一章(第 17 章)由魏昂德撰写,文章通过比较世界各地民营部门的不同发展道路,指出中国发展道路的独特之处,为读者提供一个全球视角。

在本导言中,我们首先试图对"国内民营部门"下定义。鉴于民营部门正在持续不断地发展,范围也在迅速地变化,我们采纳了"半成品"这种看法。我们下面将看到,国内民营部门包括传统的私企、家庭企业(小型家族企业)、乡镇企业、私有化后的国企及其子公司。按上述定义,我们总结了相关的社会学、经济学、管理学方面三篇文献回顾的发现,接着列出了九章实证研究中的一些重点。这些原创性文章研究了在尚未定型的中国国内民营部门中,企业在商业和管理方面所面临的各种问题。

最后,通过综合本书各个部分最后一章作者(分别为高棣民、王一江和克劳迪娅·伯德·斯库霍芬)所提供的研究方向及魏昂德在最后一章所提供的见解,我们重点突出了一些主要研究方向,不但有助于提高对民企的认识,而且将对在不同经济、政治、社会文化背景下企业的全球管理知识作出贡献。

定义中国国内民营部门

什么是中国国内的民营部门?要清晰定义在今天中国存在的民营部门殊非易事。在本书的下面几章中我们将会看到,一些私企为避免遭到歧视或赢得特权,把自己"挂"在国企名下隐藏其真正身份。另一些私企注册为乡镇企业,向当地政府寻求帮助或获得保护。上述这些均是私企通过戴上"红帽子"掩盖身份——变成非私有企业以获得正确的政治地位。由于把国企假扮成私企是不大可能的——除非政府采取调节措施把部分国有资产转化为私人控制,并最终成为私企——私企的实际数目可能要远高于官方的统计数据。在本书里,中国国内的民营部门的定义是包括所有不隶属于中央政府和部委的企业:(a)城乡的乡镇企业;(b)城乡小规模家庭和家族企业(即个体户,员工少于8人);(c)私人企业(8名员工以上);(d)从国企剥离出来的企业;(e)上市的合资股份公司(包括前国企)。

该定义不包括由港、澳、台投资者拥有的企业,以及其与内地方面设立的合资公司。合资公司可能采用共同开发发展、合资企业、合作企业等形式。同时也不包括被定义为"外国投资或管理"的国际合资企业和由跨国公司完全控制的子公司。

总体而言,中国国内民营部门由几个部分组成。一些作者(如第八章的李稻葵)把这些统称为"非国有部门"。本书关注的是真正的国内民营企业,不包括国有的或外国投资的企业。跟国企、外企相比,民营部门正在不断演变并充满活力,不过(相对于国企和外企)很少被研究,但它却是最值得系统性学术研究的一个部门。

为民企定义的另一个复杂之处在于,一个部门的企业可能会变成另一部门的企业。比如,当政治环境不利于私企发展时,一些私企就通过变成集体所有企业来寻求政治保护;到后来当政治环境有利于新型企业的出现和运营时,这些企业就重新变回私企,例如股份公司或由员工或员工联合会控制的企业。另一个例子是家族企业规模扩大后被重新界定为私企。企业地位和所有制类别的可变性不仅使得正确界定民企非常困难,也使得追踪民企在不同时间的发展及跟同期其他类型的企业相比较非常困难。

不管是从就业还是从产值方面,企业官方身份和实际身份之间的差距为正确衡量民营部门的规模增添了难度。研究者别无他法,只能依靠近来《中国经济年鉴》(2002年、2003年国务院发展研究中心)公布的数据及其他相关来源。在2002年,据估计在城市总共有30万家集体企业,农村有188万家乡镇企业,分别雇用1100万、1.33亿名员工。2003年此两类企业雇用员工人数分别为1000万、1.36亿名。2003年全国共有300万家私企,2350万家小型个人和家族企业,分别雇用4300万和4600万人(包括雇主在内)。2003年,全国共有30万家外资企业,雇用人数达到860万人。也就是说,在2003年上述所有民营部门总共创造了2.436亿个就业机会,占全国总就业人数的32.7%。② 2003年,国有部门、集体部门、私企加个体企业加外企部门三大部门为中国各贡献了1/3的国民生产总值。③即使对于集体部门和其他非国有部门之间的比例有不同的研究结果,但广义的民营部门总份额差不多是一样的,即占中国国民生产总值的2/3。④

---

② 《信报》2005年2月14日的一篇报道指出,调查显示到2004年上半年,中国共有334万家私企(2003年为300万家),雇用员工共超过4700多万人(2003年为4300万人)。

③ 中国网(www.china.org.cn/e-white/20040426/4.htm)援引了2003年《中国经济年鉴》(p.834)和政府白皮书的数据表明,在2003年,农村乡镇企业占国民生产总值的31.4%。

④ 根据吴敬琏(Wu,2005,表2),2001年中国集体部门占国民生产总值的比重为14.6%,私企所占比重为47.5%,意味到2003年集体部门的比重远少于1/3,而私企的比重远大于1/3。吴得出的数据与2003《中国经济年鉴》和政府白皮书不同,可能是因为他对私有经济的定义比较宽泛,包括了城乡非国有和非集体企业。

要对以上数据有一个更正确的认识,我们应该记得在25年或更早前,在中国唯一获承认的是那些国家拥有的企业或由国家管理的企业。除农业之外,这些企业几乎贡献了中国所有的国民生产总值,几乎雇用了中国城市全部的劳动力。现在,除了航空、银行、保险、通讯、天然气、电力等仍由国家垄断或控制的企业,非国有企业的身影遍布各个行业。在上述某些行业中,国家不允许民营部门介入,但却允许外企在一定限制的情况下进入。直到最近,国家才允许民企进入航空、铁路甚至国防等备受保护的行业。总体来说,除了一些例外,国内民企规模平均较小,在不由国企或外企占主导的市场上蓬勃发展。在众多的劳动密集型产业都有它们的踪影。

追溯民企的起源和随着时间的演变能够帮助我们加强了解民企的构成。首批民企似乎是20世纪70年代末在中国的农村地区恢复的那些小规模的个人企业和家族企业(又称个体户)(林,1990;张,1999)。20世纪80年代初,城市里的私企也开始发展,对商业和服务业中的国企进行了有力的补充(Gold,1990;Shi,1993;Young,1989)。按规定,这些个人或家族企业不得雇用多于7名员工。1998年,国家正式通过规定,允许私企雇用8名及更多的员工,为国内民营部门的崛起奠定了法律基础。在邓小平1992年视察南方后,中国民营部门加快了发展速度。1997年召开的中共"十五大"更进一步解除了对私有制的限制(Lau,1998)。2001年,自中国共产党执政以来,私有企业家首次被允许加入中国共产党。这是一个意义重大的讯号,私有的经济资产在社会和法律上得到了正式承认。

从定义上来看,私有制意味着政府不应该不当地干预私企的内部管理及各项活动,除非是那些倡导公平竞争的法律法规(如《反垄断法》)或保护员工不受雇主剥削的法律(如《劳动法》)。有意思的是,民营部门发展的历史充斥着政府官员一直不断干预民企内部管理的例证,有时甚至对企业进行有效的控制。边燕杰和张展新(本书第二章)用"官商关系角度"来解释说明地方和国家官员对民营企业家的重要性。通过援引Bruun(1993,1995),Oi(1992,1998,1999)和Wank(1995,1996,1999)

的著作,作者指出了当地政府的参与、与政府官员的联系是怎样对民企的发展起到至关重要的作用。这种共生关系对官员和企业家而言是互利的。陈冬华等(本书第九章)的研究中列举了政府参与民企事务的最新事例。这些作者发现,现在或过去的政府官员通过加入民企的董事会,来参与前身为国企的上市公司的决策。这些参与其实有利有弊。与政府之间的良好关系可能会让一个企业在当地市场上具有某种竞争优势,或让企业更易获得资金,但这同时也意味着,企业必须承担额外的负担,比如要对当地的发展、就业、公共财政做出贡献。考虑到共产党执政的国家干预的权力和倾向,中国的民企必须要与政府保持适当的距离和恰当的亲密度。在这个意义上,国内民企是在一个半自由市场环境下运营发展,与民主体制下的西方成熟市场经济国家相比,中国的市场环境掺杂了更多的政治因素。

2001年中国正式加入世界贸易组织。加入世贸不仅对民企,对中国所有的企业来讲都意味着机遇与挑战。在竞争日益激烈的环境下,民企比其他企业做了更充分的准备了吗?不管怎样,民企有"商业基因"。在没有政府支持和享有任何特权的情况下,民企应运而生,正是与生俱来的"商业基因",使得民企在艰难的环境和市场条件下得以存活下来。对国内情况的了解,也使得民企比外企在国内市场上更具优势。然而,大部分民企在规模和业务范围上远不能与大的跨国公司相抗衡。随着中国将逐步履行入世承诺,越来越多大型跨国公司将进入中国市场。

如果民企能够获取金融和人力资本来建立组织的资本,解决自身存在的弱点的话,那么民企自身规模小、产品单一等问题也不会太妨碍它们的发展。然而,鉴于许多明星民企以流星般的速度大起大落,以及民企普遍给人缺乏诚信的印象,要在中国国内民营部门发展出大企业是极大的挑战。民企在后WTO时代的成就取决于是否存在有利的制度变迁(比如,建立个人与公司忠实与诚信的道德规范),使得一些成功的机会主义者改变成为大型的现代企业,其组织资本允许它们在瞬息万变的环境下得以长期生存和繁荣。

人们广泛认为,人力资本(即人所拥有的知识、技术、技能)和知识产权是发达国家的利润和收入的主要来源。同时,那些现代企业是专利、品牌及其他知识产权的主要仓库和守护者。因此,成功把小型民企转化成具有一定规模的现代企业对中国经济发展至关重要,尤其是因为人们普遍认为要把缺乏适当商业基因的国企转化成高效率的现代公司的前景并不乐观。

纵览研究现状的三篇文献回顾

本书的三章文献回顾为相对有限的关于中国民企的文献提供了一个详尽的评述。在第二章中,边燕杰和张展新参考了社会学期刊和书籍中的107篇中英文文献。在第八章对经济学文献的回顾中,李稻葵选出的关于中国民企的论文和书籍总共为46种。在第十二章中,李家涛和杨静钰从24种管理和商业期刊中选出了92篇论文。以上三章所列的参考文献很少有重叠之处。社会学和管理学文献回顾所引用的相同论文只有6篇。社会学和经济学文献回顾所列的共同文献只有1篇。经济学和管理学文献回顾则无重叠之处。总而言之,三章文献回顾引用了248篇聚焦于中国民营部门、并不重复的文献,其中12篇是中文文献。这三章文献回顾为迄今为止有关中国民营部门的研究问题和成果做了一个相当综合性的概括。

按照本书第二章边燕杰和张展新的说法,社会学家最早从社会科学的角度研究国内民营经济部门的兴起。从表面上看,社会学家对发生在经济领域的经济现象感兴趣似乎有点奇怪。然而,正如高棣民所言,"私营企业的出现(尽管处于实验阶段)不仅仅是一个经济现象,更是一种社会现象"(第七章,120页*)。我们必须指出,民营部门的冒起明显也是一个政治现象。允许民企出现和成长是中央政府做出的一个重大决定,该决定对中国社会和经济发展产生了重大的影响。蓬勃发展的民企在管理方面经受的磨炼,远不如其在政治、经济、社会各方面所经受的

---

* 本书正文中出现的页码均为英文原书页码,详见页边标注。——编辑注

磨炼突出,特别是在初期,当民企还处在为生存艰苦挣扎的时候。

社会学文献触及民企的正式和非正式地位——即阶级地位和组成部分,民营企业家的政治取向,以及对个体企业、家族企业和私企的出现、发展和运营都至关重要的社会关系网络。出于对社会变革的理论上的兴趣,社会学家尝试解释在后改革时期,民营经济的本质及其对迅速发展的社会经济体制的意义。

边燕杰和张展新在社会学文献中找到了三种解释。第一种解释是"市场转型"(Nee,1989,1996),该理论把处在转型期的中国的两大重要历史事件联系在了一起:市场的重生和私有经济的出现。该解释遵循了经济研究的"趋同学派"(convergence school)的逻辑来解释中国的转型,把民营经济的进步归功于市场的成长,其指向了市场资本主义这一新兴的社会经济秩序,其中国家在再分配方面扮演了一个有限的角色。

第二种解释基于"企业家-官员关系"的说法(Bruun,1993,1995;Oi,1998;Wank,1995,1999),根据该说法,蓬勃发展的私有经济不单是企业家-官员关系的产物,而且将继续依靠这种关系而存在。这种解释重点突出国家和市场之间的交换对新兴的市场经济的发展的极其重要性。这种现象并非中国独有,对所有市场经济国家而言都是司空见惯的。该理论暗示着党、国家和政治力量一直存在于市场经济和社会中。

第三种解释是民营经济的"社会根源"(Gold,1990;Whyte,1995),顾名思义,即中国的家族生活。这种解释适用于中国家族传统观念浓厚的中国香港地区、中国台湾地区和新加坡。在中国内地,实证的例证是民营经济倾向于在姓氏集中的村里得到更多的社会帮助,并成长更好。这种解释所隐含的社会经济秩序就是,中国民营经济深深植根于多个持续的社会和亲属关系网络里。

边燕杰和张展新提出的这三种社会学解释可以是互补的,因为它们替中国国内民营部门一些不同的但相互联系的实证事实提供了不同的理论解释。市场转型理论侧重市场的重生和国内民营部门的出现。对这两种现象国家或是默许或是积极提倡。"官商关系"则聚焦于国家及其代理人之间的交易(经济学文献中明确指出,连中央政府和各级地方政府之间也有委托代理人问题）。"官商关系"表明了国家允许国内民营部门发展的条件及国家允许市场在分配资源方面起作用的程度。"社会根源"解释指出，在中国民营部门占统治地位的组织形式和民企的活力来自家庭传统。

李稻葵（本书第八章）在有关中国非国有企业的经济学文献回顾中指出，在20世纪80年代初期中国非国有部门稳步冒起，⑤是中国民营部门从1949年（共产党执政之日起）到60年代逐渐消失的一次大逆转。他指出政府官员任命和财政分权两大改革是政府在对待非国有企业政策和态度的两大重要变化。这两大新政策也是实施经济改革战略的重要措施。尽管出现了积极的发展，非国有企业仍在进入某些特定行业、银行贷款、产权保护等方面遭受歧视。针对不利的环境，非国有企业采取了一些组织安排的创新，令自身能更成功地运营下去。值得一提的是，非国有企业从当地政府那里寻求保护。集体企业模糊不清的产权让当地政府、当地社区、集体企业的拥有人和创始人能从企业的昌盛中共同受益。在社会学文献中观察到，企业家和政府官员之间的共生关系，既可能是由政府官员施压，也可能是企业家带头发起的。

然而，集体企业并不是有效的组织形式，在与真正的私企和外企竞争的时候制造了不少扭曲。仅是管理者激励并不能永远代替所有权的改革，而集体所有制企业的民营化也自然地成为深化经济改革的一个方向。私企聚集的区域发展得更快，意味着集体企业和国企的民营化可能对经济持续增长非常关键（Han 和 Pannell，1999）。

李稻葵继续提出问题，非国有企业的行为是否和前南斯拉夫的"劳工管理企业"的做法一样？在集体企业和私企中，教育和职业上的成就与政治背景所带来的工资与薪酬回报是否有所不同？他发现乡村干部⑥

---

⑤ 李稻葵使用了"非国有"部门，而非"民营"或"国内民营"部门等术语，但在本书其他章节中，主要都用后一个术语。李所使用的术语代表了一个共同的经济学观点，即中国民营部门所有制模糊不清。

⑥ 干部指那些在政府部门拥有一定权力的人。从更广义上讲，干部也包括在国企和非营利组织工作的经理、专业人员、技术员工。本书几位作者采用的是第一个较为狭义的定义。

曾经是乡镇企业管理者最重要的来源,现在却成为私有企业家的最重要来源。还有,乡镇企业最初投资主要来自于家庭和社会联系。边燕杰和张展新在他们社会学文献回顾和分析中也报道了相似的调查结果。

李家涛和杨静钰(本书第十二章)在纵览了从1986年到2003年24本主要的学术和地域研究期刊上发表的有关中国新兴民营企业在管理和组织方面的文章后,找到了92篇文章。他们把这些文章从三个方向归类:研究主题(宏观或从公司层面相对于微观或个体层面)、研究方法(定量,定性,概念性);实质主题(制度背景/环境,公司战略/结构,心理的/个体的)。从比例上而言,研究注重背景(16)和企业(62)的比研究工人(14)的为多。大部分制度背景的研究描述了在中国不断变化的制度环境,以及该制度环境怎样影响民营企业的成长与发展。从企业层面的研究注重企业的战略和结构,以及战略、结构和业绩三者的关系。大部分个体层面的研究分析了管理者的行为和价值观。

在文献回顾的基础上,李家涛和杨静钰指出在三种不同的市场转型阶段(即(a)开始阶段;(b)早期阶段;(c)后来阶段)民营企业采用的三个不同的战略。他们并没有为每个阶段定下精确的时期,但和边燕杰和张展新的文献回顾里指出的发展阶段相似。市场转型第一阶段和第二阶段的分界线是1988年,在这一年私有部门获得了政府的正式认可;在2001年,民营企业家获准加入中国共产党,标志着第二阶段和第三阶段的分界线。在第二阶段里,1997年召开的中共十五大为私企减少了很多仍然存在的法律和经济方面的障碍,但在2001年允许民营企业家入党将成功企业家的地位推到了一个新的高度。毫无疑问,有理由认为这是一个进入市场转型后期阶段的信号。

李和杨发现,在开始阶段,民营企业寻求以关系网为基础的企业战略,因为在那时中国市场的角色和功能被个人关系或关系网所压抑和改变。在该阶段,纵横关系都非常重要。这些观察所得启发了使用"网络资本主义"的术语来描述在中国新兴市场经济中企业间关系的结构(Boisot和Child,1996)。在市场转型的早期阶段,个人关系的影响开始逐渐减弱,因此民营企业开始注重以价格和数量为基础的战略,相对来讲减少非经济的考虑。

然而,直到近年来,真正市场经济的制度规则和规制开始实行以后,企业受短期考虑所驱动,实行了以成本和价格为基础的战略来参与竞争,表明他们主要是市场机会主义者。在近年,受到市场经济将在中国生根发芽、中国将会很快成为一个真正的市场经济体等观点的影响,民营企业开始制定以能力建设为主的战略来做长期打算。能力建设为主的战略注重企业产品和服务的质量、多样性和技术。总的来说,民营企业的资源、能力和创新现在成为竞争策略的基础。白思迪和谢伟(本书第十五章)撰写了有关联想的故事。联想从一个经销商和服务企业成功转型为制造商,在近来更是成为技术创新的先锋。这无疑是企业成功改变策略的上佳例子。

从这三篇关于民营企业成长和发展的目前文献回顾中我们学到了什么?很明显,在社会学文献中的市场转型解释与经济学或管理学文献的解释并无多大差异,因为他们均注意到,在中国,市场在分配资源方面扮演的角色日益重要。从逻辑的角度看,如果中国在建立真正的市场经济方面取得成功的话,那么私有部门的出现似乎是不可避免的,因为私有部门是任何市场经济的基本组成部分。但从政治角度讲,鉴于政府官员保护自身利益的天性,民营企业的出现并非是必然的。社会学所注重的官商关系与经济学文献侧重把乡镇企业作为一种组织创新也并非很不一样,因为乡镇企业将个人利益的冲突转变为共赢,至少是他们把蛋糕做大,令大家都可以来分一杯羹。

但政治角度可以拓展经济学和社会学的解释。政治视角能解释为什么中国共产党的领导人决定开始改革开放并同时维持其政治控制。管理学文献把政治背景基本上视作外生变量,侧重政治环境对民营企业成长和发展的影响,特别是关于企业怎样建构它们的内部组织,如何应付外部市场。企业在处理外部环境的不确定因素和变化时大部分都是反应性的和消极的,但部分企业会采取创新方法来应对,例如乡镇企业模糊不清的所有制。"网络资本主义"(Boisot and Child, 1996)这个术语表明了管理学文献跟社会学和经济学的市场转型理论之间的关系:管理学文献并不解释在民营企业出现和发展时制度背景的变化,而是主要侧重在不断变化的社会政治经济背景下,企业所采取的应对措施,以及这些措施对企业的成长与发展的影响。

对于中国乡镇企业的经验,不同的学术领域的解释也不尽相同。社会学家一方面引用这些企业所取得的成就,另一方面指出西方现代企业遭受委托-代理难题的困扰,其结论是经济学家强调健全的产权是错误的。经济学家倾向于把乡镇企业看成是短期内的创新组织形式,既有缺陷也有扭曲。因此,当中国的市场经济日趋成熟、外企扮演越来越重要的角色时,经济学家强调,下一步改革所有制既是顺理成章,也是重要的。在经济学家看来,委托-代理问题可以通过更好、更透明的公司治理来解决,而不是通过模糊产权或所有权来解决。管理学学者一般都承认产权的重要性,但他们更加关注不同所有权的企业(也就是不同产权结构)在面对不同的外部环境时怎样调整竞争行为,这些竞争方式对企业的经济绩效产生怎样的影响。

关于民营企业家和民营企业最初投资的主要来源方面,经济学文献的实证发现与社会学文献的发现很相似。两者都体现了家庭和社会联系的重要性。管理学文献的发现与经济学研究方法则在以下论点上是一致的:即在中国经济改革的初期,民营企业更加注重关系和联系。随着时间的推移,逐渐改变了竞争战略——早期以关系为主,到后来以成本为主,再到以质量和创新为主的战略。从经济学的角度看,民营企业的组织和所采用的竞争战略取决于企业的运营环境,该运营环境越来越以市场为主导,越来越不对特定集团和企业给予优先。

总而言之,社会学、经济学和管理学三个核心学科不是注重中国民营企业的不同方面就是从不同角度来解读民营企业的同一方面。本书同时汇总了这三个核心学科的观点,让读者能对中国民营企业的成长与发展有更综合、更深入的认识。

本书中的九章实证研究

本书包括了九章原创的,也是最新的关于私企的实证研究。其中七章把企业当成分析的单位,另外两章则集中研究企业内和跨企业的个人。对企业层面的研究占据大部分并不足为奇,因为社会学和经济学的研究通常都把重点放在企业及建立在企业之上的更大的单位,比如行业和部门等。在九章实证研究中,有关管理研究的三章中两章的重点是企业,另一章的重点是企业内的个人。虽然主题的范围广,但大部分都集中关注私有产权对企业行为和公司业绩的影响。为全面和系统地了解上述这些研究的贡献,我们采用图解来组织这九章的主要内容(见图1.1)。这些研究把企业所有制作为主要可变的独立因素,分析了企业家的来源(温伟德、崔大伟和钟少凤)、企业竞争战略和业务运营(武常岐和李稻葵)以及它们不同时段的演变(白思迪和谢伟)、董事会结构(陈冬华、范博宏和黄德尊)、企业行为与员工、政府和其他公司的关系(周雪光、蔡禾和李强)、人力资源管理体系(龚亚平、罗胜强和忻榕)、领导风格(樊景立等)以及权力关系(林益民)。三项研究同时把企业行为和管理方法与企业的业绩联系起来(陈冬华等、龚亚平等,白思迪和谢伟),一项

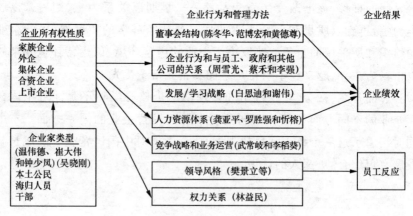

图 1.1　九章实证研究之间的关系的图解

研究分析了雇员对家族企业拥有者的家长制领导风格的反应(樊景立等)。表1.1总结了这些研究的样本、数据收集年份、提出的研究问题和重要的发现。在下面,我们简单给出了每章实证研究的亮点,以四章社会学研究开始,继之以两章经济学研究,以三章管理学研究结尾。

表1.1　本书中九项实证研究的总结

作者	数据:年份和样本	研究问题和发现
林益民(第五章)	• 1998年调查12个省206家企业的1 350名员工	民企中的权力关系有哪些类型?有替代血汗工厂的其他安排吗?
	• 2003年对北京、浙江、陕西、甘肃、广东17家企业58名员工的访谈	• 基于访谈的结果,作者在激励机制的宽度和法理性管制的程度的基础上,提出了4种权力关系。
		• 4种权力关系类型分别是理性主义、后理性主义、人际关系和原始资本主义(血汗工厂);后者采取狭窄激励与较少管制的做法。
		• 调查数据显示民企采取的管理员工的方法存在差异。
吴晓刚(第三章)	• 1996年在全国范围内调查6 090户家庭(3 003户农村家庭,3 087户城市家庭)	什么决定了家族企业的创业和业绩?
		• 良好的教育背景和干部地位有利于在乡镇发展,但不利于进入城市。
		• 随着改革进一步深入,干部家庭在农村和城市获得了更多的经商机会。

(续表)

作者	数据:年份和样本	研究问题和发现
周雪光、蔡禾和李强(第六章)	• 2000—2002 年对北京和广州的 621 家企业的访谈	企业所有制和企业行为的关系是什么? • 不同产权体制的企业展现的资源依赖方式、与其他企业的往来、与政府的关系及企业内部的雇佣关系有所不同。
温伟德、崔大伟和钟少凤(第四章)	• 2004 年对 200 名企业家(100 名海归人员,100 名国内人士)的访谈	社会资本和跨国资本怎样有利于国内企业家和海归企业家成功创业? • 国内企业家和海归企业家同样重视与政府之间的关系。 • 海归人员从跨国资本(即在海外留学和生活中所获得的知识、技能、经验)中获益。
陈冬华、范博宏和黄德尊(第九章)	• 1993—2000 年 632 家在深交所、沪交所上市公司的数据(来源于首次公开募股的招股说明书)	官员董事怎样影响董事会结构和企业的业务运营情况? • 董事会成员的政治关系降低董事会的专业性,增加了董事的地缘集中性、津贴和就业。 • 董事局会员的政治关系降低了公司的收益和资产的回报。
武常岐和李稻葵(第十章)	• 1999—2001 国家统计局关于 13 万家企业的数据	企业的所有制结构怎样影响企业的竞争战略和运营情况? • 不同所有制的企业行为的确有所不同,但一些结果与期望相反。

(续表)

作者	数据：年份和样本	研究问题和发现
樊景立、郑伯埙、周丽芳和储小平（第十三章）	2003年对苏州不同类型产业的52家企业的292名员工的调查	• 私企和国企的市场比例也在决定公司行为方面起了重要作用。 员工对家长式领导风格有怎样的反应？ • 员工的顺从度、对监督的满意程度和组织承诺程度与上司的专权程度呈反向关系，与上司的仁慈程度呈正向关系。 • 下属对上司的恐惧、下属对上司的感恩及报恩，以及对上司的认同感都降低了领导风格的影响。 • 下属对资源的依赖及其本身的传统导向与家长式领导程度形成互动，影响下属几方面的表现。
龚亚平、罗胜强和忻榕（第十四章）	• 2003年对117家企业（28家国企、32家私企、20家中外合资企业、17家独资外企）的调查 • 每个企业的3名中层经理和1名人力资源经理	不同所有制结构的企业采用以承诺为基础的人力资源管理体系的模式为何？该体系的采用与企业业绩有何关系？ • 在国内私企，使用以承诺为基础的人力资源管理体系的比例高于国企，但与独资外企和国际合资企业的差别并不明显。 • 以承诺为基础的人力资源管理与所有企业的整体表现都有正向关系。
白思迪和谢伟（第十五章）	2001—2004年对联想的访谈以及联想档案记录	在不断变化的环境下，联想如何调整以达致适当的战略配合？ • 联想一方面把资源分配给"利用"现有资源的活动，不断加深现有资源和能力；另一方面也把资源分配给"探索"的活动，开发新的资源和能力。 • 通过上述过程，联想引进了有益的变革，保持战略目标、内部资源和能力以及复杂的外部环境之间的配合。

四项社会学研究

在改革开放时期,中国国内的民营经济以家族企业开始,又叫个体户,该名词的正式定义(见第二章)是,个体或家庭所拥有的一个单位,雇用不多于8个人进行经济活动。在20世纪80年代民营企业还未得到合法地位,连生存都遭受威胁的时候,家族企业对中国民营企业的存亡至关重要。在第三章中,吴晓刚问是谁进入城乡地区的家族企业,并特别关注人力资本(教育)和政治资本(干部身份)的影响。利用1996年全国家庭调查关于家族企业的数据,他发现在改革的初期,更高的教育水平和干部身份妨碍城市家庭开办家族企业,但却促进农村家庭开办家族企业。然而,随着改革的进一步深入,有这两种优势的城市家庭越来越多地成为家族企业的拥有者和运营者。中国的市场化转型给那些受过良好教育、拥有政治优势的人提供了越来越多的经商从业的机会,暗示着新的社会经济秩序既包含了新变化,也包含了过去社会主义再分配方式沿袭下来的东西。

随着民营部门的合法性越来越高,它吸引了国内人士和拥有海外经验的海归人士在21世纪的中国开办企业。海外教育、经历、联系等跨国资本对于在中国新兴的市场经济里的运营有何好处?涵盖社会和商业关系的社会资本网络对在中国开办私企至关重要,那么与之相比,跨国资本有什么相对的优势?在第四章中,温伟德、崔大伟和钟少凤通过比较"国内"和"海归"企业家来深入研究这些问题。从调查中,他们发现国内人士和海归人士做生意时都重视和当地政府的联系,证实了在中国做生意时社会关系网络和当地社会资本的重要性。但他们也发现,与国内人士相比,海归人士更重视他们在海外学习和生活所获得的知识、技术、经验和更广阔的视野。作者认为,该发现对后WTO时代中国经济的发展日益重要。

民营企业家是利益驱动的,那他们采用什么方式来管理人数不断增长的员工呢?"血汗工厂模式"主要是采取高压强制的管理措施和虐待雇员,这意味着民营企业的员工在任何一种企业家资本主义企业的境遇都不会好到哪里去。然而,在改革和民营化程度不同的各个地方,这种模式是民营企业内部组织的主导性模式吗?在第五章中,林益民提出了这个问题,给出了理论分析并获得实证数据的支持。他调查了市场化和民营化程度不同的5个省的1350家民营企业的员工,发现血汗工厂模式只是一些民营企业劳资关系的特征。然而,被调查者透露,与血汗工厂不一致的其他权力关系形式其实也同时存在。具体来说,林发现在一些被调查的企业也存在一系列的控制劳工的措施,如职业风险、安全保护不足、随意降低工资、殴打员工和一些处理个人和家庭问题的制度性安排。林的结论是,劳工控制的多样性表示研究人员需要范围更广、质量更好的数据来进行进一步研究,找出不同的劳工控制形式在什么情况下会出现。

诚然,中国民营经济是在一个包括公共、半公共、私有产权共存的制度环境之下成长的。在这种体制下,民营企业与公共、半公共企业的表现有什么不同吗?在第六章中,周雪光、蔡禾和李强深入研究了产权结构和企业行为之间的关系。调查结果显示了不同产权结构的一些可辨认的行为模式,但这些模式并不像经济学和社会学理论所预测的那样明确、一致和系统。更具体来说,不同所有制形式的企业都有可能利用政府、市场和社会关系网络来动员生产要素资源,但它们依赖其中哪些渠道作为最主要的渠道,则因企业产权所有制度的差异而有所不同。作者表示,产权制度和企业行为之间的关系难以捉摸,是因为不同产权的边际模糊不清。产权的结构在企业重组的过程中变得越来越重叠和互相纠结。以上这些观察对产权理论和基于这些理论的解释提出了很大的挑战。

两项经济学研究

通过研究了600多家中国上市公司董事会的规模和结构的数据,陈冬华、范博宏和黃德尊(见第九章)测试了一些有关官员董事对董事会组成、企业运营效率和企业总体业绩影响的假设。研究的起点是基于以下的观察:中央政府和它的下属单位把决策权下放给公司,并引进以市场为基础的竞争,带来了显著的经济利益。可是,国企的半民营化限制了这些经济利益,因为现在和过去的政府官员仍以董事身份参与决策。当地政府官员和半民营化的前国有企业关系密切,这意味着公司可能通过这种政治关系来限制新企业进入,来保护当地市场,甚至获得政府补贴。从另一方面讲,这也意味着企业要承担额外的负担,要对当地的发展、就业和公共财政做出贡献。这些作者发现,董事会成员拥有政治关系可能会降低董事会的专业性,但会增加董事的地域集中性。这些政治联系也会增加政府对企业的补贴,帮助实现当地就业,但降低了企业的收益和资产回报。

在第十章中,武常岐和李稻葵提出了以下的问题:在一个不同所有制共存的市场下,企业的所有制结构怎样影响其竞争战略和业务运营情况?尽管很多研究人员做了大量努力,去了解所有制和经济表现之间的关系,而经济表现通常由生产率的增加或利润来衡量,但在经济学文献中所有制结构与竞争战略及业务运营的关系基本上被忽略了。武和李基于下面三个有关不同国有程度的企业之间的差异的重大观察,得出了一系列可以测试的假设:第一,国企追求的目标可能不是利润,而是其他目标,例如社会福利或"附加值";第二,国企更加受代理人问题所困扰,因为国家本身是一个缺席的所有者,所以代理人可以追求自己的目标,比如构建个人的王国;第三,国企拥有民企得不到的特权和优势,比如从国有银行贷款。中国的市场经济改革成功降低了民营企业和非民营企业(包括国企和集体企业)的差别,但至今它们之间的明显差异仍然存在。

武和李运用了超过13万家企业在1999年到2001年间大量的数据,为他们的一些(但并非全部)假设找到了实证的依据。他们探究了假设不获支持的原因,并指出了未来的研究方向。鉴于数据资源丰富,作者们有可能得出更多有关民企和国企行为上不同的信息。这些和其他实证发现对于建立转型期中国企业的理论将非常有用。

三项管理学研究

家长式领导是一种土生土长的中国式领导方式,植根于中国家长制的传统中。在第十三章中,樊景立、郑伯埙、周丽芳和储小平假设家长式领导的三种不同维度(即专制的、仁慈的和道德的)与员工的不同反应之间的联系。此外,他们假设员工自身对传统的导向会降低这些反应。作者利用52家家族企业和合资企业的292名员工的调查数据发现,员工顺从、对被监督满意、对企业承诺程度等下属的表现,跟专制有负面关联,而跟仁慈与道德则有正面关联。这些影响依赖于员工是否是"传统"的,是否依赖监督者获得资源。研究得出的最主要的结论是,即使大多数员工并不欣赏这种领导风格,特别是那些传统观念不深的员工,比如当代中国年轻一代的工人,但企业中一个仁慈的独裁者的传统形象仍然在中国存在(Egri和Ralston,2004)。

在第十四章中,龚亚平、罗胜强和忻榕研究了实行以承诺为基础的人力资源管理体系对国内私企、中外合资企业、国企、独资外企的企业业绩的影响。企业的承诺程度是由企业精密的雇用程序、广泛的培训、工作保障、员工参与决策和利润分红来测量的。作者发现,在国内私企使用以承诺为基础的人力资源管理的比例要远高于国企,但从统计上看,与独资外企、国际合资企业没有显著差异。一家企业的人力资源总监表示,采用以承诺为基础的人力资源管理与企业的整体业绩(由部分企业的中级经理打分)正相关。这种正相关在所有类型的企业中都是相似的。这个研究的启示是,国内民营企业采用这种人力资源管理方式可能是一种竞争优势,尤其是考虑到中国加入世贸组织后要面临与日俱增的竞争压力。

在第十五章,白思迪和谢伟分析了前身为一家国企研究所的联想如何在恶劣和动荡的电脑产业环境下成长并大获成功的进程。作者建立了一个把March(1991)的"探索—利用"视角和Zajac,Kraatz和Bresser(2000)的"动态战略配合"概念结合在一起的框架,并用之来分析联想的成长与发展进程。在过去的多年里,联想一方面把资源分配给那些"利用"现有资源的活动,加深企业资源和能力;另一方面把资源分配给"探索"的活动,开发新资源与能力。通过上述不停的过程,联想不但引进了很多有益的变革,而且还保持了战略目标、内部资源和能力与复杂的外部环境之间的配合。该研究证实了,为寻求公司发展,两种类型的学习同样重要。

总而言之,九项实证研究对中国民营企业的成长、发展、管理和业绩提出了新的见解。从武常岐和李稻葵、温伟德等人撰写的章节,我们知道企业家来自不同的源头,包括平民、海归人员、前政府官员、干部。每一种企业家都能给企业带来不同的好处。然而,很清楚的一点是,与政府的关系是民营企业获得重要资源的必要条件,是民营企业生存不可避免的现实。这也解释了在民营化早期阶段以网络或关系为基础的企业战略和企业间关系的必要性。当商业环境变得越来越有利于民营企业发展、法律制度变得更加合理和透明时,企业就能够实行专业化管理,比如更加系统地雇用、挽留、奖励员工。研究也透露,中国民营企业员工并不是特别欢迎专权型领导风格,但在小型家族企业中这种领导风格却特别普遍。民企"血汗工厂"的形象可能正逐渐消失,但新型的管理还尚未被建立、检验和评估。九项实证研究的结果证明了我们最初的印象,即中国的民营部门还是"半成品",还是一个演变中的东西。然而,令人鼓舞的证据表示民营部门正通过演变进入李家涛和杨静钰(本书第十二章)所描述的"市场转型后期"。当中国在完成市场转型,成为一个公平、成熟的 WTO 参与者时,民营企业占有中国国民生产总值的比例将会更高。但就像上面所说,民营企业对中国经济发展贡献多大,将取决于小型企业是否成功转型成为有一定规模的现代公司。

研究中国民营企业面临的挑战

在中国做学术研究经常听到的抱怨是缺乏高质量的数据,特别是关于企业的财务业绩的数据。尽管面临很多困难,研究还是依靠两类企业层次的数据,即由中国国家统计部门和学术与非学术研究人员所搜集的数据。武常岐和李稻葵(第十章)就运用了国家统计局的数据。中国统计局在对那些年销售额高于某个门槛(比如超过 500 万元)的工业企业做调查后得到这些数据。数据包括企业的销售额、销售成本、用当年价格和不变价格计算的产值、新产品的价值、存货、债务、资产、所有制结构、成立时间、雇用员工,等等。这些数据的质量不得而知,但如果假定不同企业上报不可靠数据的动机并无多大差别,那这些随机的误差就变成一个常数了。

研究人员自己搜集的数据种类通常超越统计部门的数据。他们通常与中国的学术机构和研究组织合作搜集数据。信息很难得到,因此通常都要花个人或小组很大的精力和大量费用才能获得。龚亚平、罗胜强和忻榕(本书第十四章)的研究数据就是这样得来的。被调查者是其中一个作者的工商管理硕士(MBA)课程的学生。调查完成后,作者会对参与调查者在课程的背景下进行一定的回馈。这种回馈的做法有助于被调查者对调查问题做出坦率和仔细的回应。这些不得已的做法只能产生较少的、也可能不是很有代表性的数据,从而弱化了把研究发现一般化的可能性。吴晓刚关于家族企业(第三章)的研究是基于全国性的家庭调查,并利用分层取样的技术获得。由于这个研究并不要求家族企业报告各自的财务业绩,所以被调查者就比较予以配合,最后得到了较大的样本,可以做一定的一般化。

然而,搜集企业和个人的数据都是劳动密集型的工作。本书中(第十三章)樊景立及其同人透露了在中国进行社会科学研究的另一种困难,特别是管理学研究的困难。调查的问题都是关于公司领导的态度以及员工对所属公司的态度。很多经理人认为员工对他们的领导方式的感受和对公司的态度的资料是一种威胁。只有那些明智的管理者才可能愿意进行评价,又再一次限制了将研究结果一般化的程度。

民营企业不愿意成为调查和仔细研究的对象的原因并不难理解。其中一个原因就是,民营企业在发展阶段所从事的一些活动可能是属于"灰色地带",比如在报告销售额或财务业绩时采用"寻机性会计"(creative accounting)。企业提供给研究者的财务数据和公司网站上或高层领导的公开声明中的数据有很大出入是司空见惯的。在公开声明中的数据可能大于或小于提供给研究者的数据。哪一方面的数据更真实,提供不同数据的动机是什么,都是值得研究的问题。

数据出现差距的另一个原因是一些企业家不想让人眼红或受人瞩

目。他们会选择保持低调或低报他们的盈利。很多出现在《福布斯》中国富豪榜的企业随后都被政府和管理机构找麻烦。这表明保持低调是个更安全的态度。中国新兴的富豪们都不愿意透露关于自己的信息,这也不足为奇,因为被认为是中国最富裕的人之一可能会是致命的。杨斌就是个很好的例子。他在中国北部开发"荷兰村",而且被任命为离中国边界不远的一个即将成立的朝鲜经济特区的行政长官。2001 年他被《福布斯》评为中国第二富翁,紧接着在 2003 年 7 月被查出犯非法占用耕地、合同欺诈、行贿罪等。⑦ 另一个例子是上海地产巨头周正毅,他在上海锒铛入狱之前一直被报道与香港的电影明星有来往。⑧ 另外,正在准备上市的企业会尽力对它们的财务或运营数据保密,因为首次公开募股时可能需要做假账。

一般来说,和其他形式的企业比较,从公开上市的公司那里更容易得到数据,因为上市公司被要求披露信息。但即使是这样,也很难确定从上市公司的年度报告中披露的数据的质量,因为不规范的会计和报告非常普遍。

总而言之,本书中的文献回顾和研究都指出同样的观察,关于中国民营企业的研究大部分都是从企业层面进行的,很少关于这些企业内的工作性质和员工反应的个体研究。之所以缺乏企业内部的研究,我们提供几个原因,其中一个就是事实上现在很多民营企业还处在为生存挣扎的阶段。在这个阶段,很少企业家会为了社会科学研究而邀请或欢迎外来者来观察或分析其企业的内部程序和雇用情况。然而,随着中国内外环境的动态变化,民营部门为社会科学家提供了理想的"研究实验室"(Shenkar 和 Von Glinow,1994,56)。在这个大背景下,有关在社会、行业、企业、群体、个体层面的自然演变和有意干预的结果都会出现。因此,我们敦促所有学科的研究学者能抓住这个极好的黄金机会,来参与更多的实地实验、行动研究及长期过程研究(Poole, Van de ven, Dooley,

---

⑦ 本文刊载在《人民日报》上, http://english1.people.com.cn/200307/14/eng20030714_120183.shtml。

⑧ 故事刊载在 2005 年 8 月 3 日香港的《明报》上。

Holmes，2000），来追踪民营企业在成长和发展过程中所面临的挑战。在最后一节中，我们将详细阐述未来研究的方向。

前 方 的 路

除了对实证研究进行批评性分析，高棣民、王一江和克劳迪娅·伯德·斯库霍芬（分别是本书三部分每部分最后一章的作者）对中国民营企业未来研究的启示提供了新颖的视角。在最后一章，魏昂德将问题提升到了一个全球的层面，把中国民营化道路与世界几个发展中国家进行了比较。在本章的结尾处，我们不会重复这些学者的精彩言论，只是采纳上述作者提出的一些观点并进一步发挥，为研究管理学、社会学和经济学的学者指出几个提供独特的研究机会的领域。

很明显，中国经济仍处在多变的阶段，法律、政治、社会、文化结构仍在演变。换句话说，中国所有企业，无论是否民营，在组织领域是活跃多变的。因此，我们研究的对象是一个"移动的目标"。同时，中国企业的制度环境与西方国家企业的运营环境无论在程度上还是种类上都有所不同，而现存关于企业的知识都是在西方制度环境下发展出来的。这两个条件，即中外的静态差异和中国企业自身的动态变化，为研究者在理论和实证方法两方面带来了机遇与挑战。

追踪体制环境的变化、记录这些变化对企业的影响或企业对这些变化的反应将继续是未来研究的重要课题。王一江（第十一章）指出有必要继续研究企业和环境之间的关系，特别是政府在公司治理方面所扮演的角色和企业所采取的理顺企业与政府机构及官员之间的关系的政治举措，无论是积极的还是消极的。魏昂德（第十七章）透过解释中国企业在民营化进程中所采取的复杂道路，指出了民营企业与政府机构及政府官员之间的复杂关系。他认为了解企业的历史进程和外部关系对了解企业在未来的成功机会至关重要。高棣民（第七章）把政府关系作为企业家的政治资本，并把政治资本和经济资本、社会资本区分开来。资本的这三种形式是不能互换的，但对企业家而言它们都是很重要的。我们认为还应该增加另外一项资本,即人力资本。一个例子就是海归企业家带回中国的特殊的教育、知识和海外经历(温伟德及其同人,本书第四章)。这四种资本形式将怎样发展,以怎样的次序发展,如何让企业家在中国的政治、经济和社会环境中获得成功?这将是一个非常有趣和值得研究的课题。

随着环境的改变,也需要对企业相应变化予以关注。这里李稻葵(本书第八章)对非国有企业的未来发展进行了深思,提出中国国内非国企是否变成像海外中国家族企业或美国的上市公司。我们则猜想,鉴于非国企在中国的政治领域日益合法化(它们的所有者已可以入党,并能在政府部门任职),以及政府对非国有企业的部分拥有权和政府参与公司的治理使得公司与政府之间的关系日益紧密,非国有企业是否会变得更像国企。很清楚的一点是,对中国民营企业发展进行理论性研究时必须认识到政府在组织领域所扮演的重要角色。

有意思的是,魏昂德(第十七章)指出了中国民营部门的进一步发展将来自"大型国有企业的堡垒"的转变,因此认为有必要研究国企(324页)。加强对公司治理和国有部门所有制改革的研究,将有利于进一步解开中国民营部门未来发展这一难题。李稻葵(第八章)同时指出,与非国有企业相比,国企的目标不断变化。武常岐和李稻葵(第十章)指出了国企出人意料的行为,进一步支持了国企仍在演变的观点。这也表示在未来的研究,企业行为不单是企业的所有制形式,而且是企业所有制程度的函数。当斯库霍芬(第十六章)讨论了通过明确表明不同投资者拥有权的比例来量化所有制的概念,她也呼吁进行上述的分析。虽然在文献中所有制大都是以一个分类变量出现,但企业所有制跟国家的关系的界限是模糊的。鉴于此,需要对中国企业所有制的概念做出更为精准的思考和衡量。

民营企业未来的发展包括全球化或走出国门去扩张吗?民营企业能像国企或外企那样在世界市场自由和有效地竞争吗?或者它们将会继续沦为"二等公民",没有足够的政府保护,也缺乏其他类型企业所获得的支援吗?那些海归企业家将会成为全球化的桥梁吗?高棣民(第七章)建议把中国内地企业家和港、台、东南亚的企业家进行比较,并进一步把内地企业家与俄罗斯、越南和东欧的民营企业家相比较。这些比较研究能提供"分析文化和制度关系的丰富潜力"(122页)。斯库霍芬(第十六章)也指出有必要利用比较研究对经济理性的假设进行验证。虽然经济理性有其局限,但该假设却在西方组织理论中占主导地位。很有必要通过更多的归纳性和深入的研究,来形成新的见解并发展管理学的新理论,因为新理论不大会通过应用或扩展现存的理论建构和模型出现(Tsui, 2004)。鉴于大多数研究中国企业的范式都是通过北美训练所形成的,我们对于现存的研究,包括本书的实证研究,都采用西方的方式也就不感到惊奇了。

到此为止,我们把焦点主要放在研究民营企业的未来上。但进一步研究它们过去的道路会让我们对这些企业的发展有更多的基本认识。为此,斯库霍芬(第十六章)认为获取"中国民营企业在不同时间上在各产业(规模、企业数目、就业、产业绩效的数据)和产业内的个别企业(成立之日、规模、所有权分配、各种财务绩效的指标)的全面分布这些综合性的纵向数据是很重要的"(301页)。关于大型国有企业,这些数据是存在的,尽管来源不同的数据质量有差异。能得到民营企业同样的数据对于有意义的研究将是很重要的。

最后一点,却不是最不重要的一点,就是需要更多研究来分析企业内部的管理过程和方法。家族企业和私企采取与上市公司、国家控制企业、外企有所不同的竞争战略吗?它们的社会关系网络会与其他企业的有所不同吗?领导风格、员工关系、人力资源管理体系又是怎样?王一江(第十一章)在其多个研究提议中包括领导能力和建立一种可持续的企业文化和结构。陈冬华、范博宏和黄德尊(第九章)建议研究人员需要知道更多关于中国上市公司的人员、治理和组织的特点。

我们的结论是,中国民营企业是一股必须面对的力量。就如魏昂德所总结的那样:

"中国民营化进程的最后阶段所带来的影响将远超出管理学、社会学和经济学的范畴。当大型中国公司成为民营企业或半民营企业时,民营化的最后阶段将决定这些企业能否成为国际上一支显著的力量,将决定谁来拥有资产,将决定一个有产阶级的精英是怎样的,然后来重新塑造中国社会结构的上层。很难想象还有另外一个进程,在决定未来中国经济和政治以及其在国际上扮演的角色时,更加具有决定性。"(第十七章,325 页)

作为研究组织的学者,我们有一个难得的机会可以实时研究企业的出现、成长和消亡。经济学家能研究哪些政府的经济政策促进新企业的成长和存活,社会学家能分析这些企业的历史对社会进程的影响,管理学学者能研究内部管理和外部关系怎样促进企业的业绩和员工的表现。这些知识将有利于这些企业进一步的实际发展,也为全球管理知识的积累做出贡献。我们希望本书能在这两个目标做出微薄的贡献。

参 考 文 献

Boisot, M., and J. Child. (1996). From fiefs to clans and network capitalism: Explaining China's emerging economic order. *Administrative Science Quarterly*, 41, 600–24.
Bruun, O. (1993). Business and bureaucracy in a Chinese city: An ethnography of private business households. *Contemporary China, Chinese Research Monograph*, 43. Berkeley: Institute of East Asian Studies, University of California.
———. (1995). Political hierarchy and private entrepreneurship in a Chinese neighborhood. In A. G. Walder (Ed.), *The waning of the communist state: Economic origins of political decline in China and Hungary*, pp. 184–212. Berkeley: University of California Press.
Chang, G. (2001). *The coming collapse of China*. New York: Random House.
Egri, C. and D. Ralston. (2004). Generation cohorts and personal values: A comparison of China and the United States. *Organization Science*, 15(2), 210–20.
Gold, T. B. (1990). Urban private business and social change. In D. Davis and E. F. Vogel (Eds.), *Chinese society on the eve of Tiananmen*. Cambridge, MA: Harvard University Press, pp. 157–78.
Han, S., and C. Pannell. (1999). The geography of privatization in China, 1978–1996. *Economic Geography*, 75, 272–96.
Huang, Y. (2003). *Selling China: Foreign direct investment during the reform era*. New York: Cambridge University Press.
Lau, R.W.K. (1998). The 15th congress of the Chinese Communist Party: Milestone in China's privatization. Unpublished text, Division of Social Studies, City University of Hong Kong.
Lin, Q. S. (1990). Private enterprises: Their emergence, rapid growth, and problems. In A. B. Willian and Q. S. Lin (Eds.), *China's rural industry: Structure, development, and reform*, pp. 172–88. Oxford: World Bank, Oxford University Press.
Nee, V. (1989). Theory of market transition: From redistribution to market in state socialism. *American Sociological Review*, 54, 663–81.
———. (1996). The emergence of a market society: Changing mechanisms of stratification in China. *American Journal of Sociology*, 101: 908–49.
Oi, J. C. (1992). Fiscal reform and the economic foundations of local state corporatism in China. *World Politics*, 45, 99–126.
———. (1998). The evolution of local state corporatism. In A. G. Walder (Ed.), *Zouping in transition: The*

process of reform in rural north China, pp. 35–61. Cambridge, MA: Harvard University Press.
———. (1999). *Rural China takes off: Incentives for industrialization.* Berkeley and Los Angeles: University of California Press.
Poole, M.; A. Van; de Ven; K. Dooley; and M. Holmes. (2000). *Organizational change and innovation processes: Theory and methods for research.* Oxford: Oxford University Press.
Shenkar, O., and M. A. von Glinow. (1994). Paradoxes of organizational theory and research: Using the case of China to illustrate national contingency. *Management Science,* 40, 56–71.
Shi, X. M. (1993). *The breakthrough of the system* (in Chinese). Beijing: Zhongguo shehui kexue chubanshe.
State Council Development Research Council. (2002). *Almanac of China's Economy.* Beijing: Almanac of China's Economy Press.
———. (2003). *Almanac of China's Economy.* Beijing: Almanac of China's Economy Press.
Tsui, A. S. (2004). Contributing to global management knowledge: A case for high quality indigenous research. *Asia Pacific Journal of Management,* 21, 491–513.
United Nations Council on Trade and Development (UNCTAD). (2004). *World Investment Report 2004.*
Wank, D. L. (1995). Bureaucratic patronage and private business: Changing networks of Power in urban China. In A. G. Walder (Ed.), *The waning of the Communist state: Economic origins of political decline in China and Hungary,* pp. 153–83. Berkeley: University of California Press.
———. (1996). The institutional process of market clientelism: Guanxi and private business in a south China city. *China Quarterly,* 29, 820–38.
———. (1999). *Commodifying Communism: Business, trust and politics in a Chinese city.* Cambridge: Cambridge University Press.
Whyte, M. K. (1995). The social roots of China's economic development. *China Quarterly,* 144, 999–1019.
Wong, J. (2004). China's dynamic economic growth: Implications for East Asia. Paper presented at the International Symposium "Perspective of the Chinese Economy: Challenges and Opportunities." China Center for Economic Research, Peking University, Beijing, September 16–17.
Wu, J. (2005). Market socialism and Chinese economic reform. Paper presented at the International Economic Association Round Table on Market and Socialism in the Light of the Experiences of China and Vietnam, Hong Kong University of Science and Technology, Hong Kong, January 14–15.
Young, S. (1989). Policy, practice and the private sector in China. *Australian Journal of Chinese Affairs,* 21, 57–80.
Zajac, E.; M. Kraatz; and R. Bresser. (2000). Modeling the dynamics of strategic fit : A normative approach to strategic change. *Strategic Management Journal,* 21, 429–53.
Zhang, Houyi. (1999). The rising of another bloc—the restoration and growth of the private economy in the reforming and open-door time (in Chinese). In H. Zhang and L. Ming (Eds.), *Report on the development of Chinese private enterprises* (in Chinese), pp. 3–59. Beijing: Shehui kexue wenxian chubanshe.

第二章 关于中国新兴私有经济的社会学解释[*]

边燕杰 张展新

1992年邓小平视察南方后,中国的私有经济获得了合法地位。邓小平号召更大胆地改革,推进了私有经济的发展和国有企业的重组。1997年的中国共产党第十五次全国代表大会是一个重要里程碑。这次会议形成决议,决定中小国有企业实行民营化,并要求进一步降低对私有制的法律和经济限制。中国共产党中央委员会总书记江泽民在2001年7月1日发表讲话,在中国共产党历史上首次承诺,允许私营企业主加入共产党。① 这一讲话代表着共产主义意识形态的根本转变,因为这种意识形态反对基于经济资产私有制的阶级剥削。这种意识形态上的转变在2003年11月中国共产党第十六次全国代表大会的第三次全会上以决议的形式得以正式明确;该全会的主要议程实际上是如何使中国的市场经济在后WTO时代得以制度化。②

尽管社会学家普遍认为,中国与俄罗斯和东欧不同,并没有发生大规模的私有化(Jefferson and Rawski, 1994; Oi, 1992; Walder, 1995),但是他们现在需要对中国私有经济及其对新兴社会经济秩序的影响投入

---

* 我们非常感谢恒隆组织管理中心提供的研究支持。我们也要向徐淑英、高棣民和魏昂德表示感谢,感谢他们对本章早期版本的评价,还要对王建平(Wang Jianping)和张丽娟(Zhang Lijuan)的大力协助表示感谢。
① 见2001年7月2日《人民日报》。
② 中国在2002年11月加入世界贸易组织。

足够的注意力。为了准备本篇回顾文章,我们收集了100种以上的社会学相关文献(英文或中文)。在下一节中,我们将开始概述中国民营经济的发展。随后我们将提供三种解释私有部门兴起及其对社会经济秩序影响的社会学观点。最后,我们将评价一下新兴的有产阶级——私有经济持续扩张的结果。

中国私有经济:概述

私有经济状况的官方描述

根据官方说法,中国国内的私有部门包括非农经济的个体经济和私营企业(Gregory et al., 2000;Young, 1998)。根据官方定义(Zhang, 1999),如果一个实体雇用的劳动力不超过7个人,那么该实体属于个体经济;雇用8个或8个以上员工的实体必须注册为私营企业。这一区分的来源是卡尔·马克思的《资本论》:在马克思的公式中,当一个企业主雇用的员工少于8个人,那么他剥削的剩余价值就不是他的主要收入来源(Li, 1993)。在20世纪80年代初,这种定义成功地为私有经济在一个依然仇视私有化的政治经济环境中创造了发展的空间(Wu, 2003)。③现今,个体经济大多由个人或家庭经营,但是所谓的私营企业在规模和投资额上都具有较大的差异。根据官方数据,2002年中国拥有2 435 000家私营企业和23 770 000家个体户。④

20世纪70年代末,个体经济在中国农村得到复苏(Lin, 1990;Zhang, 1999);而后,在80年代初期,个体经济在城市出现,"弥补"了国有企业在商业和服务领域的不足(Gold, 1990;Shi, 1993;Young, 1989)。不管是在农村或城市,迅速发展的个体企业开始雇用多于7个员工,引起了各级政府的很大警觉(Young, 1992, pp. 65—67)。从1981年到1986年,对个体经济雇用人数的上限控制成为炙手可热的政策议

---

③ 根据吴敬琏(Wu, 2003)的说法,此观点是经济学家林子力提出的。
④ 见2003年7月18日《中国经济时报》的文章《发展非公有制经济,完善基本经济制度》。

题(Zhang,1999,pp.30—38);实际上,在广东和浙江等改革前沿地区,雇员人数限制以"实验"的名义放松了(Young,1995,pp.105—111)。1988年的一份政府文件——《私营企业暂行条例》最终允许私有企业雇用8个或更多的员工。这就为国内私有经济的兴起打下了法律基础。

20世纪90年代,中国私有经济真正腾飞了。尽管私有经济的发展始于20世纪80年代,但当时私有经济还是个异物,易受意识形态上的攻击和经济上的限制(Hershkovitz,1985;Wu,2003,pp.168—174)。因此,尽管民营企业家通过经营利润积累了财富,他们还是没有安全感(Young,1992)。1989年风波之后,私有经济的发展停滞了(Kraus,1991),直到邓小平1992年的南巡为私有经济的发展注入了新的生机。从1993年起,私有经济的发展开始加速:1992年到1997年,它对工业产出的贡献显著增加,1998年私有经济在国内生产总值中份额大约为33%,接近了国有企业37%的份额(Gregory et al.,2000)。在制造业,国有企业对工业产出总值的贡献从1980年前的80%下降到了2002年的36%。[5] 1997年私有部门雇用了33%的城市劳动力,1998年该数字达到了49%,1999年上升到54%,而2002年则达到了67%(Wu,2003,p.181)。尽管在不同地区私有经济的影响力并不相同,但是毫无疑问私有经济在21世纪初已经成为了中国经济整体中的一部分。

私有经济的非正规形式

官方数据低估了私有产业的规模、产出和其他特征,主要是因为很多私营实体未经注册。"私有经济的非正规形式"(Gregory et al.,2000,pp.20—21)是一个突出现象。私营企业的组织形式之一是"红帽子"或者"假集体"企业:一种以集体企业名义注册、但实际上是由私人投资和控制的私人所有和经营的企业。例如,在20世纪80年代的温州——该城市是中国私有经济的先驱——地方政府将私营企业注册为集体企业,并以集体企业的标准对待之(Liu,1992,pp.302—303)。私营企业的另

---

[5] 来源同④。

一种注册形式是国有企业的三产或附属单位。在温州,私营企业的策略之一是"挂户",即私营企业使用以前曾有过关联的公有实体的名字(Dai, 1998, pp. 49—51)。私营企业甚至可以被某政府机关以主管单位的名义"收养"而取得公有企业地位(Lin and Zhang, 1999, p. 214)。通过这些形式,很大一部分私营企业掩藏在其他所有制形式之下(Jia and Wang, 1989, p. 90)。张厚义(Zhang, 1999, p. 15)估计 1995 年全国"假集体"企业的数量是注册私营企业数量的两倍。

通过将私有制掩藏在不同资产形式的面具下,私人企业家能够获得躲避意识形态歧视,并享受针对国有和集体企业的优惠的经济和金融政策。地方政府和官员——游戏中最重要的、与私营企业有着千丝万缕的联系的参与者——自然希望将这些企业置于他们的监管之下,这样他们既能够获得经济利益,又能够躲避私有制的政治风险(Zhang, 1999, pp. 51—53)。一些私营企业通过将资本输送到香港、然后返回内地投资的方式将自己装扮为外资企业(Sabin, 1994, p. 957)。

新动向:公有企业的民营化

最近,国有企业的民营化已经成为私有部门扩张的动力之一。20 世纪 80 年代初进行了将国有企业或城市集体企业租赁或承包给企业管理者的实验,并且这个实验常常会导致国有部门内部的部分民营化(Young, 1995, pp. 98—100),在此过程中,共产党干部和企业管理者成为了企业家(Wang, 1994, pp. 166—167)。在 20 世纪 90 年代,中小型,甚至大型国有企业通过各种形式进行了民营化的实验(Cao, Qian, and Weingast, 1998, pp. 107—115)。注册为农村集体企业的乡镇企业也进行了大规模的民营化(Byrd, 1990, pp. 209—212; Ho, 1994, pp. 174—200),尤其是在珠江、长江三角洲和江苏南部区域(Kung, 1999; Peng, 2001; Wu, 1998)。在这些地区,乡镇企业在被学者们称为"地方政府法团主义"(local state corporatism)的模式下由地方政府协调管理(Oi, 1992, 1998, 1999)。这些民营化的努力常常将国有企业和乡镇企业转变为没有直接所有权的股份制公司。

这场民营化的浪潮并不是突然兴起的,而是之前国有企业变革的结果。在中国的城市地区,变革之一是公司控制权向国有企业管理者的转移,林(Lin, 2001)将此过程称为"公司化"。其他学者认为公司化是非正式的民营化,在此过程中,国有企业模仿私有公司在硬预算约束下的运作模式(Morita and Zaiki, 1998;Nee and Su, 1996, 1998)。这种改革方式为国有企业的民营化提供了有利的条件(Swartz, 1998)。在 2002 年,中国 159 000 家国有企业中的 50% 已经转化为股份制公司。⑥ 在中国农村,地方干部长期拥有乡镇企业的"灰色所有权"(Wu, 1998, pp. 165—168)。当政治环境在 21 世纪初有所松弛的时候,他们就将其实际所有权转化为公认的合法权利,从而完成了乡镇企业的民营化进程(Lin, 2001)。因此,目前国有企业和乡镇企业的重组是已经持续了很长时间的非正式民营化的延续。正是在这种背景下,我们来讨论在其近期急剧发展之前关于中国私有经济的不同社会学观点。

关于中国私有经济的不同社会学观点

在研究文献中,我们发现了力图解释中国私有部门的主要起因和机制的三种观点:市场转型说、企业家—官员关系说和社会根源说。每一种观点都对中国私有经济的产生和发展的某一特定原因给予了特殊强调,并且每一种观点都有关于新兴社会经济秩序的推断。

市场转型说

市场转型说是由倪志伟(Victor Nee, 1989, 1991, 1992, 1996a, 1996b,2000;Nee and Cao, 1999,2002;Nee and Matthews, 1996;Nee and Su, 1996, 1998)大力倡导的。继泽兰尼(Szelényi, 1978)之后,倪志伟将国家再分配和市场经济看做两个完全不同的社会经济体系,并且他认为

---

⑥ 见 2003 年 11 月 19 日的《中国证券报》的文章《中国加大并购重组力度,优化国有经济布局》。

国家社会主义改革应被看做一种市场机制取代再分配机制的转型。根据他的看法,在这个转变过程中,市场——而不是党和国家机器——越来越多地创造权力、机会和动力,并且由此决定了新兴社会经济秩序的特征。在这个社会经济秩序中,国家官员让位于企业家和专业人士,因为他们拥有能够在市场上交换的人力资本和经营能力。国有企业管理者先于任何人被赋予了在公有企业进行"非正式民营化"的历史重任。

倪志伟没有忽略国家在社会主义改革中扮演的建立市场制度的角色(Nee, 1996b, 2000)。然而,市场转型说的核心论点在于市场拥有自己的增长动力;直接生产者,或者私人企业家拥有动力和资本能力来扩展市场交换,这不可避免地削弱了国家再分配经济。因此,市场的发展将越来越多地削弱政治精英对机会和特权的控制,并且能够增强人力资源和企业家精神的价值(Nee, 1989, 1996a)。这些变化减弱了作为社会主义国家宏观结构和管理标志的庇护—被庇护关系的垂直联系,增进了自发性市场交易的横向联系(Nee, 1992, 1996a)。私有部门成为总产量和经济增长的主要来源,这是标志经济协调模式从再分配向市场机制转变的关键点;正是在这个转折点上,我们能够自信地宣称转型已经完成,并大胆检测由市场转型说推演出来的假设(Nee and Cao, 2002)。

市场转型说给每一个具有进取心、积极活跃的私人企业家或准私人企业家提供了希望,他们愿意成为这场转变的主体。新兴社会经济秩序将基本沿着所有西方发达社会走过的路走下去。文化遗产并不被认为对中国的改革具有最重要的影响(Nee and Cao, 2002)。历史和地方因素可能会影响这个转变过程,并使之变得更加复杂,但是这些历史和地方因素的影响是随机的、暂时的(Nee and Cao, 1999)。由市场主导的中国经济和社会将最终与现代市场经济的基本模式吻合,而不具有太多的"中国特色"。

企业家—官员关系说

企业家—官员关系说否认私有经济的崛起和政治力量的衰落联袂上演的说法。根据此观点,其核心论点是政治精英并不随着市场的扩张而从经济生活中退出；相反，这个群体不仅在政府机关保住了政治地位，并且在一个越来越由市场主导的经济中扮演积极的角色。按照此观点，私有部门的产生、扩张和发展都是在强有力的行政管理体系的影子下发生的。因此，对每个私人企业家来说，在其产业的发展中，与地方国家官员关系的培养和维护都是至关重要的。

布鲁恩(Bruun, 1993, 1995)发现了多种企业家与官员联系的形式：私营企业家与国有企业管理者建立关系，以便于得到经营机会；个体企业主则将配偶一方注册为企业所有者，而另一方依然在地方政府机关工作；私有企业主为地方政府机构承担短期工作任务，以便获得利益；更常见的是，地方官员实际上是私人企业家的生意伙伴，他们协助签下商业合同，据此从私人企业家那里以回扣的形式获得收益。总之，私人企业家力争与地方国家官员和国有企业管理者建立联系，以获得有价值的商业信息、投资机会、政治安全、社会地位和认同。另一方面，地方官员从这种企业家—官员的联系中获得税收和收费等收益，用于地方社区的发展。这种模式表明了在地方层面上私有经济"依赖发展"的本质，认为中国可能会在某种程度上回到其1949年前"小型资本主义"的模式中，一种从属于或者被包含在国有经济主导的经济体系内的生产方式(Gates, 1996)。

布鲁恩认为企业的发展依赖于强大的官员关系网，而万克(Wank, 1995,1996,1999)对此持有不同观点，他认为地方官员和私营企业主是相互依赖的。万克认为企业家和官员之间的联系是"共生"的庇护关系。这些联系是改革之前的国有企业的标志——党委书记在一种与工厂政治活动有特别联系的"党组织庇护主义"文化中行使权力(Walder, 1986)，但是在改革时期的厦门，这种关系将地方官方庇护者和被庇护者(私营企业)联系起来(Wank, 1995)。"在中国新兴的市场经济中，共产党传统与新市场活动的结合下产生了一种特殊的国家权力结构，这种权力结构限制了商业贸易联系的建立。"(Wank, 1999, p.33)尽管国家对重要资源(金融、劳动力和原材料)的垄断控制正在减弱，但是国家能够通过管制和行政控制有效影响新兴市场经济。当私人企业家在市场开展业务时,地方政府官员通过各种形式的控制和影响寻求利益,以充实自己和地方政府的钱袋。互利互惠的交易促成了这两个群体之间的庇护关系。这种庇护关系被认为有利于促进新兴市场经济下的经济效率、合约实施和竞争(Wank,1999,p.37),所有这些,说到底,都是有利于私人企业家的。

万克对中国新兴私有经济"商业庇护关系"(Wank,1999,pp.35—39)或"庇护资本主义"(Wank,1995,pp.229—231)的描述与市场转型说截然不同。后者推断,在新兴市场经济中充满了私有企业之间的水平的商业联系,但是庇护资本主义的观点坚持这种水平联系不能也不会代替企业家和政府官员之间的垂直关系。与布鲁恩不同的是,万克认为企业家与政府官员之间的关系是互惠的,而不是单向依赖的;在万克看来,企业家与政府官员共同生存,共同成长,为利用市场中越来越多的商业机会而共同工作。这两个新兴市场经济中的成员不只是追求"利益效用最大化,还要追求理性的社会信任"(Wank,1995,p.31)。因此,庇护资本主义既不代表私有资本所有权的强势(倪志伟的观点),也不代表私人企业家对政府官员的从属(布鲁恩的观点);它说明的是新兴社会经济秩序的关系本质。用博伊索特和蔡尔德(Boisot and Child,1996)以及萨托(Sato,2003)的话来说,中国正在通向"关系资本主义"的路上。

布鲁恩和万克注重的是政府系统对新私有经济的影响,而一个更加直接的观点指向政府对公有资产和乡镇企业的持续控制。在"地方政府法团主义"模式中(Oi,1992,1998,1999;Walder,1995),地方政府以商业实体的方式运作,控制旗下的公司,以便于为政府和本区域争取经济和政治利益。通过这种方式,地方政府成了经济改革和发展的中心。魏昂德(Walder,1995)发现,与更高层相比,远离中央政府的低层政府更有能力监控企业,并产生良好的经济表现。这些发现表明,地方政府拥有建立地方工团主义模式的机构和动力。

社会根源说

社会根源说将私有经济的兴起归结于中国以家庭为中心的社会结

构。高棣民(Gold,1990)是研究20世纪80年代中国城市中个体企业兴起的第一批社会学家之一。他认为,尽管30年的进程中家庭的生产功能都被禁止和谴责,但是当国家再次允许个体经济在小商品市场运作,中国家庭立刻恢复了这种生产功能,甚至成为私有经济的主要形式。在一个更有序的生产体系中,如工业化的天津大邱庄,林南(Lin,1995;Lin and Chen,1999)发现管理机构(大邱庄村委会)植根于村民们的家庭和血缘结构中。在大邱庄,很多关键管理岗位由禹作敏的家庭成员担任,禹作敏当时是村庄的最高领导人,也是将大邱庄从一个穷村庄转变为一个大规模工业中心的领路人。事实上,很多"工业村"沿袭了相同的模式。根据这些思路,周(Zhou,2004)提供了对江苏南部华西村的具体分析。

为什么家庭企业是中国私有经济的主要形式?怀特(Whyte,1995,1996)试图回答这个问题。首先,他承认,关于传统中国家庭对中国经济发展是一种阻碍还是一种动力,学者们拥有不同的观点。怀特认为,中国家庭是正面和负面因素的混合体,而何种因素占主导取决于外部条件。过去,尤其在毛泽东时代,中国家庭的变革拥有两个重要特点:长辈力量的削弱以及家庭完整与忠诚的延续。这种家庭结构为动员家庭力量提供了动力和资源,并且产生了富有创造力和生产力的结果。同时,全球经济近期向小企业倾斜的变化增强了中国家庭的经济潜力。因此,当中国的经济改革为私人企业家提供了制度支持时,中国家庭在经济行为中的潜力就成为了以家庭为基础的经济的实际动力(Peng,2004)。为解释私有企业的成功,孙和王(Sun and Wong,2001)提供了一个延伸的家庭观点。与中国家庭形成信任网络的观点不同,孙和王称这种关系延伸到直系家庭之外。这种延伸的信任网络使私营企业更能够弥补生产资源和其他支持性条件的缺口,而这些对于私有经济的增长来说是至关重要的。

社会根源说建立的假设前提是,人们不仅仅追求个人利益,还遵守家庭、血缘和社会关系的道德规范。与前两个观点不同,社会根源说强调的是以家庭为基础的忠诚和信任,而不是水平的商业关系(市场转型说)或者企业家与官员之间的垂直联系(庇护资本主义观点)。社会根源说认为新兴私有经济是一种以家庭为基础的资本主义经济形式,它与中国的"家庭主义"文化息息相关,这也是其他亚洲经济的特点(Wong, 1985,1988,1995)。

结论和讨论

以上评述的三种社会学观点基于不同的理论推断,为中国新兴私有经济的起源和影响提供了不同的解释。表2.1总结了这些观点的不同特点。

表 2.1 对中国新兴私有经济的社会学解释

	市场转型说	企业家—官员关系说（关系资本主义）	社会根源说（关系资本主义）
理性假设	工具理性	社会和工具性价值导向	工具性和家庭忠诚导向
解释变量	市场制度	庇护关系	以家庭为中心的忠诚和信任
强调的社会关系	水平的商业联系	垂直的庇护关系	以家庭为中心的关系网
社会变化预测	标准的资本主义	小资本主义/庇护资本主义/地方政府法团主义	以家庭为基础的资本主义

市场转型说将在变化中的中国发生的两大历史现象联系在一起——市场的重新崛起和私有经济的出现——并且遵循了中国经济变迁研究的"趋同学派"的逻辑(Woo,1999)。这个观点证明了市场增长和私有经济进步之间的联系(Shi,1995;Zhang,1999)。通过研究温州和其他地区的模式,市场转型说揭示了私人企业家的动机和主动性(Parries,1993;Zhang,1999)。然而,市场转型说受到了政治力量并未随着市场扩张而削弱的观点的挑战(Bian and Logan,1996;Parrish and Michelson,1996;Walder,2003;Zhou,2000)。对市场转型说来说,关键是政治力量和地方官员如何与一个更加"市场化"和民营化的中国经济协调并适应这一变化的实质。

根据企业家—官员关系说,新兴私有经济来源于企业—政府关系,并且继续依赖于这种关系。这个观点提供了三种对于这些关系本质的描述。布鲁恩关于企业家依赖性的观点强调在市场化过程中依然延续的官本位中国文化;万克的庇护资本主义考虑了地方官员与私人企业家的共生关系;戴慕珍(Oi)和魏昂德的地方法团主义将地方政府看做地方经济改革和发展的动力源。这些不同的观点建立在广泛的基础上(Pieke, 1998; Young, 1989, 1994),表明研究者们在研究由魏昂德首先命名为"产权制度"课题的时候必须采取本土导向。企业家—官员关系说的核心是对国家权力商业化后果的判断,这并不是中国独有的,而是在所有市场经济普遍存在的。为什么中国国家权力的商业化到了一种产生共生庇护关系或地方政府法团主义模式的地步呢?而这种关系或模式会怎样在中国加入WTO后继续影响中国私有经济呢?

社会根源说抓住了中国社会结构的特有模式,即家庭生活。这一观点将诸如中国香港地区、中国台湾地区、新加坡的经济实体与中国家庭传统联系起来(Luo, 1997; Tu, 1991; Wong, 1995)。而在中国内地,这一观点具有广泛的理论基础(Entwisle, et al., 1995),并且私有经济在同宗同族高度聚居的乡村发展更有社会基础(Peng, 2004),也更容易得到发展(Zhe and Chan, 2000)。尽管有社会根源说的出现,但是中国个体经济的成功是不是短暂的现象,还有待观察。从这方面来说,将中国内地与台湾和香港比较是很有用的,因为有关港台个体经济的思考和证据已经积累了更长的时间(Hamilton and Kao, 1990; Weidenbaum, 1996; Wong, 1985)。

新兴有产阶级

与私有经济接踵而至的是有产阶级的产生和快速发展。2002年,中国拥有600多万注册的私有经济的所有者,而实际的数字可能多于1 000万。[7] 社会学家研究了三类社会群体——私营企业主、个体企业主

---

[7] 见2003年11月13日《经济》,《一个耀眼的新兴阶层》。

和政府官员精英——这些人最有可能是中国新兴有产阶级的成员。

私营企业主

1992 年,私营企业主的资产平均值达到了 940 000 元,并且他们的住房面积是国民平均水平的 5 倍(Li,1995,pp. 244—247)。2001 年底,他们的资产平均值发展到了 200 多万元。⑧

私营企业主的背景是各式各样的。1993 年和 1995 年的调查显示,大约 1/3 的私营企业主曾经是城乡政府机关干部;另外 1/3 曾是经理、创业者或者具备一定手艺技能的人;剩下的 1/3 是普通工人和农民(Li,2000,pp. 326—329)。这一分布表明,市场经济改革已经为新有产阶级的产生打开了通途大道。近期发展趋势表明,越来越多的专业人员和技术人员开始介入私有经济(Li,1995,pp. 236—237),专业人士开始成为有产阶级的重要来源。

为经营其产业,私营企业主已经动用了多种不同形式的资本。私人企业家的人力资本对他们的成功是非常重要的(Li,1996b)。家庭关系被认为是社会资源的一种(Peng,2004),对私人企业家来说是最重要的(Zhang and Ming,1999,pp. 156—163)。与公有机构的联系对私有产业也是非常重要的(Li,1996a)。私营企业的大部分管理人才和技术人才来自于国有产业和城市集体经济(Zhang and Ming,1999,pp. 146—147)。

个体企业主

个体企业主是毛泽东时代后中国进入私有经济的第一批人(见本书第三章吴晓刚对于个体企业建立的集中分析)。他们是中国改革的标志,是 20 世纪 80 年代的一个相对富裕的阶层(Shi,1993)。没有多少证据能够表明这些人在 20 世纪 90 年代仍旧富足(Bian and Zhang,2002),并且 1998 年进行的天津—上海—武汉—深圳 4 城市调查显示他们明显缺少持续性社会网络和社会资本(Bian and Li,2000)。可以肯定的是,城市个体户在

---

⑧ 来源同注⑤。该篇文章引用了中国第五次全国私营企业主抽样调查的数据。

经济、政治和社会方面都日益边缘化(Bian et al., 2005; Davis, 1999; Lu, Zhang and Zhang, 1992)。在多大程度上个体户还是中产阶级的成员？他们在中国的政治影响如何？这些问题都值得进行实证性研究。

政府官员精英

政府官员正在从再分配者转变为规则制定者或市场参与者(企业主)。机会主义模式(Nee and Lian, 1994)表明这些干部精英常常放弃自己的政治忠诚和意识形态，而以企业家的身份获得市场利益，苏(So, 2003)证明政治和行政干部的资产阶级化到处可见。部分官员和国有企业管理者参与了追逐利润的活动(Duckett, 2001; Lin and Zhang, 1999; Wong, 1994)，并且不声不响地通过"内部私有化"(Ding, 2000a, 2000b; He, 1998)或"自发私有化"(Blanchard et al., 1991, p.34; Boycko, Schleifer and Vishny, 1995, pp.76—85; Peck and Richardson, 1991, p.161; Spulber, 1997, p.120)将公共财产转化为私有财产。所有这些过程表明，部分国家官员和国有企业管理者已经通过行使他们在国有企业中的权力将公有财产放入自家腰包。还有其他私有化的方式：国有企业管理者通过帮助外国投资者在中国投资获得利润(Wu, 1998, 205—221)，地方官员抢夺私营企业主的利润(Rocca, 1992)，甚至军队也开始经营产业(Bickford, 1994)。到 2004 年，在新近股份制改造后的国有企业，管理者获取丰厚股权的现象屡见不鲜，在中国所有主要城市都是头条新闻。⑨

结论和展望

上述社会学观点揭示了中国新兴私有经济的一些起因和社会经济后果。市场转型说和庇护资本主义说可以看做对立的观点，两者之间存在着对市场制度和政治利益如何相互影响的不同解释，也对两大中心群体——国家官员/国有企业管理者和私有企业所有者如何互相作用，进

---

⑨ 例如，见《经济观察报》2004 年 10 月对中国主要国有企业所有制改革的报道。

而创造并改造新兴社会经济秩序这一问题存在尖锐的分歧。

通过本文,我们提出对中国新兴私有经济进行进一步研究的四种方向。第一,我们还需要进一步拓展我们对中国变革的理解,这是决定何种私有经济将在中国持续发展的关键因素。"发展中国家"的观点似乎把注意力放在中央政府在经济发展中的作用,而中国经验表明中央和地方政府同样是指引、规范和构造私有经济的信息、规范、法令和资金的来源。国家政策导向和其动机永远是实证性研究的一个课题。

第二,研究者应更深入地探索政府官员和国有企业管理者在产权改革中的作用。重要的是,非正式的民营化过程在公有部门内部培养了企业家精神,而自发私有化——即政治权力的资本化和行政权力的滥用——导致了不太具备企业家精神的资产阶级的产生。在最近的国有企业向股份制企业转化的过程中第一种进程似乎占据了主要地位,但是第二种进程似乎正在中央和地方政府机关快速蔓延,尽管胡锦涛、温家宝领导的新的中央政府正在发起反腐败的运动。因此,为解析中国市场经济的特点,实证研究的任务之一是探索这些进程带来的影响。

第三,学术界公认中国的私有经济将以某种形式遵循关系资本主义(Boisot and Child, 1996; Sato, 2003)的模式。这一观点要求对一系列课题进行实证性研究,如工商关系和企业发展中嵌入的社会资源的类型和作用;公私组织的跨组织关系和其对组织行为的影响;公私部门之间为界定和实施经济实体产权而产生的合约关系和非正式联系;社会和经济关系能否有效协调资源分配。这些研究课题对深化对中国私有经济的本质、特点和发展模式的认识具有重要的意义。

第四,当私有经济蓬勃发展,民主政治和市民社会研究可能很快成为新的研究热点。私有经济将在多大范围内成为非政府组织的支持力量?在一个自我调节的党政国家,加上一个发展中的市场经济,私人企业家将在多大程度上成为民主政治的动力源?在中国加入WTO后私人企业家将如何处理他们的资本—劳动关系?私人企业家如何面对遭到相对剥夺的城市工人和流动民工?这些都是有关中国新兴社会经济秩序的新的社会学问题。

参 考 文 献

Bian, Y. J.; R. Breiger; D. Davis; and J. Galaskiewicz. (2005). Occupation, class, and networks in urban China. *Social Forces*, 83 (June).
Bian, Y. J., and Y. Li. (2000). Social network capital of the Chinese family. *Hsinghua Sociological Review*, 2, 1–18.
Bian, Y. J., and J. R. Logan. (1996). Market transition and persistence of power: The changing stratification system in urban China. *American Sociological Review*, 61, 739–58.
Bian, Y. J., and Z. X. Zhang. (2002). Marketization and income distribution in urban China: 1988 and 1995. *Research in Social Stratification and Mobility*, 19, 377–415.
Bickford, T. J. (1994). The Chinese military and its business operations: The PLA as entrepreneur. *Asian Survey*, 345, 460–74.
Blanchard, O.; R. Dornbusch; P. Krugman; R. Layard; and L. H. Summers. (1991). *Reform in Eastern Europe*. Cambridge, MA: MIT Press.
Boisot, M., and J. Child. (1996). From fiefs to clans and network capitalism: Explaining China's emerging economic order. *Administrative Science Quarterly*, 41, 600–24.
Boycko, M.; A. Shleifer; and R. Vishny. (1995). *Privatizing Russia*. Cambridge, MA: MIT Press.
Bruun, O. (1993). Business and bureaucracy in a Chinese city: An ethnography of private business households. *Contemporary China, Chinese Research Monograph* 43. Berkeley: Institute of East Asian Studies, University of California.
———. (1995). Political hierarchy and private entrepreneurship in a Chinese neighborhood. In A. G. Walder (Ed.), *The waning of the communist state: Economic origins of political decline in China and Hungary*, pp. 184–212. Berkeley: University of California Press.
Byrd, W. A. (1990). Entrepreneurship, capital, and ownership. In A. B. Willian and Q. S. Lin (Eds.), *China's rural industry: Structure, development, and reform*, pp. 189–271. Oxford: World Bank, Oxford University Press.
Cao, Y. Z.; Y. Qian; and B. R. Weingast. (1998). From federalism, Chinese style, to privatization, Chinese style. *Economics of Transition*, 71, 103–31.
Dai, Z. T. (1998). *The research on regional economies with investigation on the issue of Wenzhou's growth.* (in Chinese). Beijing: Zhongguo jihua chubanshe.
Davis, D. S. (1999). Self-employment in Shanghai: A research note. *China Quarterly*, 157, 22–43.
Ding, X. L. (2000a). Systematic irregularity and spontaneous property transformation in the Chinese financial system. *China Quarterly*, 163, 655–76.
———. (2000b). The illicit asset stripping of Chinese state firms. *China Journal*, 43, 1–28.
Duckett, J. (2001). Bureaucrats in business, Chinese-style: The lessons of market reform and state entrepreneurialism in the People's Republic of China. *World Development*, 29(1), 23–37.
Entwisle, B.; G. E. Henderson; S. E. Short; J. E. Bouma; and F. Y. Zhai. (1995). Gender and family businesses in rural China. *American Sociological Review*, 60, 36–57.
Gates, H. (1996). *China's motor: A thousand years of petty capitalism*. Ithaca, NY: Cornell University Press.
Gold, T. B. (1990). Urban private business and social change. In D. Davis and E. F. Vogel (Eds.), *Chinese society on the eve of Tiananmen*, pp. 157–78. Cambridge, MA: Harvard University Press.
Gregory, N.; S. Tenev; and D. Wagle. (2000). *China's emerging private enterprises*. Washington, DC: International Finance Corporation.
Hamilton, G. G., and Kao, C. S. (1990). The institutional foundations of Chinese business: The family firm in Taiwan. *Comparative Social Research*, 12, 95–112.
He, Q. L. (1998). *The pitfall of modernization—economic and social problems in contemporary China* (in Chinese). Beijing: Jinri zhongguo chubanshe.
Hershkovitz, L. (1985). The fruits of ambivalence: China's urban individual economy. *Pacific Affairs*, 58, 427–50.
Ho, S.P.S. (1994). *Rural China in transition: Non-agricultural development in rural Jiangsu, 1978–1990*. Oxford: Clarendon Press.
Jefferson, G. H., and T. G. Rawski. (1994). Enterprise reform in Chinese industry. *Journal of Economic Perspective*, 8, 47–70.
Jia, T., and K. C. Wang. (1989). The rise and development of the private enterprise owner strata in China (in

Chinese). *Chinese Social Science*, 2, 89–100.
Kraus, W. (1991). *Private business in China: Revival between ideology and pragmatism*. Honolulu: University of Hawaii Press.
Kung, J. (1999). The evolution of property rights in village enterprises: The case of Wuxi County. In J. C. Oi and A. G. Walder (Eds.), *Property rights and economic reform in China*, pp. 95–120. Stanford, CA: Stanford University Press.
Lau, R.W.K. (1998). *The 15th Congress of the Chinese Communist Party: Milestone in China's privatization*. Working paper, Division of Social Studies, City University of Hong Kong.
Li, L. L. (1996a). Private entrepreneurs in the transformation of social structure: "system capital" and the development of private firms (in Chinese). *Sociological research*, 2, 93–104.
———. (1996b). Human capital of private firms and their success (in Chinese). *Chinese Social Science Quarterly* (HK), 15, 32–43.
———. (2000). The transformation of social stratification mechanisms and the emergence of private enterprises in Mainland China. In Z. J. Liu (Ed.), *Markets, classes and politics: The transforming Chinese societies* (in Chinese), pp. 325–58. Hong Kong Institute of Asia-Pacific Studies, Chinese University of Hong Kong.
Li, P. L. (Ed.). (1995). *Reports on the classes and strata in China's new era* (in Chinese). Shenyang, China: Liaoning renmin shubanshe.
Li, Q. (1993). *Social stratification and mobility in contemporary China* (in Chinese). Beijing: Shehui kexue wenxian chubanshe.
Lin, N. (1995). Local market socialism: Local corporation in action in rural China. *Theory and Society*, 24, 301–54.
Lin, N., and J. C. Chen. (1999). Local elites as officials and owners: Shareholding and property rights in Daqiuchuang. In J. C. Oi and A. G. Walder (Eds.), *Property rights and economic reform in China*, pp. 1–24. Stanford, CA: Stanford University Press.
Lin, Q. S. (1990). Private enterprises: Their emergence, rapid growth, and problems. In A. B. Willian and Q. S. Lin (Eds.), *China's rural industry: Structure, development, and reform*, pp. 172–88. Oxford: World Bank, Oxford University Press.
Lin, Y. M. (2001). *Between politics and markets: Firms, competition, and institutional change in post-Mao China*. New York: Cambridge University Press.
Lin, Y. M., and Z. X. Zhang. (1999). Backyard profit centers: The private assets of public agencies. In J. C. Oi and A. Walder (Eds.), *Property rights and economic reform in China*, pp. 203–25. Stanford, CA: Stanford University Press.
Liu, Y. L. (1992). Reform from below: The private economy and local politics in the rural industrialization of Wenzhou. *China Quarterly*, 130, 293–316.
Lu, X. Y.; H. Y. Zhang; and Q. Z. Zhang. (1992). The partition of peasantry in the transitional period (in Chinese). *Chinese Social Science*, 4, 137–51.
Luo, J. (1997). The significance of networks in the initiation of small business in Taiwan. *Sociological Forum*, 12(2), 97–317.
Morita, K., and K. Zaiki. (1998). A comparative analysis of privatization: A Chinese way and a Polish way. In Z. Ilianna (Ed.), *Eastern Europe and the world economy: Challenges of transition and globalization*, pp. 97–101. Cheltenham, England, and Northampton, MA: Elgar.
Nee, V. (1989). Theory of market transition: From redistribution to market in state socialism. *American Sociological Review*, 54, 663–81.
———. (1991). Social inequalities in reforming state socialism: Between redistribution and markets in China. *American Sociological Review*, 56, 267–82.
———. (1992). Organizational dynamics of market transition: Hybrid forms, property rights, and mixed economy in China. *Administrative Science Quarterly*, 37, 1–27.
———. (1996a). The emergence of market society: Changing mechanisms of stratification in China. *American Journal of Sociology*, 101, 908–49.
———. (1996b). Market transformation and societal transformation in reforming state socialism. *Annual Review of Sociology*, 22, 401–35.
———. (2000). The role of the state in making a market economy. *Journal of Institutional and Theoretical Economics*, 156, 64–88.
Nee, V., and Y. Cao. (1999). Path dependent societal transformation: Stratification in mixed economies. *Theory and Society*, 28, 799–834.
———. (2002). Postsocialist inequality: The causes of continuity and discontinuity. *Research in Social Stratification and Mobility*, 19, 3–39.
Nee, V., and P. Lian. (1994). Sleeping with the enemy: A dynamic model of declining political commitment

in state socialism. *Theory and Society*, 23, 253-96.
Nee, V., and R. Matthews. (1996). Market transition and societal transformation in reforming state socialism. *Annual Review of Sociology*, 22, 401-35.
Nee, V., and S. J. Su. (1996). Institutions, social ties, and commitment in China's corporatist transformation. In J. McMillan and B. Naugton (Eds.), *Reforming Asian socialism: The growth of market institutions*, pp. 111-34. Ann Arbor: The University of Michigan Press.
———. (1998). Institutional foundations of robust economic performance: Public sector industrial growth in China. In J. Henderson (Ed.), *Industrial transformation in Eastern Europe in the light of the East Asian experience*, pp. 167-87. New York: St. Martin's Press.
Oi, J. C. (1992). Fiscal reform and the economic foundations of local state corporatism in China. *World Politics*, 45, 99-126.
———. (1998) The evolution of local state corporatism. In A. G. Walder (Ed.), *Zouping in transition: The process of reform in rural North China*, pp. 35-61. Cambridge, MA: Harvard University Press.
———. (1999). *Rural China takes off: Incentives for industrialization*. Berkeley and Los Angeles: University of California Press.
Parries, K. (1993). Local initiative and national reform: The Wenzhou model of development. *China Quarterly*, 134, 242-63.
Parrish, W. L., and E. Michelson, E. (1996). Politics and markets: Dual transformations. *American Journal of Sociology*, 101, 1024-59.
Peck, M. J., and T. J. Richardson. (Eds.). (1991). *What is to be done?—Proposals for the Soviet transition to the market*. New Haven, CT, and London: Yale University Press.
Peng, Y. S. (2001). Chinese villages and townships in industrial corporations: Ownership, governance, and market discipline. *American Journal of Sociology*, 106, 1338-70.
———. (2004). Kinship networks and entrepreneurs in China's transitional economy. *American Journal of Sociology*, 109, 1045-74.
Pieke, F. N. (1998). Networks, groups, and the state in the rural economy of Raoyang County, Hebei Province. In E. B. Vermeer, F. N. Pieke, and W. L. Chong (Eds.), *Cooperative and collective in China's rural development: Between state and private interests*, pp. 256-72. Armonk, NY: M.E. Sharpe.
Rocca, J. L. (1992). Corruption and its shadow: An anthropological view of corruption in China. *China Quarterly*, 130, 402-16.
Sabin, L. (1994). New bosses in the workers' state: The growth of non-state sector employment in China. *China Quarterly*, 140, 944-70.
Sato, H. (2003). *The growth of market relations in post-reform rural China*. London and New York: Routledge Curzon.
Shi, X. M. (1993). *The breakthrough of the system* (in Chinese). Beijing: Zhongguo shehui kexue chubanshe.
So, A. Y. (2003). The changing patterns of classes and class conflict in China. *Journal of Contemporary Asia*, 33, 363-76.
Spulber, N. (1997). *Redefining the state: Privatization and welfare reform in industrial and transitional economies*. New York: Cambridge University Press.
Sun, W. B., and S. L. Wong. (2001). The development of private enterprise in contemporary China: Institutional foundations and limitations. *The China Review*, 2, 65-91.
Swartz, K. L. (1998). *Corporatization: A step towards privatization*. Thesis LL.M., University of Hong Kong.
Szelényi, I. (1978). Social inequalities in state socialist redistributive economies. *International Journal of Comparative Sociology*, 1-2, 63-87.
Tu, I. C. (1991). Family enterprises in Taiwan. In G. Hamilton (Ed.), *Business networks and economic development in Southeast Asia*, pp. 114-25. Hong Kong: University of Hong Kong, Centre of Asian Studies.
Walder, A. G. (1986). *Communist neo-traditionalism: Work and authority in Chinese industry*. Berkeley: University of California.
———. (1995). Local governments as industrial firms: An organizational analysis of China's transitional economy. *American Journal of Sociology*, 101, 263-301.
———. (1996). Markets and inequality in transitional economies: Toward testable theories. *American Journal of Sociology*, 101, 1060-73.
———. (2003). Elite opportunity in transitional economies. *American Sociological Review*, 68, 899-916.
Wang, H. S. (1994). The industrialization and structural change of the elite in Chinese rural areas in the reforming period. In Z. J. Liu (Ed.), *Development and inequality* (in Chinese), pp. 157-78. Hong Kong: Hong Kong Institute of Asia-Pacific Studies.

Wank, D. L. (1995). Bureaucratic patronage and private business: Changing networks of power in urban China. In A. G. Walder (Ed.), *The waning of the communist state: Economic origins of political decline in China and Hungary*, pp. 153–83. Berkeley: University of California Press.
———. (1996). The institutional process of market clientelism: Guanxi and private business in a South China city. *China Quarterly*, 29, 820–38.
———. (1999). *Commodifying communism: Business, trust and politics in a Chinese city*. Cambridge, England: The University of Cambridge.
Weidenbaum, M. (1996). The Chinese family business enterprise. *California Management Review*, 384, 141–56.
Whyte, M. K. (1995). The social roots of China's economic development. *China Quarterly*, 144, 999–1019.
———. (1996). The Chinese family and economic development: Obstacle or engine? *Economic Development and Cultural Change*, 45, 1–30.
Wolf, Charles, Jr. (1993). *Markets and government: Choosing between imperfect alternatives*. Cambridge, MA: MIT Press.
Wong, J. (1994). Power and market in mainland China: The danger of increasing government involvement in business. *Issues and Studies*, 301, 1–12.
Wong, S. L. (1985). The Chinese family firm: A model. *British Journal of Sociology*, 36(1), 158–72.
———. (1988). The applicability of Asian family values to other sociocultural settings. In P. Berger and H. H. M. Hsiao (Eds.), *In search of an East Asian development model*, pp. 134–52. New Brunswick, NJ: Transaction Books.
———. (1995). Business networks, cultural values, and the state in Hong Kong and Singapore. In R. A. Brown (Ed.), *Chinese business enterprise in Asia*, pp. 36–153. London and New York: Routledge.
Woo, W. T. (1999). The real reasons for China's growth. *The China Journal*, 41, 116–37.
Wu, J. L. (2003). *China's economic reform* (in Chinese). Shanghai: Shanghai Far East Press.
Wu, J. M. (1998). *Local property rights regime in socialist reform: A case study of China's informal privatization*. Unpublished doctoral thesis, Department of Political Science, Columbia University.
Yang, M. (1989). The gift economy and state power in China. *Comparative Studies in Society and History*, 31, 25–54.
Yang, M. (1994). *Gifts, favors and banquets: The art of social relationship in China*. Ithaca, NY: Cornell University Press.
Young, S. (1989). Policy, practice and the private sector in China. *Australian Journal of Chinese Affairs*, 21, 57–80.
———. (1992). Wealth but not security: Attitudes towards private business in the 1980s. In A. Watson (Ed.), *Economic reform and social change in China*, pp. 63–87. London: Routledge.
———. (1995). *Private business and economic reform in China*. Armonk, NY: M.E. Sharpe.
———. (1998). The Chinese private sectors in two decades of reform. *Journal of the Asia Pacific Economy*, 31, 80–103.
Zhang, H. Y. (1999). The rising of another bloc—the restoration and growth of the private economy in the reforming and open-door time. In H. Y. Zhang and L. Z. Ming (Eds.), *Report on the development of Chinese private enterprises* (in Chinese), pp. 3–59. Beijing: Shehui kexue wenxian chubanshe.
Zhang, H. Y., and L. Z. Ming. (Eds.). (1999). *Report on the development of Chinese private enterprises* (in Chinese). Beijing: Shehui kexue wenxian chubanshe.
Zhe, X. Y., and Y. Y. Chan. (2000). Structure—actor relationship in institutional choices concerning property rights (in Chinese). *Sociological research*, 5, 64–81.
Zhou, X. G. (2000). Economic transformation and income inequality in urban China: Evidence from panel data. *American Journal of Sociology*, 105, 1135–74.
Zhou, Y. (2004). *Post-collectivism in a transitional economy: The logic of integration under the condition of radical differentiation in Huaxi Village*. Unpublished doctoral thesis, Department of Sociology, Chinese University of Hong Kong.

第三章 中国的家庭企业(1978—1996)：参与和业绩[*]

吴晓刚

私营部门的兴起是中国从计划经济走向市场经济的不可或缺且至关重要的部分。中国的私营经济活动有两种形式：个体户（个体工商户）和私营企业(Gregory, Tenev and Wagle, 2000)。自 1978 年以来，中国的改革者采取渐进的方式来扩展私营部门。但在 80 年代早期，只有个体工商户或个体户拥有合法地位，且法律还限制其最多能雇用 7 名工人。直到 1988 年，较大规模的私营企业才得以批准，并在 1992 年之后得到了迅速的发展。在那一年，邓小平在其南巡讲话中呼吁进一步推动以市场为主导的改革。到 90 年代后期，私有制完全合法化。从那以后，私有制在中国的经济增长和体制转变中起到了越来越重要的作用（详见本书第二章边燕杰和张展新的回顾）。

中国私营部门的历史沿革可以通过政府的统计数据得到验证。如图 3.1a 和 3.1b 所示，自 80 年代以来，尤其是 1992 年之后，个体户和私营企业的注册资本和收入都有了迅速的发展。1994 年后，私营企业的注册资本超过了个体户；1998 年前者的收入超过了后者。中国的私营企业已成为带动私营部门向前发展的主要动力。

尽管如此，个体户在中国经济转型中的作用不能因此而被轻易忽

---

[*] 本文的数据收集由美国国家科学基金会（SBR-9423453）、LUCE 基金会、福特基金会、加州大学太平洋沿岸项目提供经费。本文在此感谢边燕杰和高棣民对本文初稿所给予的宝贵意见。

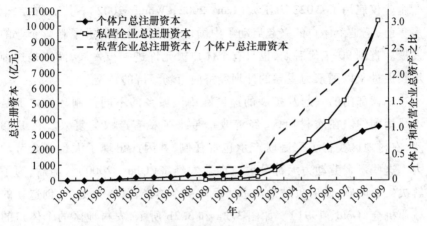

图 3.1a 总注册资本(人民币):个体户和私营企业

资料来源:Lan(2002),Wang(2002)。

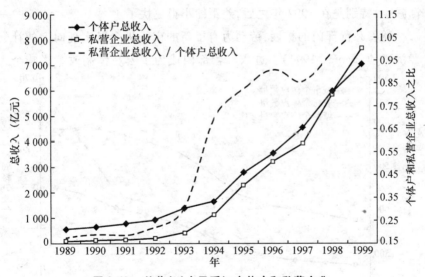

图 3.1b 总收入(人民币):个体户和私营企业

资料来源:Lan(2002),Wang(2002)。

略。首先,个体户一直在数量和就业规模上超过私营企业。例如,在 1999 年,3 160 万家家庭企业雇用了 6 241 万名工人,而 150.8857 万家私营企业仅雇用了 2 022 万工人(Lan,2002;Wang,2002);其次,在二十多年前,正是个体户的兴起启动了中国市场的转型并促进了私营企业的发展。直到 90 年代后期,也只有个体户被允许进一步发展,而正是这种增长促进了以国家为主导的计划经济向市场经济的转型。

私营部门的兴起及扩展的速度在中国城乡的不同体制环境之下是不尽相同的。在农村地区,经济改革带来了私有产权的复兴。在 1978 年,农村地区实行了家庭联产承包责任制,并因此出现了大量剩余劳动力。这些剩余劳动力大部分要流向非农经济(Qian,2000)。随后,为了解决失业问题,政府也鼓励城市居民从事个体经营,自力更生,创造新的就业机会(Gold,1991)。如图 3.2a 和 3.2b 所示,农村地区的个体户的发展要比城市地区早得多。从 1989 年到 1999 年,农村个体户一直在数量与就业规模上超过城市个体户,不过两者的差距已随着时间的发展逐渐减小;特别是在 1992 年之后,差距缩小得更快了。

随着私营部门的扩展,劳动力有了新的市场机会以实现向上的社会经济流动(Sabin,1994)。进入私营部门成为了宏观体制改革影响个人

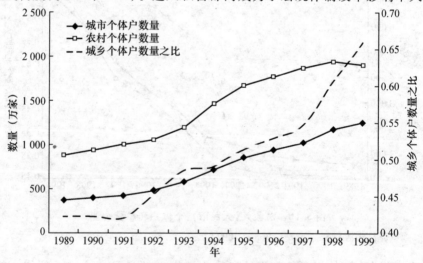

图 3.2a 中国城乡地区个体户的数量

资料来源:Lan (2002),Wang(2002)。

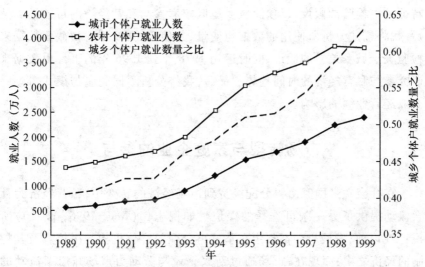

图 3.2b 中国城乡地区个体户的总就业人数

资料来源:Lan(2002),Wang(2002)。

收入分配的变化的一种重要机制。深入研究通向私营经济之路,即研究从事私营经济活动者的背景,对关心中国市场经济转型的社会后果的社会学家来说具有相当的吸引力。

本章着重讲两个问题:(1)通向家庭企业的道路,即什么样的特征或背景使一个家庭参与私营经济活动;(2)家庭企业的业绩。本文所用的"家庭企业"这个术语主要是指雇用工人少于8人的个体户,同样也指一些经营规模与个体户相似、但根据中国法律以不同范畴注册的小型私营企业(Entwisle et al., 1995)。这两种小企业都主要是以家庭为单位来进行经营。改革之后中国的家庭重新发挥了它们的经济功能(Entwisle et al., 2000)。

通过"当代中国生活史和社会变迁"全国抽样调查的数据(Treiman and Walder, 1996),本文研究参与家庭企业的模式在城乡的不同背景之下和改革的不同阶段有何差异,并进一步论证不同的参与模式如何影响家庭企业经营业绩。在以下的部分中,本文将首先解释私营经济的兴起如何改变了不同中国家庭所面临的机会结构,并推导出了几个基于家庭特征的可检验的假设,以预测城乡地区家庭参与私营经济的可能性。然后,我将描述分析所使用的数据与变量,并使用 1996 年的横截面数据来检验关于城乡差异的假设,同时运用 1978 年到 1996 年的事件史数据来研究参与私营经济的时间趋势。最后,我将分析不同的参与模式对家庭企业经营业绩的影响。

市场转型与家庭企业的参与

在社会主义国家由再分配经济到市场经济的转变中,私营经济为社会流动提供了另一条可选择的渠道。如倪志伟(Nee,1996,p.910)所说:"在以前,发展机会都集中在掌管再分配的官僚机构的决策者及其控制的经济之中;而现在,市场通过新兴企业与劳动力市场开启了流动的另一个机会之窗。"私营经济对社会分层的影响便是提供了二元机会结构,"人们可以选择在官僚等级中爬到更高位置,也可以尝试一下市场之路"(Szelényi,1988,p.65)。

学者们争论的一个关键问题是谁在新兴的市场机会中获得了更多的利益。有的学者认为私营经济中的主要群体都来自于社会底层。在其早期所做的对匈牙利农村企业的研究中,泽兰尼(Szelényi,1988)论证了干部参与市场导向的企业的可能性较小,而那些新兴的商业精英们更有可能是来自于较少特权的群体。基于来自中国福建农村的调查数据,倪志伟(Nee,1989a)声称中国干部参与私营经济的优势甚少或者说根本就没有什么优势;另一方面,拥有较多人力资本的直接生产者(即普通农民和工人)从市场中获益,且其所获得的优势削弱了干部所拥有的特权(Cao and Nee,2000;Nee,1989a,1996)。

与倪志伟的市场转型理论(Nee,1989a)相悖的是,对中国与其他前社会主义国家收入分配的分析显示,在向市场化推进的过程中,再分配权力的优势仍然存在,且人力资本的回报并没有增长(例如,Bian and Logan,1996;Gerber and Hout,1998;Parish and Michelson,1996;Xie and Hannum,1996)。罗娜塔斯(Róna-Tas,1994)发现,在政治变化之后,前匈牙利干部能通过成功地将自己转型为公司企业家的方式来保持他们自己的优势。相应地，他的"权力转型"论认为，私营部门的增长将实际上增强而不是削弱干部在社会经济中的优势地位。

这场学术争论的核心就是共产党精英分子的命运，即，相对于其他社会群体，共产党干部在改革时期表现怎样（Szelényi and Kostello，1996；Walder，1996）。为了回答这个问题，研究者需要注意这样一个问题，既不同的社会群体（包括干部）对于私营部门的扩展是如何反应的。换句话说，就是谁进入了私营经济部门？这一动态的过程有赖于特定的制度背景。例如，从干部转变为企业家可能会在特定的背景环境下发生（Rona-Tas，1994，p.47）。然而，泽兰尼（Szelényi，1988）和倪志伟（Nee，1989b）所描述的较少特权群体的参与，也是有可能在不同环境下发生的。吴和谢（Wu and Xie，2003）指出，在改革的不同阶段进入市场经济部门的人有可能在人力资本、政治资本和其他可观察或不可观察的特征上有所差异。重要的中介因素是不同的社会群体在劳动力市场转型中所面临的机会结构的改变。

泽兰尼和科斯特罗（Szelényi and Kostello，1996）提出了关于市场转型和在市场转型进程中主要弄潮儿的一个综合描述。他们按市场渗透形式的不同将市场转型分为三种类型：整体再分配型经济中的地方性市场、社会主义混合经济和资本主义主导的市场经济。他们认为，市场经济中的主要社会角色是变化的，这取决于市场渗透的特定形式。在第一种类型的市场渗透中，市场对于整个经济体制而言还是处在边缘位置。大部分参与私营经济活动的人都来自于社会的底层，因为参与市场具有高风险又几乎不需要什么技能。在社会主义混合经济中，私营经济活动渐次合法，市场竞争在经济运作中起到了更大的作用，这就形成了不平等的二元体制。更多有能力的人开始进入市场，挤走甚至是完全消灭了早期的冒险家。在以资本主义为主导的市场经济中，当市场作为不平等的主要来源而兴起的时候，那些完全依赖再分配机制的人失掉了他们的优势，但他们中的有一些人可能会将其以往的优势转变为新的优势。因此，谁赢谁输都有赖于具体的体制安排。因为在不同的体制下，劳动力对于市场机会有着不同的反应。

不同于泽兰尼和科斯特罗(Szelényi and Kostello, 1996)的观点,魏昂德(Walder, 2003)提出了一个关于精英机会的理论。这个理论主要关注市场改革如何将新的价值注入到公共财产之中,从而为内部精英的参与提供了不同的机会。他认为,再分配部门的特权群体不需要直接参与到私营部门。反之,他们可以在国有部门中保持其特权,并成功地将适当的公共资产转入自己的腰包(Ding, 2000a, b)。他们是否可以做到这一点有赖于政体变迁的程度和法律对化公为私的监督管理程度。因为这两种体制环境在各国都不尽相同,市场转型对于后社会主义时代精英的优势转变没有一个普遍的结论。

泽兰尼和科斯特罗(Szelényi and Kostello, 1996)和魏昂德(Walder, 2003)都强调了机会结构的改变对于理解后社会主义转型时期中不同分层结果的重要性。他们关于转型过程各个方面的研究表明,每个个体所面临的整体机会结构是由变革中的公共部门和扩展中的私营部门两者共同决定的。由体制转型所驱动的机会结构的大规模转变不仅在公共部门或私营部门中得以反映,同时也在这两个部门的相对力量中得以体现。因此,为了理解中国劳动力对于私营经济活动的不同反应,本文需要对他们所面临的整体机会结构进行仔细的观察。个体及其家庭在使自己适应于转变中的政治经济环境时做出抉择与决定,而他们的行为也相应地重塑后社会主义时期社会分层的秩序。

因为之前不同的体制结构,中国城乡的市场转型走上了不同的发展道路。户口制度自 1955 年开始实行,直至今日。根据这一制度,所有的中国公民都要在所住的地方登记,并分成城市户口与农村户口·(Chan and Zhang, 1999, pp. 821—822)。在改革前,占全国人口大多数的农村居民在没有政府批准的条件下是不允许向城市流动的。他们所享有的权利与利益也是有限的,而这些权益(例如,永久就业、医疗保险和退休福利)却是城市居民所享有的(Wu and Treiman, 2004)。由于没有城市户口,大多数的村镇干部也不属于国家官员体制的一部分,因而也不能像城市工人那样享有国家规定的权益。在改革时期,虽然空间流动和改变工作变得更加容易,但是户口身份区别仍然存在。例如,在城市中的农村移民仍然被称为"农民工"。他们在城市的劳动力市场中受到歧视(Wang, Zuo and Ruan, 2002)。

因此,虽然私营部门的兴起带来了新的机会,但是对于城乡居民却有着不同的含义。在农村改革开始后不久,农村人民公社制度全盘瓦解(Qi, 1999)。但是,城市再分配部门却存在,直至今日(虽然它已大幅度缩减)。随后,农村地区的私营经济为那些缺乏社会经济机会的人提供了流动的主要渠道(Entwisle et al., 1995)。对于农村家庭或居民(包括农村干部)而言,赚钱是他们可以减少弱势地位的唯一途径。在城市地区,双重机会结构存在于劳动力市场中,国家仍然是最主要的雇用者,提供社会保障、附加福利以及政治机会,私营部门所能提供的则仅是社会流动的替代渠道(虽然它越来越具有吸引力了)(Davis, 1999)。

假　　设

因为城乡家庭所面临的机会结构不同,参与私营部门的家庭可能会有不同的社会特征。事实上,早期研究称农村企业家主要来自于生产队干部,或是被下放农村的城市青年,或是从城市回到农村家乡的原城市居民,或退伍军人。这些人所拥有的人力资本与政治资本都比一般的农村人多(Nee, 1989b)。在城市地区,根据 80 年代所做的几个小型调查,大部分城市家庭企业都是来自边缘化的社会群体。即是说,农村移民、失业青年、下岗工人和退休人员,他们进入私营部门有得无失(Gold, 1991;Young, 1995, p.37)。

因此,本文认为城乡地区家庭企业的参与模式不同。**城市家庭参与私营经济更可能因为其拥有弱势的背景,没有其他机会;而农村家庭参与私营经济更可能是因为其拥有相对优势。**

对于家庭优势/弱势的定义主要是从人力资本(教育)和政治资本

(身份地位)上来看的。① 在城市地区,受教育的人和干部在职业或政治生涯中有着其他的机会(Walder, Li and Treiman, 2000)。而在农村地区,农村人口的职业机会更为有限。除非他们通过改变户口的方式正式迁入城市,但户口的改变是具有很强的选择性的(Wu and Treiman, 2004),那些仍然待在农村地区的人(即便是干部或农村企业的经理)都不如那些迁入城市的人有优势。所以,他们进入私营经济的动机就变得越来越强烈。因此,教育和干部身份在参与城乡家庭私营经济中起到不同的作用。具体地说,本文要检验以下两种假设:

假设 1 在城市地区,受过较高教育的家庭比受过较低教育的家庭组参与家庭企业的可能性要小;在农村地区则相反。

假设 2 在城市地区,干部家庭比非干部家庭参与家庭企业的可能性要小;在农村地区则相反。

家庭阶级背景在参与私营经济的选择中也起到了很重要的作用。在社会学文献中有一种观点认为,企业家精神是遗传的。例如,泽兰尼(Szelényi, 1988)发现,在匈牙利农村,共产党执政前的祖辈从事企业经营的人在经济改革开始的时候更有可能参与家庭企业经营活动。1989年后东欧与俄罗斯新的经济精英的产生过程中,"精英再生产"而不是"精英循环"占据了整个过程的主导地位(Szelényi and Szelényi, 1995)。与之相似的是,在中华人民共和国成立后的 30 年里,市场化进程被社会主义制度的建立所打断。这种"打断"在社会主义已经发育完全的中国城市地区要比农村地区更加彻底。家庭企业历史可能在城乡的私营部门崛起中起到了不同的作用:新的经济精英的社会再生产可能在农村地区比在城市地区更加明显。因此,

假设 3 在城市地区,1949 年之前的家庭企业活动可能不会对现在

---

① 可以确定的是,随着私营部门参与的进一步扩展,强劲的社会资本(能提供融资的社会关系)同样也是成功的重要前提(Gold, Guthrie and Wank, 2002; Wank, 1999)。在此,本文不分析参与家庭企业的社会资本,原因有二:首先,家庭干部关系已经反映了一个家庭所拥有的部分社会资本。政治资本可以作为社会资本的制度化形式(Eayl, Szelényi and Townsley, 1998);其次,本文使用的调查数据中,无法提供一个与干部关系的度量相异的社会资本的度量。

参与家庭企业有所帮助;但在农村地区则相反。

参与家庭企业是一个与中国经济转型密切相关的动态过程。机会结构不仅在城乡的劳动力市场中有所不同,在改革的不同阶段也是不同的。当私营经济仅仅被视做再分配经济的一个补充的时候,参与私营经济活动的人主要来自于社会的边缘群体,他们进入私营经济活动的获利甚多,又没有什么可以失去的。然而,当市场获得了合法的地位,从而在经济运行中起到更大作用的时候,不仅是市场机会得到了很大的扩展,同时,人们对于私营部门的看法也有了很大的改变。因此,本文提出:

假设4 随着时间的发展,参与家庭企业的比例在中国的城乡地区都会有所增长。

随着市场机会的扩展及政治风险的降低,越来越多有能力的人开始放弃了自己在再分配部门的职业机会,开始"下海",参与私营经济(Wu and Xie, 2003)。因而,参与私营经济的家庭特征开始发生变化。例如,中国社会科学院所进行的一次研究指出,前干部在私营经济中所占的比例在1997年为11%,2000年为14.4%,2002年为15.3%(Lu, 2004, p.253)。

既然大部分社会学文献都是关于(前)干部是否在市场转型中获益并成为赢家的辩论的,本文提出有关干部的一个特定假设:

假设5 随着时间的发展,城乡地区的干部家庭更有可能参与私营经济。

假设1和假设2显示了参与家庭企业的模式在城乡间是完全不同的。因为只有在城市地区才存在着二元的机会结构,阻碍了拥有更多人力与政治资本的城市家庭参与私营经济。假设3显示了阶级背景在决定是否参与城乡家庭经济中同样起着不同的作用。

纵然有诸多的不同,中国城乡转型还是有一些共同点的。随着市场导向的改革进一步推进,城市的机会二元性越来越倾向于私营部门。如假设4与假设5所示,越来越多的家庭企业开始出现。而在寻找新的经营机会中,干部家庭起到了特别积极的作用。虽然城市干部家庭参与私营经济的可能性仍然较小,但是,随着时间的发展,这种可能性会变得越来越大。城乡家庭企业的参与模式最终可能会趋向一致。

数据与变量

为验证上述假设,我使用"当代中国生活史和社会变迁"全国抽样调查数据(Treiman and Walder, 1996)。该调查基于多级分层的概率抽样,包括了中国所有地区(除西藏以外)年龄介于 20 岁到 69 岁之间的 6 090 名成年人。城市与农村分别抽样,其中城市抽样为 3 087 个样本,农村为 3 003 个样本(Treiman, 1998, 附录 D)。调查问卷包括许多关于被调查者家庭的问题,因此每一个人被视做是一个家庭的代表。本文的分析单位是家庭而不是个人。

本文研究在 1978 年到 1996 年间中国城乡家庭参与家庭企业的过程。因变量基于以下的问题"你的收入或者你家庭的收入来自于非农经济(例如,手工业、制造业、交通业或是餐馆与商店运营)吗"。答案"1 为是;0 为否"。

在宽泛的定义下,家庭企业包括了从街头小贩的小本经营到工厂经营等各不相同的经济活动。家庭企业被分为三种类型:没有雇员的单干户、拥有家庭雇员的经营和拥有其他非家庭雇员的经营。如表 3.1 的上半部分所示,在全国范围内有 21.3% 的家庭参与了私营经济活动,其中 9.0% 的家庭为单人经营模式,8.7% 的家庭雇用其他家庭成员,而只有 3.6% 的家庭雇用其他非家庭成员。虽然人口调查证实了大部分中国私营经济规模都很小,[②]城乡地区的家庭企业仍有些许不同:雇用非家庭成员的私营经济在城市地区比在农村地区要多(20.08% 对 13.67%);只有约 1/3 的城市私营经济是由单人经营的,而这种私营经济类型占了所有农村地区私营经济数量的一半以上。而且,就 1995 年的经营净利润而言,城市家庭平均赚 18 657 元,而农村家庭所挣的还不及前者的一半(8 125 元)。

---

② 在 1 288 个家庭企业中,42.2% 没有雇员,51.5% 拥有 1—7 名雇员,只有 5.3% 雇用 8 名以上的工人。换句话说,约 93.7% 的家庭企业都是个体户,私营企业仅占所有家庭企业的 5.3%。

表3.1 1996年中国城乡地区参与非农家庭企业的logit模型的变量描述性统计

	全部			拥有非农副业的家庭	
	全国	城市	农村	城市	农村
因变量					
家庭非农副业(%)	21.25	21.27	21.22	—	—
无雇用工人	8.98	7.82	10.81	36.77	50.94
仅雇用家庭成员	8.68	9.18	7.51	43.16	35.39
雇用其他工人	3.60	4.27	2.90	20.08	13.67
家庭企业收入(人民币)	—	—	—	18 657 (98 986)	8 125 (20 873)
家庭企业收入(取对数)	—	—	—	8.74 (1.15)	8.20 (1.19)
1991年后进入(1=是)				27.57	26.41
自变量					
平均教育年限	4.05 (2.12)	5.00 (2.35)	3.07 (1.68)	4.67 (2.01)	3.54 (1.52)
干部家庭(%)	12.82	22.09	3.34	11.35	5.82
1949年之前拥有家庭企业(%)	39.07	33.83	44.43	32.36	47.80
平均年龄	45.69 (7.88)	46.40 (8.10)	44.94 (7.58)	44.19 (6.98)	43.44 (6.44)
年龄在18岁以下的小孩数量	0.78 (0.92)	0.58 (0.72)	0.99 (1.04)	0.77 (0.86)	1.08 (1.03)
样本量	6 061	3 065	2 996	652	636

注:括号中的数字为连续变量的标准差。

在调查中,参与家庭企业的年份被记录为表示改革阶段的虚拟变量,因为与私营经济的发展相关的机会结构随着时间的发展发生了重大变化。1978年到1991年这段时间标志着改革的第一个阶段。在这一阶段中,刚刚兴起的私营经济在再分配经济中处于边缘位置。自1992年以来,私营经济得到了很大的扩展,这导致新一波的"下海"行为,如图3.1a、3.1b、3.2a和3.2b所示的增长趋势。表3.1显示了27.57%的城市私营经济和26.41%的农村私营经济是在1992年到1996年期间建立起来的。基于调查数据的图3.3显示了在1978年到1996年期间中国城乡参与私营经济的年增长率：在1992年之前的大部分年份的年增长率保持在1%左右；自1992年以后，其年增长率跳升至2%到4%。

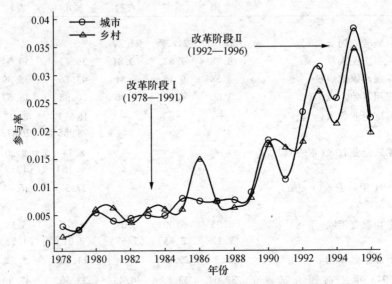

图 3.3　1978—1996 中国城乡地区家庭企业的参与率

注：因为数据是在 1996 年中期收集的，所以这一年的参与率只算了半年。

在以下分析中，度量家庭特征的自变量包括：以家庭为单位生活在一起的所有成年家庭成员（20岁到69岁之间）的平均受教育年限和平均年龄；是否是干部家庭（1表示是；0表示否）；被调查者的父母、祖父母是否在1949年之前就拥有企业（1表示是；0表示否）；以及年龄在18岁以下的未成年人的数量。

受教育年限的平均数是以所有成年家庭成员的正规受教育年限为基础来计算的连续变量，它用来度量一个家庭所拥有的人力资本。而是否存在干部成员是度量一个家庭是否拥有有利于参与私营经济的政治与社会资本的指标。这里，干部身份在农村与城市的样本中的含义有着些许的不同。对于城市样本，"干部家庭"指至少其一名家庭成员拥有如"中级经理/行政干部"或是"高级经理/行政干部"的职位，或其家庭成员中至少存在一名拥有股级或以上职位的人；农村干部包括城镇干部和村干部,他们的级别由被调查者直接报出。拥有至少一个干部成员的家庭被编码为干部家庭。

家庭阶级背景是根据被调查者的父母或祖父母在1949年共产党执政之前的经济活动来定义的。本文用了一个设为1的虚拟变量来代表那些在1949年之前父母或祖父母拥有土地,雇用工人帮助耕作或将土地租给别人、或是拥有一个商店或其他企业的被调查者;反之则用0表示。

剩下的变量是标准的家庭人口特征变量,它们作为控制变量而存在。家庭平均年龄的计算包含着所有成年成员的信息。虽然年龄通常表示了相似的经历,但是在私营经济活动中却可能不是有利的,因为参与企业需要冒险精神而不是累积而成的经验。所以,年长的人可能不如年轻的人那样愿意去冒险(Gerber, 2002b)。同时,为了测量家庭的年龄结构,模型中纳入了另一个变量,就是年龄在18岁以下的未成年人的数量。表3.1的后半部分显示了上述所有自变量的描述统计。

本文首先运用1996年的横截面数据检验关于家庭企业参与在城乡间差异的假设,然后运用了1978年到1996年期间的事件史数据研究了在改革的两个阶段城乡间家庭企业的参与模式是怎样改变的。最后,本文讨论了家庭企业的参与模式是如何影响企业净收入的。

因为抽样集中在100个区、县之中(细节参见 Treiman, 1998),所以,在 logit 模型、风险模型和线性选择模型中的标准误差需要修正。所有的这些模型都用 Stata 8.0 (Stata Corp,2001)来进行估计,抽样单元中(区、县)的类别集中效应是用稳健标准误来修正的。

结　　果

横截面分析

就1996年家庭是否参与私营经济,本文把城乡抽样分开来进行了二元 logit 模型估计。表3.2中的结果显示出了完全相反的模式。第一,虽然对于参与私营经济的可能性而言,教育在城乡地区都显著;但是,这些系数的方向却是相反的。在城市地区,受过较高水平教育的家庭参与私营经济的可能性较小。在其他变量保持不变的情况下,平均受教育年限每增加一年,参与私营经济的发生比就减少11%($=e^{-0.12}-1, p<0.001$);在农村地区恰好相反,拥有较高教育水平的家庭参与私营经济的可能性较大:平均受教育年限每增加一年,参与私营经济的发生比就增加19%($e^{0.17}-1, p<0.001$)。拥有高教育水平的家庭成员在城市地区可以有许多不同的职业选择,如选择成为大机构或大企业里的专业人员或经理,或是政府机构里的官员。这种职业选择可能使他们不愿考虑参与私营经济。有着相对较高水平教育的农村人口所拥有的选择(如果他们不能移居到城市的话)非常少,私营经济给他们提供了社会经济流动的重要途径。因此,假设1得到了证据支持。

表3.2 1996年中国城乡参与非农业家庭企业logit模型的系数估计

变量	城市	农村
家庭平均受教育年限	-0.12*** (0.03)	0.17*** (0.03)
干部家庭(1=是)	-0.73*** (0.16)	0.71** (0.24)
1949年之前拥有家庭企业(1=是)	-0.03 (0.12)	0.17* (0.08)
平均年龄	-0.06*** (0.01)	-0.03*** (0.01)
18岁之下的未成年人数量	0.35*** (0.08)	0.13** (0.06)
常数项	1.66*** (0.40)	-0.99** (0.36)
-2×对数似然值	-2 984	-3 001
样本量	3 065	2 996

注:(1) 小括号中的数字为主抽样单元(区/县)聚类调整后的稳健标准误。
(2) * $p<0.05$; ** $p<0.01$; *** $p<0.001$;双侧检验。

第二,家庭成员的干部身份在参与私营经济中的影响在城乡地区的作用也是相反的。在城市地区,干部家庭比非干部家庭参与私营经济的可能性要小很多。在其他变量保持不变的情况下,对于干部家庭来讲,这样做的发生比仅为非干部家庭发生比的52%($=e^{-0.73}-1$)($p<0.001$);农村地区的情况则不同。干部家庭比非干部家庭参与私营经济的可能性大很多。前者的发生比是后者的两倍多($=e^{0.71}$)($p<0.001$)。鉴于在城市与农村地区干部家庭所面临的机会结构的不同,这种参与私营经济可能性的不同是可以理解的。因此,假设2得到了支持。

第三,阶级背景同样在参与城乡私营经济中起到了不一样的作用。在城市地区,家庭背景的效应并不显著;然而,在农村地区,在1949年以前就拥有某种经营形式的家庭更有可能在结束人民公社制度后回归到先前的这种经营方式。在1978年之后,中华人民共和国建立之前参与过私营经济的家庭再次参与家庭企业的发生比比没有经验的家庭的发生比高出19%($=e^{0.17}-1$)($p<0.001$)。农村地区私营企业家代际再生产的发现让人惊讶,因为原来的资本与土地继承机制在30年的社会主义时期被打断。泽兰尼(Szelényi,1988)基于匈牙利农村的研究也得到了相似的发现,他通过韦伯对于企业家社会起源的论述给出了一种解释:文化资本(与企业家身份相关的价值观和技能)可以代代相传。这些价值观与技能在中国农村地区相对来说没有改变。然而,在中国的城市地区,由于社会主义的影响更加彻底,这些价值观与技能大部分都受到了破坏。

家庭平均年龄和年龄在18岁以下未成年人数量作为人口特征变量的影响被纳入到模型中,这种影响在城乡地区具有相似性:平均年龄和参与私营经济的可能性成反比。这意味着家庭成员年龄越大,就越不愿意去冒险。因为他们可能已经在社会主义再分配经济的专用技能方面有所投资。在城市地区,平均年龄每增加一岁,参与私营经济的发生比就下降6%($=e^{-0.06}-1$);在农村地区,这个发生比的变化为3%($=e^{-0.03}-1$)。

年龄在18岁之下未成年人的数量与参与家庭企业呈正相关。对于城市家庭来说,每多增加一个未成年人,参与家庭私营经济的发生比就增加 42%（$=e^{0.35}-1, p<0.001$）；对于农村家庭来讲，这个发生比将增长 14%（$=e^{0.13}-1, p<0.01$）。未成年人的存在可能通过两种方式来对家庭企业的参与起作用：一方面，未成年人需要监护（尤其是时间），因此，这使家庭经营小企业的发生比减少；另一方面，未成年人的成长需要更多的经济资源，使中国家庭以参与私营经济的方式来赚钱，以给他们一个更好的未来（参见 Short and Fengying, 1996）。1996 年的调查数据显示，第二个方面与其他几位学者（例如，Entwisle et al., 1995）之前的研究发现相一致。

表 3.3 进一步地阐明了教育以及干部身份对于参与不同类型家庭企业的影响，即参与没有雇员的单人经营、拥有家庭雇员的企业，以及既有家庭雇员又有非家庭雇员的企业这三种不同类型家庭企业的多元 logit 模型的分析结果。对照组是没有参与任何类型私营经济的家庭。

表 3.3　1996 年中国城乡地区参与不同类型非农业家庭企业的多元 logit 模型的系数估计

	城市			农村		
	无雇员	仅有家庭雇员	拥有非家庭雇员	无雇员	仅有家庭雇员	拥有非家庭雇员
平均受教育年限	-0.14***	-0.17***	0.01	0.20***	0.13*	0.20**
	(0.01)	(0.04)	(0.05)	(0.04)	(0.05)	(0.07)
干部家庭	-0.70**	-1.03***	-0.34	0.52*	0.46	1.58***
	(0.23)	(0.22)	(0.30)	(0.23)	(0.50)	(0.43)
1949 年前有家庭企业	-0.16	0.16	-0.24	0.04	0.31*	0.26
	(0.17)	(0.18)	(0.18)	(0.11)	(0.12)	(0.24)
平均年龄	-0.04***	-0.08***	-0.04*	-0.02*	-0.04***	-0.02
	(0.01)	(0.01)	(0.02)	(0.01)	(0.01)	(0.02)
18 岁以下未成年人数	0.35***	0.36**	0.37**	0.05	0.14†	0.35**
	(0.10)	(0.12)	(0.12)	(0.05)	(0.08)	(0.12)
常数项	-0.15	2.04***	-1.17	-1.80***	-1.52***	3.88***
	(0.51)	(0.49)	(0.81)	(0.45)	(0.48)	(0.93)
-2×对数似然值		4 313			4 233	

注：(1) 对照组是没有任何非农副业的家庭。小括号中的数字是调整后的稳健标准误。
(2) † $p<0.10$；* $p<0.05$；** $p<0.01$；*** $p<0.001$；双侧检验。

表中前三列指出,虽然在中国城市,教育阻碍了对没有雇员或仅有家庭雇员的家庭企业的参与;但是,教育对于参与有非家庭雇员的私营经济的影响却并不显著——但该系数为正。教育每增加一年大大地减少了参与单人经营以及参与拥有家庭雇员企业的发生比,幅度为13%($=e^{-0.14}-1$)和16%($=e^{0.17}-1$),但却增加了参与拥有非家庭雇员私营经济的发生比,幅度为1%($=e^{0.01}-1$)。与之相似的是,随着城市干部家庭参与前二种私营经济的可能性显著下降,他们与非干部家庭在参与有非家庭雇员的私营经济时没显示出显著差异。对于干部家庭,在其他变量保持不变的情况下,其参与没有雇员私营经济的发生比只是非干部家庭的50%($=e^{-0.70}$)($p<0.01$);其参与拥有家庭雇员私营经济的发生比仅为非干部家庭的36%($=e^{-1.03}$)($p<0.01$);对于参与拥有非家庭雇员的私营经济,相应的数字为71%($=e^{-0.34}$)。

在农村地区,教育提高了参与所有这三种家庭企业的可能性。教育每增加一年就会对参与单人经营的发生比起到显著的促进作用,幅度为22%($=e^{0.20}-1$),对于参与只有家庭雇员的私营经济,这个数字为14%($=e^{0.13}-1$),对于拥有非家庭雇员的私营经济,这个数字是22%($=e^{0.20}-1$)。在参与拥有非家庭雇员的私营经济时,干部家庭对非干部家庭的优势尤其突出。在其他变量保持不变的情况下,干部家庭参与第三类私营经济的发生比是非干部家庭的4.9倍($=e^{1.58}$)($p<0.001$)。与之相对比,干部家庭参与单人经营的发生比是非干部家庭的1.7倍($=e^{0.52}$)($p<0.001$);干部家庭参与拥有家庭雇员私营经济的发生比是非干部家庭的1.6倍($=e^{0.46}$)。

图3.4a与3.4b显示了在城乡地区,在保持其他变量为各自样本均值的情况下,教育对于参与三种家庭企业概率的影响。虽然教育对城乡地区参与无雇员私营经济以及拥有家庭雇员的企业的影响模式是完全不同的。教育和参与拥有非家庭雇员的私营经济的关系在中国城乡地区从某种程度上说是相似的。图3.5显示了参与不同类型私营经济的干部家庭与非干部家庭的调整后的发生比。参与拥有非家庭雇员私营经济的发生比在城乡地区都是最高的,这意味着在参与私营经济的家庭

中,干部家庭是最有可能参与拥有非家庭雇员的私营经济的。

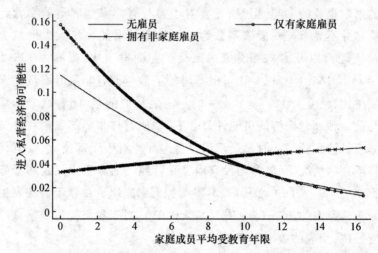

图 3.4a 教育对中国城市地区参与三种类型私营经济的影响

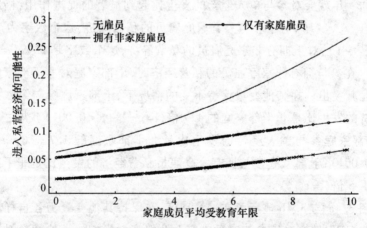

图 3.4b 教育对中国农村地区参与三种类型私营经济的影响

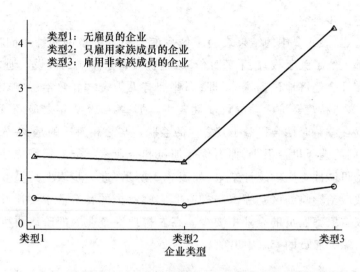

图 3.5　中国城乡地区干部家庭与非干部家庭在参与不同类型企业中的调整后发生比

注释：其他的变量取计算发生比时的样本均值。当发生比取值为 1 时，意味着干部家庭与非干部家庭在参与私营经济中有着同样的可能性。

在三种私营经济中，只拥有家庭雇员的企业与家庭企业的理想类型最相近。文化资本的继承在这类企业中比在其他类型中起到了更大的作用。确实，此前在农村地区所观察到的企业家精神的继承(表 3.2)只在这种类型的企业中才能找得到($p<0.05$)。有意思的是，即便在城市地区，家庭背景都只在参与仅有家庭雇员的私营经济中产生正面的影响，虽然其影响并不显著(对于其他两种类型，该系数为负值，而且统计上不显著)。

两个人口特征变量的影响如下：在城市地区，对于参与三种类型家庭企业可能性的影响，家庭平均年龄影响为负且显著；18 岁以下未成年人数量影响为正且显著。在农村地区，这两种人口特征变量的影响随着所参与的私营经济的类型的变化而变化，家庭平均年龄对于参与拥有非家庭雇员私营经济的可能性没有显著影响；年龄在 18 岁以下未成年人数量的正面影响不适用于参与单人经营的情形。因为本文并没有关于这些人口特征变量的实质性研究假设，对这里所发现的不同点的考察有待于进一步研究。

总之,表3.2中的结果表明了城乡参与私营经济的两种不同模式,它们都证实了关于教育、干部身份、家庭阶级背景影响的假设。通常,拥有较高社会经济地位的家庭,即,那些拥有人力资本和政治影响较多的家庭,参与私营经济活动的可能性较小。那些在1949年之前经营企业的家庭在改革时期会得益于其之前的经验。与之相对比的是,在农村地区,人们的选择机会很少,拥有优势地位和企业家技能的家庭抓住创业机会的可能性更大。统计结果,如表3.3所示,进一步表明了城乡人力资本或政治影响的区别在参与拥有非家庭雇员的私有业中要比参与单人或仅有家庭雇员的企业中要少。在农村地区企业家的阶级再生产仅在拥有家庭雇员的家庭中出现。

事件史分析

横截面分析不能分析参与家庭企业模式随时间变化的影响,本文因而在事件史分析中运用离散风险模型来研究参与的模型如何随着时间的不同而不同。离散风险模型包含了分析单位从被调查者到对特定时间(即,一年)的事件的反应(即,参与私营经济)的转移。这样,所有没有非农副业经营的家庭都被视做在参与私营经济的"风险集"里,时间为自1978年开始之后的每一年。那些直到1996年都还没有下海的家庭被视为"右截断"。在重新构造数据之后,本文运用传统二元logit模型的方式来拟合离散时间的风险模型(Allison,1982)。因变量为是否在1978年到1996年之间的特定一年参与非农私人经营活动。

时间与干部身份的影响是检验假设4与假设5的模型的重点。平均受教育年限、1949年前家庭是否有企业、平均年龄、18岁以下未成年人的数量仍然保留在模型之中。为了度量参与家庭企业的时际变化,本文把参与家庭企业的时间分为两个阶段(1978年到1991年、1992年到1996年),它反映了私营部门发展的机会结构的重大变化。这种编码作为虚拟变量被纳入到城市样本的模型1和农村样本中的模型3中。

表3.4所示的结果与表3.2中所示的横截面分析的结果是一致的。

在城市地区,教育与干部身份阻碍了家庭参与私营经济:在其他变量保持不变的情况下,教育每增加一年,参与私营经济的发生比就下降7%($=e^{-0.07}-1$)($p<0.05$);干部家庭参与私营经济的发生比仅为非干部家庭的48%($=e^{-0.73}$)($p<0.001$)。在农村地区,教育的影响为正,并在统计上显著:家庭平均受教育年限每增加一年,发生比就增加20%($=e^{0.18}-1$)($p<0.001$)。干部家庭参与私营经济的发生比仅比非干部家庭高59%($=e^{0.46}-1$)($p<0.001$)。因此,事件史分析同样证明了假设1和假设2。

表3.4 1978—1996年中国城乡地区参与非农家庭企业的离散时间风险模型的系数估计

	城市		农村	
	模型1	模型2	模型3	模型4
家庭平均受教育年限	−0.07*	−0.07*	0.18***	0.18***
	(0.03)	(0.03)	(0.03)	(0.03)
干部家庭	−0.73***	−1.13***	0.46**	0.08
	(0.152)	(0.24)	(0.17)	(0.23)
1949年前拥有家庭企业	−0.03	−0.03	0.16*	0.16*
	(0.11)	(0.11)	(0.07)	(0.07)
平均年龄	−0.05***	−0.05***	−0.02*	−0.02*
	(0.01)	(0.01)	(0.01)	(0.01)
18岁以下未成年人数量	0.26***	0.26***	0.09†	0.08†
	(0.07)	(0.07)	(0.05)	(0.05)
改革第一阶段,1978—1991(略)				
改革第二阶段,1992—1996	1.41***	1.34***	1.11***	1.08***
	(0.10)	(0.11)	(0.09)	(0.09)
交互项 改革第二阶段×干部家庭	—	0.61†	—	0.69*
		(0.34)		(0.31)
常数项	−2.30***	−2.26***	−4.52***	−4.50***
	(0.35)	(0.35)	(0.32)	(0.32)
−2×对数似然值	6 095	6 090	6 085	6 082
家庭-年样本	47 137	48 035		

注:(1) 小括号中的数字是调整后的标准误;
(2) † $p<0.10$;* $p<0.05$;** $p<0.01$;*** $p<0.001$;双侧检验。

参与家庭企业的风险率随着经济改革的深化而增加。在中国城市地区,在改革第一个阶段(1978年至1991年)和第二阶段(1992年至1996年),参与家庭企业的发生比增加了三倍多($= e^{1.41} - 1$)($p < 0.001$)。在农村地区,发生比也增长了两倍多($= e^{1.11} - 1$)($p < 0.001$)。这种时间模式与图3.3中的模式一致,与描述统计亦是一致的。因此,假设4也得到了支持。

为了检测干部身份如何随着时间对参与私营经济可能性的影响,本文分别为城市样本(模型2)与农村样本(模型4)加入了干部身份与改革阶段的交互作用。干部家庭参与私营经济的可能性在改革第二阶段比第一阶段大。在城市地区,阻碍干部家庭进入私营经济的影响在第二阶段削弱了。在第一阶段(1978年到1991年),干部家庭进入私营经济的发生比仅为非干部家庭的32%($= e^{-1.13}$);在第二个阶段,在其他变量保持不变的情况下,干部家庭进入私营经济的发生比为非干部家庭的59%($= e^{-1.13+0.61}$)。统计检验显示这种改变在边际上显著($p < 0.10$)。在农村地区,本文发现了一个相似的模式:干部家庭在参与私营经济中的优势随着改革的推进而增加。虽然在第一阶段(1978年到1991年)干部家庭进入私营经济的发生比仅比非干部家庭高出8%($= e^{0.08} - 1$),但是,在第二阶段(1992年到1996年)两者之间的距离有了显著扩大,增加了1.2倍($= e^{0.08+0.69} - 1, p < 0.05$)。图3.6显示了在改革的两个阶段中干部身份对于进入私营经济影响的变化。

总而言之,事件史分析揭示了城乡地区不同背后具有某种相似的模式。随着经济改革的推进,中国的城乡家庭参与私营经济的可能性都增加了。当私营经济获得越来越多的合法性时,干部家庭尤为可能利用增长的机会。虽然在改革第一阶段,城市干部家庭在参与私营经济的可能性没有非干部家庭大,可是在改革的第二阶段(1992年到1996年),他们的这种可能性越来越大了。在中国农村,虽然干部家庭享有的优势仅比在1992年前就有企业活动的非干部家庭稍微多一点,但是,自那之后,这种优势得到了显著的增长。城乡模式可能最终会趋向一致。

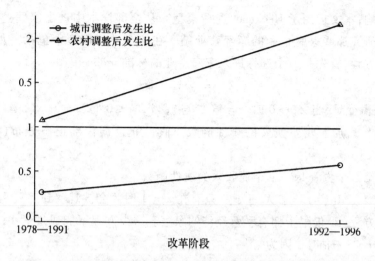

图3.6 中国城乡地区在改革两个阶段干部家庭与非干部家庭参与家庭企业的调整后发生比

注:其他的变量取计算发生比时各取样的平均值。当发生比取值为1时,意味着干部家庭与非干部家庭在参与私营经济中有着同样的可能性。

进一步的分析:家庭企业的业绩

在中国城市地区,干部家庭参与私营经济的可能性比非干部家庭小;但是在中国的农村地区,干部家庭的这种可能性较大。这种进入私营经济的不同模式如何影响市场中家庭企业的业绩呢?在这一部分当中,本文通过把选择进入私营经济的过程(它可能对改革期间干部的命运与社会结构的变化的研究有着重大提示)纳入考虑,研究了家庭企业的经营业绩。

在调查中,被调查者被问及:"你或你的家庭去年从这样的经营活动中获得的净收入是多少?"那些没有参与任何家庭企业的人不用回答这个问题。本文用这个变量来测量与家庭收入相关的私营经济业绩。平均来讲,在1995年,城市家庭企业的收入约为18 657元,而农村家庭企业的收入还不及前者的一半(8 125元)。

为了排除同时影响企业参与和企业收入的未观察到的异质性因素

的影响,本文运用了 Heckman 选择模型来从全部样本中选出家庭企业,然后研究那些家庭企业的净经营业绩。在这个选择模型中包括了如下两个方程,首先是一个选择进入家庭企业的标准 probit 模型:

$$Z^* = \gamma' X_1 + u \tag{1}$$

Z^* 是潜变量,当 $Z^* > 0$ 时,$z = 1$(参与);当 $Z^* \leq 0$ 时,$z = 0$。Z^* 是解释变量集 X_1 加上残差项 u 的线性函数。假设 u 遵循标准正态分布($u \sim N[0,1]$)。

第二个方程是一个企业收入的线性函数:

$$\ln(Y) = \beta' X_2 + \varepsilon \quad \text{只有在} z = 1 \text{时才会被观察到} \tag{2}$$

方程(2)仅限于拥有私营经济的家庭。这个方程不能通过最小二乘法(OLS)来估计,因为

$$E[\varepsilon | \text{可观察的} Y \text{值}] = E[\varepsilon | z = 1] = E[\varepsilon | Z^* > 0]$$
$$= E[\varepsilon | u > -\gamma' X] = 0$$

只有在残差项 ε 和 u 的相关系数 ρ 等于零的时候才成立。如果两个方程中的残差项相关,那么 OLS 的估计则是有偏的。

如果允许两残差项相关(即,ρ 不等于零),则可以通过给 OLS 回归加上一个额外的预测项 λ 来估计方程(2)。λ 是用方程(1)中 Z^* 的拟合值来计算的。这一项的估计系数等于 $\rho\sigma$,其中 ρ 是两残差项 ε 和 u 的相关系数,σ 则是 ε 的标准差(Greene, 2000; Winship and Mare, 1992)。因为 σ 总是为正,两残差项的负相关($\rho < 0$)意味着负向选择性:那些参与私营经济的家庭的实际收入比没有选择这样做的家庭低。与之相对比的是,正相关($\rho > 0$)就意味着正向选择。

为了估计参与家庭企业选择的 probit 模型,我们纳入了在横截面分析和事件史分析中所用过的变量:家庭成员的平均教育年限、干部身份、父母或祖父母在 1949 年之前是否拥有企业、家庭平均年龄、18 岁以下未成年人的数量。对于收入方程,模型包括了三个变量——家庭成员平均教育年限、干部身份和平均年龄,重点分析干部身份对经营业绩的影响。

表 3.5 显示了对于城市样本(模型 1 和模型 2)和农村样本(模型 3 和模型 4)的两个方程系数的最大似然估计。与本文的横截面分析与历

史事件分析的发现相一致的是,模型 1 显示了教育与干部身份都很显著地阻碍了中国城市地区的家庭参与私营经济;模型 3 显示这两个因素在中国农村地区促进了家庭对私营经济的参与。在其他条件不变的情况下,家庭成员平均受教育年限每增加一年,中国城市地区的 probit 概率系数就下降 $0.07(p<0.001)$,但在中国农村却增加了 $0.19(p<0.001)$;干部身份在中国城市地区使概率系数降低了 $0.39(p<0.001)$,但在中国的农村地区却使之增加了 $0.35(p<0.05)$。

表 3.5 对中国城乡地区家庭非农副业参与及利润的 Heckman 两步选择模型的系数估计

	模型 1 (probit)	模型 2 (线性)	模型 3 (probit)	模型 4 (线性)
平均受教育年限	−0.07*** (0.02)	0.11*** (0.02)	0.19*** (0.02)	0.06 (0.04)
干部家庭(1=是)	−0.39*** (0.09)	0.48* (0.20)	0.35* (0.15)	0.17 (0.26)
1949 年前拥有家庭企业(1=是)	−0.03 (0.07)	— (0.05)	0.10*	—
平均年龄	−0.03 (0.00)	−0.01 (0.01)	−0.02*** (0.00)	0.01 (0.01)
18 岁以下未成年人数量	0.23*** (0.04)	—	0.08* (0.04)	—
常数项	0.70** (0.25)	9.23*** (0.32)	−0.67** (0.22)	8.53*** (0.59)
λ	−0.57*** (0.13)		−0.45 (0.33)	
ρ	−0.47*** (0.08)		−0.37 (0.24)	
N	3 065	—	2 996	—
删失样本	2 483		2 416	
模型的卡方	30.20		1.90	
自由度	3		3	

注:(1) 小括号中的数字是调整后的标准误。
(2) † $p<0.10$;* $p<0.05$;** $p<0.01$;*** $p<0.001$;双侧检验。

λ 系数统计上显著,显示了收入方程中的 OLS 估计在城市中有偏误。对于城市样本的估计值 $\rho(-0.47)$ 显示了一个很强的负选择性。(即,高经营收入潜力与低的经营参与率可能相联系)。表 3.5 中的模型 2 与模型 4 分别显示了城乡样本收入方程中的参数的 OLS 无偏估计。在中国城市地区,干部身份的纯收益是显著为正的。在修正了负选择性的影响后,干部家庭的纯收益比非干部家庭高出 62%($=e^{0.48}-1$),而且差异在统计上显著($p<0.05$)。在 OLS 回归(未在此报告)中,干部家庭所享有的优势不仅较低(约 30%)而且不显著。因此,证据显示,拥有与较高潜在收入相关的可观察特征(例如,教育和干部身份)或不可观察特征的城市家庭,参与私营经济的可能性较低。干部身份对于经营业绩的影响被低估,同样教育的影响也被低估。[③] 在农村地区,选择性影响是很小的,OLS 回归结果并没有太多偏误。

市场转型理论的争论点在于干部或前干部在后社会主义时期的分层结构中的命运(Bian and Logan, 1996; Nee, 1989a; Rona-Tas, 1994; Zhou, 2000)。鉴于政治背景(如干部身份)对收入影响的证据,学者们讨论了分层机制是否已从再分配转向了市场。本文则显示了市场机制本质上并没有给予干部家庭以优势或者劣势(Gerber, 2002a; Walder, 2002, 2003; Wu and Xie, 2003)。在市场转型过程中,政治优势向经济优势的转换本质上依赖于不同社会群体所面临的机会结构以及他们通向市场机会的道路。

总结与结论

本章研究了在改革的不同阶段,中国城乡地区家庭参与私营经济的模式,尤其注意到在中国向市场经济转型过程中干部家庭的活动。城乡地区的调查结果显示了几乎截然相反的模式:教育与干部身份阻碍了城市家庭参与私营经济;可另一方面,它们却促进了农村家庭参与私营经

---

③ 教育的回报率比修正选择影响后的回报率(表 3.5 中模型 2 所示为 11.6%[$=e^{0.11}-1$])约低 7.4%(如有需要分析结果的,请联系作者)。

济(假设1与假设2)。在农村地区,在1949年前参与过私营经济的家庭更有可能在改革期间参与私营经济(尤其是仅有家庭雇员的私营经济)。但是在中国的城市地区,他们参与私营经济的可能性却较小(假设3)。而且,就参与的私营经济类型而言,拥有较多人力资本与政治影响力的城乡家庭都更有可能拥有非家庭雇员的私营经济;这些企业很可能规模较大,而且结构也比单人和仅有家庭雇员的企业正规。

证据清晰地表明了中国的转型对城乡地区的人口都形成了越来越多的企业经营机会(假设4),尤其是对干部和他们的家庭(假设5)。在城市地区,虽然干部家庭仍然不像非干部家庭那样具有较大的参与私营经济的可能性,但随着时间的推移,它们将越来越有可能这样做。在农村地区,干部家庭在抓住企业机会中的优势在改革的后一时期(1992年到1996年)得到了进一步的提高。

因为城市地区与农村地区机会结构与选择过程的不同,参与私营经济的家庭可能拥有一些特点(可观察或不可观察的),这些特点也与他们的企业业绩相关联。在城市地区,因为更有可能在市场上取得成功的城市家庭有更多的其他选择,因此参与私营经济的可能性较小。那些已经参与了家庭企业的家庭实际挣的钱还不如没有这种选择效应时挣得多。在农村地区,干部家庭在经营收益上享有很大的优势,这种优势随着改革的推进将在一个相当长的时间内都存在。

对1989年后的匈牙利的研究中提到了相似的结果。这一结果被提炼为在后社会主义过渡中出现的"权力转型"论(Rona-Tas, 1994)。本章论证了此种转换进程是以干部精英和/或非干部家庭所面临的机会结构为条件的。特定的社会群体是否会成功地保持其优势因改革策略、转型路径以及其反应的差异而各不相同。那些将自己更好地置身于变化的结构中的人成功了,他们重塑了自己并构建了一个新的社会秩序。

本文目前的分析只涵盖到90年代中期。自从90年代末期以来,中国的私营部门发生了一些根本的改变。首先,在产权改革的进程中,许多公共部门(如,乡镇企业)的管理者已经合法地将他们自己转变成了私营企业家(Qi, 1999);干部可以非法剥离国有资产并建立起他们自己的企业(Ding, 2000a,b)。私营部门中组建的有限责任公司已改变了或正在改变着中国私营经济的社会面貌,并有可能影响中国家庭企业的命运。其次,随着国有企业改革的深化,下岗工人越来越多,失业日益加剧,小型家庭企业可以提供"贫穷的避难所"而不是"致富的道路"(Hanley, 2000)。最后,一旦家庭参与了私营经济,它是否会发展壮大成为更为严峻的问题。当市场竞争日益加剧,私营部门的退出率与参与率都在增长。④ 小型的家庭企业即便能幸存,它们也很可能维持小规模。对于这些情况,关于后社会主义时代的东欧(Hanley, 2000; Rona-Tas, 2002)的研究中已经有所反映。中国私营经济的发展是否会出现与其相似的发展路径,先扬后抑,进而重构阶级结构呢?这需要我们进一步探索。

参考文献

Allison, P. (1982). Discrete-time methods for the analysis of event histories. In S. Reinhardt (Ed.), *Sociological methodology*, pp. 61–98. San Francisco: Jossey-Bass.
Bian, Y., and J. Logan. (1996). Market transition and persistence of power: The changing stratification system in urban China. *American Sociological Review*, 61, 739–58.
Cao, Y., and V. Nee. (2000). Comment: Controversies and evidence in the market transition debate. *American Journal of Sociology*, 105, 1175–89.
Chan, K., and L. Zhang. (1999). The *hukou* system and rural-urban migration in China: Processes and changes. *China Quarterly*, 160, 818–55.
Davis, D. (1999). Self-employment in Shanghai: A research note. *China Quarterly*, 157, 22–43.
Ding, X. L. (2000a). Systematic irregularity and spontaneous property transformation in the Chinese financial system. *China Quarterly*, 163, 655–76.
———. (2000b). The illicit asset stripping of Chinese state firms. *China Journal*, 43, 1–28.
Entwisle, B.; G. E. Henderson; S. Short; and Z. Fengying. (1995). Gender and family businesses in rural China. *American Sociological Review*, 60, 36–57.
Entwisle, B.; S. Short; Z. Fengying; and M. Linmao. (2000). Household economies in transitional times. In B. Entwisle and G. E. Henderson (Eds.), *Re-drawing boundaries: Work, household, and gender in China*, pp. 261–83. Berkeley and Los Angeles: University of California Press.
Eyal, G.; I. Szelényi; and E. Townsley. (1998). *Making capitalism without capitalists: The new ruling elites in Eastern Europe*. London and New York: Verso.
Gerber, T. (2002a). Structural change and post-Socialist stratification: Labor market transitions in contemporary Russia. *American Sociological Review*, 67, 629–59.
———. (2002b). Joining the winners: Self-employment and stratification in post-Soviet Russia. In V. E. Bonnell and T. Gold (Eds.), *The new entrepreneurs of Europe and Asia: Patterns of business development in Russia, Eastern Europe, and China*, pp. 3–38. Armonk, NY: M.E. Sharpe.
Gerber, T., and M. Hout. (1998). More shock than therapy: Employment and income in Russia, 1991–1995. *American Journal of Sociology* 104, 1–50.

---

④ 政府统计数据显示,对于私营企业,退出数字增加了 10.8 倍,从 1993 年的 12 689 家增加到 1999 年的 136 407 家。在 7 年里,其增长速度从 5.1% 增加到 8.3% (Lu, 2004, p. 246)。1996 年的调查数据未包含退出私营企业的信息。

Gold, T. (1991). Urban private business and social change. In D. Davis and E. Vogel (Eds.), *Chinese society on the eve of Tiananmen: The impact of reform*, pp. 157–80. Cambridge, MA: Council on East Asian Studies, Harvard University.

Gold, T.; D. Guthrie; and D. Wank. (Eds.). (2002). *Social connections in China*. Cambridge, England: Cambridge University Press.

Greene, W. (2000). *Econometric analysis*. (4th ed.). Upper Saddle River, NJ: Prentice Hall.

Gregory, N.; S. Tenev; and D. Wagle. (2000). *China's emerging private enterprises*. Washington, DC: International Finance Corporation.

Hanley, E. (2000). Self-employment in post-Communist Eastern Europe: A refuge from poverty or road to riches? *Communist and Post-Communist Studies*, 33, 379–402.

Lan, S. (2002). The individually-owned business in China: 1989–1999 (in Chinese). In Z. Houyi, M. Lizhi, and L. Chuanyun (Eds.), *The blue book of private enterprises in China no. 3*, pp. 31–41. Beijing: Social Sciences Documentation Publishing House.

Lu, X. (Ed.). (2004). *Social mobility in contemporary China* (in Chinese). Beijing: Social Science Documentation Publishing House.

Nee, V. (1989a). A theory of market transition: From redistribution to markets in state socialism. *American Sociological Review*, 54, 663–81.

———. (1989b). Peasant entrepreneurship and the politics of regulation in China. In V. Nee and D. Stark (Eds.), *Remaking the economic institutions in socialism: China and Eastern Europe*, pp. 169–207. Palo Alto, CA: Stanford University Press.

———. (1996). The emergence of a market society: Changing mechanisms of stratification in China. *American Journal of Sociology*, 101, 908–49.

Oi, J. (1999). *Rural China takes off*. Berkeley and Los Angeles: University of California Press.

Parish, W. L., and E. Michelson. (1996). Politics and markets: Dual transformations. *American Journal of Sociology*, 101, 1042–59.

Qian, Y. (2000). The process of China's market transition (1978–1998): The evolutionary, historical, and comparative perspectives. *Journal of Institutional and Theoretical Economics*, 156, 151–71.

Róna-Tas, Á. (1994). The first shall be last? Entrepreneurship and communist cadre in the transition from socialism. *American Journal of Sociology*, 100, 40–69.

———. (2002). The worm and the caterpillar: The small private sector in the Czech Republic, Hungary, and Slovakia. In V. E. Bonnell and T. Gold (Eds.), *The new entrepreneurs of Europe and Asia: Patterns of business development in Russia, Eastern Europe, and China*, pp. 39–65. Armonk, NY: M.E. Sharpe.

Sabin, L. (1994). New bosses in the workers' state: The growth of non-state sector employment in China. *China Quarterly*, 140, 944–70.

Short, S., and Z. Fengying. (1996). Household production and household structure in the context of China's economic reforms. *Social Forces* 75, 691–717.

Stata Corp. (2001). *Stata reference manual, vol. 3*. College Station, TX: Stata Corporation.

Szelényi, I. (1988). *Socialist entrepreneurs*. Madison: University of Wisconsin Press.

Szelényi, I., and E. Kostello. (1996). The market transition debate: Toward a synthesis. *American Journal of Sociology*, 101, 1082–96.

Szelényi, I., and S. Szelényi. (1995). Circulation or reproduction of elites during the post-communist transformation of Eastern Europe. *Theory and Society*, 24, 615–38.

Treiman, D. J. (1998). *The code book for Chinese life history survey*. Berkeley and Los Angeles: ISSR UCLA.

Treiman, D. J., and A. G. Walder. (1996). *Life histories and social change in contemporary China*. Distributed by UCLA Social Science Data Archive (available at www.sscnet.ucla.edu/issr/da).

Walder, A. G. (1996). Markets and inequality in transitional economics: Toward testable theories. *American Journal of Sociology*, 101, 1060–73.

———. (2002). Markets, economic growth, and inequality in rural China in the 1990s. *American Sociological Review*, 67, 231–53.

———. (2003). Elite opportunity in transitional economies. *American Sociological Review*, 68, 899–916.

Walder, A. G.; B. Li; and D. Treiman. (2000). Politics and life chances in a state socialist regime: Dual career paths into the urban Chinese elite, 1949–1996. *American Sociological Review*, 65, 191–209.

Wang, X. (2002). The development and prospects of Chinese private enterprises (in Chinese). In Z. Houyi, M. Lizhi, and L. Chuanyun (Eds.), *The blue book of private enterprises in China no. 3*, pp. 3–30. Beijing: Social Sciences Documentation Publishing House.

Wang, F.; X. Zuo; and D. Ruan. (2002). Rural migrants in Shanghai: Living under the shadows of socialism. *International Migration Review*, 36, 520–45.

Wank, D. (1999). *Commodifying communism: Business, trust, and politics in a Chinese city.* Cambridge, England: Cambridge University Press.
Winship, C., and R. Mare. (1992). Models for selection bias. *Annual Review of Sociology,* 18, 327–50.
Wu, X., and D. Treiman. (2004). The household registration system and social stratification in China: 1949–1996. *Demography,* 41, 363–84.
Wu, X., and Y. Xie. (2003). Does market pay off? Earnings returns to education in urban China. *American Sociological Review,* 68, 425–42.
Xie, Y., and E. Hannum. (1996). Regional variation in earnings inequality in reform-era urban China. *American Journal of Sociology,* 102, 950–92.
Young, S. (1995). *Private business and economic reform in China.* Armonk, NY: M.E. Sharpe.
Zhou, X. (2000). Economic transformation and income inequality in urban China. *American Journal of Sociology,* 105, 1135–74.

第四章 跨国资本或社会资本——留学归国企业家比对本土企业家*

温伟德　崔大伟　钟少凤

国际化对中国民营经济的发展产生了怎样的影响？中国计划加入世界贸易组织(WTO)，这使其在扩张民营经济方面背上了沉重的压力(Lardy, 2002)，特别是在国有企业(SOE)的民营化以及民营外贸公司的发展等领域。许多新成立的民营公司的经营者同时也是具有海外学习和/或工作经历的归国企业家(Ben, 2002; Wei, 2002)，这是一种把民营化与国际化融为一体的现象。归国企业家把全球性网络、海外市场知识、外国技术以及国际管理经验带回本国。他们的战略性眼光可以更多地反映出海外的商务态度而非国内的管理观念。因此，他们可能比那些没有海外经历的人士更具优势。

但是，把针对西方商务环境的培训运用到亚洲环境中可以促成累累硕果吗？留学归国人员可能已经获得了"跨国资本"——个人人力资本之上的附加价值，它来自于在海外度过的时日、建立的网络和获得的知识——而它在中国的国内外市场上是否算得上一种优势？归国企业家能够在中国成功地建立商务网络，并在中国复杂的商务和政治环境下利

---

* 研究经费由香港科技大学恒隆组织管理研究中心提供。维维安·林(Vivian Lam)对研究提供了协助。我们感谢徐淑英和边燕杰针对本文初稿提出的有益建议。

用在海外所获得的附加价值来获得成功吗?

为了解答这些问题,本章将对两组民营企业家进行比较——那些具有国外教育背景或职业经验的企业家与那些在本土培养的企业家。通过比较,我们能够对海外学习和全球化经验对中国民营经济及民营企业的发展所产生的影响加以度量。它也可以帮助我们理解中国未来的全球经济关系以及中国在国际经济中的竞争能力。

自1978年以来,赴外留学的中国公民已超过90万。但是多年以来,这些学者中的大多数人都没有回国,而那些回国的人员大多是以访问学者的身份出国但并未在海外接受研究生教育的人(Zweig, 2002)。这些早期的留学归国人员对中国教育体系和研发领域的发展产生了重大的影响,但他们对产业(民营或公有)或技术领域的影响却是有限的。

自1995年以来,留学归国人员的数量以每年13%的速度增长。许多人都获得了硕士研究生学位,其中获得博士学位和工商管理硕士学位的人也占据了较高的比例。此外,自1997年以来全球与国内环境的变化也促使更多的人纷纷回国。1997年,中国的领导权实现了从邓小平一代到江泽民一代的平稳过渡。1998年,互联网浪潮席卷中国,在1999年召开的第九届全国人民代表大会第二次会议上,非公有制经济被称为"中国社会主义市场经济的重要组成部分",而不仅仅是作为国有经济的辅助形式。最后,2001年秋天,中国加入世界贸易组织,中国的国内经济与全球经济进一步融合。

这些事情推动了留学归国人员数量的增长,这些人拥有先进的技术知识,他们成立了自己的企业而成为民营企业家。负责监测留学归国人员的上海市人事局官员在2002年告诉其中一位作者,有2 000多名经过国外培养的企业家在上海经营着他们的私有企业,而且这一数量自此以后迅速增长。2001年对66名在中国开发区内工作的留学归国人员所做的初步调查显示,41%(66人中的27人)的人持有海外博士学位,而66%(66人中的44人)的人正在经营着他们自己的企业(Zweig, Chen, and Rosen, 2004)。西方媒体已经对这一群体所具有的重要性予以认可(Chea, 2002),而学术方面的分析却显得滞后,主要是因为这一趋势属于一种新的现象,而且在研究方面具有难度。

主要理论问题和研究问题

本章的核心问题是企业家所拥有的是跨国资本还是社会资本能否解释企业家在中国的经营绩效。国际影响在中国经济的发展中正在发挥着更加重要的作用(Lardy,2002；Zweig,2002)；因此,与那些不具有海外经历的人相比,拥有跨国资本(包括海外知识、技术、网络和资源在内的人力资本,它因在海外的经历而得到优化)的人应该能够取得不错的成绩。然而,各种国际影响力的渗入及对一国发展所产生的影响要受到国内结构、规范以及社会条件的制约(Deutsch,1966；Garrett and Lange,1996)。

但是,与那些没有出国经历但在国内构建了商务和政治网络的人士所积累的社会资本相比,在国外学到的管理技能、收获的技术知识以及建立的网络能够更加有力地保障成功吗？

不能绝对地把成功归因于其中一种形式的资本；要想在中国取得成功,不管是本土企业家还是留学归国企业家可能都不得不构筑他们的社会资本,因而使两类群体获得成功或遭遇失败的比例相似。据一份报告显示,留学归国人员在中国所经营的新建公司中有20%的公司在第一年内即破产；70%仅仅维持收支相抵；仅有10%的公司继续快速地成长。然而,这名观察人员发现本土企业家的情况也与此相似(Ming,2002)。因此,我们的企业家之间所存在核心区别可能是其人力资本——即他们的教育、培训、社会背景、年龄和性别。魏昂德等人(Walder et al.,2000)发现,在解释职业道路走向方面,教育的重要性正如加里·贝克尔所指出的,"在新经济时代,在我们这个技术更加先进的世界中,大学教育所赋予我们的技能已经变得更为重要。尽管其他因素也会发挥作用,但是我们现在就能看到教育的非凡回报"(Manville,2001)。

为了弄清这些问题,我们通过以下三个主要研究问题来寻求答案。第一,留学归国人员从海外经历中获得了多大的优势？跨国资本为他们带来高回报了吗？使用国外技术在多大程度上改善了企业家们的经营绩效？尽管一些人声称留学归国人员从"象征性资本"中赢得优势，即中国国内机构认为他们更加优秀，从而给予他们有利的条件（Hayhoe and Sun, 1989），但是我们断言，由于中国市场的国际化趋势日趋增强，留学归国企业家在海外度过的时日、所学技术的质量、获得的国外学位或建立的海外网络都为他们在中国市场上带来了有力的优势。此外，即使留学归国人员没有涉足对外贸易领域，但是只要他们掌握了一门中国国内市场上紧缺的新技术，就会为他们创造出重要的收益或"超常规利润"（Tollison, 1982）。

第二，留学归国企业家是采用有别于本土企业家的方式来应对国内环境，特别是他们与政府之间的关系的吗？他们对在中国做生意的规则作了不同的回应吗？我们作一个假设，由于留学归国企业家所拥有的社会资本较为薄弱，而他们通常又把工厂设立在由政府管理的高科技创业园之内，所以与那些拥有更加有力的网络、避开政府扶持和参与的本土企业家相比，他们对当地政府的依赖程度更高——特别是在企业的形成阶段更是如此。

第三个问题涉及留学归国人员是否因其海外经历而采用不同的管理方式以及这一战略是否对他们的经营绩效产生影响。中国本土民营公司倾向于依靠社会资本——归属性关系而非职业性关系——来获得资金、管理和销售/供应商，那么留学归国人员也是以同样的方式来经营公司的吗？或者说依靠社会资本是在中国的个性化市场中取得成功的必要条件吗（Solinger, 1991）？

最后，我们可能发现跨国资本的作用微乎其微，留学归国人员可能与本土人士一样倾向于依靠亲属、朋友和政府关系等形式的社会资本。在那种程度上，人力资本——留学归国人员个人自身所具有的素质——可能是企业成功的最重要的预测因素。

方法论和抽样程序

我们通过在200家企业进行面对面的访谈而创建了数据库:100家由留学归国企业家经营,100家由本土企业家经营。为进行此次调查,我们与中国私营企业协会及该协会主任张厚义开展了合作。中方小组成员包括北京社会科学院的戴建中和中国社会科学院的陈光金博士。他们三位分别负责广州、北京和上海三地的访谈工作。整体而言,我们尽量地确保行业的多样性,把制造业和服务业都包含在其中。我们也希望把IT行业之外、特别是从事制造业的留学归国人员包含在内,因为我们假设留学归国人员会以IT行业见长,但在制造业方面会比本土人士逊色。我们对样本设定了两个标准:公司收入必须高于人民币100万元——否则我们将无法对它们进行营销战略分析——另外,企业家的从业年限必须达到两年或两年以上。绝大多数受访对象均符合这些标准。

在数据收集的整个过程中,我们努力地寻求留学归国人员的详细名单,这样我们就可以从他们中间进行随机选择。在北京,我们与北京科学技术委员会的对外关系部门取得了联系。但是,他们有关于北京14家高科技园区的留学归国人员的数量的数据,却没有那些园区的留学归国人员的完整名单。此外,他们的名单中有太多属于IT行业的公司,而我们则希望我们所选择的企业在性质上能够更加多样化。因此,我们又联系了工商业联合会下设的留学归国人员协会,该协会有一份包含350人在内的成员名单。我们从那份名单中选出了分布在3个不同的留学归国人员创业园中的90个人,并给他们每个人发了一封访谈邀请信。在与80人进行联络以后,我们实现了对34人进行访谈的目标,成功率为42.5%。① 我们又请每个园区的官员各给我们介绍了30位本土企业

---

① 与本土人士相比,留学归国人员的拒绝率要高得多,这与我们之前的预期相违背。留学归国人员通常都十分愿意谈论他们的经历。然而,在本文收集数据时,许多留学归国人员都出差在外,他们即使没有出国,也不在本市。

家,本土企业家的接受率为64%(与50位本土人士进行了联络,34人接受了访谈)。

上海和广州的工作难度则更大。在上海,我们从位于浦东高科技园区的留学生服务中心主任那里得到了29个名字。一个月之后,我们仅完成了15份访谈。然后,我们又回过头找到该主任,他又给了我们37个名字,这使我们得以完成33份访谈。因而,回应率为50%(33/66)。

我们在广州遇到了更大的困难。广州留学归国人员协会负责人乐意帮助我们,而他让我们去联系的园区的那些人却不那么乐意帮助我们。我们与黄埔区和中山区这两大城区的留学归国服务中心进行了合作。些许犹豫之后,他们给了我们40个名字;通过那份名单,我们仅仅安排了6个访谈,原因在于许多留学归国人员都不在本市。然后,中山区的官员又给了我们20个名字,但是黄埔区的官员却不愿意再给我们名单,他们断言成功率还会这么低。因此,广州留学归国人员协会的主任又把我们介绍给天河软件园,该园区给我们提供了25个名字。最后,经过额外的非正式联络,我们完成了33份访谈。最终,我们与95人进行了联络,受访者达到33人——回应率为35%。

结　果

样本情况

表4.1列出了数据集中所包含的200家公司的情况。仅有14%的本土公司位于官方的高科技园区内,而有46%的留学归国人员的公司位于园区内。59%的非留学归国人员的公司是在2000年以前注册的,而只有37%的留学归国人员的公司是在2000年以前注册的,因此所抽样的归国留学人员的公司运作时间更短一些。

表 4.1 公司情况

		留学归国人员的公司	本土公司
位于园区	是	46%	14%
	否	54%	86%
公司创立年份	1990 年以前	2%	6%
	2000 年以前	37%	59%
	2000 年以后	61%	35%
股东	成立之时的平均数量（范围）	3(1—8)	2(0—7)
	目前平均数量（范围）	3(0—10)	
	成立之时平均所持股权比例（范围）	58% (1%—100%)	61% (5%—100%)
	目前平均所持股权比例（范围）	59% (1%—100%)	61% (5%—100%)
	关系		
	• 直系亲属	19%	19%
	• 近亲	12%	16%
	• 朋友、校友	60%	56%
	• 没有特殊关系	37%	18%

初期金融投资来源（投资资金的百分比）

		第一	第二	第三	第一	第二	第三
1	国外所挣收入	65	4	8	3	1	0
2	中国国内所挣收入	11	35	6	64	16	7
3	家庭成员	8	27	14	15	41	24
4	校友/朋友	1	12	31	9	16	42
5	当地政府	1	8	14	1	0	2
6	风险投资	3	1	8	0	0	0
7	国内银行或公司	5	5	14	7	21	18
8	外资银行或企业家	4	4	6	0	0	2
9	（其他）	2	3	0	1	4	6

	留学归国人员的公司	本土公司
平均注册资本（人民币万元）（范围）	511(10—14 000)	223(2—5 000)
平均雇用人数（范围）	54(3—500)	74(4—900)
平均营业收入（人民币万元）（范围）	774(11—6 000)	851(0—20 000)

（续表）

客户情况	零售	12%	22%
	工业：	88%	78%
	主要为在中国的外资公司	20%	13%
	主要为中国民营公司	44%	65%
	主要为国有企业	36%	22%
与经销商的关系			
1	前雇员	12%	19%
2	同学	18%	19%
3	亲戚	17%	21%
4	儿时朋友	3%	10%
5	同乡	22%	24%
与供应商的关系			
1	前雇员	12%	14%
2	同学	28%	24%
3	亲戚	15%	18%
4	儿时朋友	19%	14%
5	同乡	15%	16%

  在股权结构方面，各小组内部均存在着很大的差异。但是平均而言，公司创始企业家（在公司成立之时和我们开展研究之时）所持股权并没有显著的差异。留学归国人员创办的公司和本土企业家创办的公司在企业家与其他股东的关系方面有所不同。在留学归国人员的公司中，37%的创始企业家与其他股东之间不存在归属性关系，而只有18%的本土企业创立人与其他股东之间不存在此类关系。尽管两个小组都是家人、朋友和同学作为股东，但是与本土人士的公司相比，留学归国人员公司的股东之间存在着更多的职业性关系，而归属性关系在本土公司中则占据了主导地位。

  表4.1显示了企业家对个人及朋友和家人的资金的广泛性依赖；其他的外部融资来源是有限的。对于两个小组来说，个人所挣收入到目前为止都是初期投资的主要来源。对于留学归国人员而言，65%的初期投资来自海外所挣收入；对于本土人士而言，64%的初期投资是在中国国

内挣得的收入。不管是对留学归国人员还是对本土人士来说,家人和朋友都是其重要的次级资金来源,但是与留学归国人员相比,校友和朋友对本土人士起着更为重要的作用。当地政府投资于留学归国人员的公司——可能是通过管理公司来投资,管理公司对园区内的创业园实施管理;而对于本土人士,仅有国内银行、国有企业和民营公司才是其重要的第三种来源。因此,极少有非留学归国人员在公司成立之时依靠当地政府融资。一些留学归国人员接收了来自海外的私人资金,虽然人数极少。

表4.1也指明了公司产品被销售给谁以及归属性关系对本土公司所具有的重要性。正如我们可以看到的,28%的留学归国人员与其经销商之间没有私人关系,而93%的本土人士是通过以前的雇员(19%对12%),以前的同学(19%对18%),亲戚(21%对17%),以及儿时朋友(10%对3%)来销售他们的产品的。两个小组均在很大程度上依靠同乡(24%对22%)。在客户情况方面,88%的留学归国人员涉足工业市场,而本土人士的比例则为78%。所以,两个小组内的大多数企业家都未涉足消费品。通过查看工业终端客户的情况,我们看到对于两个小组的企业家来说中国的民营公司都是他们最重要的客户。对于本土企业家来说尤为如此,他们有65%(相对于留学归国人员44%的比例)的客户都是中国的民营公司。对比来看,留学归国人员与中国国内的外资公司(他们20%的客户对本土人士13%的客户)以及国有企业(他们36%的客户对本土人士22%的客户)之间存在着更多的生意往来。

表4.2介绍了企业家自身的人力资本。他们中的大多数人为男性(两个小组均为82%)。尽管本土人士的公司比留学归国人员的公司成立得更早,留学归国人员在读大学上面用掉了更多的时间,然而两个小组在年龄分布上却仍然几乎完全一致。他们在社会背景方面也存在着一个显著的差别。留学归国人员更多地来自知识分子家庭——这是他们得以出国的原因所在——而通常本土人士更多地来自工人或农民家庭。与留学归国人员相比,本土人士平均而言在中国国内高层管理岗位

表 4.2 受访者情况

	留学归国人员	本土人士
性别		
男	82%	82%
女	18%	18%
年龄		
≤30	8%	11%
31—40	45%	43%
41—50	38%	38%
51—60	8%	8%
>60	0%	0%
家庭社会阶级		
高级干部	5%	2%
一般干部	21%	20%
工人	17%	40%
农民	9%	15%
知识分子/教师	39%	19%
商人	6%	2%
军人	2%	2%
其他	1%	0%
党员		
是	17%	20%
否	8%	79%
未作答	3%	1%
在中国国内高层管理岗位上的工作的平均年限(范围)	1.83(0—12)	4.43(0—25)
在中国国内接受的教育		
高中以下	2%	5%
高中文凭	7%	32%
技术学校或同等学历	18%	35%
大学	47%	23%
硕士	12%	5%
博士	12%	0%

上工作的时间更长;两个小组具有相同的年龄分布,而本土人士管理经验的长度却与留学归国人员不同,这说明留学归国人员在海外读书用掉了部分时间。与其社会背景相符,留学归国人员在中国国内受教育的层次也更高;2/3以上的留学归国人员完成了大学学业,而相比之下本土人士的比例则不足1/3。在(中国国内或国外)所获得的最高学位方面,34%的留学归国人员获得了博士学位,而本土人士中则没有一个。22%的人在海外获得了博士学位。最后,社会资本的度量标准之一是看一个人是否加入了中国共产党,因为一个人可以借助党员身份来增强其社会网络,两个小组中均约有20%的企业家为中国共产党党员。

变量说明

在本章这一部分中,我们对我们的企业家所拥有的跨国资本和社会资本加以分析,着重强调它们之间所存在的重要差异。然后,我们公布三个多元回归分析的结果,多元回归分析比较了这三种形式的资本对不同的小组所起的作用,用以解释公司的经营绩效、出口和收入情况。

跨国资本的作用

出国人士获得了可以运用实证方法来度量并能够给他们带来商业优势的跨国资本了吗?根据定义,跨国资本源自海外教育,大多数留学归国人员都已经获得了这种资本。在我们的归国留学人员中,26%的人获得了海外博士学位,而43%的人获得了海外硕士学位。12%的人获得了国内博士学位但又以博士后的身份在海外从事了工作。很显然,本土人士没有获得海外学位,尽管有些人曾在国外学习过短期培训课程。和大多数正规教育程度相对较低的企业家一样,②我们所调查的本土企业家中有37%的人从未就读过高中以上的课程,另有35%的人仅仅持有技术学院的学历或其他同等学历。因此,我们所调查的两组企业家在教

---

② 总体而言,国内企业家在教育程度上低于留学归国人员。然而,根据国家级的调查,在20世界90年代期间,他们的教育水平已经有了显著的提高。所以,1993年,只有16.6%的人接受了大学教育,而到了1999年,这一比例达到了35%。请参阅2000年的《中国私营经济年鉴》一书的第362页,引自Guiheux(2002)。

育程度方面大相径庭,他们接受教育的地点也大有不同。

在留学归国人员当中,81%的人拥有实际的海外工作经验。半数的留学归国人员在海外期间其科学技能得到了培养,又有大批人士学习了实用管理技巧(商业研发、销售与市场营销、人力资源或项目管理),形成了对科学技能方面的补充。平均而言,留学归国人员把海外经历评定为对其企业而言是极为重要的(5分制中的4.39分),他们相信他们在海外期间所培养的技能与他们目前所从事的企业家工作之间具有非常密切的联系。他们还相信,外语能力对于他们的企业而言也是至关重要的(94%对74%)。

跨国资本的一个要素是被引入国内的技术的质量(产品所有的或为公司所用的)。但是所抽样的留学归国人员都把什么类型的技术带回国内了呢?如果它在中国国内不属于新技术,那么它的作用就是微乎其微的。因此,我们向受访者询问"他们的"技术是否:(1)属于国际领先技术;(2)不属于国际领先技术,但是在中国国内属于新技术;(3)在中国国内不属于最新技术,但在其所在的地区属于新技术;或(4)甚至在该地区也不属于新技术。如果一项技术属于第四种类型,那么我们就可以认为企业家主要是靠营销技巧或社会资本来使其企业获利的;如果该项技术符合前两种类型的特征,那么企业家就正在运用跨国资本;对于第三种类型的技术来说,资本的依赖形式是混合式的。

我们的调查结果显示,留学归国人员在很大程度上拥有跨国资本(见表4.3)。留学归国人员拥有国际最新技术的比例是本土人士的4倍(34%对9%),拥有非国际最新但在中国国内较新的技术的(46%对30%)的人员比例几乎达到50%。因此,34%的留学归国人员拥有一种在国际市场上能够具有价格竞争优势——把中国的劳动力成本低这一因素考虑在内——的产品,共有80%的留学归国企业家使用在中国国内较新的技术,这使他们在国内市场上具有显著的比较优势。因而,这些技术可以作为其企业成功的一个重要因素。

表4.3 海外留学归国人员技术质量(在各类别中的百分比)

	留学归国人员	本土人士
国际最新技术	34	9
非国际最新技术,但在中国国内属于新技术	46	30
在中国国内不属于最新技术,但在该地区属于新技术	8	24
甚至在该地区也不属于最新技术	5	31
	93	94
海外工作经验(百分比)		
博士后	7	
实际工作经验	81	
无	12	
在海外期间所培养的技能(百分比)		
教学	4	
科学研究	50	
商业研发	16	
销售与市场营销	21	
人力资源	7	
金融与会计	4	
项目管理	18	
其他	19	
海外经历对企业的重要性(平均值与标准差)	4.39(0.83)	
在海外期间所培养的工作相关技能(均值与标准差)	4.22(1.24)	

如我们所预料的那样,本土企业家对社会关系的依赖程度远远高于对产品技术的依赖程度;本土企业家中有26%(24/94)的人拥有在中国国内不算新的技术,33%(31/94)的人拥有在该地区不算新的技术。如果本土企业家的企业处于盈利状态,那么其服务质量或个人关系一定为他们带来了客户。在技术来源方面,仅有16%的本土人士利用外国开发的技术,而相比之下,利用外国开发技术的留学归国人员达到46%。因此,在国外花时间掌握技术会成为成功的一个推动因素。事实上,如上所示,本土人士的销售网络几乎完全是建立在归属性关系之上的。

是技术把人们带回中国,这一假设已经由数据得到了证实,确切地说是因为他们相信技术能在国内市场上给他们带来优势。当被问及回国原因时,27%的留学归国人员选择了"我拥有一项我认为在中国将会有较好前景的技术"作为回国的首要原因,而另有28%的人选择该项作为他们回国的第二个原因。对于这些企业家来说,技术是他们众多活动的驱动力。

留学归国人员借助海外联系创造出一种不同寻常的商务伙伴模式。在留学归国人员中,67%的人在海外期间就已经建立了关系网络,但是整体而言,他们表示他们仅仅在一般程度上依靠其海外网络。还有20%的留学归国人员主要与在中国运作的外资公司开展合作,而相比之下本土人士的比例为13%。这些留学归国人员中有一部分人可能在回国初期曾是这些外资公司的雇员。此外,17%的留学归国人员的公司拥有一个海外子公司(本土公司的该项比例为5%)。与本土人士相比,更多留学归国人员参与出口业务(19%对11%),他们期望在未来的五年内能更多地参与出口业务(33%对21%)。另外,留学归国人员比本土人士更愿意与公有制企业开展业务联系;他们中有36%的人主要与国有企业开展业务往来,相比之下本土人士的该项比例为22%,而绝大多数本土人士(65%)与其他民营企业之间开展业务往来,相比之下留学归国企业家的该项比例为41%。

社会资本:企业家与当地政府的关系

企业家与当地政府的关系是社会资本的一个不错的指标,因为据调查结果显示,成功的企业家与政府之间保持着密切的关系(Wank,1995)。然而,对当地政府的依赖性需要也可以映射出在其他形式的社会资本上的不足。例如,留学归国人员需要依靠政府关系,准确地说是因为他们缺乏能够在中国的个性化市场中增强其竞争力的社会关系(Solinger,1991)。

因此我们向企业家问及了与当地政府打交道的最佳战略的问题。我们把这些战略划分为5类,从与当地政府之间几乎无联系或无联系到把当地政府作为商业合作伙伴。57%的留学归国人员指出与当地政府建立合作关系是最佳的战略,而只有34%的本土人士做出这样的回答。

在本土人士中,36%的人更青睐于与当地政府保持一定的距离(几乎无联系或无联系);相应地,留学归国人员的比例仅为16%。显而易见,留学归国人员更愿意与当地政府保持更多的联系,尽管把政府发展为业务合伙人的还为数甚少(4%)。

本土人士在关于如何与政府打交道的看法上更是大相径庭。例如,36%的人希望与当地政府保持一定的距离,而11%的人指出最佳的战略是把当地政府作为其商业合作伙伴。在某种程度上,这种差异可以反映出他们在与政府打交道方面有着更长的经历(与留学归国人员相比而言)。此外,我们样本中的大多数本土公司都不在技术开发区之内,而当地政府在园区内发挥着更为积极的作用,这一事实可以说明为何政府在参与程度方面都不尽相同。

我们评估了当地政府对受访者的企业所起的作用。留学归国人员表示,当地政府帮助他们得到了(1)资金;(2)土地、办公场地和/或设备;以及(3)进口/出口程序。当地政府帮助本土人士得到了(1)土地、办公场所和/或设备;(2)供应商;以及(3)资金来源。两个小组内都很少有人指出政府机构或政府官员干涉了他们的企业活动(6位留学归国人员和5位本土人士)。这一结果表明此类干涉行为确实存在,但是为数极少。

我们还对企业家与23家政府局级机构打交道的经历进行了研究,我们让每个人选出最重要的5家局级机构,并逐一评估他们与这5家机构的关系的质量(从"十分肯定"到"十分否定")(见表4.4)。工商局和税务局对于两个小组来说都是最重要的,但是这两家机构对于非留学归国人员来讲尤为重要,几乎每一位本土人士都把它们列入最重要的局级机构之列。对于这两家机构以外的其他机构,一些不同之处显现出来。对于留学归国人员来讲,科技局的重要性位列第三,这反映出一个事实,即与本土人士相比,留学归国人员在工作中使用了更加先进的技术,且他们的企业通常都在技术园区内运作。对于本土人士而言,重要性排在第三位的局级机构是人民银行——44%的本土人士都曾接受过来自当地银行或公司的投资(见表4.1)。

表 4.4　企业家与政府局级机构之间的关系

	重要性		评分[b]		均值检验
	归国留学人员 ($n=100$)	本土人士 ($n=100$)	归国留学人员 ($n=100$)	本土人士 ($n=100$)	（显著性）[c]
1. 人事厅	30[a]	15	3.10*	2.33	−2.81(0.01)
2. 科技局	52	12	2.83*	2.33	不显著
3. 财政局	20	23	2.30	2.60	不显著
4. 高新技术办公室	45	19	3.07*	2.00*	−3.65(0.001)
5. 公安局	10	35	1.80*	2.20*	不显著
6. 教育局	3	4	2.33	1.75	不显著
7. 外事局	8	3	2.38	2.00	不显著
8. 经贸局	14	21	2.57	2.38	不显著
9. 工商局	75	93	2.43	2.37	不显著
10. 税务局	76	96	2.43	2.36	不显著
11. 新闻局	13	18	2.23	2.61	不显著
12. 国家发展与改革委员会	1	2	4.00	1.50	不显著
13. 人民银行,分行	29	58	2.62	2.55	不显著
14. 统战部	3	0	4.00*	—	—
15. 侨务办公室	8	0	3.13	—	—
16. 外贸局,进/出口办公室	10	6	2.10	2.17	不显著
17. 专利办公室	17	19	2.53	2.42	不显著
18. 创业园管委会	6	1	2.83	2.00	不显著
19. 土地局	4	3	2.75	2.00*	不显著
20. 海关办公室	23	23	2.35	2.48	不显著
21. 外汇办公室	15	3	2.13	1.67	不显著
22. 当地党委书记办公室	2	2	2.50	1.00*	不显著
23. 市政府办公厅	17	36	2.59	1.92*	−2.38(0.02)

a. 指出该局对他们来说属于最重要的五个厅局之一的受访者数量。
b. 针对那些认为该局重要的人,他们对与该局关系的评分的平均值(1 = "十分肯定",4 = "十分否定")。
c. 关于留学归国人员和本土人士的平均评分的双侧均值检验。
* 表示当显著性水平为 0.1 或更高时,平均值是否与 2.5 之间存在显著性差异。

在这些关系的质量方面,存在着三个显著的差别。与本土人士相比,留学归国人员对与人事厅、高新技术办公室和市政府办公厅之间的关系持更加否定的态度。但是,针对各小组所认定的最重要的三家局级机构,我们看到留学归国人员和本土人士之间在关系的质量方面没有明显的不同之处。

我们再从企业注册成立的时间来看企业与局级机构之间的关系的

质量,成立更早的企业有着更为积极的关系,而成立更晚的企业则有着更为消极的关系;这一模式对留学归国人员比对本土人士更为突出。新近才注册成立企业的留学归国人员对与他们和他们的企业而言最为重要的局级机构的关系尤为不满。他们很有可能对中国官场的行政作风仍然感到不满,其他调查也常提到这个问题。

留学归国人员和本土人士同样认为政治支持是他们取得成功的必要条件。但是,本土人士显然比留学归国人员更加赞同"与政府官员之间保持良好关系会对我的企业起到保护作用"这一表述。因此本土人士(比留学归国人员更)愿意与政府保持良好的关系(整体而言他们保持了这样的关系);然而,他们又比留学归国人员更愿意与当地政府保持一定的距离。

多变量分析

我们在此介绍由三个不同的回归分析得来的结果,[3]每个回归分析有一个不同的因变量。但是,我们首先来简述一下我们的自变量。

自变量

我们从数据集中选择了几个跨国资本的指标(见表4.5)。这些指标包括企业家在企业中所用技术的水平、在国外度过的年数、持有海外学位、海外经历对其企业的重要性、拥有一个海外子公司以及对海外网络的依赖程度。我们还认真考虑了留学归国人员当前的工作是否与他或她的海外所学具有相关性,因为留学归国人员有可能还尚未以有效的方式运用其海外资本。

---

[3] 对于那些观察留学归国人员和本土人员所得的变量,我们使用了差别斜率。针对自变量 X,我们把模型设定为 $(\alpha+\beta D)X$,其中 D 是一个虚拟变量,用以指明该项观察是针对留学归国人员($D=1$)的还是针对本土人士($D=0$)的。参数 α 用以度量 $\beta=0$ 时 X 的合并效应,或 $\beta \neq 0$ 时 X 对本土人士的作用;那么,X 对留学归国人员的相应作用即为 $(\alpha+\beta)$。参数 β 用以度量 X 对留学归国人员的差别效应。在估计三个模型时,我们使用了多重共线性诊断来生成最终的模型,我们特别注意让条件指数低于10以实现较低的多重共线性水平,我们通过大量减少相关自变量来实现这一点。在此展示最后的模型,重点强调在0.1或者更高的显著性水平上,参数估计是否具有显著性。

表 4.5 变量与编码

变量	编码(量表)
因变量	
(1) 经营绩效	使用经营绩效的 7 个度量标准的要素分数而得来的综合尺度
(2) 收入	以人民币万元为单位的收入
(3) 出口	出口收入所占比例
自变量	
(1) 注册年份	顺序量表;1 = "2004",2 = "2003"……
(2) 技术水平	顺序量表;1 = "最先进",4 = "甚至在本地区也不是最新技术"
(3) 跨国资本	
• 在国外度过的时间	总计年数
• 海外学位	虚拟变量;1 = "有",0 = "无"
• 海外经历对企业的重要性	顺序量表;1 = "一点也不重要",5 = "非常重要"
• 对海外网络的依赖性	顺序量表;1 = "一点也不",5 = "非常"
• 工作与海外所学技能的相关性	顺序量表;1 = "一点也不",5 = "非常"
• 海外子公司	虚拟变量;1 = "有",0 = "无"
• 海外工作经验	虚拟变量;1 = "有",0 = "无"
(4) 社会资本	
• 朋友/家人作为股东	虚拟变量;1 = "有",0 = "无"
• 朋友/家人作为供应商	虚拟变量;1 = "有",0 = "无"
• 朋友/家人作为经销商	虚拟变量;1 = "有",0 = "无"
• 朋友/家人作为融资人	虚拟变量;1 = "有",0 = "无"
• 与政府的关系	顺序量表;对五个最重要局级机构所评分数的平均值;1 = "十分肯定",4 = "十分否定"
• 与政府打交道的战略	顺序量表;1 = "根本无联系",5 = "政府作为合作伙伴"
• 中国共产党党员身份	虚拟变量;1 = "是",0 = "否"
(5) 人力资本	
• 年龄	顺序量表;小于 30 岁的为 1,61 岁的为 5
• 性别	1 = 男,0 = 女
• 教育	1 = 高中以下,6 = 博士
• 社会地位	ISE 量表
• 管理经验长度	总计年数

社会资本指标包括对家人、朋友和当地政府的依赖性。我们在调查中包含了家人/朋友向企业家公司的投资、在选择经销商和供应商方面对私人关系的依赖性、融资来源、共产党党员身份以及政府关系的性质。对于后者，我们创建了一种简单的度量方法，即每位企业家选出5个最重要的政府部门，企业家对他们与这5个政府部门之间所存在的关系的质量进行评分，然后再计算出这些评分的平均值。

最后，为了度量企业家的人力资本所产生的影响，我们把年龄、性别、教育、家庭社会经济背景、管理经验的长度包括在其中。我们总共有21个变量，但是在某些情况下有数据缺失的现象。

因变量

为了评估跨国资本、社会资本和人力资本给企业家的公司所带来的影响，我们估计了三个回归模型。其中一个因变量是自答公司经营绩效的合成变量。④ 对全部200家公司的评测都是建立在7个度量标准之上的：(1) 获利能力(资产回报率)；(2) 现金流量；(3) 销售增长；(4) 市场份额；(5) 技术产品/服务的设计与开发；(6) 产品/服务质量；以及(7) 员工满意度。企业家回答出每个度量标准对他们的重要程度以及与行业平均水平相比他们的企业的经营绩效如何（1 = "比行业平均水平低得多"和5 = "比行业平均水平高得多"）。因此，我们需要记住经营绩效是通过企业家的自答而得来的，或者说是建立在自评基础之上的。此外，留学归国人员和本土人士在市场重心和营销实务方面所存在的一些显著性差异是显而易见的，而那些策略和他们之间所存在的差异对他们的自评经营绩效没有什么显著的影响。本土人士在作答中并没有表示他们的经营绩效优于留学归国人士；事实上，两个小组的企业家都各自独辟蹊径来应对市场，但他们觉得他们在这方面做得同样成功。

我们的第二个因变量是总收入，它也同样是通过企业家的自答而得来的。收入并不一定能反映一家公司的健康与否，因为该公司有可能处

---

④ 第一种度量标准，即综合性经营绩效度量标准，是对问卷中的七种经营绩效的度量标准进行因素分析而得出的单因素解。

在亏损状态之中,但是我们又没有可以不受被访者对其公司的偏倚看法影响的其他实证性指标。最后,我们使用外贸在总收入中所占的份额作为第三个经营绩效指标。

结果

我们的回归结果提供了丰富的信息。如表4.6所示,当显著性水平为0.1或更高时,7个变量与自答公司经营绩效之间呈显著相关关系。[⑤] 无论对留学归国人员还是对本土人士来说,公司的运作时间长短都与经营绩效呈正相关关系。这一结果并不令人感到意外,它表明经营公司时间更长的人会对其成就持更加肯定的态度。

表4.6 经营绩效[a]

自变量	参数估计值（显著性）
(1) 注册年份	0.06(0.01)
(2) 技术水平	−0.18(0.00)
(3) 跨国资本	
• 对海外网络的依赖程度	−0.16(0.01)
• 海外工作经验	0.61(0.08)
(4) 社会资本	
• 朋友/家人作为经销商	0.59(0.05)
• 朋友/家人作为融资人	−0.64(0.09)
(5) 差别效应[b]	
D × 朋友/家人作为供应商	0.66(0.09)
模型拟合统计量	
$R^2 = 0.21$	
F(显著性) = 1.84(0.02)	
条件指数[c] = 11.96	

a. 包含21个变量的模型;只列出了当显著性水平为0.1或者更高时,那些具有显著性的变量。

b. $D=1$ 是针对留学归国人员,$D=0$ 是针对本土人士。

c. 多重共线性诊断。

⑤ 最终模型的条件指数等于11.96,相应的模型保留了21个变量。该模型在0.02的显著性水平上具有显著性,$R^2 = 0.21$。

三个跨国变量具有显著性。首先,技术水平与经营绩效之间高度相关,但是由于 1 代表最高的技术水平,4 代表最低的技术水平,所以参数估计值为负数。即使是本土公司,如果拥有世界级技术或者拥有至少在中国国内罕有的技术的话,它们也能够更胜一筹。这一发现再次支持了这一言论,即中国正处于国际化进程中,全球性联系对于中国的成功是至关重要的,新技术可以创造"超常规利润"。

第二个跨国变量是企业家对海外网络的依赖程度。结果表明,留学归国人员和本土人士对海外网络的依赖程度越高,他们对公司经营绩效的肯定程度就越低。这种关系证实了这一假设,即人们认为单靠海外网络是不够的,留学归国人员要想取得成功,就必须立足于国内市场。最后,对于两个小组而言,海外工作经验与经营绩效之间都呈弱相关关系($p > 0.07$),尽管本土人士的海外经历非常少(否则,他们会被划在留学归国人员之列)。

两方面的社会资本与公司的经营绩效具有相关性。依靠归属性关系来发展销售网络的本土人士和留学归国人员都对公司的经营绩效持肯定态度。尽管针对本土人士来说这一调查结果并不出人意料,但是人们可能预期,留学归国人员在选择经销商时会对归属性关系持否定态度。然而,中国的市场就是这样的,留学归国人员必须为了成功而去适应市场。事实上,从表面上看,本土人士并不需要朋友和亲属充当其供应商以获得成功,而留学归国人员却需要——也许这反映出他们的市场地位更加薄弱,同时也反映出这样一个事实,即在中国的国内市场上,企业家可能仍然需要依靠良好的个人关系来获得高质量的商品。最后,对于两个小组来说,依赖朋友和亲属而获得资金支持与运营中出现的问题之间都具有相关性。事实上,先前的分析显示,本土公司从其亲属那里得到了资金,就很难避开亲属对公司活动的干涉,因而在"员工满意度"方面的评分相当地差强人意。

许多用来解释收入差异的变量也是具有显著性的(见表 4.7),模型本身也有力地($R^2 = 0.39$)解释了为什么所答收入各有不同。不管是对留学归国人员还是对本土人士来说,所答收入均与公司运作的时间长度高度相关,这表明以上所述的运作时间长度与经营绩效之间的联系是真正存在的,而不仅仅是感知到的。在我们的跨国资本变量之中,技术水平具有显著性,虽然显著性水平仅为0.09。此外,对本土人员来说,拥有一家海外子公司与国内收入之间呈正相关关系,而对留学归国人员而言却呈负相关关系。有能力发展海外子公司的本土公司的运营状况尤为卓越,它们可能获得了大量的收入,从而有能力向海外延伸。这一结果恰好与中国政府鼓励成功的国内公司走出去的政策相吻合。但是,拥有一家海外子公司会导致留学归国人员的公司收入更低,这其中的原因令人费解。或许,如果他们的海外子公司是他们的原创公司,那么他们为了维持其运作而花费过量的精力(和资金)。

表 4.7　收入[a]

自变量	参数估计值（显著性）
(1) 注册年份	134.960(0.00)
(2) 技术水平	-217.313(0.09)
(3) 跨国资本	
海外子公司	4 272.858(0.00)
(4) 社会资本	
中国共产党党员	1 612.984(0.00)
(5) 差别效应[b]	
$D \times$ 海外子公司	-4 545.277(0.00)
$D \times$ 共产党党员	-1 944.471(0.01)
模型拟合统计量	
$R^2 = 0.39$	
F(显著性) $= 4.66(0.00)$	
条件指数[c] $= 10.59$	

a. 包含20个变量的模型;只列出了当显著性水平为0.1或者更高时,那些具有显著性的变量。
b. $D = 1$ 是针对留学归国人员,$D = 0$ 是针对本土人士。
c. 多重共线性诊断。

有趣的是,只有一个社会资本变量具有显著性,但它又是极其重要的。企业家是中国共产党党员与本土公司的收入正相关,却与留学归国人员公司的收入负相关。对后者来说,身为共产党党员的留学归国人员可能属于逊色的商人或者可能在黑色或灰色市场活动方面受到更多制约,作为党员,他们会由于腐败而受到惩处。

只有一个变量——拥有一家海外子公司——与出口具有相关性,显著性水平对于本土人士和留学归国人员来讲分别为 0.00 和 0.01。然而,这样的结果并不出人意料,因此我们没有采用表格的形式来展示这一结果。任何一位拥有一家海外子公司的本土人士都应当是积极从业的出口商,除非他是在利用该子公司作为海外洗钱的掩护。无论如何,这个回归模型具有高度的显著性($R^2 = 0.36$)。

最后,哪些变量不具有显著性也值得引起我们的注意。比如,教育水平、性别、在海外度过的时间长度对所答经营绩效或收入没有影响,尽管海外工作经验对其存在影响。另外,与当地政府之间的关系的紧密程度以及与政府打交道所运用的战略都不对这些公司的收入或经营绩效产生影响。我们原本可能预期有某种关系的存在,因为留学归国人员在企业成立之初常常需要政府的支持。然而,表 4.4 显示,本土人士和留学归国人员在与政府之间的关系的性质上仅存在细微差别,这一点解释了为什么它们对成功的指标仅仅有微弱的影响。

结　　论

针对最初的研究问题,我们可以说些什么呢?首先,与本土人士相比,留学归国人员与政府之间保持着更为密切的关系,此调查结果与我们原先的预期背道而驰。我们原本认为本土民间商人已经在他们与当地政府之间编织了一张紧致的密网,以此作为一种保护性的关系(Wank 1995)。但是,本土企业家事实上与政府保持着一定的距离,尽管他们与政府之间也保持着良好的关系。而留学归国人员则需要依靠当地政府来获得资金、土地和劳力,高科技园区内的留学归国人员更是如此。因为自留学归国人员离开后,中国已经发生了转变,他们需要政府的各个部门的帮助,以使他们的企业得以启动。然而,他们仍然对不得不与政府打交道感到不适。

其次,我们认为技术正在把人们带回国内,人们期望这种形式的跨国资本会对成功起到推动的作用,数据支持了我们的这一论点。我们发现技术水平与对成功的主观度量之间存在着高度的关联性,这对留学归国人员和本土人员来讲都同样如此。回归结果也支持了这一论点,即要想在中国政治化的国内市场上取得成功,单凭高质量的技术是不够的。甚至是留学归国人员也需要建立个人关系,从而保证产品的供应和销售。

我们得出的结果是,社会资本对于所有企业家来讲都是至关重要的。本土企业家表示,尽管他们所拥有的技术在中国不算罕有,但是他们仍然可以获得成功;因此,他们的社会资本一定很重要。在另一方面,在国内市场上,先进的世界级技术并不能足以保证留学归国人员获得成功;他们也同样需要归属性关系。但是,那些关系必须是私人性质的关系——而不是与政府之间的关系——因为与当地政府之间的关系不能用来解释我们任何一个成功的指标。

以中国共产党党员身份的形式存在的社会资本对于企业家的成功有着正面影响。这些调查结果与中国政治资本方面的研究相互对应。而对于留学归国人员来讲,这种类型的社会资本不仅仅是一种责任,尽管还需要进一步的研究来解释其中的原因。此外,无论对留学归国人员还是对本土人士来讲,如果向公司投资的家人和亲戚干涉了公司的管理,从而导致员工的满意度低下,那么其社会资本就会存在问题。

此外,把新技术引入中国是实现富裕的重要途径,也一直是留学人员归国的主要动力。这样的结果对中国政府来讲显然是有益的,中国政府可以对这一信息加以传播,以吸引更多的留学归国人员和更多的外国技术,从而实现国内市场的质量升级。通过对那些引入技术的人士实施奖励,中国政府(及市场)无疑是在为中国的对外开放创造适宜的环境,以促使中国成为技术上更加先进的国家。

参考文献

Ben kan jizhe (This Journal's Reporter). (2002). The new debate about the wave of overseas students returning to start businesses (in Chinese). *Liaowang xinwen zhoukan* (Liaowang news monthly), 4, 6–9.

Bian, Y. J.; X.L. Shu; and J.R. Logan. (2002). Communist party membership and regime dynamics in China. *Social Forces*, 79, 805–41.

Chea, T. (2002). Looking homeward: Business, social opportunities await U.S.-educated Chinese. *Washington Post*, January 28, E01.

The China Market. (2003). How private firms are their own worst enemies. *South China Morning Post*, August 25, 11.

Cook, S. (1998). Work, wealth and power in agriculture: Do political connections affect the returns to household labor. In A. G. Walder (Ed.), *Zouping in transition: The process of reform in rural North China*, pp. 157–83. Cambridge, MA: Harvard University Press.

Deutsch, K. W. (1966). External influences on the internal behavior of states. In B. Farrell (Ed.), *Approaches to comparative and international politics*, pp. 5–26. Evanston, IL: Northwestern University Press.

Garrett, G., and P. Lange. (1996). Internationalization, institutions, and political change. In R. Keohane and H. Milner (Eds.), *Internationalization and domestic politics*, pp. 48–75. Cambridge, England: Cambridge University Press.

Guiheux, G. (2002). The social profile of private entrepreneurs: Socio-economic diversity and proximity to the party state. Paper presented at the conference "State Reforms and Social Stability in China," Chinese University of Hong Kong, July 5 and 6.

Hayhoe, R., and Y.L. Sun. (1989). China's scholars returned from abroad: A view from Shanghai, parts one and two. *China Exchange News*, no. 17, September–December.

Lardy, N. R. (2002). *Integrating China into the world economy*. Washington, DC: Brookings Institution Press.

Manville, B. (2001). Talking human capital with Professor Gary S. Becker, Nobel Laureate, *Learning from the human capital revolution* (Spring), at www.linezine.com/4.1/interviews/gbbmthc.htm.

Ming, R. (2002). Is a wave of Chinese scholars returning from overseas emerging? (in Chinese). *Qianxiao yuekan* (Qianxiao monthly), 3, 92–3.

Solinger, D. (1991). Urban reform and relational contracting in post-Mao China. In R. Baum (Ed.), *Reform and reaction in post-Mao China: The road to Tiananmen*, pp. 104–23. New York: Routledge.

Tollison, R. D. (1982). Rent seeking: A survey. *Kyklos*, 35, 575–602.

Walder, A. G.; D.D. Li, and D.J. Treiman. (2000). Politics and life chances in a state socialist regime: Dual career paths into the urban Chinese elite, 1949 to 1996. *American Sociological Review*, 65, 191–209.

Wank, D. (1995). Bureaucratic patronage and private business: Changing networks of power in urban China. In A. G. Walder (Ed.), *The waning of the communist state: Economic origins of political decline in China and Hungary*, pp. 153–83. Berkeley: University of California Press.

Wei, J. X. (2002). The road taken by Chinese overseas scholars in returning to China to set up businesses (in Chinese). *Ching pao*, 4, 30–2.

Zweig, D. (2002). *Internationalizing China: Domestic demand and global linkages*. Ithaca, NY: Cornell University Press.

Zweig, D.; C.G. Chen; and S. Rosen. (2004). Globalization and transnational human capital: Overseas and returnee scholars to China. *China Quarterly*, 179, 735–57.

第五章　中国内资民营企业中的权力关系

林益民

82　　中国自毛泽东时代结束以来一个重要的发展趋势就是经济越来越民营化。尽管中国政府从来没有公布过关于民营经济活动整体规模的综合数据，但有清楚的迹象表明，在过去的25年中，曾经占绝对主导地位的公有制已经大为收缩：1980年，99%的城镇劳动力为国营单位和集体所有制企业员工；而2003年这两者中劳动力相加的总和下降至全部城市劳动力的31%（国家统计局[NBS]，2004，pp. 122—123）。从1984到2002年，集体所有制企业劳动力在农村非农产业劳动力的比率从最初的77%下降到13%（编委会[EO]，1989，p. 574；2003，p. 130）；而农业中的劳动力从80年代中期起已全部采取自营形式。2003年包括了工业和建筑业在内的第二产业的增加值中仅38%来源于国有或国家控制企业和集体企业，而整个第二产业占当年中国国内生产总值GDP的52%（NBS，2004，pp. 53—54，pp. 518—519，pp. 578—579）。民营企业以及以民营为主的经济实体占据了公有企业的撤退移出的空间。

　　随着民营经济在就业和产出中日益显著增长，如何管理民营经济中的劳动力成为一个重要的问题，并为研究中国经济转型的人们所关注。对于民营经济的研究已有大量文献存在，并且数目还在增长（见本书中的三篇综述文章），然而对于民营经济体尤其是内资民营经济体内部组织的深入研究还很少。

　　本章旨在探究缩小这一认知差距的途径。其出发点是现有的一些关于（以私有资本占主导的）外国投资企业中权力关系的研究。这些研究的一个主要发现是管理层在劳动力控制中广泛运用高压和虐待手段，类似或相当于劳工历史上"血汗工厂"的做法。将此发现与我从内资民营企业许多员工的访谈中收集的信息所比较，我发现，一方面，在若干案例中二者之间有明显相似之处；另一方面，我的实地考察也揭示了不同于血汗工厂的一些权力关系形式。

为把这些相似与不同之处概念化，以促进对民营部门劳工管理中可能存在的多样性模式的进一步调查研究，我提出关于企业内部权力关系的一个简单的描述框架。它有两个基本度量：法理性管制的程度和激励机制的幅度。我认为这个框架可以帮助定义一个典型的（ideal-typical）血汗工厂并展示它与其他形式权力关系主要的差别。为探讨该二维结构框架的有用性，我分析了一份 1998 年对于 206 家国内民营企业 1 350 名员工的调查数据。其结果与我的分类基本相符。同时也显示出国内民营企业中劳动关系实践的多样性。并说明有必要超越血汗工厂模式去更加全面地研究后社会主义劳动关系的变化。

社会主义之后的资本主义劳动关系

从历史上来说，早期资本主义发展的一个标志就是血汗工厂制在劳动关系中的主导地位。不管是在西方还是在发展中国家，恶劣的工作条件、对工人的虐待以及广泛应用的高压手段都是农业社会向工业社会转变过程中经济组织内部的共同特征（Burawoy, 1985; Deyo, 1989; Leupp, 1992; Schmiechen, 1984）。造成这种状况的可能因素包括现代政治体制构建步伐缓慢、强大经济利益集团对国家的操纵、工人缺乏集体行动的组织、传统社区的破坏以及源于旧式农耕经济中可能阻止对工人的虐待的社会道德压力的衰落（Murphy, 1993; Powelson, 1998; Thompson, 1966）。

另一方面，国际之间不平衡的发展，工业化道路的差异以及全球化也有可能导致对在后起的资本主义经济中采用血汗工厂制产生限制或抵消作用的条件或因素（Clarke，1996；Silver，2003）。其中包括当代西方管理方法和理念的传播、无法适用于恶劣工作环境的新技术的采用以及传统社会规范的持续影响。除此之外，之前经历了社会主义工业化的国家在开始资本主义进程时仍不可避免受到原有社会制度和文化的残留影响，跨国企业也面临来自其国内越来越强烈的要求它们在海外运作时保持"社会责任表现"的压力。这些因素对血汗工厂制都有一定的限制作用。

在其改革过程中，中国经历了工作场所权力关系的重大重组。然而这种转型的结果尚待深入研究。对于正迅速收缩的公有企业中变化的并日益尖锐的劳动关系，已有不少研究（比如 Blecher，2002；O'Leary，1998；Solinger，2002），而对于民营经济体内部结构所做的深入研究却不多见。可能最接近的研究要算近来一些关于外国投资企业中劳动关系的著作。这些企业通常为私有企业，大都为海外华人所拥有或控制。其运作的外在制度和市场环境与内资民营企业越来越相似（比如 Chan，2001；Lee，1998；Pun，2005）。这些研究都发现管理人员广泛使用各种高压手段和非人道待遇来塑造和控制员工行为。这些手段主要靠个人权威的恣意使用并严重违反基本劳动权利，某些维权团体直接称之为"血汗工厂"模式（Varley，1998）。

是否或者说在多大程度上，这种情形代表了民营部门的劳动关系现状仍需要实际调查。但至少有证据表明，即便在外国投资企业中，用工方式也差别很大（Frenkel，2001；Lin，1998；Chan，1995）。一些最初采取血汗工厂模式的公司因面临内外的压力也可能转变它们的管理模式。在下面的讨论中，我将突出对比一些案例研究中的发现，然后从更广泛的概念化的角度来对它们作归类描述。

从案例研究看权力关系的多样性

2003 年的夏天和秋天，我与北京、浙江、陕西、甘肃和广东的 17 家内资民营企业中的共 58 名员工做了访谈。表 5.1 列出了这些企业的基本情况。我在其中的 6 家确实发现了陈(Chan, 2001)、李(Lee, 1998)和潘(Pun, 2005)的研究所描述的那种工作环境。在工作场所里,员工们直接面对各种恶劣的工作条件,例如噪音、粉尘、污浊空气、高温、极为昏暗的照明,有毒、腐蚀性和/或易燃材料,还有危险的工具和设备。对于这些危害所采取的防护措施要么极少,要么根本没有。员工的日平均工作时间超过 10 小时,然而却很少或完全没有因超出法定工作时间(8 小时)而得到额外报酬。工作时间之外,工人们被限制在极其拥挤、类似监狱般的宿舍里(大多数卫生设备糟糕),由工厂保安人员看守,有一家企业更加以恶犬相助。工人们必须得到特别许可后才可以离开厂区。他们的身份证被雇主扣压,同时他们在被雇用时还需支付一笔押金,或者在工作的头几个月将该笔费用从他们的工资中扣

表 5.1 案例研究场所的概况

案例	地点	产品	员工数量
1	浙江	纸张	34
2	广东	化肥	26
3	浙江	水泥	24
4	陕西	煤炭	19
5	甘肃	煤炭	22
6	广东	塑料袋	17
7	陕西	印刷品	62
8	陕西	箱包	41
9	浙江	纽扣	16
10	广东	家具	15
11	广东	服装	43
12	浙江	棉织品	1 488
13	广东	干果	9
14	甘肃	纪念品	19
15	浙江	电讯器材	103
16	北京	汽车零部件	377
17	北京	灯具	56

除。工人和雇主之间没有任何正式劳动合同或有关雇佣、工资、津贴和基本权利的成文规定。尽管厂方对于工作产出有严格的要求,对于个人行为表现和奖励挂钩的标准却模糊易变,往往是由管理者恣意决定。工作量之大令工人们身心疲惫,而他们的工作进度则被严格记录并紧密监控。吃午饭、喝水、休息,甚至上厕所的时间都很少。工人被管理者辱骂是常事,工资的拖延和违规也时常发生。工人们因受到诸如列入黑名单、扣工资、罚款、开除、没收身份证、失去押金、个别工作量增加甚至体罚或殴打而心存恐惧。

然而在其他 11 家企业中,情况却大为不同。工作条件总体上来说不像上述企业那般糟糕,安全防护措施也比较充足。管理者看起来较少依赖于权力的恣意使用(一些企业中甚至使用得相当少),而且也没有明显的或经常侵犯工人劳动权益的情况。企业遵守了中国 1994 年《劳动法》中有关劳动合同、工作时间和报酬的规定。企业内部对于工作进度、管理流程、个人和班组的责任以及表现评估都对员工做出了相对清晰的解释。虽然企业严格执行纪律,却没有广泛运用明显的高压手段。取而代之的是一系列激励或奖励措施来带动员工的积极性,从而达到组织的目标。企业在不同程度上采用了与表现挂钩的奖金制度。两家盈利非常好的企业甚至还额外给所有的员工发年终奖金。此外还有一些好意(good-will)的方式也被企业运用。比如有一家企业,每月的最后一个星期六下午为当月过生日员工的带薪假期,这些员工还可以在工厂食堂享用一顿免费的、为他们特别准备的生日晚餐。表 5.2 总结了我在访谈中和观察中的对比结果。

表 5.2 案例研究场所劳动关系特点[a]

案例	工作条件差	恣意使用权力	依赖高压和恐吓
1	H	H	H
2	H	H	H
3	H	H	H
4	H	H	M
5	H	H	M

(续表)

案例	工作条件差	恣意使用权力	依赖高压和恐吓
6	M	H	H
7	H	M	M
8	H	M	L
9	M	M	M
10	M	L	M
11	M	M	L
12	M	L	L
13	M	L	L
14	L	M	L
15	L	L	L
16	L	L	L
17	L	L	L

注：上述图表中对于三种情况的程度评为 H = 高；M = 中；L = 低。

a. 以上评估是根据案例访问中所作的观察和得到的信息而得出。反映了调查者（本文作者）和被调查者（58个员工）的主观看法。根据被调查者对上述三种情况所作的高、中、低三个等级的评价进行加总而得出的每一个案例的分数。在某些可能的情况下（比如说对工作环境的评估），作者也做了调查来核实被调查者的回答。每一种情况包含了不止一个方面。"工作条件差"包括调查员工在噪音、污浊空气、粉尘、高温下以及使用有毒和/或易燃材料、恶劣照明和危险工具/设备时有没有受到保护。"恣意使用权力"涉及企业在多大程度上依靠成文和划一的规定来决定雇用、解雇、任务分配、工作时间和安排、任免部署员工以及工资和福利。"依赖高压和恐吓"则主要将威吓和各种逼迫式行为控制手段（比如克扣工资、罚款、列入黑名单、扣压旅行文件和严密监视）与积极的激励措施相比较（比如物质奖励、升迁机会和善意举措）。

从关于早期资本主义压榨工人的大量研究文献中（Deyo, 1989；Silver, 2003；Thompson, 1966），可以识别出血汗工厂的三个典型特征：（1）对于基本劳动权利（包括员工应受到保护、避免来自工作危害的权利）的侵犯或忽视；（2）管理者对于权力的恣意使用；以及（3）主要依靠纪律手段和惩罚措施来使员工就范。第一个特征是与劳动保护法规的软弱或不充分抑或企业悍然无视社会规范有关，或者是两方面原因兼而有之。第二个特征反映出对于以非个人化权威为核心的科层制的采纳或执行程度很低。这两个特点共同说明了韦伯所指出的法理性制度（legal-rational regulation）和规范的不发达状态（Weber, 1978），因此可以看作是属于同一个范畴。第三个特征说明了对激励机制的极其狭隘的看法，基本局限于使用威胁手段和制造恐惧心理,而忽视诸如物质奖励、增进个人技能和/或职位提升机会以及象征性的善意表示等激励办法对员工所能产生的影响。

将对上述两个维度的衡量尺度充分扩展,我们可以得到一个简单的描述性框架（descriptive scheme）（见图5.1）。它包括了典型血汗工厂和许多其他可能存在的内部组织类型。事实上,典型的血汗工厂可以被视作是许多原始资本主义管制方式中最极端的情况。这些方式的特点是较低程度的法理性管制和相当有限的激励机制,它们在许多经济的早期资本主义发展中扮演了重要角色。在从农业社会向工业社会的转变过程里,这些经济中的劳动分工超越了家庭、血缘,甚至社区的界限（Burawoy, 1985; Deyo, 1989; Koo, 1990）。与此形成对比的是,许多其他内部管制方式在工业化和后工业化资本主义时代变得越发重要（Perrow, 1986; Scott, 1998）。其基本特征也可以在这个二维的框架中体现出来。图5.1左上方方框描述了可以被称作是"理性主义"的模式,通常把员工当作单纯的经济动物,主要依靠严密、无人情味的正式成文规定和程序来塑造和规范组织行为。右下方的方框可以被称为"人际关系模式"。

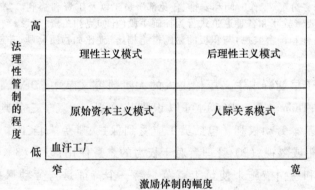

图5.1 权力关系的分类

这类管理方式把企业不仅当作一个经济组织,同时也视作一个社会单位,强调物质与非物质激励手段的广泛应用,以培养员工忠诚度,促进和提高工作努力程度,维持合作状态。右上方方框指以"后理性主义"模式为特征的各种管制手段,它们代表了为弥补理性主义模式所带来的刻板和非人性化影响所做出的努力,引入人际关系管理手段并同时力图调和这两类管制模式的内在抵触,将二者结合以得到更理想的结果。

需要指出的是,四个方框用线条划分开是为了阐述的明了,同时也给出识别和分析边缘案例的空间。不同的类型之间并没有固定的顺序关系。比如说在左下方框我用了"原始资本主义"的标签,其用意在于指出当代模式和历史上占主导地位的模式之间的相似,而并不意味着企业在采用其他管制模式之前必然要采用这类手段。而原始资本主义管制模式也并不一定是短暂现象。它在一些"成熟"的资本主义经济的某些角落里仍可能长期存留(Portes, Castells and Benton, 1989)。另外,尽管划分这四种权力关系的两个衡量维度彼此并不是绝对独立的(比如一些管制条文可能会有激励作用,而某些激励方法可能适宜于某一程度的法理管制),它们之间却不是涵义重叠,也不存在方向固定的因果关系(如果是上述任何一种情况的话,那么该框架的有用性就要打折扣了)。

以上两个维度(即法理管制的程度和激励体制的幅度)所涉及的是组织学研究中至关重要的问题。在现代社会中,组织的生存和成功相当取决于它们在多大程度上能扼制机会主义、促进合作以及调动内部成员的工作积极性。组织的基本规章制度好比是约束行为的螺钉和螺帽,而激励机制如同推动行动的发动机(Steers and Porter, 1991)。大量有关"治理结构"的经济学论述集中讨论各种内外正式制度安排的成本和收益,及其如何影响针对"代理人问题"的对策和寻找以及维持起码程度的合作基础(Milgrom and Roberts, 1992; Williamson, 1985)。在有关组织行为的管理学文献中的一个中心问题是如何采取有效的激励方案和管理风格,以鼓励员工更好地合作与增加努力(Robbins, 2001; Steers, Porter and Bigley, 1996)。在组织社会学中,相当多的分析都关注在正式与非正式的组织结构以及内部法规与外部制度环境之间的关系(Scott,

1998）。

　　对于研究中国经济转型期的组织变化，这里提出的二维衡量尺度的框架或许可以提供一个模板，用以描绘正在急剧变化并且很有可能在发展方向和变化结果上呈现多样性的劳动关系。除了那些与典型血汗工厂相类似的经济组织外，可能还有相当数量的企业更近似于其他内部管制类型，其差异可以通过此框架加以定义和比较。举例来说，在后理性主义模式与人际关系模式的边界区域，我们可以界定雷丁（Redding, 1990）所谓的"中国式资本主义"（Chinese capitalism）的典型管理模式，它包含了中等程度的法理性规范和综合全面的激励体系。另外，我们也可以细化出"福特主义"的典型模式（Piore and Sabel, 1984），其特点是中高程度的法理性和中低程度的激励水平。它可以被看做理性主义模式下的一个子模式。

　　然而有几点需要在此说明。上面的框架主要关注的是管理层对员工行为控制管理的手段，而没有触及劳动关系中的许多重要方面，尤其是有关与员工的互动和员工所采取的反向策略方面。框架中水平维度所蕴含的一个潜在假设就是物质与非物质激励手段是相互补充的。在现实中，某种水平的物质激励往往是采用非物质激励手段的先决条件，不同企业采用不同范围和形式组合物质和非物质手段。但这个框架仅关注激励手段的总体幅度，因此不能提供一个直接清晰分辨不同组合/种类激励手段的直接途径。这是一个主要的局限。同样的问题也存在于框架中另一个维度上。比如某两家企业可能表现出相似水平的法理性规范程度，然而却可能是因为采用了不同程度内外法理化组合的结果。在这些存在区别的地方进行进一步的细分以说明性质上的区别是必要的。此外，这个框架没有明确任何因果关系，因而仅仅是一个描述性的工具而非分析性的模型。它的目的是为提出有研究价值的问题和探讨对问题的解释提供一个初步的背景。

对调查数据的分析

为了判断这个二维框架对比较研究的用处,并探讨是否存在不同于血汗工厂模式却又值得研究的其他类型的权力关系,我对一份1998年民营企业员工调查问卷的数据进行了分析。

该调查是由中国社会科学院民营经济研究中心所做,包括了12个省市的2 073名民营企业员工的随机样本。这些省市包括安徽、重庆、广东、河北、河南、湖北、江西、陕西、山东、山西、天津和浙江。因为数据中不仅包括了在生产线上的工人,也涵盖了办公室的员工,我将后者排除在分析之外。剩下的数据包含了1 350名员工的回答。

数据包括了员工对于189个问题的答复,覆盖许多方面,诸如被调查者的个人背景、工作经验、找工作状况、工作条件、工资和福利以及和管理者的关系。从这些回答中,我构造出了8个与上述二维框架最相关的变量并对它们加以分析(见下面讨论部分)。表5.3列出了这些变量的一些基本数值。

表5.3 数据分析中变量的均值、标准误差和相关系数($n=216$)

变量	均值	标准误差	1	2	3	4	5	6	7
1. 工作中的有害物	1.28	1.39							
2. 劳动保护的充分性	2.25	1.5	-0.53						
3. 恣意克扣工资	0.25	0.95	0.28	-0.19					
4. 侮辱体罚工人	0.09	0.51	0.25	-0.13	0.8				
5. 扣压押金	0.05	0.17	0.18	-0.11	0.24	0.27			
6. 奖金制度的采用	0.37	0.46	-0.08	0.08	-0.01	-0.05	-0.08		
7. 对有家庭困难员工援助	1.83	0.71	-0.2	-0.25	0.02	0.06	0.15	-0.23	
8. 升迁的评定	4.4	1.88	0.1	0.17	-0.15	-0.05	-0.14	0.15	-0.23

工作中的有害物

这个变量是根据工作环境中是否有如下危害的7个问题的答案

而设定的:照明差、高温、粉尘、有毒气体、噪音和易燃或其他有害物质。在原始的数据中,我给回答"有"的1分,回答"没有"的打"0"分,由此根据7个问题的答案打分而加总产生一个新的变量,最高得分为7分,意为所有危害都存在。最低得分为0分,意为不存在任何一种危害。相对得分高的工作环境比得分低的要恶劣。

劳动保护的充分性

这个变量是基于企业是否采取了充分的措施来保护工人免受与工作相关的有害物的伤害这一问题的答案。回答"没有"打1分;同意"没有保护措施但工人因此而获得补贴"这一说法的打2分;回答"有"打3分;说明没有任何一种伤害存在的打4分。这一变量如同前一变量,都与工人的工作环境相关。中国1994年《劳动法》要求工作环境不应存在对工人的危害,因此这两个变量一起说明了企业遵守外部法制体系的情况。

恣意克扣工资

这个变量是根据关于雇主恣意克扣企业员工(包括被调查者本人)工资的事件发生频率(据被调查者所知)这一问题的回答。时间设定在被调查前12个月内。变量的值根据事件发生数量而定:比如说0代表"没有发生过",1代表"1次",以此类推。这里的假设是随意克扣工资事件发生频率越高,恣意使用权力的程度就越深。

侮辱体罚工人

该变量基于被调查者对于调查前12个月内雇主体罚或口头侮辱工人事件的发生频率(据被调查者所知)这一问题的答案而定。计算方法与随意克扣工资变量的计算方法一致。频率越高意味着恣意使用权力程度越深,反之亦然。

扣压押金

要求员工在被雇用时支付一笔押金是一些企业采取的一种非法手

段,其目的是用经济手段来控制员工行为。调查中也有一道关于这一手段的问题。我将回答"不用付押金"的归为0分。对于回答需支付一定数目押金的,我将押金数目除以被调查者年工资额,从而得出一个分值。分值越高表明押金所产生的经济影响越大,因而可以设想雇主对控制员工行为的非常手段的使用程度就越高。该变量和前两个变量的相似之处在于它们提供了可以被用来判断雇主在多大程度上依靠不成文的、非常规的、高压的手段来规范和控制员工行为的信息。

奖金制的采用

每一位被调查者都被问及他/她的企业是否采用了奖金制度("是"打1分,"否"打0分)。这个变量代表了物质激励使用的差异:采用了奖金制的企业较没有采用同类制度的企业可能依靠更多样的物质激励机制。

升迁的评定

这个变量基于问卷中的以下问题:"员工中什么人更有可能获得提升?"打分标准如下:"取得突出工作成绩的人",5分;"任何努力工作的人都有机会",4分;"能力强的人",3分;"受过较好教育的人",2分;"有当地户口的人"、"工人永远是工人,没有升迁机会"、"与老板关系好的人或有其他特殊靠山的人"得1分。不同的分数反映了企业内流动性的差异,分数越低,说明内部流动的评价标准与工作成果直接相关程度越低;反之亦然。因为企业内流动性同时反映了物质与非物质(自我实现或与抱负相关的)因素,这个变量为这种激励因素的组合提供了一个参数。

对有家庭困难员工的援助

这个变量是基于对"老板"(通常是指被调查者的企业所有者)是否对家中有严重困难的员工提供特别援助这一问题的回答("有"为1分,"有时有"为2分,"没有"为3分)。因为员工的家庭问题与其在企业的工作并不直接相关,因此这一分数的不同反映了"善意"姿态使用的不同强度,主要代表了非物质激励这种形式。

　　对以上变量进行分析的主要目的是识别在不同私有企业中权力关系的模式,而非研究每一个被调查者面临的特定工作环境的特点。因此,需要总结被调查者的回答并在企业的层面将汇总结果平均。令人遗憾的是,数据中并没有包含被调查者所在企业的明确的信息。为了弥补这个缺陷,我使用数据中提供的两种信息来识别被调查者的所属企业:一是每个案例中的一个六位数邮政编码,还有就是对于被调查者企业所属行业这一问题的回答。我把邮编相同、所属行业也相同的被调查者归在一组,当作同一企业的员工。这种分类方式识别出216家企业。在此基础上,我计算出每组被调查者对上述八个问题得分的平均值。

　　为了测量将这些变量汇总平均到企业层面是否适当,我计算出单项目评判间一致性(single-term interrater agreement,r_{wg})的数值(James,Demaree and Wolf,1984,1993)(多项目的r_{wg}无法算出,因为变量度量口径不一致)。结果是对应每一个变量,超过80%的组别都得到了等于或大于0.7的数值。

　　我对加总平均的变量进行了确认性因子分析(confirmatory factor analysis)。因为上述头两个变量和之后的三个变量代表了同一潜在维度——即法理性管制程度——的不同方面,我又对它们与各自所指代的层面和它们与共同所指维度的相互联系进行了二阶分析。把这一分析的结果与将五个变量视作同一维度下的项目所做的尝试性一阶确认性因子分析比较发现,二阶分析显著提高了所有拟合优度数值(一阶分析结果为:$\chi^2 = 48[df = 20]$,$p < 0.0005$;GFI 自由度调整值 = 0.88;RMSEA 估算值 = 0.09;normed fit 指数 = 0.85)。这个结果说明二阶分析代表了一个更合适的模型。我把分析的结果在表5.4中列出。

表 5.4 企业内部组织变量二阶确认性因子分析结果(因子负载值)[a]

	F1	F2	F3	F4
工作中的危害物	0.93			
劳动保护的充分性	−0.55			
恣意克扣工资		0.89		
侮辱体罚工人		0.91		
扣押押金		0.29		
奖金制度的采用			0.51	
升迁的评定			0.35	
对有家庭困难员工援助			−0.54	
F1				0.68
F2				0.48

a. $\chi^2 = 32$ (df = 18), $p < 0.05$; GFI 自由度调整值 = 0.91；RMSEA 估算值 = 0.07；normed fit 指数 = 0.9）

为了更清楚地揭示出不同的权力模式,我计算出 F3 和 F4 的复合分值（composite scores）。F3 和 F4 分别代表前面的描述性框架中两个维度,即激励体制的幅度和法理性管制的程度。然后将这些分值运用 SAS 中的 PROC FASTCLAS 程序进行 k-均值聚类分析（cluster analysis）。按照描述性框架中定义的分类,我设定聚类（cluster）的最大值为 4。因为个别数据缺失的缘故,分析中剔除了 55 个样本。表 5.5 显示了分析的结果。

表 5.5 k-均值聚类分析（cluster analysis）结果[a]

聚类组别	聚类均值		样本数量
	激励制度的幅度(F3)	法理性管制程度(F4)	
1. 人际关系	0.57(0.34)	−0.45(0.24)	56
2. 原始资本主义	−0.50(0.37)	−0.36(0.28)	50
3. 理性主义	−0.69(0.34)	0.51(0.38)	32
4. 后理性主义	0.34(0.40)	0.65(0.40)	23

a. 拟 $F = 124.21$；立方聚类标准 = −3.9；估计预期总体 $R^2 = 0.76$。括号中数字为标准偏差。

讨 论

第一,表 5.4 中显示的因子负载值(factor loadings)说明变量 1 和 2,即工作中的有害物和劳动保护的充分性,与一个共同的因子 F1 是紧密相联的。而变量 3 和 4,即恣意克扣工资与侮辱体罚工人则与共同因子 F2 相关。第 5 个变量扣压押金呈现的相关性则不那么强,但将它加入进来后则使模型的拟合优度值有所改善(因为篇幅关系,没有包含该变量的尝试性二阶分析结果在此没有列出)。这两个因子又共同和另一个因子 F4 紧密相联。前文已经指出,F4 代表法理性管制程度。另一方面,变量 6—8,即奖金制度的采用、升迁的评定和对有家庭困难员工的援助与共同因子 F3 呈现出由中到强的相关。F3 体现了激励体系的幅度。表下方的拟合优度数值说明了二阶分析模型的基本有效性。总体来说,这些发现在一定程度上说明这个二维的架构作为一个进行记录和分类的描述性工具,有助于描述不同私有企业劳动关系多方面的差异性。

第二,聚类分析的结果显示出,可以将样本案例在这个二维框架中的复合分值分布与平面坐标中四个象限相对应:第一象限为"后理性主义"模式;第二象限为"理性主义"模式;第三象限为"原始资本主义"模式;第四象限为"人际关系"模式。十分明显的是,尽管有些企业属于原始资本主义类型,包括其极端形式——典型的血汗工厂;然而,属于其他三种类型的案例总和数量要超过类似血汗工厂模式的案例数量。这种分布状况说明,有必要超越血汗工厂模式去观察中国民营经济中的劳动关系,以便对它的多样化有一个更全面的了解。

第三,也是有意思的一点,就是"人际关系"这一类型包含了最多数量的案例。对计算出的数值作进一步的分析显示,对于这一类型的企业,F4(即法理性管制的程度)和工作中有害物及劳保的充分性紧密相关(Pearson 相关系数值分别为 0.97 和 -0.48),也即与工作条件相关。它却与变量 3—5 即主要代表权力恣意使用的变量相关不强。这说明许多这一类型的企业可能倾向使用广泛多样的激励手段来抵消艰苦的工作条件所带来的负面影响。这在早期资本主义发展中并不少见,因为迅速改善工作环境的成本很高,对那些资源有限、竞争激烈的企业尤其如此。

第四,值得注意的是,"后理性主义"这一类型包含的案例最少,并且这一类型中的两个聚类均值的绝对值之间的差距最大。这说明在组织设计中两个维度所持比重的相对不均衡。对单个案例的数据进一步梳理发现,没有一个案例在两个维度都能获得相似的高分数。这可能是因为,尽管一些企业力图把理性主义和"自然的"管理手段相结合(Scott,1998),但内在的相互对抗性使二者充分调和仍很难达到。虽然中国的民营经济仍在成长之中,可能无法提供足够的事实和分析基础来进行更高层次的归纳总结,但本文的研究发现也同时提出一个理论和实证方面都需要进一步探讨的问题:现代经济活动的内部组织中是否存在一个不同管理模式的"近乎不可能调和地带"(即框架的右上角)呢?

第五,还需指出的是,以上数据分析是有局限性的。调查问卷并非为这种研究而设计。因此,只有一小部分相关的变量可以用来做因子分析和聚类分析。同时也缺乏被调查者所在企业的基本状况/背景的信息。这就限制了对可能影响形成不同权力关系模式的因素做进一步的分析。数据中也没有来自企业主对相同或相近问题的回答,可以作为对员工的回答的映证或比较。大多数变量并不是连续性的。这也可能使因子分析失真。因此我所报告的分析结果应被视为很初步的发现。

结论和对于未来研究方向的思考

尽管本章中所报告的内容并不足以解答有关血汗工厂是否构成中国民营企业内部管制主导模式的问题,但研究结果却表明其他类型的权力关系并非是零散现象,因此也值得我们关注。我构建了一个更包容的框架,来描绘迅速发展的民营企业内部结构的不同管制模式。虽然初步的分析结果显示这个框架的有用之处,仍有必要做进一步的研究以证明它的有效性以及增加其可操作程度。

如果以上数据分析揭示的权力关系模式的多样性可以被更丰富、更高质量的数据所证明,那么进一步探寻在什么情形下这些不同的模式最可能出现,以及是什么原因造成了民营企业之间的差异就很重要。在毛泽东时代,民营经济活动几乎灭绝,中国处在计划体制的统治之下。在过去10年,许多民营企业进入原国有制企业的领域,许多国有企业也引入了民间资本。在这一过程中,许多民营企业不仅延用了大量原来国有企业的职工,同时也通过这些员工继承了路径依赖的、有关工作、福利和权力的看法和预期,并继续部分运用着以前的内部规定。一些民营企业家以前是国有企业或集体企业的经理,并仍是共产党员。当他们在企业中做决策时,道德和政治因素就仍可能起着限制作用。那么,一个有意思的问题就是:这些从前一个时代遗留下来的制度和组织上的痕迹是否对民营企业中权力关系的组建或重组有任何影响呢?比如说,原先在公有企业工作的员工是否不大可能在采用原始资本主义手段管制员工行为的民营企业里工作?是否曾经做过公有企业经理的民营企业家更倾向于避免使用人际关系手段,以彻底根除改革之前管理体系中盛行的"以政治准则为基准的偏袒主义"残余(Walder,1986)?

随着中央计划体制逐渐从历史舞台中退出,政府对于经济的管制越来越地方化。与此同时,共产党领导的国家中组织的廉洁程度也大为降低(Lin,2001)。由于国家是监督企业是否遵守《劳动法》及相关规定的主要外部力量,与当地政府官员的个人关系如何对于民营企业家采用什么策略方式控制工人行为就可能有很重要的影响。而另一方面,政府官员的仕途仍取决于其政绩评估体系。其中一项关键的指标就是维护社会稳定。有关工人受到虐待和/或工人闹事在公众中的负面消息披露,对当地领导官员来说,政治成本太高。一个值得研究的问题是,是否血汗工厂模式更易出现在民营企业家与当地官员关系暧昧的地方,尤其是在媒体有意或无意缺乏覆盖的地方。

如同在其他地区早期资本主义发展时期一样,中国重新兴起的民营经济的劳动力中有相当大一部分是背井离乡的农民工。而改革时期经济发展的一个独特之处是乡镇企业推动了农村工业化进程。这些乡镇企业在80年代主要是在公有制下经营,但是后来越来越私有化,并继续雇用大量当地人。这种劳动力分划成为进城务工人员和农村社区本地务工人员的现象为研究社区规范和社会压力对于企业生产内部组织的影响提供了一个很有意思的案例。比如说,是不是进城务工人员要比在家乡就业的人更可能在血汗工厂工作?年龄、受教育程度、性别、社会网络和劳动市场经验是否对此有调节作用?是不是本地工人更可能在采用人际关系管理手段的企业工作?家族所有制是否会导致类似在海外华人家族企业中盛行的个人化(personalist)管理手段(Redding,1990)呢?

自从经济改革以来,中国越来越融入全球经济之中。经济全球化使一些内资民营企业能够以蛙跳(leapfrogging)的方式采用先进的技术。这也可能转而限制了内部组织策略的选择(比如说,一个电子芯片制作工人不可能在温度变化不定、尘土飞扬的厂房进行生产,而使用昂贵精密仪器的生产商也要考虑工人若处于体力疲劳状态和/或精神受到严重刺激,就很容易损坏仪器)。如果技术的进步确实降低了血汗工厂模式生存的可能性的话,那么它对于企业在上面提到的其他三类模式之间进行选择是否有任何方向性的影响呢?另外,越来越多的内资民营企业作为跨国公司和/或外国投资企业的交易伙伴、合作者和/或竞争对手,接触到外国的管理方式。这些方式通过示范作用、强制(比如把遵守国际通行的劳工准则作为进行交易或签约的一个前提)和/或竞争压力对内资企业产生影响。这种学习过程是不是在外资集中程度较高的地方(如沿海地区和大城市)更为显著呢?企业所有者的年龄、性别、教育水平和以前的工作和生活经历对内部组织行为管理的综合策略是否有所影响呢?不同类型的外资企业(比如西方国家的跨国公司与扎根于中国香港地区、韩国和中国台湾地区这种经济的小企业)采用的管制模式的不同对内资民营企业的组织学习(organizational learning)过程有怎样的影响呢?对这些以及之前所指出的诸多问题的探讨无疑将有助于理解中国的经济转型。

参 考 文 献

Blecher, M. J. (2002). Hegemony and workers' politics in China. *China Quarterly*, 170, 283–303.
Burawoy, M. (1985). *The politics of production: Factory regimes under capitalism and socialism.* London: Verso.
Chan, A. (1995). The emerging patterns of industrial relations in China and the rise of two new labor movements. *China Information*, 9, 36–59.
———. (2001). *China's workers under assault: The exploitation of labor in a globalizing economy.* Armonk, NY: M.E. Sharpe.
Clarke, S. (Ed.) (1996). *Conflict and change in the Russian industrial enterprise.* Cheltenham, England: Edward Elgar.
Deyo, F. (1989). *Beneath the miracle: Labor subordination in the new Asian industrialism.* Berkeley: University of California Press.
Editorial Office (EO). (1987–2003). *China township enterprise yearbook* (in Chinese). Beijing: Zhongguo nongye chubanshe.
Frenkel, S. J. (2001). Globalization, athletic footwear commodity chains and employment relations in China. *Organization Studies*, 22, 531–62.
James, L. R.; R. G. Demaree; and G. Wolf. (1984). Estimating within-group interrater reliability with and without response bias. *Journal of Applied Psychology*, 69, 85–98.
———. (1993). r_{wg}: an assessment of within-group interrater agreement. *Journal of Applied Psychology*, 78, 306–09.
Koo, H. (1990). From farm to factory: proletarianization in Korea. *American Sociological Review*, 55, 669–81.
Lee, C. K. (1998). *Gender and the South China miracle: Two worlds of factory women.* Berkeley: University of California Press.
Leupp, G. P. (1992). *Servants, shophands, and laborers in the cities of Tokugawa Japan.* Princeton, NJ: Princeton University Press.
Lin, Y. (1998). Governing the workplace: Regimes of labor control in foreign-invested enterprises in coastal China. Paper presented at the Annual Meeting of the Association for Asian Studies, March 28, Washington, DC.
———. (2001). *Between politics and markets: Firms, competition, and institutional change in post-Mao China.* Cambridge, England: Cambridge University Press.
Milgrom, P., and J. Roberts. (1992). *Economics, organization and management.* Englewood Cliffs, NJ: Prentice-Hall.
Murphy, J. B. (1993). *The moral economy of labor: Aristotelian themes in economic theory.* New Haven, CT: Yale University Press.
National Bureau of Statistics (NBS). (1990–2004). *China statistical yearbook* (in Chinese). Beijing: Zhongguo tongji chubanshe.
O'Leary, G. (Ed.) (1998). *Adjusting to capitalism: Chinese workers and the state.* Armonk, NY: M.E. Sharpe.
Perrow, C. (1986). *Complex organization: A critical essay.* New York: Random House.
Piore, M. J., and C. F. Sabel. (1984). *The second industrial divide: Possibilities for prosperity.* New York: Basic Books.
Portes, A.; M. Castells; and L. A. Benton. (Eds.) (1989). *The informal economy: Studies in advanced and less developed countries.* Baltimore, MD: Johns Hopkins University Press.
Powelson, J. P. (1998). *The moral economy.* Ann Arbor: University of Michigan Press.
Pun, N. (2005). *Made in China: Women factory workers in a global workplace.* Durham, NC: Duke University Press.
Redding, S. G. (1990). *The spirit of Chinese capitalism.* Berlin and New York: Walter de Gruyter.
Robbins, S. (2001). *Organizational behavior.* Upper Saddle River, NJ: Prentice-Hall.
Schmiechen, J. A. (1984). *Sweated industries and sweated labor: The London clothing trades, 1860–1914.* Urbana and Chicago: University of Illinois Press.
Scott, W. R. (1998). *Organizations: Rational, natural, and open systems.* Upper Saddle River, NJ: Prentice-Hall.
Silver, B. J. (2003). *Forces of labor: Workers' movements and globalization since 1870.* Cambridge, England: Cambridge University Press.

Solinger, D. (2002). Labor market reform and the plight of the laid-off proletariat. *China Quarterly,* 170, 304–26.
Steers, R. M., and L. W. Porter. (1991). *Motivation and work behavior.* New York: McGraw-Hill.
Steers, R. M.; L. W. Porter; and G. A. Bigley. (1996). *Motivation and leadership at work.* New York: McGraw-Hill.
Thompson, E. P. (1966). *The making of the English working class.* New York: Vintage Books.
Varley, P. (Ed.) (1998). *The sweatshop quandary: Corporate responsibility on the global frontier.* Washington, DC: Investor Responsibility Research Center.
Walder, A. (1986). *Communist neo-traditionalism: Work and authority in Chinese industry.* Berkeley: University of California Press.
Weber, M. (1978). *Economy and society.* Berkeley: University of California Press.
Williamson, O. E. (1985). *The economic institutions of capitalism.* New York: Free Press.

第六章　产权制度和企业行为:理论与证据[*]

周雪光　蔡　禾　李　强

本书的研究主题是关于中国转型经济中的"民营企业"。这一主题的选择已经暗含着这样的假设,即民营企业有着与非民营企业截然不同的特点。民营企业的独特性提出了一系列的问题:民营企业的行为有什么鲜明的特点?产生这些特点的机制是什么?这些是本章将要探讨的主要议题。

"民营企业"这一概念在中国是含混不清的。在正式分类体系中,"私营企业"和"个体户"属于一个特殊的类别,不同于其他的民营企业,例如外资企业或股份公司。按照正式的界定,个体户指雇用8个或以下雇员的个人或家庭所有的企业;私营企业是雇用8人以上、个人或合伙人所有的企业。所谓的股份公司或混合型组织的所有制和运作在一定意义上来说与私营企业是一样的,但是它们不属于这一类别。就像许多国有或准国有企业正处于转变为民营部门的过程一样,私营部门和其他非私营部门的界限也正变得日益模糊。

根据这一认识,我们提出以下问题:企业所有制与企业行为间的关系是怎样的?产权理论的一个核心命题是:这两者之间有很强的关联。

---

[*] 本文初稿曾在西北大学、芝加哥大学和香港科技大学2003年的"中国民营企业的管理和绩效:多学科视角"的讨论会上宣读过。我们感谢边燕杰、高棣民和这些会议参与者的点评。感谢郝大海、吕新萍、吴善辉和赵伟在收集和准备数据上的协助。这一项目的一部分受到来自CCK基金会给第一作者的资金支持。第一作者也感谢在准备这一章时来自香港科技大学的支持。

各种社会科学理论明确地主张或隐含地假定了企业所有制和企业行为之间的紧密关系,产权/所有制也是研究中国经济和社会制度的一个常用的分析工具,那些研究中国的社会学家运用产权/所有制来解释不同企业间的系统差异(Guthrie, 1997; Lin, 1995; Nee, 1992; Walder, 1995; Zhou, Zhao, Li and Cai, 2003)以及企业在分层社会秩序中所承担的角色(Bian and Logan, 1996; Peng, 1992; Walder, 1992; Zhou, 2000; Zhou, Tuma and Moen, 1997)。例如,我们在以前的研究中有如下发现:

> 结果,不同类型企业在合同关系中可能会有不同的行为模式。第一,由于制度联系不同,企业会受到不同的资源和管制约束。例如,国有企业对政府管制最为敏感,因为它们与政府机构有着密切的行政和制度联系:这些企业的高级经理是由上级机关任命的;内部运作要接受上级机关的经常性检查。相比之下,由于私营企业与政府的制度联系微弱,它们可以远离这些影响。处于这两者之间的是集体企业,它们不在政府的直接控制之下,但是与地方政府有紧密的联系。在改革时期,一种新型的"混合企业"出现了(例如,"股份"公司),它们具有转型组织形式的特点,行为与私营企业很相似。
>
> 第二,在处理商业关系时,不同的产权关系(国有或私有)也蕴涵了不同的激励结构。因为国有企业与政治权力有紧密的关系,它们管理商业环境时更依赖于行政渠道,而私营企业有更强的激励去培育非正式的社会关系。因此,我们预期在不同类型的企业间有系统性的行为差异。(Zhou et al., 2003, p.79)

另一方面,这些研究也揭示了一个明显的认识差距:尽管说明产权重要性的理论模型汗牛充栋(Nee, 1992; Stark, 1996; Walder, 1995),但是深入考察产权和企业行为之间联系的经验研究还很匮乏,尤其在比较框架内(最近的研究见 Oi and Walder, 1999)。以上所引用的我们的陈述更多的是基于印象式的观察而不是系统的经验研究——也就是说,关于产权和企业行为之间的关系的命题大多是建立在理论观点之上,还没有通过严格的经验检验。因此,这一命题应被视为有待数据检验的理论推断,本研究从经验层面探讨企业所有制和企业行为之间的关系,目的是验证和修正我们以上的陈述。

两种理论逻辑的比较

我们首先参考中国转型经济的背景,强调并对比两种产权理论主张,并以此来引导我们的研究陈述。第一种理论主张强调与产权相联系的明显的激励机制;第二种理论主张与不同产权制度(property rights regimes)企业的经营环境,尤其是制度环境相关。

产权和激励机制

这种理论思路的关键假设是:个体,包括企业所有者和雇员,会对企业的制度安排所建构的激励做出反应。正如科尔奈(Kornai,1980)所指出的:在计划经济时代,生产配额和资源配置由中央政府控制,软预算约束使无效率不必承担任何后果,这样企业就缺乏提高效率的激励。而且,这种激励结构会诱导企业将投入最大化来满足生产配额,由此产生了计划经济下的慢性的短缺问题。市场经济中的私人所有者的行为截然不同:建立在私人所有制基础上的对利润的剩余索取权为企业追求效率提供了强大的激励,并提高了市场的竞争力。这种论证思路在关于转型经济的经济学研究中已经得到了详尽阐述。

根据这一逻辑,我们可以预期,不同产权/所有制的企业会对不同的内在激励机制做出反应,因此会有截然不同的企业行为。从内部权威结构到生产过程到市场中的行为,我们都会发现企业行为的显著的、系统的差异,而这些差异可以根据效率原则和与不同的产权制度相联系的激励来解释。例如,这一逻辑隐含了不同产权制度下企业间合同关系的系统性差异。对效率的追求会促使私营企业采取利润最大化的商业行为。相比之下,国有企业的公有制使经理没有足够的激励为企业工作;他们反而会以牺牲企业的长远利益为代价去追求他们自己的利益(例如,接受回扣或贿赂)。

经营环境和组织约束

第二种论证的思路强调,某种经济中的制度安排导致了资源分配、信息和政治干预的不同模式,并为处于不同部门或代表不同产权形式的企业提供了获取资源的不同方式。不同所有制形式的企业(不同的产权制度)也面临不同的管制体制和优惠政策或限制。结果,企业置身于不同的经营环境,尤其是制度环境之中,这导致了不同的行为模式。

尽管可以将环境约束理解为促使企业采取不同行为的激励,在我们看来,把环境约束看做一套明显的机制更为有用。第一,这一思路使我们聚焦在组织环境和企业与环境的互动分析。与之相比,强调激励则把我们的注意力引到单个的企业和它们如何对这些激励反应上。通过强调环境的作用,我们不仅仅把企业看做对环境施加的激励做出反应;而且,我们还把企业看做与环境中的其他参与者(例如,地方政府)进行重复博弈。第二,对环境约束的强调也会使我们辨识出影响企业行为的新机制。例如,国有企业在与民营企业的竞争中不能获得所需的资源或许不是因为缺乏激励,而是强加的制度约束的结果。强调激励不太可能揭示出这里的关键机制。

然而,这两种逻辑都不能全盘接受。我们首先看一下激励问题。在提出"地方政府作为企业总部"的模型时,魏昂德(Walder, 1995)强调,通过将地方政府与本地企业的利益联系在一起,地方政府能够设计出有效的监督机制来保证企业的绩效。魏昂德的观点隐含着的一个更大的问题是:如果所有制和管理是分离的,那么有没有可能设计出这样的制度安排,它们可以提供恰当的激励来使经理们(企业中)的利益与所有者(中央或地方所有者)的利益相一致?也就是说,正像魏昂德和戴慕珍(Walder and Oi, 1999, p. 3)所说的:"在政府必须握有公共企业的产权的情况下,可以创造出使政府官员以不同于以往的方式行动的激励吗?"

其次,近年来的制度变迁显示出政府官员和企业的日常运作之间出现了决定性的分离,甚至是在国有部门也是如此。在许多方面,国有企业参与市场竞争与民营企业没有实质上的区别。从逻辑上讲,我们可以推断国有企业的行为会日益受市场机制的规制。相应的问题是:国有企业在何种程度上受公共/政府产权的治理？市场竞争能提供激励来使国有企业像民营企业一样行动吗？

再次,近年来制度环境发生了巨大的变化。多样化的组织形式的兴起——尤其是国有企业向股份制企业的转型——极大地模糊了不同类型的企业和相应的制度环境的边界。国家和私人所有者共同持有所有权的股份公司的兴起,正在长期不变地改变着公共和私有部门之间的传统边界。

这些观察提出了关于企业所有制和企业行为之间关系的问题。一方面,文献中的理论思路和逻辑大部分是根据离散的制度形式和独特的机制形成的;另一方面,制度形式和机制在真实世界中正日益混杂与纠缠在一起。甚至在工业化的市场社会中,所有制和企业绩效之间的联系也很难在经验上加以把握,并且可以有多重的解释(Kang and Sorensen, 1999)。结果,这些思路的有效性和有用性就需要仔细地加以考察。就我们所知,还没有对不同产权制度下的企业行为的细致的、系统的比较。在中国研究中,大多数研究集中在某一种类型的企业(例如,国有企业或民营企业)而不是不同类型间的比较。一些研究比较了不同的产权制度(Jefferson and Rawski, 1994; Jefferson, Rawski, Li, and Zheng, 2000),但是它们的重点是就生产率或利润而言的企业绩效,这种绩效是受到既有制度安排的严重制约的。[①] 我们试图在更有意义的基础上考察企业行为。

现在所需要的不是理论推测上的另一个操练,研究者应该着手进行一些细致的探测工作,来理解中国转型经济中实际上发生了什么,以发展出能灵敏地分析当前变化的概念和类型。在本章里,我们在这个方向上作了努力,重点关注私营部门中的企业行为的经验模式。我们提出要在一个比较框架内分析企业行为,也就是说,我们把私有部门的企业行为与其他产权制度下的企业行为进行了比较和对比,以评估所有制在引

[①] 就像其他研究也认识到的,在评估不同产权制度的公司的利润率和其他经济绩效时的困难是,国有企业的亏损在很大的程度上是由国家政策或制度遗产,而不是企业行为或激励结构导致的(Duan and Han, 1999)。

发行为模式上的作用。在一些情况下,我们重点将私营企业与国有企业和混合型企业进行比较。在激励结构和制度环境上,国有部门与私有部门形成了鲜明的对比。因此,这两者之间的比较可以使我们采取严格的方式评估不同产权制度下的变化程度。我们选择考察"混合企业部门"——主要是股份公司,它们以前是国有制的——是为了评估产权的变化(从国有制到市场型的股份制)影响企业行为的方式。在某种意义上,混合企业是国有企业和私营企业之间的一种特殊的例子。在其他情况下,我们比较私营企业、国有企业、混合制企业,还有集体企业和外资企业(包括中国香港和台湾地区的企业)。

我们围绕以下几个议题来组织我们的经验研究:(1)所有制类型和其环境之间的关系是什么?(2)在不同产权制度下,企业间关系的形态有何区别?(3)不同产权制度下,内部管理和结构有什么差别?本研究所报告的经验证据主要基于我们在2000年到2002年间在北京和广州所做的关于企业合同的项目以及我们与经理和销售人员的访谈。关于原始数据收集的更多信息,见周雪光等(Zhou et al., 2003)附录A。为了说明这些模式,我们也从媒体报道和中文研究报告中选取了其他一些例子。

在开始介绍我们的经验研究之前,我们先简要地讨论一下所有制的测量,这是我们研究的中心问题。在本研究中,中国企业的被访者在关于企业合同的数据中提供了所有制的信息。我们让被访者在9类产权的清单中选择最适合描述他/她的公司的所有制结构的选项,但在这里的分析合并了一些类型。考虑到产权问题的复杂性,有人可能会质疑被访者提供的信息的可靠性。根据我们的判断,被访者提供的信息比官方统计数据要更可靠。例如,一些企业可能被官方列为"集体企业",但事实上它的所有制和运作就是私营企业。企业成员更有可能在我们的访谈中而不是对官方的报告中提供关于企业所有制的真实信息。一个更具挑战性的问题是,许多企业正处于转型阶段或涉及超出他们报告的类别的多重产权。例如,一个小型的国有企业可能实际上正处于一个"隐秘"的私有化过程中。或者一个大型的私营企业可能与政治权威有深入的互动。在这些情况下,自报告的所有制类别可能与行为不匹配。我们需要在后文中探讨经验模式时注意这些问题。

在整个讨论中,我们使用"产权制度"(property rights regimes)来指与所有制类型相联系的共同特点,包括制度环境、内部结构和行为模式。这是一个操作性的概念建构,它建立在这样的假设基础上:所有制类型意味着独特的表现形式,并且所有制类型相同的企业具有共同的特征。当然,这一概念建构的效度需要在经验上加以评估,我们在本章的结尾会再探讨这些问题。

背景:中国转型经济中产权制度的变迁

在社会主义经济的转型中,产权重要吗?就中国的改革经验来判断,答案毫无疑问是肯定的。正如我们在前面所提到的,中国经济的显著特点是存在多种组织的所有制类型——甚至在经济转型之前。与前苏联不同,中国在1949年以后保留了不同的企业所有制形式:国有、集体、私有和混合产权。然而,在经济改革前夕的20世纪70年代末,国有和集体是两种主导的企业所有制形式。在二十多年的经济改革过程中,国有企业的改革涉及经理的激励和所有制结构的变化。魏昂德和戴慕珍(Walder and Oi,1999,pp.7—10)回顾了中国改革过程中的几种变化:(1)经理的激励合同的变化;(2)涉及政府—经理人员合作的公有资产承包;(3)公共资产的租赁;(4)私有化。甚至在国有企业,存在明显的"挖空公有制"的可能性。

在关于北京和广州两地的企业间合同关系的研究中,我们发现了类似的趋势。我们的数据涉及621家企业,其中有153家(大约25%)经历了所有制上的变化。如图6.1所示,从20世纪90年代起,特别是从90年代中期起,企业所有制的转型加速了。国有企业转变为其他类型企业占总数的54%,集体企业的变化数占总数的20%。脱离国有制的企业中,78%变成了股份制公司,大约8%变成了外资企业。脱离集体所有制的企业中,66%变成了股份制公司,9%变成了私营企业,22%变成了外资企业。这些模式揭示出,所有制的变化是广泛的,并且最近发展得很快。

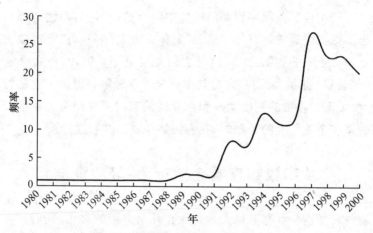

图 6.1 经历所有制变化的企业比例

不同产权制度下的公司有没有结构上的差异？表 6.1 显示了本研究中不同所有制企业的描述性统计数据。有几个特点值得注意：第一，国有企业大都建立的时间长，是大型的（规模和销售量），并且集中在制造业；相反，私营企业大都是轻工业部门和零售部门的年轻、小型企业（我们的样本不含个体户）。第二，在许多方面，混合企业与国有企业很相似（如规模上）。这并不奇怪，因为很大比例的混合企业以前都是国有

表 6.1 不同所有制类型的企业特征的描述性统计

	国有	私营	混合型	集体	外资
年限	26.1	7.7	16.1	19.5	13.8
规模：员工数量	1 591	141	581	217	506
销售额：万元	61 787	3 329	16 345	6 417	53 187
行业：					
重工业	29.3	2.9	7.8	15.4	7.0
轻工业	27.8	41.0	31.7	32.3	45.6
建筑业	4.3	1.9	8.5	6.2	3.5
零售业	15.6	31.4	25.4	18.5	19.3
银行、保险、社会服务	10.9	4.8	8.5	10.8	12.3
教育、医疗、福利	3.8	11.4	7.8	7.7	3.5
其他	8.5	6.7	10.6	9.2	8.8
企业数量	214	117	141	62	57

企业。它们在轻工业和零售部门的集中符合这一事实:即这些部门近年来经历了更加快速的私有化。第三,集体企业在年限和产业区位上显示出了与国有企业的相似之处,但是它们规模更小。第四,外资企业生产规模(销售量)都很大,而且大量集中在轻工业和零售部门。这些特点表明,产权关系与重要的制度遗产和企业间的部门差异相关。在下面解释产权关系和企业行为的关系时,我们需要注意这些制度背景。

从产权制度看企业行为:经验证据

通过对私营企业和其他类型企业在几个方面的对比,我们现在转向去评估企业所有制和企业行为之间的关系。如前所述,出于以下几个原因,本研究不考察企业所有制和企业经济绩效(例如,利润率或增长)之间的关系:第一,对经济绩效的评估需要不同的研究设计,并且在其他学术出版物中已经系统地做过了这方面的研究(Jefferson and Rawski, 1994; Jefferson et al., 2000)。第二,我们也认为"绩效"的比较会提供不完整的,甚至是误导性的画面。这是因为不同类型的企业受到不同的结构/制度约束,追求不同的目标。例如,在改革时期,国有企业常常受到政府的指示去追求与就业和福利相关的目标(例如,为退休人员提供福利),而典型的私营企业则没有这些制度约束。因此,为了评判企业所有制的作用,我们认为应该在多个领域考察企业行为,具体地说是:(1)资源依赖模式;(2)与其他组织的互动模式;(3)与政治权威的关系;(4)企业间合同的模式;(5)组织内的雇佣关系。

从企业所有制看资源依赖模式

我们首先考察不同类型的企业的资源依赖模式。这一部分的分析连同下面的分析使我们可以辨认和评估资源依赖在导致不同产权制度下的行为差异上是不是一个关键机制。具体地说,我们要问:企业获得要素资源的渠道是什么?不同产权制度下的资源依赖具有差异吗?在一个理想的市场中,资源通过价格竞争进行交易。在均衡状态下,市场效率原则规定:资源流向能最有效地使用资源的企业(从而可以为这些资源支付最高的价格);按照这个逻辑,资源流动的具体渠道的问题是不重要的。

然而,市场机制只是企业获取资源的众多渠道中的一种,在转型经济中尤其如此。不同的渠道常常会对不同类型企业的生存具有决定性的影响。所有制以两种方式影响资源流动:第一,所有制决定资源获取的渠道。例如,与其他类型的企业相比,国有企业更有可能与政治权威具有强关系,并通过"寻租"来获取资源。这一关系在改革时期得到了相当大的发展。一些证据表明,地方政府在分配商业机会上的作用越来越重要。例如,据2000年4月27日《人民日报》的一篇文章报道,为了支持国有企业改革,大连市政府通过引导下岗工人就业,积极地为他们提供制度支持;为了支持这些改革措施,政府也提供了特殊政策和财政资源。相比之下,私营企业在获取发展所需的资金和土地使用上则受到了极大的限制(《人民日报》,2000年3月15日)。尽管近年来政府和企业之间的直接联系已经大大弱化了,但是目前的程度和有效性是一个经验问题。第二,所有制通过给企业提供不同的激励来开发不同的资源获取策略,从而也影响资源的渠道。缺乏制度性渠道的私营企业可能会采取替代性的手段来保证资源。如果存在建立在所有制之上的不同的资源依赖模式的话,它可以提供一个重要的方式来解释和预测相应的企业行为。

为了考察这一组问题,我们在企业合同的研究中要求受访者在三种渠道(政府、市场和社会网络)中指出公司获得以下要素资源的主要渠道:(1)原材料供给;(2)金融资源;(3)劳动力;和(4)产品销售。② 我们根据传统的所有制类型进行了描述统计数据的交互分类;结果见图6.2a—6.2d。③

---

② 这些渠道的区分有些模糊。例如,"社会网络"渠道会最终导致市场中的交易("市场渠道")。在这里,把所选择的渠道看做概括了交易模式的典型特征的主要的(而不是排他性的)渠道是有用的想法。

③ 在我们的问卷中,我们没有区分中央政府和地方政府。在大多数情况中,政府安排指企业所在地区的地方政府。

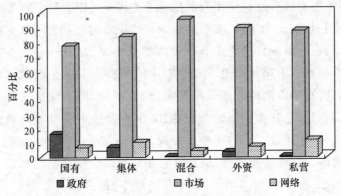

图 6.2a 上年的原材料渠道

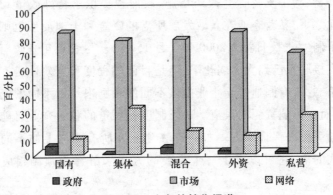

图 6.2b 上年的销售渠道

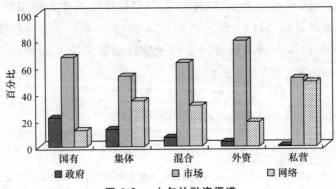

图 6.2c 上年的融资渠道

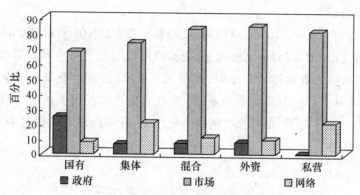

图 6.2d　上年的劳动供给渠道

这些模式可以归纳如下：第一，不考虑所有制类型，在企业资源依赖上也有显著的变化。产品和要素资源的交易好像在很大的程度上被"市场化"了：样本中的大多数企业（70%—90%）把市场作为获取材料和产品销售的主要渠道。相反，金融市场发展最不充分，只有50%—60%的企业依赖市场获得金融资源。可以看出，在中国，资源依赖模式在很大程度上是制度遗产和转型的函数。在不同的产业和领域中，市场机制的发展程度和其他的问题解决渠道（例如，社会网络）的可利用性一样，存在很大的不均等。

第二，三种渠道——政治、市场和网络——的作用在不同的领域存在差异性，从所有制来看，具有明显的差异。毫不奇怪的是，国有企业最受政府安排的影响，尤其是在资金、劳动力以及原材料（程度更轻）方面。例如，在我们访谈的时候（大约是2000年），有很大一部分（大约10%—20%）的国有企业还把"政府"作为获得金融或劳动力资源以及原材料（程度更轻）的主要渠道。这一点也值得注意：在政府控制分配渠道的地方，例如在金融资源领域，社会网络成为企业获得资源和克服制度约束的明显的手段。有趣的是，混合企业表现出的是混合的模式。它们在金融资源的获取和销售行为上更接近私营企业，但是在获得劳动力和投入供给方面比国有企业或私营企业更依赖市场。就像其名称所隐含的，这些混合企业确实表现出混合的行为特征——并且是比其他类型的企业更复杂的行为。

在图 6.2a—6.2d 中,对市场、政府和社会网络中的资源依赖的程度显示出政治、市场和社会资源的分配具有产权制度上的差异。当我们把所有四个要素资源结合起来时,如图 6.3 所示,国有企业最依赖政府渠道,然后是混合企业和私营企业。④ 对政府渠道的使用上的不一致性明显很大。相比之下,在对社会网络的使用上,这一顺序就颠倒过来了,差异相对较小。

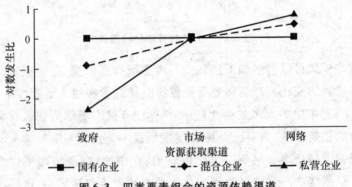

图 6.3　四类要素组合的资源依赖渠道

通过估计四种要素资源获取的负二项模型,我们做了一个更严格的检验。在这个模型中,我们控制了产业、企业规模(销售)和城市区位。国有企业依赖政府渠道的概率最高。对于市场机制的使用,不同类型企业之间没有统计上的显著差异(但是外资所有制有正向的和近乎显著的效应)。对于网络的使用,私营企业使用得最多,随后是集体企业和混合企业(近乎显著),最后是国有企业。在国有企业和外资企业之间没有统计差异。

如图 6.3 的中部所表明的,总体的模式是,市场渠道是所有类型的企业(包括国有企业)交换资源的主要机制。事实上,把所有四种资源要素放在一起,我们发现,不同产权制度下的企业对市场渠道的使用概率

---

④ 我们用负二项模型来分析数据,把四种渠道处理为一个计数变量;也就是,因变量是在控制其他协变量后,使用政府、市场或网络中的一种或多种的概率。

没有统计上的显著差异——即,所有企业都可能同样使用市场来获取这些资源。相比而言,政府渠道和社会网络是不同所有制企业获取资源的替代渠道。

尽管不同类型的企业在资源获取模式上还有一些可识别的差异,总体上,差异正日益变小和变窄。这些发现提出了一个关键的问题:如果企业在资源依赖上面临类似的市场条件——或更精确地说,如果它们在资源依赖模式上的差异正日益变窄和变得不显著——我们将在何种基础上预期不同产权制度下的企业行为具有系统性的差异?我们将在讨论和结论部分回到这一问题。

不同类型组织间的交往

我们的下一组分析考察不同类型组织在其经营环境下的交往模式。学者们对"关系"在企业之间和企业与地方政府之间的作用有不同的观点(Bian, 1997; Gold, Guthirie, and Wank, 2002; Guthrie, 1999; Wank, 1999)。如果产权在提供不同的激励和将企业导向不同的制度环境上有作用的话,我们可以在不同产权制度下的企业和其他组织间的交往模式中发现系统的差异。另一方面,如果企业面对的是相似的激励或经营环境,我们可以预见相似的交往模式。

我们询问被访者其企业与(1)管制机构;(2)上级机构;(3)同一产业中的企业;(4)其他 CEO 的互动频率。图 6.4 标出了结果,国有企业是用于对比的参照类别。

我们发现了在资源依赖渠道和与其他组织的交往上,企业行为随所有制变化而变化的一些证据。第一,在与政府机构的交往上,不同类型的企业间有显著的差异。这个模式表示,国有企业(参照类别)与管制机构和上级机构有显著较高的交往程度,然后是集体企业和混合企业,而私营企业的交往程度最低。这些模式与它们和政治权威的产权关系是一致的。

第二,混合企业和私营企业在与其他 CEO 的交往上更加积极,这表示个人联系对这两种企业有重要作用。另一方面,这两种类型的企业和

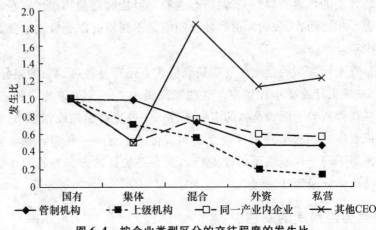

图 6.4　按企业类型区分的交往程度的发生比

同一产业的其他企业间的交往程度相对较低,表明混合企业和私营企业更多地独立行动,与同产业的国有企业相比,与同行之间的横向联系更少。

第三,私营企业作为一个独特的群体很突出:除了与其他 CEO 交往外,它们都与政府机构和其他组织有显著低的交往。如前所述,网络是私营企业的一个重要工具,但是它们对一般化的交往最不感兴趣,例如与同一产业的其他企业。我们认为这一模式显示,私营企业更重视特殊的、基于关系的纽带而不是一般性的社会交往。

产权和政企关系

中国转型经济中的产权和企业行为领域的一个关键问题是产权在调节政企关系上的作用。前面讨论中呈现的经验证据表明,在资源依赖和企业与政治权威,如上级机构和管制机构的交往上有一些可辨识的基于产权的变化模式。我们现在利用我们的个案研究和媒体报道补充这些关系的制度细节。

与上面报告的统计模式一致,我们对国有企业经理的访谈得出的一个显著的发现是,除了极少的个案,政府已经有效地撤出了这些企业的日常运作;它在帮助企业获取资源上也不再扮演实质性的角色了。这与上面揭示的资源依赖模式一致。例如，一个中型国有电力设备公司的领导说：

> 在计划经济下，生产配额由政府部门分配。现在，除了生产大于 10 000 千瓦的发电机的特殊许可，我们需要为所有其他产品寻找消费者……至于资金，这几年来特别难搞到。我们从银行得不到一分钱的贷款。我们的现金流就靠买我们产品的客户的预付款。

一个国有企业 CEO 发表了如下的观点：

> 如今，国有企业间有巨大的差异。老国有企业背负着许多计划经济遗留下来的负担，它们承受不公平的劣势。但是新的国有企业与其他类型企业相比，在竞争条件上很相似。政府不再管国有企业了。

换句话说，国有企业面临与私营企业相同的市场竞争，并且可能与私营企业行为一样。甚至在政府干预最明显的大型国有企业，经理也认为政府的帮助是有限的和不可靠的。一个大型国有企业的 CEO 这样评论：

> 如今，我们面对的是市场机会。政府不再照顾国有企业了。过去，政府对国有企业的发展、经营指导和改善内部管理和效率都很有兴趣。现在，政府不再参与这些事了。我们需要自己寻找市场机会。

另一位国有企业的经理说：

> 我们过去与政府的关系很好。但是（由于）历史原因，我们变成了政府的巨大负担，政府再也承受不起这个负担了。这就像你对一个产品的态度。如果它的质量高，你想要它；但是如果它坏了，你就想摆脱它。

很清楚，政企关系近年来发生了重大的改变。

然而，就此推断政府，尤其是地方政府不再明显地影响经营行为，那就错了。尽管政府的特定角色近年来有了很大改变，它的重要性一直没有变。过去,地方政府经常直接介入企业的内部事务,尤其是国有企业。我们的访谈发现一些这样的案例:政府帮助大型、亏损的企业摆脱困境;但这些是特例而不是常态。现在,只有在很特殊的情况下,国有企业才向政府寻求支持。更经常的是,政府更像保护人或赞助人而不是像所有者那样行动。例如,据报道,无锡市政府一直很积极地支持辖区内的地方企业——国有企业和乡镇企业(TVE)。就像一个成功的洗衣机公司的 CEO 所说:"没有政府的帮助,我们是不可能成功的。"(《人民日报》,1996 年 1 月 29 日)另一方面,同一报道也观察到,政府的角色正从直接介入向间接管理转变。例如,过去,政府机构许可国有企业从银行贷款。现在,政府让银行和企业相互直接交易,从而使基于绩效的贷款决策成为可能。

随着国有企业被民营化,地方政府深深地介入到这一过程中,从选择合并伙伴到确立民营化条件(例如,雇用责任)。此外,地方政府和私有化的企业之间有持续的关系。例如,一个县的制糖公司过去是县级的国有企业。2001 年,作为中央政府指示的中小型国有企业民营化浪潮的一部分,县政府组织了两个制糖企业的合并,并为合并后企业的转让进行了竞标。在与多方进行过谈判之后,县政府仔细地选择了一个本地个体户(和他的家族)来负责这个新成立的企业,其中政府持有 20% 的股份,这个家族持有 80% 的股份。从那时起,新企业就与县政府保持着密切的联系,而县政府为了保护地方企业的利益制定了调控整个县的原材料价格的政策,并动用了警察来实施这些政策。在除夕夜,县政府派了一个代表去公司出席一个特殊的晚会——这是持续的亲密关系的标志。因此,我们的资料显示,当国有企业民营化之后,政企关系还在继续并扩展到私营部门。

随着政府的角色从所有者转变为管制者,政企关系也从资源依赖转变为管制型保护/介入。大量的报道谈到地方政府积极地设立各种障碍以保护辖区内的企业;同样,政府通过协助企业间的兼并刺激地方经济发展或摆脱亏损的国有企业。另一方面,也有很多的报道谈到地方政府要求地方企业支付超过正常税收外的各种摊派费用来为地方工程提供资金。

鉴于此,政府和企业似乎是一种长期的共生关系(Wank,1999)。就像魏昂德(Walder,1995)所说的,地方政府的监督已经演变成或正在演变为一种政府和企业间的非正式和隐含的共谋。为了获得政府保护和支持,企业为地方政府的公共项目提供资源和进行投资。另一方面,政府对地方企业的不均等的对待以这种或那种方式继续存在;结果,企业和政府之间还存在明显的张力。总体趋势是国有企业和私营企业之间的区分正日益模糊,政企关系更少地受所有制治理,而是受其他的机制所治理。

企业间合同关系的模式

我们现在看一下在企业间的合同关系上,不同产权制度下的企业行为是否有显著的差异。接着我们以前的研究(Zhou et al.,2003),我们考虑这样一些问题,例如寻找合同伙伴的模式、合同条款的形式和签约后社会交往的密度。因为可得的个案的数量太少,我们不能对不同的产权制度进行严格的统计分析。所以我们用描述统计来比较和对比这些模式,主要是在国有企业、混合企业和私营企业之间。

寻找合同伙伴

我们的第一个问题是:企业在寻找合同伙伴时使用的渠道是不是有差异的?这里的含义很清楚。如果资源位于需要不同的获取手段的不同领域(例如,政府控制和以价格为基础),资源依赖将会随着不同类型企业使用的寻找渠道的变化而系统地变化。就像图6.5所示,在寻找合同伙伴的渠道上,三种类型的企业间存在有趣的类似之处和差异。私营企业最有可能使用社会网络,最不可能使用公开的信息,而国有企业和混合企业更有可能使用政府的保护。也就是说,私营企业非常依赖特定渠道来寻找合同伙伴,而国有企业和混合企业更依赖传统的和制度的渠道。总的来说,除了社会网络的使用,在寻找渠道的使用上,企业类型间的差异很小。

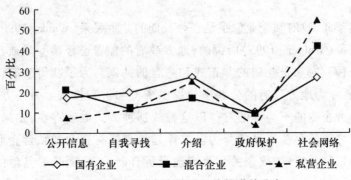

图 6.5 不同产权制度下寻找渠道的分布

合同的形式和条款

我们的下一个问题是:企业在合同中采纳的形式和条款有差异吗?具体地说,我们询问企业是否采纳关于质量、产品规格、交货日期、价格和防范措施的正式或非正式的合同。表 6.2 中的结果显示出了一些显著的模式。第一,国有企业和混合企业在企业间合同的形式上表现出十分相似的模式,这说明它们在同样的管制体制下运作。第二,私营企业表现出不同的模式,因为它们会在以上几项上采取非正式(或没有)条款。最引人注目的发现是,与私营企业打交道时,国有企业和混合企业也会采纳非正式条款。这些模式显示出一个两极化的模式:在一端,私营企业属于一种独特的管制体制;另一端,所有其他企业的行为相似,这大概是因为它们都处于类似的管制压力下。这一分析控制了合同交易涉及的风险程度。

表 6.2 合同正式程度的 logit 回归[a]

	详尽程度	数量	质量	价格	期限	防范措施
私有—私有	0.76**	0.57*	0.87**	0.60*	0.66**	0.46
国企—私有	0.71*	0.35	0.55†	0.71**	0.64*	0.16
混合型—私有	0.73*	0.51†	0.70*	0.54†	0.61*	0.43

a. 国企—国企的合同是参照类别。因为国企—混合型企业的合同没有统计上的显著差异,这些合同也被加进参照类别。

† $p<0.10$; * $p<0.05$; ** $p<0.01$。

签约后的社会交往强度

我们说的"社会交往"是指合同伙伴一起参与的各种活动,例如吃饭、彼此拜访、在私人事务上相互帮助、参加聚会等。在我们的前一个研究中,我们发现社会互动的强度是工具性的,因为不论企业类型是什么,它与特定合同的风险成正比。在此,通过比较三种所有制类型的企业行为,我们试图进一步考察这一问题。如表 6.3 所示,大多数变量的影响在三种所有制类型中是类似的。特别是在所有三种类型的企业中,以前有过接触的企业互动强度更高。主要的差异与一组关于具体合同的风险的变量相关。国有企业对合同的期限敏感,而合同的期限对社会互动强度有近乎显著的影响。混合企业的模式与国有企业类似,甚至更显著。然而,对于私营企业来说,合同价值占总销售额的比例有显著的影响。我们怎样解释观察到的差异呢?一个可能性是,不同类型的企业可能会倾向于签订不同期限的合同。但是描述性统计没有支持这一解释。在我们的数据中,国有企业的平均合同期限是 1.3 年(标准差为 1.6),混合企业为 1.02 年(标准差为 0.18),私营企业是 1.05 年(标准差为 1.4)。我们的解释是,私营企业对风险更敏感,因为与合同期限相比,合同价值所占的比例是对风险更直接的测量。因此,混合企业的行为更像国有企业,而不像私营企业。

表 6.3 预测合同关系中的社会交往密度的混合模型的参数估计:1999 年—2000 年间北京和广州的 620 家企业[a]

协变量	国有	混合	私营
截距	2.13**	1.82**	2.53**
广州	0.06**	0.06	0.13*
企业销售额(log)	0.01	0.01	0.01
行业			
重工业	0.09	-0.05	0.18
零售业	0.04	-0.13*	0.04
建筑业	-0.04	0.13	0.03
服务行业	0.10	-0.08	-0.05
其他行业	-0.10	-0.06	-0.05

(续表)

协变量	国有	混合	私营
以前就来往(1＝是)	0.19**	0.16*	0.15*
先前来往的时间	－0.00	0.00	－0.00
搜寻渠道			
政府介绍	－0.04	－0.18	－0.08
同学推荐	－0.11†	－0.06	－0.14
社会网络	－0.00	0.06	－0.13
自己闯	－0.23**	0.03	－0.13
合同形式			
购买	－0.20**	－0.09	－0.02
服务	－0.04	－0.06	0.04
其他	－0.19†	－0.24	－0.27†
合同价值的百分比	0.00	0.00	0.14*
合同期限	0.01†	0.12*	－0.00
合作伙伴的数量	0.05	－0.02*	－0.01
合同的数量	199	128	134
对数似然值	－137.9	－103.1	－78.7
自由度	21	21	21

    a. 轻工业是行业的参照类别；公开信息是寻找合作伙伴渠道的参照类别；销售是合同类型的参照类别。三个有缺失值的指标即合同价格的百分比、合作伙伴数量和企业销售额(log)也包括在模型中。
    † $p<0.10$；* $p<0.05$；** $p<0.01$。

应对风险行为

    产权影响企业的应对风险行为吗？如果产权为企业行为提供了独特的激励,我们可以预测到基于所有制的显著的差异。但是,如果企业所有制的影响是通过资源依赖和其他制度过程起作用的,那么这些差异应该更加不显著(如果我们上面观察到的模式存在的话)。为了探讨在应对风险时的企业差异,我们现在考察付款方式。拖延或逃避付款是中国企业间经济交易的主要问题。因此,中国企业合同交易中的付款方式反映出对风险的管理。我们分析了两组问题：(1) 是否有预付款,因为预付款是降低毁约风险的重要保障；(2) 预付额相对于合同总价值所占的比例。预付比例越高,合同中的风险越小。

表6.4显示,在控制产业和合同特征后,私营企业和集体企业是最规避风险的,因为它们要求预付并比其他类型的企业要求更高比例的预付款。另一方面,国有企业、混合企业和外资企业之间没有统计上的显著差异。

表6.4 付款安排的logit和Tobit模型估计[a]

	预付款(1="是")	预付款比例
集体企业	0.70*	12.55**
混合型企业	0.31	6.37
外资企业	−0.21	−2.44
私营企业	0.52*	9.42*

a. 国有企业是参照类别。这一分析也控制了合同特点及产业区位。
 * $p < 0.05$; ** $p < 0.01$。

这里出现了出乎意料的结果。请注意,我们先前的分析表明,集体和私营企业比其他企业更倾向于使用社会网络。显然,社会网络并不能消除它们对防范措施的需求。这与我们在案例研究中的发现一致——即社会网络常常与市场机制相纠缠。至于社会关系,在我们的访谈中经常听到的一句话是:"要做好生意,你首先必须与人打交道。"就像一位私营企业主说的:"俗话说:'要做事先做人。'"但被访者也强调:网络关系是最初接触的手段,人们还需要采取防范措施来保障自己的利益。看来主要的因素是涉及的风险;或如一个被访者所谈论的,"有时,我要求预付,有时不要。这取决于牵涉的风险。如果我与一个人工作了很久并且很了解他,我就不会要预付……"这些话描述了一个更具特殊主义和工具性的社会网络观点。

不同产权制度下的雇佣关系

在最后一组对比中,我们考虑不同类型的产权制度下的雇佣关系。我们在这里使用的材料来自我们的访谈、媒体报道和以前的研究发现。

在中国,不同产权制度下的雇佣关系有显著差异这一点是众所周知的(Bian, 1994; Walder, 1992)。直到最近,国有企业提供更稳定的就业、职业保障、更好的额外福利(例如,住房)和更密切的经理—工人交往。相比之下,私营企业的雇佣关系是疏远型的,雇用期限更短。更重要的是,不同产权制度下雇员间在主体间认知上具有显著差异。蔡禾(Cai 1996,1998)发现,国有企业的公有制给职工带来了强烈的认同感和权益意识,他们对社会主义的经理人有很强的道德期待,这为限制经理的权力施加了集体压力。相反,私营企业的雇佣关系是冷漠的,对经理的权力(例如,在雇用和解雇上)有更强的认可和接纳。在消费领域,戴慧思(Davis,2004)发现了她所说的"权益逻辑"的重要作用,在"权益逻辑"下社会期待和认知限制了产权的边界,并提供了解决冲突的基础。

在上一节中提到的证据反映了90年代中期以前的制度变迁。从那时起,产权改革发生了巨大的变化。例如,国有企业在90年代晚期让大量的闲置劳动力下岗;与国有企业相联系的福利体系也大大弱化了。我们的问题是:这些变化在何种程度上改变了我们早期观察到的模式?

近年来我们得到的经验证据显示,今天这些模式还在不同程度上继续存在着。我们在访谈中经常听到的抱怨是,国有企业在管理内部组织结构和雇佣关系上受到更大的管制压力。例如,几篇媒体报道提倡"阳光工程",国有企业中关系到雇用、奖金分配等的决策要透明,并接受员工的监督(《人民日报》,1999年4月19日)。这一雇佣关系模式与私营企业形成了鲜明的对比。私营企业雇用、解雇和公司的决策完全掌握在所有者手中,并且很少受到管制。例如,在私营企业中,工人们被强迫以低报酬在缺乏足够的安全保护的环境中超时工作(《人民日报》,1996年11月13日)。

也有证据显示,在不同的产权制度下,激励结构不同,这与关于激励机制的理论模型是一致的。我们讨论过的制糖企业中,内部组织和人事在所有制改变后也变化了;就像一位 CEO 所说的:"只有民营化可以让经理像对待他们的家庭一样来对待公司。"我们访谈中的另一个显著的证据是这样一个被重复提到的观点:与国有企业进行企业间交易时,交易前需要确保照顾好国有企业客户人员的"需要",这表明,国有企业的激励相容问题还存在并且很普遍。

这些与委托-代理理论的经理激励相容论和所有者利益论是一致的。当然,民营化造成了最明晰的相容。然而,对产权和所有制结构变化的理解必须根据光谱另一端的一个不同的趋势来加以平衡;也就是,私营企业为了得到保护和特权而积极培育与政治权威的关系。结果,它们容易受到地方政府的影响和管制,它们的经营自主权可能在这一过程中受到削弱。

讨论和结论

很少会有人质疑这一观点,即产权的根本变化是计划经济转变的关键;在这些社会中,私营企业在市场经济的扩张中扮演了重要的角色(McMillan and Woodruff, 2002)。这些讨论的中心是这样一个命题,即产权和企业行为密切相关。确实,如果这样一个经验关系不能建立起来,关于产权的理论论述就是空洞的。在这一研究中,我们在中国转型经济的背景下,通过比较和对比不同领域的不同产权制度下的企业行为来评估这一关系。我们的目标是确定经验性的规律,从而可以使得我们能(1)在经验上评估这一相关性;(2)指明这一关联背后的机制。在这一部分中,我们将盘点并总结我们的发现。

总的来说,我们从产权制度来看资源依赖模式,确实发现了明显的差异;不同类型的组织之间的交往模式也随着产权制度的变化而发生系统的变化。这些模式无疑反映了中国计划经济的制度遗产:国有企业和集体企业比私营企业更接近政治权威。

然而,需要指出的是,这些差异不像流行的产权理论所作的预期那样明确。在许多情况下,不同所有制类型的差异相对要小一些。不同所有制类型在很多方面具有混杂的一致性。例如,国有企业和集体企业更依赖政府渠道,但是集体企业和私营企业同样依赖网络渠道。对于资源获取,所有类型的企业对市场渠道的依赖没有差异。换句话说,在这些方面,不同产权制度下的模式常常有重叠而不是明显不同。

　　一个深层的问题是:在资源依赖上的差异,不管如何小,会实质性地影响企业行为吗?也就是说,企业行为会随资源依赖模式的变化而系统性地变化吗?答案是有条件的"会"。例如,与其他类型组织交往的模式——和企业对不确定性的反应一样——与资源依赖模式是一致的:国有企业和集体企业与政府渠道有更强的联系,而集体企业和私营企业也在依赖社会网络应对风险上表现出相似性。此外,不同产权制度下的这些差异比我们预期的要小,表明所有企业在相应的经营环境中经受了同样的压力。

　　这些分析中出现的一个有趣的发现是,尽管国有企业和集体企业的行为方式不同,私营企业并不总是诉诸市场机制;反而,它们在做生意时非常依赖社会网络。例如,我们的分析显示,私营企业在获取稀缺资源(例如,融资)、寻找合同伙伴、形成合同关系(例如,非正式合同)和应对风险上更依赖社会网络关系。相比而言,国有企业,以及外资企业,更依赖市场机制。这一发现与把私营部门作为市场扩张引擎的常识不符。私营企业的行为似乎强化了社会网络制度,它有时发挥市场机制的替代功能。很显然,这些模式反映了中国持续进行中的制度转变的特征,现阶段做出任何明确的结论都为时过早。

　　随着产权制度而变化的企业行为常常是混杂的、不一致的且没有清晰的界限。这一事实提出了内在机制的问题。根据"产权激励论",不同类型的产权/所有制提供了不同的激励结构,并导致相应的企业行为。尽管这一关系显然存在——就像统计模式和定性数据所揭示的,这一机制的有效性还依赖于其他因素,例如企业受市场竞争规律影响的程度和组织的激励设计。人们可能会认为这些相互重叠的模式是因为产权改革的"转型"性质。然而,也存在充足的理由怀疑这些相互重叠的产权在过渡经济体系中是否仍持续和广泛存在(Francis,1999;Lin and Zhang,1999),是否能成为新兴的经济制度的更为持久的特征(Stark,1996;Zhou,2003)。不同产权制度的界限日益模糊极大地减弱了产权激励论的分析力度。

在我们看来,对组织环境和组织反应之间关系的关注提供了一个有用的棱镜,通过它可以看到和理解产权和企业行为间的关系。中心思想是:资源、信息和政治权威的分配在影响企业行为上扮演重要的角色。随着中国制度转型的变化,经营环境也经历了巨大的变革。例如,国有企业经受与私营企业一样的市场压力。此外,在影响不同产权制度下的企业行为上,政府管制的制度环境也日益发挥着重要的作用。因此,不同产权制度下的企业是否会变得更加相似或更加不同,这些不同的环境类型的演变方式为回答这一问题提供了线索,也提供了理解产权和企业行为间关系的基础。

不同产权制度下的多层次、多方面的企业行为无疑反映了产权的模糊边界以及如何测量他们。在本研究中,我们依靠的是受访者对所在公司的产权制度的自我报告。根据这一测量得出的模式与我们细致的案例研究和很多媒体报道是一致的。需要记住的是,在中国的过渡经济中,许多企业正处于一个从传统(即国有)的所有制向更复杂和更不明晰的所有制结构转型的过程中。所有制体制在概念上和测量上的各种不确定性是我们所研究的转型过程的本质特点。

考虑到中国持续的产权改革过程和我们在数据来源和分析维度上的局限,这里报告的发现更多的是启发性的,而不是结论性的。我们希望未来的研究可以进一步考察这一组问题。总之,产权理论的有效性依赖于关于产权和企业行为间关系的命题的经验有效性。

附录6.1 "企业间合同"数据收集的信息

在这个附录中,我们提供企业间合同项目的资料收集过程的信息(更多的信息见周雪光(Zhou et al., 2003)附录 A)。

1. 数据收集

在我们最初的研究设计中,我们打算在收集企业间合同的信息时重点关注两个主要产业:制造业和零售业。然而,因为在得到机密数据上的困难和缺乏关于商业合同的信息,我们不能采取随机抽样过程选择样本。我们使用的是方便抽样,这使得我们可以在多个产业中收集数据。

我们也收集了关于信息提供者的特征的信息。他们在受访时的平均年龄是37岁;大多数是男性(81%);70%是"大专"文化程度。在访问时,20%是"普通管理人员",29%是"中层管理人员",39%是"高层管理人员"。另外的10%在企业中任专业职位(普通、中层、高层专业人员)。他们在所在企业的工作时间的中位数是6年(平均数=8年)。在现有管理(专业)职位的任职时间的中位数是4年(平均数=5年)。

一些研究使用更系统的抽样方法来选择中国企业的样本。但是这些调查的目标是收集关于企业的更一般化的信息,而不是像我们的关于商业交易的详细的、敏感的信息。我们的探索性研究经验告诉我们,用传统的抽样方法收集关于企业间合同的详细的、可靠的信息是不可能的。我们在文中提到过,政府支持或官方研究机构的参与或许可以有助于得到企业信息。但是,考虑到商业交易中的敏感问题(例如,回扣),在对政府渠道支持的访谈中,受访者更不可能提供诚实的信息。

2. 抽样代表性

因为我们的样本不是随机的,我们评估了研究合同关系的代表性。我们在两个维度上作了考察:公司在(1)产权所有制类型和(2)产业区位上的分布。

与官方统计数据中的中国企业的总体比较,国有企业和混合企业在我们的样本中比例较高,而集体企业的代表性不足。国有企业和混合企业的代表性过高反映了这样一个事实,即研究者和访谈员更容易接触这些类型的企业。样本中私营企业和外资企业的比例与官方统计数字相当。集体企业的代表性低有点出乎意料。我们的猜测是,由于中国组织改革的快速变化,一些官方称之为"集体企业"的企业在数据收集过程中被受访的管理人员称为私营或混合企业。

"混合"这一类别包括产权模糊的企业,以及同时有公共(国有)和私有(或外资)所有制的企业。它们是转型企业的典型代表:一些以前是国有企业,但是现在被民营化了;一些是由多方投资的非国有企业。作为一个整体,混合企业与政府的行政联系比国有企业更弱。

关于产业区位的类型,北京和广州的企业在官方统计数据中显示出截然不同的模式,这些模式也出现在我们的样本中。与官方统计数据相比,重工业和轻工业在样本中的代表性过高。我们怀疑,部分原因是因为这些产业的企业规模大并且在数据收集时更易接触到。样本中其他产业的模式大体上与官方统计数据相当,只是在两个城市间有一些变化,并且官方统计数据的"其他产业"比例也高些。

因为我们的数据不是从随机抽样中得来的,在不同所有制类型和产业背景上的企业分布显示出了企业的可接触程度。总体来看,这些属性上的分布不表示我们样本有任何严重的偏误。国有企业、混合企业和大型企业(重工业和轻工业)的代表性过高也与这一事实一致:由于它们的产品性质和产业背景,这些企业有持续的双边关系。

参 考 文 献

Bian, Y. (1994). *Work and inequality in urban China*. Albany: State University of New York Press.
———. (1997). Bringing strong ties back in: Indirect connection, bridges, and job search in China. *American Sociological Review*, 62, 266–85.
Bian, Y., and J. W. Logan. (1996). Market transition and the persistence of power: The changing stratification system in urban China. *American Sociological Review*, 61, 739–58.
Cai, H. (1996). The role of authority in state firms (in Chinese). *Shehuixue Yanjiu*, 6, 17–24.
———. (1998). Employee rights awareness and informal constraints across ownership types (in Chinese). *Guanli Shijie*, 5, 191–6.
Davis, D. (2004). *Talking about property in the new Chinese domestic property regime*. In F. Dobbin (Ed.), *The New Economic Sociology*, pp. 288–307. New York: Russell Sage Foundation.
Duan, W., and L. Han. (1999). Retrospects and prospects of the 20 years of state-firm reform (in Chinese). *Nankai Guanli Pinglun*, 6, 56–64.
Francis, C. (1999). Bargained property rights: The case of China's high-technology sector. In J. C. Oi and A. G. Walder (Eds.), *Property rights and economic reform in China*, pp. 226–47. Stanford, CA: Stanford University Press.
Gold, T.; D. Guthrie; and D. Wank. (2002). *Social connections in China: Institutions, culture, and the changing nature of guanxi*. New York: Cambridge University Press.
Guthrie, D. (1997). Between markets and politics: Organizational response to reform in China. *American Journal of Sociology*, 102, 1258–1303.
———. (1999). *Dragon in a three-piece suit: The emergence of capitalism in China*. Princeton, NJ: Princeton University Press.
Jefferson, G. H., and T. G. Rawski. (1994). Enterprise reform in Chinese industry. *Journal of Economic Perspectives*, 8, 47–70.
Jefferson, G. H.; T. G. Rawski; W. Li; and Y. Zheng. (2000). Ownership, productivity change, and financial performance in Chinese industry. *Journal of Comparative Economics*, 28, 786–813.
Kang, D. L., and A. B. Sorensen. (1999). Ownership organization and firm performance. *Annual Review of*

Sociology, 25, 121-44.
Kornai, J. (1980). *Economics of shortage.* Amsterdam: North-Holland Pub. Co.
Lin, N. (1995). Local market socialism: Local corporatism in action in rural China. *Theory and Society,* 24, 301-54.
Lin, Y., and Z. Zhang. (1999). Backyard profit centers: The private assets of public agencies. In J. C. Oi and A. G. Walder (Eds.), *Property rights and economic reform in China,* pp. 203-25. Stanford, CA: Stanford University Press.
McMillan, J., and C. Woodruff. (2002). The central role of entrepreneurs in transition economies. *Journal of Economic Perspective,* 16, 153-70.
Nee, V. (1992). Organizational dynamics of market transition: Hybrid forms, property rights, and mixed economy in China. *Administrative Science Quarterly,* 37, 1-27.
Oi, J. C., and A. G. Walder. (1999). *Property rights and economic reform in China.* Stanford, CA: Stanford University Press.
Peng, Y. (1992). Wage determination in rural and urban industrial China. *American Sociological Review,* 57, 198-213.
Stark, D. (1996). Recombinant property in East European capitalism. *American Journal of Sociology,* 101, 993-1027.
Walder, A. G. (1992). Property rights and stratification in socialist redistributive economies. *American Sociological Review,* 57, 524-39.
———. (1995). Local governments as industrial firms. *American Journal of Sociology,* 101, 263-301.
Walder, A. G., and J. C. Oi. (1999). Property rights in the Chinese economy: Contours of the process of change. In J. C. Oi and A. G. Walder (Eds.), *Property rights and economic reform in China,* pp. 1-24. Stanford, CA: Stanford University Press.
Wank, D. L. (1999). *Commodifying communism: Business, trust, and politics in a Chinese city.* New York: Cambridge University Press.
Zhou, X. (2000). Economic transformation and income inequality in urban China: Evidence from panel data. *American Journal of Sociology,* 105, 1135-74.
———. (2003). *Rethinking property rights as a relational concept: Explorations in China's transitional economy.* Unpublished manuscript, Department of Sociology, Duke University.
Zhou, X.; N. B. Tuma; and P. Moen. (1997). Institutional change and patterns of job shifts in urban China: 1949-1994. *American Sociological Review,* 62, 339-65.
Zhou, X.; W. Zhao; Q. Li; and H. Cai. (2003). Embeddedness and contractual relationships in China's transitional economy. *American Sociological Review,* 68, 75-102.

第七章　中国私营企业观察

高棣民

1984年的夏天，当我在厦门徒步旅行的时候，中国的城市已经开始形成早期的私有部门，这给我以深刻的印象。我沿着一条小巷闲逛，看见一排排的小货摊：有衣服、玩具、鞋、家庭用品等，也有小饭馆和修理自行车的。1979年2月，我作为一名交换生求学于复旦大学。在那几年，我游历了中国的许多地方。在那时的游历中，除看到过一些农村集市以及在城市街道上偷卖工艺品的农民外，我从未看见过任何所谓的私有活动。但是如今这里却有市民从事的十分开放、充满活力、而且具有一定规模的零售和服务行业。这使我想起了1969年在台湾街头的所见所闻。

如果以2006年的视角来看待上述情况的话，这所有的一切都简直不可思议！然而这恰恰是一个衡量私有部门发展如此迅猛的标准；私有部门如今作为一道美丽风景，被认为是中国城市生活理所当然的一部分。私营企业家——这个不久前还被普遍认为是边缘的、不合时宜的社会阶层，现在却得到了官方的全面认可，甚至获得了加入中国共产党的资格。

在20世纪80年代中期，当我开始系统地调查研究个体户（小私营企业主）的时候，引起了中国同事们疑惑的反应："这是一个经济主题，而你是个社会学家。你为何要研究这个问题呢？"他们询问道。

我回答到，我所看到的一切——这或许是一个职业性的冒险——私营企业的出现（尽管处于实验阶段）不仅仅是一个经济现象，更是一种社会现象。经济问题的重要性位于社会问题之后，这种情形直到20世纪

90年代才有所改变。怀着诚实谦逊的态度,我非常高兴地看到,本书这一部分的章节完全证明了我的观点的正确性。运用近期才可以使用的多种数据以及一系列复杂方法,这些章节使得社会学家们对许多问题产生了更为广泛的兴趣,尤其是我们这些研究中国转型的人。这些问题包括(但不仅仅局限于)以下主题:阶层形成、劳动力、劳动关系、社会分层、人口流动、社会网络(关系)、权力机构的形式、制度以及组织。

数据的内容尤其引人注目。我在20世纪80年代对个体户的研究结合了由研究所、大学以及政府机构安排的访谈,我称之为"游击访谈"(Gold,1989)。在个体户做生意的地方,我尽可能以一种系统化的方法问他们一组问题,但我当场不作任何记录,直到出了他们的视线,我才把刚才询问的东西写下来。我之所以这么做,是因为由政府机构安排的采访——特别是采访的时候如果有官员在场——总是有些照本宣科的意味,就像那种经过仔细审查的"模式"。而我也决定采取打游击的策略,因为我想和个体户以一种自然而然的方式交谈(而不是提前通知他们我要对其进行采访),而且还可以参观他们做生意的地方。在那时,他们的地位还是十分的边缘化,因此当他们跟官方打交道的时候自然会感到羞怯;所以,我不想使他们陷入尴尬的窘境。如果简短的采访让人不舒服的话,我宁可放弃。

本部分的这些章节都运用某种类型的调查,并常常结合着深度访谈。吴晓刚运用了1996年"当代中国生活史和社会变迁"中的部分数据。周雪光、蔡禾及李强搜集到了来自北京和广州的621家企业的数据。林益民利用了1998年对137家企业的1350名员工的调查,以及2003年对5个不同地方的17家企业的58名员工的采访。温伟德、崔大伟和钟少凤在"中国私营企业协会"的协助下,采访了在北京、广州和上海的200多家企业。所有这些都是对他们自己方法论的自我反省。显而易见,对私营企业的研究是一条漫长的道路,而中国人自己也认识到这不仅仅只是个经济现象。

中国的资料能帮助提出的一个核心的社会学问题是:"市场化"、全球化(以外国直接投资、成为世界贸易组织(WTO)的成员、海归企业家等多种形式体现)以及国内中产阶层的形成是否有助于产生一个转变——从以传统权威形式到在法理性原则基础上产生的权威。

比如,林益民根据对民营企业调查写的那一章就显示出提出此问题的几个方法,尽管他未能获得坚实的结论。他的发现可以同道格·格思里(Doug Guthrie)依据1995年在上海进行的研究而得出的结论作比较。格思里在其论著中指出:至少在他的国有企业样本中,发展趋势是朝着法理性权威的方向(Guthrie,1999)前进的。在林的研究中提到的私营企业会走上同格思里论著中那些国有企业所主张并已经采取的相同的道路吗?如果是这样的话,这是出于相同的爱好——模仿他们周围最成功的企业(DiMaggio and Powell,1983)?还是由于来自国家的压力——因为法律的管制开始产生明显成效,逐步替代传统的行政管理?还是因为WTO强制性的行为标准?在权威可能被期待转向希望的方向之前,企业必须达到某种规模吗?如果最后一个问题的回答是肯定的,那么中国的几千万家小企业可能会宣布:法律对它们不适合。而这又会如何影响法律规则呢?

由周、蔡和李在广泛调查的基础上写的这章揭示出关系(一种特殊化的联系)的角色对所有企业依然很重要,尤其是私营企业。[①] 具有讽刺意味的是,国有企业比私营企业更倾向于依赖市场!格思里的著作再一次提供了有趣的潜在的可比性。在一篇颇具争议的文章中(Guthrie,1998),他认为在他所抽样调查的国有企业中,关系的重要性正在衰退。他不是说关系已经消失了,而是说,尽管关系在建立企业之间的联系时可能还是很重要的,但是对于业务合同的签订来说,最终的决定因素还是基于经济利益的考虑,而不是出于关系的考量。周等的发现佐证了这个观点。

正如他们所发现的那样,事实上,关系仍然是很重要的。这或许应归咎于中国这一转型经济中仍存在的"体制洞";[②] 为了填补空白,应该

---

① 有关关系的议题,请参考高棣民、格思里和万克(Gold, Guthrie and Wank, 2002)。
② 参考边燕杰(Bian, 2002)关于关系在填补劳动力市场体制洞上所起作用的讨论。

有新的发现。在这一点上,他们关于混合型企业的数据特别地有意思。当然,没有任何数据能够回答这个问题——私营企业家是否确实想见到法理性权威的发展。也许他们更喜欢那种不受法律约束的环境,将更多的法律视为对其耍花招能力的阻碍和限制;因为国家的管理者这样就介入到他们的内部事务。温伟德等对那些曾经在国外学习和工作过的海归派创建民营企业的事实予以了关注。你可能以为他们会对一个更具有预知性、以法律为基础的企业环境抱有积极的态度。然而,研究表明,他们还是需要同地方官员保持良好的私人关系——信不信由你。

吴提到的一个相关的问题是:干部进入私有部门。随着中小型国有企业的民营化,许多以前的经理利用自己的职位侵吞财产或以低廉的价格买下企业,然后将这些国有企业转变成私营企业,自己做起了老板。与此同时,好几百万的工人下岗或被直接解雇,随后这些工人被鼓励开办自己的私营企业。这段记录说明了不利于众多小企业家的秘密运作,特别是不利于这些在毫无准备的情况下,就突然被迫走上这条路的前国有企业工人。

这些问题本身就足以引起人们的兴趣,但同时也有助于在社会学学科和中国研究之间的现存鸿沟上架起一座桥梁。有关中国的数据——现在不仅丰富,而且收集它们的方法日益精确——可以也应该被用来检测和阐述对我们学科重要的理论和概念。例如,中国内地企业家的出现和实践为检验文化和制度二者之间的关系提供了广泛的可能性。为了回答这个问题,你可以将中国内地企业家同存在于中国其他社会制度下——如台湾和香港——的企业家进行比较;也可以与华人在工商阶层占优势的东南亚的企业家相比较;还可以与出现在前社会主义国家,如前苏联、东欧和中欧一些国家及越南的私营企业家进行比较。③

私营企业家的出现——刚刚出现时,他们被当成做小买卖的人(中国将其命名为个体户,逐字解释的话是"个体的家庭"。最初,这些企业的雇员不允许超过 7 个),后来,在某些案例中,雇用人数达到好几

---

③ 参考邦内尔和高棣民(Bonnell and Gold, 2002)的案例研究。

千——是个十分奇特的故事。在这个社会里,人民数十年来被压制从事私营企业的任何想法。"资本主义尾巴"在政治运动中被认为是资本主义复辟,其实,资本主义从未真正被作为生产的主要模式在中国占有首要地位。"资本主义尾巴"的"罪恶"仅仅意味着进行了一些简单的物质交换。然而,一旦限制被撤销,数以百万计的中国人,他们当中绝大多数人都没有市场经济的经历,开始加入充满活力的企业家活动,好像受抑制的遗传特性终于能够活跃起来。企业家精神一度成为现代化研究的中心话题,自中国1978年以来的经历——那一年,中国共产党正式转变了其对私营企业的政策——毫无疑问地为重新开始探究的边界提供了空间。

此前一直都对私营企业进行严厉打击的中国共产党允许私营企业再度出现,仅仅是其尝试性的策略,希望以此来解决"文化大革命"末期的一些严重的社会问题;即使企业家的再生还不够,在一系列社会问题的困扰面前,党在不断地调整政策。私营企业逐渐地获得了社会、法律和意识形态的合法性,而且重要的企业家还获准加入共产党。

一个关于私营企业研究的场域取向

我自己对中国私营企业的研究方法建立在皮埃尔·布尔迪厄(Pierre Bourdieu)和尼尔·弗里格斯坦(Neil Fligstein)的理论研究基础上,在前面的章节里,这一研究取向发挥了很好的作用。我采用了布尔迪厄的思路,将社会生活视为构成了"相对独立的'博弈'范围之集合,其在总体社会逻辑下,无论是资本主义、现代性或后现代性,都不会失去其稳定性"(Bourdieu and Wacquant, 1992, p.17)。这些"博弈的范围"被称作"场域":

> 场域由一组某些位置之间客观性、历史性的关系组成,而这些位置植根于某种特定的权力(或者资本)形式之中……其中的每一形式都规定了自己特有价值以及自身所具有的规范法则……场域是一个客观力量的格式化系统(很像一个磁场),一个具有特殊引力

的关系结构,这种引力对所有进入它的客体和活动者都发生作用。场域同时也是一个竞争和冲突的空间,这就恰恰类似于战场,在这个战场上,参与者通过竞争来确立对各种有效资本的垄断。在竞争中,该场域的形成与分裂恰好变成了决定性的分界线,因为改变资本形式的分配及其相对权重就等于是改变此场域的结构。(Bourdieu and Wacquant, 1992, pp. 16—18;着重号是原文就有的)

我将详细阐述其中几个要点。首先,场域有历史,并且是有延展性的。它们通过参与者的"冲突和竞争"组合和外部影响而改变,因为每个场域只是构成社会的更大的场域集合的一部分。其次,不同规则支配场域的行为,也就是说,规则既治理场域的每个位置,又治理参与者的"争斗"。再次,参与者通过竞争来获取作为该领域货币的、无论何种类型的资本——经济的、政治的、文化的和象征的,这些都是主要的种类。最后,还有各种资本类型的"可转换性"原则:例如,经济资本是否能够以及如何转变成可以在政治领域使用的政治资本。

上述长长的引证中提到的"规范原则"也可被称作制度。用尼尔·弗里格斯坦的话来说,"制度是定义社会关系的规则和共享意义(意味着人们可以认知规则或可以有意识地了解规则),它可以帮助定义在这些关系中谁占有什么位置;并通过提供给参与者认知框架和意义的集合来诠释他人行为。"(Fligstein, 2001, p. 108)制度是通过社会互动关系来制定的。它们应该被有意识地和主动地构筑,但事实的情况更可能是制度随着实践发展,然后可能被系统整理成戒律或法律的形式——也或许它们仅仅是自然而然地获得了认可。制度需要随着时间推移而不断进行维持和重新制定。显然,关于制度化和这些规则的执行,还牵涉到权力这个因素。这些制度很可能有益于某些社会参与者或集团,然而有害于其他人。各场域的形式随着内、外的冲突和竞争而改变,这些场域内治理行为的制度也是如此。出于各种原因,参与者可能会有意识地对抗这些规则行为;或许新进入该场域的参与者也可能迫使规则改变。而这些新的规则又可能会促成新的正式规范制度。

在对中国私营企业的研究中,主要焦点集中在经济领域,尽管不能将其与其他领域相隔离,尤其是政治领域。本书的这几章指出了法律领域对私营企业的实践影响愈来愈显著。自 1949 年掌权后,中国共产党着手——开始时是逐渐地,然后以无可否认的、不计后果的速度——将私营企业踢出经济领域,并制定了一套制度,而这些制度大多是以想当然的原则形式存在的,使得私营企业重新进入经济领域几乎不再可能。从 20 世纪 50 年代开始,几乎所有经济领域的参与者都是党政合一的国家机关和政府部门(实质上,这两者根本没有区别)。中国共产党通过党政合一控制经济资本,也同样通过控制对同政治资本密切交织在一起的所有其他资本实施中央集权。任何从事私营企业的尝试都被处以严厉的制裁。这一改造,在城市比在农村更为彻底,这样的环境使私营企业在城市的重振更具戏剧性。吴将城市和农村地区进行对比,使这一点更为清楚。

大多数经济领域的变革都源于政治领域。在这一领域,中国共产党拥有牢固的垄断权力。对资本主义工商业的社会主义改造和"大跃进"都是实例。人们对关于"文化大革命"后恢复家庭联产承包责任制的起源存在争论。有的学者认为是党政合一的国家主动采取的行动;相反,另一些学者指出国家仅仅使百姓所做的合法化罢了。④ 无论哪种情况,国家从未放弃过制定和执行经济领域规则的努力,并继续支配这个领域的参与者,尽管国家在这方面的能力已经相当地弱化了。

至于城市地区私有部门的再现(也就是,将私营企业再引入经济领域),我的研究显示:共产党之所以引入私营经济是为了对付以下问题:严峻的失业问题、数百万计的知青从农村返城、犯罪率上升以及对生活质量不满,尤其是对消费和服务领域。⑤ 1978 年 3 月,第五届全国人民代表大会再次肯定了私营企业存在的权利。大会期间通过的《中华人民共和国宪法》第五条规定:

> 国家允许非农业的个体劳动者在城镇或者农村基层组织统一

---

④ 可参考科理赫(Kelliher, 1992)和周(Zhou, 1996)的研究。
⑤ 在高棣民(Gold, 1990)中,我详尽阐述了这一点。

安排和管理下,从事法律许可范围内的、不剥削他人的个体劳动,同时,引导他们逐步走上社会主义集体化的道路。

这里所使用的语言几乎不含有任何鼓励从商的口吻。这不像是法律条文,更像是地方官员和国家干部的命令安排,并没有激发人们的信心。开办私营企业的人将同时被引导走"社会主义集体化"道路,这一附属说明明显不鼓励私营企业。经济领域实质上还是由国营和集体部门所垄断。这在宪法第五条(和第六条)里规定得很清楚。

在这样的环境下,为什么会有神智清醒的人成为一个体户?我从20世纪80年代中期的采访中找到一系列答案。1982年(改革开始的初期),我在广州遇见了一个闷闷不乐的男人,他说自己之所以干个体户是因为没有关系在工厂、学校或部队里找到一个更好的职位。然而,1985年在昆明,同我谈话的两个衣着完全相同的年轻女子,兴高采烈地说她们干个体户是因为自由。她们抱怨自己所在的单位(提供工作和福利的单位)太沉闷了,而且这样她们可以自己安排时间和出行计划。因为年轻,这两个女子并不把单位能够为其提供住房、医疗保障以及退休金的诱惑当作首要考虑因素。无论如何,我在20世纪80年代采访的人中,没有人把私营企业当作长期事业。那位广州小伙子告诉我,这不是工作,而是目前他所能最快找到的一次机会而已;他只是有此想法的众多人当中的一个。

在20世纪80年代期间,因为私有部门不仅不损耗公款,而且事实上还对税收做出了贡献(尽管逃、漏税很猖獗);因为它显著地改善了城市地区的服务业质量,因此消除了大众不满的一个根源;还因为它不再受国家的限制——大批国家工作者暂时地离开自己的岗位,通过开办私营企业挣钱。从而,一批新参与者加入到经济领域当中,当起了私营企业家;国家开始颁布法律来治理他们的行为,党也发表了声明承认他们的合法性。1987年,赵紫阳总理声明:中国处在"社会主义初级阶段",这是一个有关治理在经济领域内所有竞争参与者的规则的意识形态转换的信号。不再对私有部门和国有部门的劳动力进行划分,许多部门都要面对竞争,尤其是服务业。比如,私有餐馆以更好的服务、更可口的饭菜和更舒适的环境而得名,于是顾客陆续地远离了国营餐馆。

1988 年,私有部门的发展到达了一个更高的起点,宪法做出了修改,允许私有企业雇用七个以上的员工,因此一种新类型的私有企业——私营企业(按字面意思是私人管理的企业)合法化了。在 80 年代、90 年代交替之际,特别是在 1992 年初邓小平南巡、鼓励私营企业家之后,一大批知识分子和专业人员"下海"进入了私有部门。在这个十年末,进入萌芽期的小规模私有部门的新加入者主要是被精简而下岗的原国有部门职工。

这个简短的回顾使我们注意到一个有关中国改革的重要事实:这些改革是逐渐实施的,与之形成鲜明对比的是发生在俄罗斯和中东欧的"休克疗法"(Naughton, 1995)。这就解释了这几章频频提到的混合型企业和产权模糊问题的高发生率。

显然,私营企业家已经成为经济领域合法的参与者。国家颁布了一系列法律和法规来管理这个领域参与者的行为:现有的国有和集体部门要服从内资和外资私有部门共同遵守的法规。尽管许多企业的活动还是建立在关系、贿赂和政府特惠等基础之上,但显而易见的是,用布尔迪厄和瓦克昆特(Bourdieu and Wacquant, 1992)的话来说,一种"特殊引力"被施加在经济领域的所有客体和参与者的身上。

再谈资本的可转换性,众所周知,一些官员利用自己的社会资本(关系)以极为低廉的价格购买了国有企业并进入了经济领域,如同前面所表述的。但是这个渐进过程似乎阻止了像在俄罗斯看到的那种政治寡头阶层的出现。一些成功的私营企业家加入了中国共产党,或者参加了全国人民代表大会或中国人民政治协商会议。据《纽约时报》的报道,超过 100 名的资本家代表于 2003 年 3 月参加了全国人民代表大会,他们呼吁修改宪法增加保护私有财产的条款(见《纽约时报》2003 年 3 月 12 日 A5 版报道)。在一年之后,即 2004 年的全国人民代表大会,通过了此项宪法修订(英国《卫报》2004 年 3 月 14 日)。另一个案例,尹明善,一个摩托车零件制造商,加入中国共产党并被任命为他所在的重庆市政府顾问团的副主席(见《经济学家》2003 年 3 月 29 日第 62

页相关报道)。

在这些案例中,私营企业经营者以合法的手段,将经济资本转变为社会资本,再将社会资本转变为政治资本。在其他的一些案例中,资本家在未成熟时,或在没有积累足够社会资本过程中,便试图将经济资本转变成政治资本。其中一个声名狼藉的例子是杨斌——做兰花生意及房地产开发的沈阳商人,他令中国的权力机构极为震惊,因为此人是以中朝边境新义州特别自由贸易特区首长的身份被朝鲜引荐到国内的。政府指控杨斌"数项非法活动",但是若从另一个角度来看这个案例,会发现这些指控不过是控制资本家在政治领域不要玩得太过火的借口。⑥

显然,就像这一部分的几章论证的那样,私营企业在经济领域的地位将继续发展,治理这个领域的制度也将如此。无论私营企业家的社会起源、他们的国外经历、他们的所有权身份以及他们同地方权力机构的关系,或者上面描述的他们所拥有的资本类型是怎样的,这种状态都是动态性的、变化的和相互影响的。一个存在争论的问题是私人投资者是否可以拥有自己的银行,这一问题的发展方向仍然是国家管理的退缩,允许私有资本扩展进入这一以往被禁入的领域。

上述对几种场域途径方法粗略的总结能够用来分析中国私营企业的形成和演变,并引出了有经验依据的研究。这是一个取向而并非理论,但可以肯定的是,它的优点在于其全面性和可以辅助得出假设的能力。比如,利用这个取向可以帮助研究者识别经济领域的参与者并描绘出他们之间的关系,就像本书作者们所做的那样。

正如马克思所指出的那样:历史的车轮滚滚向前,而旧社会的胎记是不会在一夜间突然消失的。中国的经济领域是一项与时俱进的创造;如今一批珍贵的经验数据显示出了博弈的状态及其不可避免的发展方向。

---

⑥ 参见 2002 年 10 月 21 日《时代周刊》亚洲版关于杨斌的讨论(可登陆 www.time.com/time/asia/magazine/printout/0.13675.501021021-3644)和《远东经济评论》2002 年 10 月 24 日第 63 页。

参 考 文 献

Bian, Y. (2002). Institutional holes and job mobility processes: Guanxi mechanisms in China's emergent labor markets. In T. Gold, D. Guthrie, and D. Wank (Eds.), *Social connections in China: Institutions, culture, and the changing nature of guanxi*, pp. 117–35. New York: Cambridge University Press.

Bonnell, V. E., and T. B. Gold. (2002). *The new entrepreneurs of Europe and Asia: Patterns of business development in Russia, Eastern Europe, and China.* Armonk, NY: M.E. Sharpe.

Bourdieu, P., and L. Wacquant. (1992). *An invitation to reflexive sociology.* Chicago: University of Chicago Press.

Constitution of the People's Republic of China. (1978). Peking: Foreign Languages Press.

DiMaggio, P., and W. Powell. (1983). The iron cage revisited: Institutional isomorphism and collective rationality in organizational fields. *American Sociological Review*, 48, 147–60.

Fligstein, N. (2001). Social skill and the theory of fields. *Sociological Theory*, 19, 105–25.

Gold, T. B. (1989). Guerilla interviewing among the *getihu*. In P. Link, R. Madsen, and P. Pickowicz (Eds.), *Unofficial China: Popular culture and thought in the People's Republic*, pp. 175–92. Boulder, CO: Westview Press.

———. (1990). Urban private business and social change. In D. Davis and E. F. Vogel (Eds.), *Chinese society on the eve of Tiananmen: The impact of reform*, pp. 157–78. Cambridge, MA: Harvard University Press.

Gold, T.; D. Guthrie; and D. Wank. (2002). *Social connections in China: Institutions, culture, and the changing nature of* guanxi. New York: Cambridge University Press.

Guthrie, D. (1998). The declining significance of *guanxi* in China's economic transition. *China Quarterly*, 154, 254–82.

———. (1999). *Dragon in a three-piece suit: The emergence of capitalism in China.* Princeton, NJ: Princeton University Press.

Kelliher, D. (1992). *Peasant power in China: The era of rural reform, 1979–1989.* New Haven, CT: Yale University Press.

Naughton, B. (1995). *Growing out of the plan: Chinese economic reform, 1978–1993.* Cambridge, UK: Cambridge University Press.

Zhou, K. X. (1996). *How the farmers changed China: Power of the people.* Boulder, CO: Westview Press.

第八章 中国非国有企业研究文献综述[*]

李稻葵

非国有企业(或称非国有部门),具体到中国,是指除了那些并非完全由国家所有(由国家支配或者国家控股)的所有生产单位。虽然关于中国非国有企业的概念过于宽泛,而且也不是很准确,但是在研究中国经济时却是必不可少的。一直以来,"私有企业"、"私有部门"等用语在中国的社会和政治中都带有负面含义,并遭受到政策上的歧视待遇。因而,许多非国有企业在注册时没有选择私有企业,从而导致了这些企业的正式产权安排模糊不清。在中国,私有企业、集体企业,甚至国有企业之间的界限至今仍含混不清。

非国有企业在改革年代为中国的经济发展做出了巨大的贡献。在过去 25 年里,非国有部门达到了其他转型国家无法比拟的增长记录,其增长速度远远超过同一个时期的国有部门。非国有部门在工业总产出中所占的比例从 1985 年的大约 35% 提高到了 2003 年的 66% 还多(见表 8.1)。非国有部门对工业增长的贡献从 20 世纪 80 年代的 35%—45% 提升至 90 年代的 60%—70%,在 21 世纪初大约为 80%

---

[*] 这是香港科技大学恒隆组织管理研究中心(Hang Lung Center for Organizational Research)研究项目"中国民营企业"的一部分。在这项具有重要价值的研究过程中,我得到了 David W. Fan,Iris Pang 以及 Lanfang Wang 等的大力协助,在此表示由衷的谢意。David Fan 还参与了此次调查的早期设计。另外,本人在此也对香港研究资助局(项目 HKUST 6224/02H)、中国国家自然科学基金(项目 70473048)以及"中国教育部长江学者奖励计划"提供的经费支持表达诚挚的感谢。

表 8.1　占工业总产值的比率:国有部门与非国有部门[a]

年份[b]	国有企业	非国有企业[c]
1985	64.90	35.10
1986	62.27	36.63
1987	59.72	40.28
1988	56.79	43.21
1989	56.06	43.94
1990	54.60	45.40
1991	56.17	43.83
1992	51.52	48.48
1993	46.95	53.05
1994	37.33	62.67
1995	33.97	66.03
1996	36.32	63.68
1997	31.62	68.38
1998	49.63	50.37
1999	48.92	51.08
2000	47.34	52.66
2001	44.43	55.57
2002	40.78	59.22
2003	33.04	66.96

　　a. 产值用百分比表示。此处的"非国有企业"还包括了外商投资企业和中外合资企业。
　　b. 资料来源:1990 年以前的数据根据 1998 年《中国统计年鉴》中的表 13-6 计算得到;1990 年到 2002 年的数据根据 2003 年《中国统计年鉴》中的表 13-3 计算得到;2003 年的数据根据 2004 年《中国统计年鉴》中的表 14-2 计算得到,没有区分集体企业和其他企业。
　　c. 非国有企业的工业产出比例用 100 减去国有企业的产出比例得到。

(见表 8.2)。非国有部门的突出表现是中国改革过程中不同于其他经济转型国家的一个显著的特点。就非国有部门在中国经济所占的比例而言,它已经成为决定整个中国经济发展的重要因素(Bai, Li and Wang, 2003)。

表 8.2 对工业产值增长部分的贡献率:国有部分与非国有部门[a]

年份[b]	国有企业	非国有企业[c]
1985	64.86	35.14
1986	62.27	37.71
1987	59.72	40.28
1988	56.79	43.21
1989	56.06	43.94
1990	54.60	45.40
1991	56.17	43.83
1992	51.52	48.48
1993	46.95	43.05
1994	37.33	62.67
1995	33.97	66.03
1996	36.32	63.68
1997	31.62	68.38
1998	28.24	71.76
1999	28.20	71.80
2000	11.10	88.90
2001	22.11	77.89
2002	17.73	82.27
2003	20.00	80.00

  a. 变量是百分比。每年工业总产出的增长部分均设为100,表中数值代表各自所占的比例。国有企业产出贡献比例下降部分原因是由于1998年许多国有企业进行了改制:从全民所有制企业转变成集体所有制企业;再从集体所有制企业转变为私有企业。根据2000年《中国统计年鉴》中表13-3及2004年《中国统计年鉴》中表14-2计算得出。
  b. 自2000年以后的数据没有区分集体企业和其他企业。
  c. 非国有企业对工业增长的贡献率是用100减去国有企业的贡献率得出的。

  非国有企业也为另一个领域做出了重要的贡献——即经济学知识。在过去的25年中,它们对智慧提出了挑战,进而激发了更深层次的学术研究。25年前,非国有部门的成长面临着重重的限制,当时几乎没有学者料想到非国有部门会出现如此快速的发展,也几乎没有学者想象得到所有制结构和产权的灵活设置能使非国有企业冲破其面对的重重束缚。的确,中国非国有企业的现实使经济学家们得到了很好的教训,其中一些经验教训经过总结,写进了经济转型与发展的文献中。

总结有关中国非国有企业过去25年发展的文献,并不是一件容易的事;所以,难免有遗漏疏忽。为了提高效率以及使脉络清晰,我把文献分为三类,每一类回答一个有关中国非国有企业的研究的关键问题。第一个问题是关于它们的生存环境:非国有企业面对的是何种类型的外部环境?第二个问题是关于它们的反应:非国有企业是如何通过调整各种组织形式,包括调整所有制结构和产权设置等,来适应这种外部环境的?第三个问题是关于它们的行为:非国有企业与国有企业之间的行为有何区别?

本文通过四个部分展开;因此,本章剩余的部分涵盖下面四个主题:环境、组织、行为以及丰富关于中国非国有企业的经济学知识的未来研究方向。

中国非国有企业周围环境的变化

历史视角

在中国,一个非常有意思但却常常被忽略的事实是:改革时期非国有部门的稳固发展几乎就是1949年到20世纪60年代早期私有部门的逐渐消失的一个镜像。两个过程都是在政府控制下以循序渐进、谨小慎微的方式进行的,是意识形态正确性和经济实用性不断对立冲突下相互妥协的结果。

1949年,当中国共产党取得全国政权的时候,政府把所有外资企业和旧有体制下的国有企业实施了国有化,而完整保留了所谓的民族资本主义企业。在政治上,中国共产党需要民族资本家的支持。这些民族资本家当中许多是小商贩,在抗日战争及解放战争时期都支持中国共产党。更重要的是,新政府清楚地知道:经济的恢复发展需要私有企业的贡献。特别要指出的是,如果将这些民族资本主义企业迅速国有化,必然引发严重的资本外流和管理技术的流失,进而使整个国家的工业经济陷入瘫痪。执政党发表了一系列公开声明,这其中最为有名的就是,中国共产党的副主席刘少奇在天津做的那次演讲。在那次演讲中,刘少奇为鼓励他们大力发展生产,称资本家对工人的剥削就是对国家的贡献,私有企业的发展壮大就是对国家的贡献。(Bo, 1991, p. 49)

1953年,中国共产党颁布了一个文件,即"党在过渡时期的总路线和总任务",主要内容如下:"从中华人民共和国成立到社会主义改造基本完成,有一个过渡时期。党在这个过渡时期的总路线和总任务,是要在一个相当长的时期内,逐步实现国家的社会主义工业化,并逐步实现国家对农业、对手工业和对资本主义工商业的社会主义改造。"这种渐进式改造私有企业的方法分为三步:第一步是国家全面控制生产市场,成为大多数主要市场的垄断者,并且限制私有企业的市场行为。这使得政府进入了与私有企业签订的采购和供应协议。第二步,政府引导——有时候强迫——资本家接受政府和劳动者加入到其生产经营中。这使得私有企业主的决策权受到了很大的限制。第三步,政府以支付15年的年金的方式将私有企业购买成为国有企业,从而最终获得了私有企业的所有权。

然而,先前公布的渐进式方法的实际执行时间被大大缩短了。并未按照以前确定的,至少花费15年的时间,整个过程实际上在5年内,即在1958年"大跃进"期间完成。加快了完成改造的步伐常被视为政府违约的例子。但无论如何,这还是值得称道的,因为这毕竟是中国政府在深思熟虑之后所采取的渐进式改造方式,它是受了尽快恢复经济的实际考虑所驱动的,因为解放战争后期(1946—1949年)出现了严重的经济萧条,内战刚结束,接踵而来的便是抗美援朝,在此期间中国派遣了几百万士兵到朝鲜同以美国为首的联合国军队作战。

在社会主义改造完成到改革正式出现的几年间,非国有部门是确实存在的,但是受国家政治周期的摆布而起伏不定,发展相当不稳定。那些非国有部门主要以小型集体企业的形式存在于城市的居民社区以及乡镇(当时时分别叫做"人民公社"和"生产大队")。在政治运动高涨的时期,官方意识形态左右政府政策,就下令严格限制和打击非国有部门。而在另外一段时期,当务实的政策盛行的时候,政府便允许这样的非国有企业发展。

改革时期经历了一个同对非国有部门逐步完成社会主义改造的相反过程。在有损于官方的意识形态的情况下,(政府)出于对经济稳定、就业等的务实考虑,使非国有部门又一次得到逐步的解放。1982年,全国人民代表大会颁布了一部新宪法,其中的第十一条提到了私有企业的重要性并且规定:"在法律规定范围内的城乡劳动者个体经济,是社会主义公有制经济的补充。国家保护个体经济的合法的权利和利益。国家通过行政管理,指导、帮助和监督个体经济。"与此同时,党的理论工作者发挥了创造性的努力来重新阐释马克思主义学说,以此来适应非国有部门的发展。比如一位学者在马克思的著作中发现证据——只要雇用的非家庭成员人数少于8人,就不构成剥削。于是法律和法规也相应地做了调整。1988年4月召开的全国人民代表大会投票允许私有企业雇用比以前规定的7个非家庭成员更多的员工,标志着官方重新认识并确立了一个新的类型的非国有部门地位。1988年7月政府为这些私有企业出台了一系列新的法规条例,并且颁布法令允许私有企业与外国公司签合同。而在20世纪80年代中期,政府关于私有企业不得从事长途运输与批发贸易的禁令也被取消了,并放宽了原料市场的准入。1988年3月的宪法修改中将私营企业列入同国有企业、集体企业和个体工商户并列的地位,共同构成中国经济。

地方政府的激励转变

非国有企业面对的生存环境中,最重要的变化来自于政府。改革开始之前,政府机构——或者,更准确地说是政府官员,只是被动地执行中央政府限制非国有企业的政策。而在改革开始时期,他们却逐渐热衷于非国有企业的建立和发展。究竟是什么原因导致了这样的转变?

现有文献将转变原因归结于两次基本的政治体制改革。第一次改革是在1978年,邓小平恢复工作之后。李(Li,1998)认为这是一次影响深远的政治体制改革,它在邓小平的努力下得以实现,避免了中国再次出现诸如"文化大革命"的政治灾难。作为"文革"时期最主要的受害者之一,邓小平是发起这场政府内干部人事管理制度改革的最合适的人选。改革的目标是废除干部职务终身制,对政府的所有岗位强制规定退休年龄,并且在干部的选拔任命过程中增加了教育程度、专业知识方面的要求。另外,改革还提倡将干部的任免权下放到地方。这一改革由于辅之以对退休干部的安抚而得以顺利实行。在18个月内(从1978年中期到1980年早期),主要省部级干部的平均年龄大大年轻化了,而教育程度也提高了很多。此外,政府官员弃官从商的想法逐渐被接受。简言之,Li(1996)认为这次改革将一种前瞻性的改革文化注入到了政府中,而且拓宽了政府官员的视野,使其目标从单纯的政治目标扩展到经济目标。

文献中所提及的第二次改革是财政上的分权,它与上面提到的政治体制改革是密切相关的。从20世纪80年代中期开始,伴随着一系列改革,省政府获得了征收并保留大部分当地企业税收的权利。在很多情况下,地方政府只需要向中央政府缴纳固定税收,而100%的边际收入则完全归地方政府所有。钱和温格斯特(Qian and Weingast, 1992)称之为具有中国特色的联邦制。财政分权刺激地方政府推动当地企业进入高利润和高税率的行业,且多半以非国有企业的形式进入。戴慕珍(Oi, 1999)将这种进入称为地方法团主义体制。金和钱(Jin and Qian, 1998)进一步证明,经济持续增长率越高的地方,非国有企业发展得越快。

有趣的是,80年代中期的财政大分权又被1994年开始的财政改革戏剧性地打破,省市政府对大部分税种的征收权又重新集中到中央政府。根据官方统计资料显示,1997年到2002年,中国经济增长的脚步放慢了。在民间流传的一种说法是,税收征收权重新回到中央政府导致了经济增长放慢,因为地方政府支持非国有企业发展的动机大大减弱。当然,经济增长放缓也可能是受亚洲金融危机的影响。在这场危机中,非国有企业受到的影响似乎比国有企业更加严重。不过到目前为止,还没有系统研究证实或者证伪这种联系。

倾斜的竞技场

尽管官方意识形态的持续放松和政府自身改革都刺激了地方政府

官员推动经济的发展,然而中国的制度搭建总体上仍然与传统市场经济不匹配,非国有企业,尤其是私有企业的发展状况是,总体上仍然不被支持。

白,李以及王(Bai,Li and Wang,2003)把目前这种情况总结并称之为"竞技场仍然对非国有企业是倾斜的"。更为具体地说,至少有三个方面对非国有企业是"倾斜"的:

第一,法律和行政上的进入障碍依然存在。虽然地方政府有动机去消除这些限制,然而有些限制是全国性的,超出了地方政府的权限,比如国防工业、自然资源垄断行业及高等教育,仍然将非国有投资者排挤在外。

第二,信贷约束。自90年代以来,地方政府对商业银行,主要是四大国有商业银行的影响力在不断下降。从制度上讲,国有商业银行服务于国有企业,因此它们评估贷款给非国有企业的能力是有限的。结果,根据国际金融公司2000年的调查显示,21世纪初中国的非国有企业面临的信贷配给问题比前几年更加严重。

"倾斜的竞技场"的第三个方面是法律保护薄弱。中国目前依然还没有建立起一套独立的司法体系,对合法权利的保护并非完全平等。国有企业作为政府的一部分,和政府的各种行政机构关系密切,往往更容易受到法律的照顾,而非国有企业则完全不同,不仅得不到应有的法律保护,甚至会受到歧视性待遇。这样,在与国有企业发生纠纷时,非国有企业很难得到公正的裁决。正因为如此,非国有企业总会极力避免同国有企业对簿公堂并试图寻求法律体系之外的解决办法。根据张与冥(Zhang and Ming,1999)的调研发现:当纠纷发生时,绝大多数私有企业主(71%)都会选择自行解决,只有6.5%的企业主希望求助于法律途径。

组织结构对环境变化的回应:中国非国有企业的所有制和产权安排

为了回应苛刻环境的挑战,中国的非国有企业常常采取一些灵活而又与众不同的组织形式,在这一点上最突出的方法是所有制结构和产权安排的创新。许多经济学家鼓吹清晰而明确的所有权是私有企业获得良好经济效益和快速发展的必然条件,而中国的情况却与经济学家的这种信仰相去甚远,许多发展迅速的非国有企业直到现在都没有清晰的产权安排。这个谁拥有何种形式控制权的问题一直都没有得到明确的回答。毫无疑问,诸多关于中国非国有企业的研究一直致力于解决这些令人迷惑不解的观察到的事实。

中国文化是明确定义的产权的替代品吗?

对于中国非国有企业这种特殊的产权状况,一种解释是中国独特的文化因素在组织里起作用,因而(他们)觉得为了生产与投资的高效率而对所有权和产权下个明确的定义是没有必要的。维茨曼和许(Weitzman and Xu,1994)在他们关于中国的乡镇企业的文章中首次提出了这种观点。他们认为:标准产权理论的基本规范是错误的,而基于诸如乡镇企业那样产权模糊的协作组织的绩效可以建立可信赖的转型战略。

维茨曼和许(1994)基于合作文化的思想提出了一个有关产权理论的一般方法。他们认为:那些一般被认为是放之四海而皆准的、非文化的标准产权理论,其实是建立在一个显而易见的或者暗含的基本假设的基础上——那就是所有人都是非合作的。因此,根据标准产权理论,在一个经济组织内所有者的主要角色就是解决矛盾和实现合作。然而,如果在现实中,不同社会背景的人们之间的合作行为不尽相同,因此所有权在解决经济组织内部矛盾的重要性也可能有所不同。通过使用重复博弈理论的一个基本概念,将合作精神的文化元素同标准产权理论从形式上加以结合,这有可能产生一个更为一般的理论版本。这种一般的方法可能避免上面提到的那个悖论,它也可能对理解其他有趣的和令人迷惑不解的现象具有意义,比如,日本经济的某些方面。

尽管维茨曼和许的理论基础非常易懂而且无可挑剔(其理论基础就是重复博弈中的无名氏定理,即在重复博弈中,只要所有参与者足够耐心,许多原本不是静态纳什均衡的行动都将可能成为均衡的结果),但是对于他们所提出理论的实用性还是有不少争议。难道中国的传统文化就真的比其他文化更强调合作吗？如果是这样,为什么中国许多国有企业和集体企业的效率很低？中国乡镇居民彼此很合作吗？若果真如此,为何集体农业在中国如此失败,而非集体化的改革却日趋流行,并且最先提上了改革的日程呢？

维茨曼和许(1994)激发了有关乡镇企业本质的争论。一类文献强调乡镇企业只是戴上了集体企业的帽子,本质上仍然是私有企业(具体参见下面"对私有企业的歧视和'红帽子'现象"一节)。另一类文献则强调乡镇企业有别于私有企业,带有明显的集体企业性质,如较高的劳动参与率。鲍尔斯和董(Bowles and Dong,1999)对东北省市进行了一次小型调研,发现乡镇企业是不同于私有企业的。乡镇企业往往更注重就业,并且调动职工积极性的主要方式是提供更高的就业保障。与上述两类文献相对的是两类有关模糊产权的理论,它们将模糊产权分别定义为剩余控制权和地方政府控制权。

不完善市场下的模糊产权理论

与上述用模糊定义的合作精神的文化理论不同,有一类文献将市场缺陷作为模糊产权的一个主要驱动因素。其基本观点是企业代理人为了应对市场不完善,将内生地选择产权安排。当市场不完善时,在对企业做了最初的投资之后,某些代理人在解决企业所面临的不确定性因素时变得十分有用。在这种情况下,当这些代理人在弥补市场不完善方面能创造良好的效果时,最好让他们拥有事后的控制权。

李(1996)和田(2000)用正式的理论模型明确地说明了这种观点。李的模型和 Grossman-Hart-Moore 的产权理论类似(Grossman and Hart, 1986; Hart and Moore, 1990),但有一点明显区别。在李(1996)的模型中,模糊产权定义为所有者权利无法预先得到保证。相反,他必须在事后争取实际控制权。该理论的核心是阐明产权安排为何存在差异。假设投资者 A 和 B 预期有两种可选的产权安排。一种安排是让 A 或者 B 成为唯一的产权所有者,进而在企业进入经营后成为唯一的决策者。另一种安排是不明确 A 和 B 谁是产权所有者,而是当市场不确定因素实现之后,再协商决定谁拥有实际控制权。李的模型同 Grossman-Hart-Moore 产权理论的关键区别在于他假设信息结构随着产权安排而变化。这样,如果 A 是唯一的产权拥有者,B 就无法查看到企业真实的财务数据,于是当 B 对企业贡献更大时,A 和 B 之间无法进行有效的协商。另一方面,如果 A 和 B 事先都是名义所有者,那么他们可以共享内部信息,在事后决定谁拥有实际控制权时更容易协商。文章的结论是:如果市场是高度不确定的(比如,很难预测谁拥有控制权对企业未来的发展更为有利),那么最好的办法就是让 A 和 B 都是名义上的(模糊的)所有者,等遇到具体问题时再协商确定谁拥有实际控制权。

具体而言,假设 A 是私有企业主,B 是政府官员。如果市场是完全自由的,B 基本上对企业没有作用,因为产品可以在不受 B 的干预下自由买卖。在这种情况下,最有效的安排是让 A 成为唯一的产权所有者。另一方面,而如果商品市场无法很好地发挥其功能,此时 B 就有足够的机会帮助企业解决一些未来的问题,很可能有助于弥补这种缺陷,因此将 B 作为模糊所有者留在企业可能是更好的选择。当证明 B 对企业是有用的,这时 A 和 B 可以无信息摩擦地进行协商,并将实际控制权交给 B。

模糊产权理论的总体含义是:所有权和产权安排是内生的;在市场没有充分发挥其功能的时候,它们不能被明确分开。无条件地要求企业所有权和产权的明晰——在中国流行的迫切呼声——对于经济的转型可能是不合时宜的。鉴于市场的诸多不完善,适当程度的模糊产权或许是必不可少的。

对私有企业的歧视和"红帽子"现象

一种普遍的观点(在很大程度上讲,这同现实是一致的)是:在中国,许多所有权看似模糊的企业和集体及社区共有企业,本质上都是私有企业,它们只是戴上了集体企业(甚至国有企业)这顶"红帽子",这就是通常所谓的"红帽子现象"。在这一方面,Young(1998)强调歧视性环境导致了中国的私有部门隐藏在公有部门下发展。在整个改革时期,通过跟地方政府官员搞好关系来扩展支持的基础,这对私有企业主来说是至关重要的。由于80年代的政治束缚将所有权种类合并在一起,准确描绘出"私有部门"并非易事。

从这个角度说,罗和田(Lo and Tian, 2002)认为中国的经验并不能挑战传统的产权理论,像维茨曼和许(1994)所声称的那样。这种看起来模糊的所有权应归咎于私有产权发展过程中的歧视性法律环境,它使得私有产权不得不在集体企业的伪装下发展。而在90年代政治与法律环境一旦得到改善,私有部门就取得了丰硕的生产成果,其对经济增长的贡献多于其他所有部门。相应地,维茨曼和许认为私有产权对经济效益至关重要;中国并不是例外。

地方政府作为产权的所有者和保护者

中国的非国有企业,尤其是乡镇企业有一个显著的特征,即受地方政府的影响很大,甚至直接归地方政府所有。例如,文和张(Wen and Chang, 1999)的研究显示,地方政府用乡镇企业的收益来补贴农业。他们认为这一方式有利于维持中国农村地区的稳定,并加速了地区经济的平衡发展。这两位作者进一步解释到这种政策的独特性在于:它出现在工业化较早的时期。在中国,这是一种地区自发的政策而非全国性的政策,他们把这样的现实情况归结为当地的社区政府的权力使然。

另一类文献在研究非国有企业的产权安排时更强调地方政府的控制权。这种理解有两个前提:第一,在改革时期独特的政治体制安排的条件下,中国地方政府必须有强烈的动机去促进地方经济的繁荣。事实上,改革时期的行政分权及中央政府紧缩财政,都促使地方政府大力支持当地企业的发展。这不仅能提供一些非农业就业,而且能增加地方政府的税收收入。第二,为了获得地方政府的有效帮助,私营企业主也愿意被地方政府控制或是注册成一家集体企业挂靠在政府的分支机构下——也就是,它们乐于戴一顶红帽子。

张和王(Chang and Wang, 1994)最早开始这方面研究,他们重点关注中国的乡镇企业。他们认为乡镇企业实际上是控制在乡镇政府手中，而非其名义上的控制人——当地居民。而且，中央政府有关于利益分配的明确规定，即乡镇企业的剩余利润由当地居民和乡镇政府共同分享。此外，将控制权合理地转交给乡镇政府，可以使企业的成本最小化。在高度集中的政治权力体制下，私人会发现企业成功所需的一些关键性资源往往难以获取。若将控制权交给当地居民，那么企业的发展前途就会十分渺茫。而更难回答的问题是：为什么乡镇企业的名义控制人是当地居民，而不是地方政府呢？张和王认为，让当地居民拥有名义上的控制权实际上是中央政府对其政策规定的一种承诺，使乡镇企业的主要利润归乡镇政府和当地居民所有。这种承诺机制有效地激励了乡镇政府大力发展乡镇企业。最后，为了防止乡镇政府占有过多的利润，中央政府又针对乡镇企业的利润分配问题作了详细规定。张和王(1994)认为将乡镇企业的所有权结构视为中央政府对一个机制设计问题的解是自然的，也是有益的。这一问题的目标是改善当地居民的福利，面临着两个约束条件，分别是：第一，必须维持中国现行的政治体制；第二，必须给予地方官员一定的经济激励。第一个约束解释了政府为何更喜欢乡镇企业，而不是纯粹的私有企业；第二个约束解释了乡镇企业为何是地方所有，而不像国有企业那样是国家所有。

车和钱(Che and Qian, 1998a, 1998b)对财产权不安全下的企业所有制安排进行了分析。他们认为企业的地方政府所有制可以看做是对中央政府掠夺(state predation)的一种组织回应。当地方政府将管理政府和企业的行为结合在一起的时候，国家政府和地方政府二者的利益联盟比中央政府同私有企业主的利益关系更为牢固。在缺乏以收入为基础的合同时，如果赋予地方政府以企业的控制权，那么就给地方政府提供了一个可能隐藏一些收入的激励。相应地，中央政府发现，从其自身利益考虑，对地方政府企业征税应少于对私人企业征税。结果，地方政府（拥有自己的企业）隐藏的税收可能就少于私有企业所隐藏的。这种分析有利于帮助我们理解在缺少法治的情况下，中国地方政府所有的企业为何相对更加成功。

从这个研究中可以了解到：某种特殊的政府所有制形式是作为国家体制不完善的一种组织回应出现的，而这可能比传统的私有制或者国有制企业更为有效。虽然不是首选形式，但政府所有制能对政府行为有所限制，降低了国家掠夺带来的负面效应。在此研究中地方政府所扮演的正面角色并非是对市场失灵的治疗，而应当看作是对政府失灵的克服。

金和钱（1998）对此进行了实证研究，他们检验了一组省级数据，并证明了上述理论具有一定的解释力。具体而言，他们发现中央政府影响越大、社区政府拥有权力越大、市场发育程度越低的地方，乡镇企业对私有企业的比例越高。乡镇企业的发展增加了社区政府的收入、非农业就业机会和农村整体收入。然而，给定非农业就业水平和地方公共产品供应水平的情况下，乡镇企业实际上并没有增加农村的整体收入，这表明乡镇企业在效率上不如私有企业。

中国非国有企业的私有化，或者产权清晰之路

激起经济制度研究者极大兴趣的现象是：在改革过程中，非国有企业的产权安排也在不断地演变。目前，基本趋势是那些所有制和产权模糊的非国有企业逐渐走向产权清晰，而许多名义上的非私有企业也在走向私有化。当然，演变的方式和途径在不同行业和地区的差异很大。为何私有化会出现？如何估计其差异程度？为何私有化的过程如此艰难，以至于很多企业的私有化并未真正完成？这些颇具挑战性的问题产生了大量文献。

白、李和王（2003）总结了一个基本观点：虽然中国的非国有企业在一系列转轨体制中受益，然而这些转轨时期的体制却无法推动今后非国有部门的进一步增长，原因是体制的转变滞后于经济增长，无法适应快速变化的经济环境，进而产生一定的扭曲。因此，转轨时期的体制并非解决非国有企业问题的长远之计，尤其是在企业逐渐扩大和现代化之后。

颇为值得注意的是，在过去的几十年里，中国非国有企业的所有权安排经历了类似连续统的演变，其中不乏一些新的过渡性所有制安排的出现，如由浙江企业家发明的股份合作企业。股份合作企业近似于雇员持股而股权归属于地方政府的企业。其典型的特点是它拥有大量没有

分散到个人手里的集体股权,而却又避免了集体所有权模糊的一幕。孙(Sun,2002)仔细探讨了这种组织安排,发现所有权重建的最显著特点是地方政府所有制逐渐消失了。孙还展示了这一新形式的适应性效率。

为何私有化?

在谈论这些结果之前,有一个问题需要说明:即,真的需要私有化吗?或者有没有所有制改革的其他替代形式?Chang,McCall和Wang(2003)运用80家乡镇企业10年来的历史数据,回答了这个问题。通过研究引入管理层激励和要求更为明确的企业财务绩效的所有制形式之后的结果,他们发现:管理层激励对于以资产回报率或净资产回报率来衡量的企业业绩存在正面的影响,但统计上并不显著。在产权更明确的所有制形式下的企业绩效要显著好于企业处在社区政府所有制之下的绩效,即便是在后者结合了管理层激励合同的情况下。因而,结论显而易见:管理层激励的改革并不能替代所有制改革。

Li,Li和Zhang(2000)给出了一个基于产品市场竞争的整体性回答。他们发展了一种理论,其重点研究:在由地方政府把持的经济活动中,产品市场竞争如何通过官员和企业经营者的互动引起体制的变化。当跨地区竞争异常激烈时,各个地方不得不削减产品成本。由于企业管理者的努力程度无法被政府观察,地方政府被迫将全部或者部分剩余股权给管理者。总体而言,激烈的产品竞争促使了私有产权制度的出现。Li,Li和Zhang(2000)还用中国工业普查中四十多万家企业的数据,对提出的理论进行了实证检验。Ho,Bowles和Dong(2003)依据他们在江苏省和山东省三个县调研得到的数据,回答了农村工业企业的私有化问题。他们的分析表明:这些地区之所以快速私有化主要是为了防止资产进一步被剥离;为了让企业更有效经营,私有化的过程把绝大部分股权交给了企业主。此外,Ho及其合作者还发现私有化更符合乡镇政府及企业主的利益,而非职工利益。

Sun(2000)研究了20世纪90年代以来乡镇企业的转制。根据他的分析,许多企业进行转制并非是对危机的一种回应,而是一种可预期的行为。这个观察到的事实说明:市场竞争和管辖权的争夺都引发了乡镇企业的改革,而政府的组织形式也对政府官员实施改革提供了一定激励。

如何进行私有化?

Yao(2001)为中国各个地区私有化进展之不一致提供了解释。他认为,这主要是由于各地方政府对私有化承诺的程度不同,为了让私有化发生并取得较好成效,地方政府官员必须制定可信的承诺来限制自身权力在私有化过程中的干涉和掠夺。因此,政府改革有必要配合进行。Yao 提供了广东省顺德市政府改革的经验,来阐明他的观点。

Dong,Bowels 和 Ho (2002a)研究了山东省和江苏省一些最近采取职工持股形式进行私有化的乡镇企业及其决定因素。他们发现预期的财务回报、岗位的稳定性、风险偏好和家庭财富是职工持股的重要决定因素。然而,还有一些其他可变性因素也会影响职工持股的可行性,如地方领导对管理层收购与改善工作激励的相对偏好、他们对销售收入最大化的期望以及职位、居住状况、职工的性别等。

有没有特殊的地域性私有化模式? Han 和 Pannell (1999)用描述性统计和相关性分析,叙述和解释了中国的私有化过程在空间维度上的变化,来研究这一问题。他们发现私有化过程呈现复杂的空间模式,这种模式与不同地区改革前的经济基础和改革时期新出现的经济机会有关。分析表明,80 年代末期的失业率阻碍了私有化的进程,而 90 年代,国有商业中的高就业率同城市私有部门的发展有关。此外,他们还发现,私有部门越强的省份,经济增长也越快,这在地理上是显著的。

私有化有何影响?

私有化对地区经济的影响如何? Tian (2001)用 1985—1997 年的省级数据发现私有化成效越大的省份,资本的边际生产率越高,经济增长也越快。为了检验结论的稳定性,Tian 还将所有制形式进行了分类,分别代表不同的私有化程度。得到的结论是:为了维持增长的动力,中国的所有制改革有必要继续朝着民营化方向深化。

具体到微观层面的经济个体,私有化有何影响？Dong（2003）检验了乡镇企业的私有化对收入不平等的影响。通过 2000 年在山东和江苏对企业职工的调研,运用基于回归的不平等分解技术,他发现,职工股权的不平等分配、人力资本回报增加以及不同性别之间工资差距的拉大等因素引起了农村企业在后私有化阶段收入不平等状况不同程度的增加。

中国非国有企业的行为和效率

职工参与

有一类学者的方法是从职工管理的角度研究了非国有企业的行为。职工管理是让职工积极参与企业管理决策的一种组织安排。Smith（1995）通过对浙江省 8 家企业的深入调研,总结了中国乡镇企业职工的股权参与、利润分享及决策的经验。这种以案例为基础的研究的方法是对正统计量研究方法的重要补充。这些案例表明,在 80 年代和 90 年代,尽管乡镇企业加速朝着正式的私有化方向前进,但仍保留了一部分职工参与投资和参与决策的权利（虽然参与决策的程度低于参与投资,但两者在统计上都是显著的）。换言之,职工参与在后私有化阶段的乡镇企业中普遍存在。

Dong,Bowles 和 Ho（2002b）通过调研山东省和浙江省一些已经私有化的农村企业,研究了股权对企业职工态度的影响。结果发现,持有股份的职工在工作满意度、认知到的企业决策参与度、对组织的承诺及对私有化的评价总体上高于没有持股的职工。

有趣的是,中国非国有企业和劳工管理企业虽然有一些共同特征,但也有着本质的区别。毕竟,由于地方政府拥有企业的实际控制权,因此就会导致地方政府将其目标强加给企业。比如,地方政府重视就业,尽管忽视已就业职工的工资水平,这种思想也一定程度上影响了非国有企业。实证研究表明了这一点。Dong（1998）用 1984—1990 年的面板数据,检验了乡镇企业的就业和工资行为。她的结论是乡镇企业对就业和工资问题同样关心。

工资决定和收入不平等

Meng 和 Perkins（1998）对不同类型企业的工资决定因素及相关问题进行了比较性的研究。他们发现：在工资的决定上，国有企业和集体企业都与职工管理企业有些类似，而私有企业则更接近追求利润最大化的企业。这种差异主要是由于企业的目标不同。私有部门追求利润的最大化，而国有企业和集体部门的目标更接近追求职工平均收入的最大化。另外，其研究还表明，虽然国有企业和集体企业都追求收入最大化，但是由于利润分享机制使得集体企业的劳动生产率更高。原因在于，不同企业的风险承担与决策的分离程度不同。经济改革使国有企业在管理决策上有很大的自主权，然而资产的所有权却仍属于国家，这导致企业决策后的财务风险主要由国家承担。这种组织安排往往使企业的管理者更注重职工（包括自身）短期福利的改善，而忽视了他们所管理国有资产的长期增值。集体企业则在相对硬的预算约束下经营，管理者必须承担一部分财务风险，这促使他们在决策时更加谨慎。在分红机制下，企业的管理者更注重劳动生产率的提高。

Gregory 和 Meng（1995）研究了中国农村企业工资的决定因素。这些企业在 80 年代实际工资的年增长率在 11% 左右。他们所用的数据来自 1986—1987 年对 4 个县 49 家企业的 500 名男性职工的调查。他们发现工作经验是影响工资率的重要因素，教育却不是。而在非计划分配工作的子样本集中，教育对工资率的影响是非常显著的。更一般地，对于那些通过自身努力找到工作的人而言，工资、教育与职业获得之间的关系和西方市场经济中的情况类似。他们用 logit 模型检验了教育和职业获得之间的关系，发现教育是影响职业获得的重要因素。

Dong（2003）运用一组职工和企业的匹配样本来检验私有化对中国两个省份农村企业的工资结构的影响。她发现，在转型经济中，工资结构同原先的计划经济的情形往往相背离。私有化跟工资的增加和收入不平等的增加有关联。她发现了对教育的回报的增加、对中年工人经验的回报的增加以及性别间工资歧视的增加。研究发现,在改革过程中形成的不同类型的私有企业,在工资结构方面非常相似。

有趣的是,非国有企业的发展在一定程度上助长了收入不平等的加剧。Walder(2002)发现在市场改革的第二个十年,农村干部和企业家的家庭净收入出现了相近的大幅度增加。村干部家庭的收入主要来自于薪水,它们并没有随着农村工业化水平的提高而减少。通过事件历史分析法对干部转行(下海)的研究进一步证实了以上关于收入决定的横截面数据的发现。由于干部在工资收入上有很大优势,因此在市场改革时期,没有任何迹象表明村干部自营或成为私有企业主的比例高于普通农民。然而,村干部却成为集体所有制企业的管理者的最重要的来源,而集体所有制企业的管理者正是新私有企业主的重要来源。因此,80年代蓬勃发展的集体企业部门成为90年代新私有企业发端的摇篮。

中国非国有企业的相对效率

Perotti,Sun 和 Zou(1999)提供了一份关于中国国有企业和乡镇企业之间比较的调查。他们认为乡镇企业虽然在一些方面处于劣势,如技术、劳动力技能、职工的教育水平、获得银行贷款及政府支持,但它们在所有制及治理结构、人事制度、劳工关系和制度安排上有明显的优势。由于优势明显压倒了劣势,因此乡镇企业比国有企业表现得更好,并成功扩展了市场份额。然而,他们的分析也显示,如果考虑社会贡献而非单纯以利润作为标准,那么国有企业的表现并没有想象的那么差。一言以蔽之,作者认为国有企业和乡镇企业都需要改革其所有制和治理结构。乡镇企业之所以需要所有制改革是因为,在"草根民主"的发展滞后于乡镇企业规模的扩张和市场份额的扩大的乡镇,其组织上的优势正在弱化。

中国非国有企业的技术效率与其他可比的发展经济体相比如何?用一组乡镇企业的样本,Dong 和 Putterman(1997)研究了 1984—1988 年乡镇企业的技术效率及差异,结果发现乡镇企业技术效率的平均水平与其他发展中国家的工业企业类似。

Liu,Chew 和 Li(1998)利用 1989—1990 年江苏省 15 个县的 140 家

工业乡镇企业的微观数据,通过估计生产函数分析了不同类型的劳动力和资本的生产效率。他们估计的结果是,受过高等教育工人的年边际生产率为 19 282 元人民币,而教育程度较低的工人是 2 175 元人民币(1990 年价格)。如果考虑工作经验,那么边际劳动生产率的差异并不大。他们估计所得的资本边际生产率非常高,资本的回报率达到近 30%。

通过运用在股票交易所上市的中国公司的数据,Wei 和 Varela(2003)检验了中国在 1994 年(164 家),1995 年(175 家)以及 1996 年(252 家)新上市企业中的国家所有权与企业市场绩效之间的关系。所有结果显示:国家所有权对企业价值有负面影响。托宾值(Tobin's Q)同国家所有权呈凸函数关系,这样通过提高盈利回报的能力,新上市企业获得了资本以及更高的市场价值。国际所有权的影响是难以预测的,而国内法人所有权并没有出现改善企业绩效的影响,可能是因为后者缺乏能积极影响企业管理的适当激励。结果进一步显示出:企业绩效并不是国家所有权的一个重要决定因素,更为确切地讲,企业的规模和战略性的产业地位才是中国新上市企业中国家所有权的决定性因素。

融资和合同

在一项早期系统地评估中国私有部门发展的尝试性研究中,通过对四个地方(北京、成都、顺德和温州)进行的大量的调查和采访,国际金融公司(2000 年)为私有企业融资难的问题提供了证据。调查显示,到那时为止,私有企业初始投资的最主要的来源是家庭和社会关系。年轻企业的这种趋势更加明显,这说明私有企业在正规金融市场融资的门槛随时间推移反而在提高。

面对正规金融市场中明显存在的融资门槛,私有企业如何谋求发展?它们如何解决融资困难的问题?Tsai(2002)对此进行了研究。通过对福建、温州、河南等地企业的案例研究,她描述了在中央政府明令禁止私有金融机构的情况下,企业家如何建立替代国有银行的非官方渠道进行融资,她还解释了全国各地区间非正规融资规模的巨大差异。

Park 和 Shen（2003）检验了银行借贷偏好的变化，并为集体所有制企业的兴衰提供了一种新的解释。他们解释道：直到 90 年代中期，银行对集体企业的贷款呈现出共同债务贷款的一些显著特点，由地方政府领导的批准来支持。然而，随之而来的抵押、企业业绩、利率等方面的变化及金融行业竞争的加剧，使得银行更愿意贷款给有抵押担保的私有企业。这一解释可以被对银行借贷偏好的决定因素、乡镇领导对贷款的介入以及企业获得贷款的能力等实证分析所证明。

关于非国有企业如何选择合约，Zhu（1998）以寻租理论为基础，通过建立一个标准的模型，解释了中国乡镇企业契约和所有权安排的模式及演进。研究显示，由于地方政府官员不拥有剩余索取权并且存在被贿赂的可能，导致他们有动机去做一些无效率的选择；而市场竞争将不断迫使他们接受更有效率的合约安排。

中国的非国有企业通常让人感觉其诚信度较低，这使得它们不容易与其他企业签订合同。然而，实际情况是，国有企业和非国有企业之间有大量的业务往来，并且常常签订长期交易合同。这又如何解释？Tao 和 Zhu（2001）提供了一种有趣的理论，试图从国有企业行为中寻找答案。他们发现，国有企业中的代理问题更为突出。依据他们的研究，这非常有助于合同的履行，因为国有企业的经理只是企业的管理者而非拥有者，因此他们不太考虑合同对企业的长远影响，而往往更在意短期的经济利益，并且在合同签订后违约的可能性相对较小。这也解释了非国有企业与国有企业签订合同为何比非国有企业之间签订合同更容易。

中国的非国有企业如何设置管理者激励合同？Hsiao 等（1998）认为，和传统的私有企业不同，职工和地方政府都是非国有企业成功的重要贡献者。这样，就导致了双边道德风险问题的产生。因此，职工和地方政府之间的利润共享机制要好于配额利润机制（一方当事人不分享剩余利润）。Hsiao 等（1999）进一步利用 1985—1990 年对中国 200 家乡镇企业的调研数据，证明了他们的理论。

有待研究的问题

毫无疑问,现有的关于非国有企业的文献为补充经济发展和改革的一些基本问题的知识做出了重要的贡献。由于中国非国有企业的不断发展,以及它们将成为未来中国经济增长的中坚力量,因此,它们将吸引更多学者去研究,研究范围将更广。尽管未来的研究方向并不好把握,但我仍在下面列出了一些目前有待进一步研究的问题,而这或许会引起将来研究者的关注。

第一个问题是有关企业"原罪"的问题,它在中国引起了公众的广泛关注和讨论,目前尚未被充分研究。它指的是企业家在企业初创时(被认为的)一些不合法和不道德行为。当然,不合法和不道德的定义是相对于当时的法律、法规以及道德标准而言的。与之直接相关的一个问题就是政府是否应该没收非国有企业的很大一部分资产。回答这个问题,首先需要弄清楚,原罪问题究竟有多普遍?主要的"原罪"有哪几种类型?它们在非国有企业中各自所占的比例是多少?如果没有实证证据,所有问题都等于空谈。当然,这是很难深入研究的课题,但如果可以找到一些有助于揭示重要交易信息的特别数据,也并非无法研究。一旦这些问题解决,那么后续的研究就能展开了。这种关于对原罪潜在处罚的不确定性是如何影响私有企业主的行为的?这是否可以解释中国一些非国有企业的突然死亡?是否解释了企业在达到一定规模后就不再愿意继续扩张?我们从效率和福利的角度如何分析企业原罪的可能的治疗方法?在这些可选的治疗方法中,什么是不同的当事人的激励?这些问题不仅仅在理论上有意义,而且具有政策性含意。

第二个有待研究的问题是中国非国有企业中出现的所有制模式。中国非国有企业在未来将占绝大多数。事实上,这个基本问题将决定中国未来市场经济的走向。中国内地经济未来是否会像现在的中国香港地区这样,有许多重要的家族制企业?或者演变成类似英美这样的市场经济体,绝大多数企业的创始家族逐渐蜕变成被动持股的股东?企业所有制结构模式对监管体制、审核以及财富分配等都有重大的影响。然而,未来的研究需要理解非国有企业所有制目前的状况,同时也需要理解推动所有制演变的竞争力量。比如,中国的政治生态是否有利于家族制企业的发展?是否有足够的法律和社会制度促使家族企业的所有者愿意在不损失过多预期收益的情况下,将企业的经营权顺利转交给职业经理人?这两种力量如何权衡?

第三个问题是中国非国有企业的公司治理。在目前的中国经济中,许多非国有企业已经具备了相当的规模。家族创始人和非家族成员在经营企业时有何区别?是什么阻止了家族成员将企业的经营权交给职业经理人?不同类型的非国有企业如何进行纵向增长和横向扩张?何种类型的企业更倚重企业自身进行投资?何种类型的企业更倾向于参与市场并购?中国企业控制权市场的效率如何?通过证券市场并购建立的企业帝国与依赖自身发展的企业相比,经营效率如何?

最后——但绝不是最不重要的问题是:非国有企业的出现如何改变中国宏观经济的特征?非国有企业的行为与国有企业的行为有很大的不同。当前者逐渐替代后者,成为经济中最重要的成分时,中国的宏观经济学也将会有很大的变化。微观与宏观之间的传导机制是一个重要的课题,而现有的研究却常常忽略这一点。无须赘言,政策制定者和公众对这些问题都十分关注。这里给出这一领域的一些研究课题:非国有企业形成投资决策的过程与国有企业有哪些不同?非国有企业的投资行为对中国经济中总投资波动的影响有多大?面对以市场为基础的宏观经济杠杆,以及国家以行政方式进行的宏观经济调控,非国有企业的反应与国有企业有哪些区别?非国有企业如何决定员工的聘用,在这一点上,其与国有企业有多大区别?这种差异如何在经济中产生新的失业模式?非国有企业如何决定价格以及同国有企业在竞争行为上有何不同?这如何导致经济中整体价格水平以及产出的波动?

参 考 文 献

Bai, C.; D. D. Li; and Y. Wang. (2003). Thriving in a tilted playing field: An analysis of Chinese non-state sector. In N. Hope, D. T. Yang, and M. Y. Li (Eds.), *How far across the river? China's policy reform at the millennium*, pp. 97–121. Stanford, CA: Stanford University Press.

Bo, Y. (1991). *Review of a few major decisions and events in retrospect* (in Chinese). Beijing: The Publisher of the Party School of The Central Committee of the Chinese Communist Party.

Bowles, P., X. Y. and Dong. (1999). Enterprise ownership, enterprise organisation, and worker attitudes in Chinese rural industry: Some new evidence. *Cambridge Journal of Economics*, 23, 1–20.

Chang, C., and Y. Wang. (1994). The nature of Chinese township-village enterprises. *Journal of Comparative Economics*, 19, 434–52.

Chang, C.; B. P. McCall; and Y. Wang. (2003). Incentive contracting versus ownership reforms: Evidence from China's township and village enterprises. *Journal of Comparative Economics*, 31, 414–28.

Che, J., and Y. Qian. (1998a). Insecure property rights and government ownership of firms. *Quarterly Journal of Economics*, 113, 467–96.

———. (1998b). Institutional environment, community government, and corporate governance: Understanding China's township-village enterprises. *Journal of Law, Economics, and Organization*, 14, 1–23.

Dong, X. (1998). Employment and wage determination in China's rural industry: Investigation using 1984–1990 panel data. *Journal of Comparative Economics*, 26, 485–501.

———. (2003). Privatization and rising earnings inequality in China's rural industries: Evidence from Shandong and Jiangsu. *China Economic Quarterly*, 2, 1–10.

Dong, X., and L. Putterman. (1997). Productivity and organization in China's rural industries: A stochastic frontier analysis. *Journal of Comparative Economics*, 24, 181–201.

Dong, X.; P. Bowles; and S. Ho. (2002a). The determinants of employee ownership in China's privatized rural industry: Evidence from Jiangsu and Shandong. *Journal of Comparative Economics*, 30, 415–37.

———. (2002b). Share ownership and employee attitudes: Some evidence from China's post-privatization rural industry. *Journal of Comparative Economics*, 30, 812–35.

Gregory, R. G., and X. Meng. (1995). Wage determination and occupational attainment in the rural industrial sector of China. *Journal of Comparative Economics*, 21, 353–74.

Grossman, S., and O. Hart. (1986). The costs and benefits of ownership: A theory of vertical and lateral integration. *Journal of Political Economy*, 94, 691–719.

Han, S., and C. Pannell, C. (1999). The geography of privatization in China, 1978–1996. *Economic Geography*, 75, 272–96.

Hart, O., and J. Moore. (1990). Property rights and the nature of the firm. *Journal of Political Economy*, 98, 1119–58.

Ho, S.; P. Bowles; and X. Dong. (2003). Letting go of the small: An analysis of the privatization of rural enterprises in Jiangsu and Shandong. *Journal of Development Studies*, 39, 1–26.

Hsiao, C.; J. Nugent; I. Perrigne; and J. Qiu. (1998). Shares versus residual claimant contracts: The case of Chinese TVEs. *Journal of Comparative Economics*, 26, 317–37.

International Financial Corporation (2000). *China's emerging private enterprises: Prospects for the new century*. Washington, DC.

Jin, H., and Y. Qian. (1998). Public versus private ownership of firms: Evidence from rural China. *Quarterly Journal of Economics*, 113, 773–808.

Li, D. D. (1996). A theory of ambiguous property rights in transition economies: The case of the Chinese non-state sector. *Journal of Comparative Economics*, 23, 1–23.

———. (1998). Changing incentives of the Chinese bureaucracy. *American Economic Review*, 88, 393–97.

Li, H. (2003). Government's budget constraint, competition, and privatization. Evidence from China's rural industry. *Journal of Comparative Economics*, 31, 486–502.

Li, S.; S. Li; and W. Zhang. (2000). The road to capitalism: Competition and institutional change in China. *Journal of Comparative Economics*, 28, 269–92.

Liu, Y.; S. B. Chew; W. and Li. (1998). Education, experience and productivity of labor in China's township and village enterprises: The case of Jiangsu province. *China Economic Review*, 9, 47–58.

Lo, V. I., and X. Tian. (2002). Property rights, productivity gains and economic growth: The Chinese experience. *Post Communist Economies*, 14, 245–58.

Meng, X., and F. Perkins. (1998). Wage determination differences between Chinese state and non-state firms. *Asian Economic Journal*, 12, 295–316.

Oi, J. (1999). *Rural China takes off: Institutional foundations of economic reform*. Berkeley: University of California Press.

Park, A., and M. Shen. (2003). Joint liability lending and the rise and fall of China's township and village enterprises. *Journal of Development Economics*, 71, 497–531.

Perotti, E.; L. Sun; and L. Zou. (1999). State-owned versus TVEs in China. *Comparative Economic Studies*, 41, 151–79.

Qian, Y., and B. Weingast. (1992). Federalism as a commitment to preserving market incentives. *Journal of Economic Perspectives*, 11, 83–92.

Smith, S. C. (1995). Employee participation in China's TVEs. *China Economic Review*, 6, 157–67.

Sun, L. (2000). Anticipatory ownership reform driven by competition: China's TVEs and private enterprises in the 1990s. *Comparative Economics Studies*, 42, 49–65.

———. (2002). Fading out of local government ownership: Recent ownership reform in China's township and village enterprises. *Economic Systems*, 26, 249–69.

Tao, Z., and T. Zhu. (2001). An agency theory of transactions without contract enforcement: The case of China. *China Economic Review*, 12, 1–14.

Tian, G. (2000). Property rights and the nature of Chinese collective enterprises. *Journal of Comparative Economics*, 28, 247–68.

Tian, X. (2001). Privatization and economic performance: Evidence from Chinese provinces. *Economic Systems*, 25, 65–77.

Tsai, K. (2002). *Back-alley banking: Private entrepreneurs in China*. Ithaca, NY, and London: Cornell University Press.

Walder, A. G. (2002). Income determination and market opportunity in rural China, 1978–1996. *Journal of Comparative Economics*, 30, 354–75.

Wei, Z., and O. Varela. (2003). State equity ownership and firm market performance: Evidence from China's newly privatized firms. *Global Finance Journal*, 14, 65–82.

Weitzman, M. L., and C. Xu. (1994). Chinese township-village enterprises as vaguely defined cooperatives. *Journal of Comparative Economics*, 18, 121–45.

Wen, G. J., and G. H. Chang. (1999). Communal duality: Agricultural subsidies from TVEs. *Contemporary Economic Policy*, 17, 79–86.

Yao, Y. (2001). *Government commitment and the results of privatization in China*. Mimeo, Chinese Center for Economic Research, Peking University.

Young, S. (1998). The Chinese private sector in two decades of reform. *Journal of the Asia Pacific Economy*, 3, 80–103.

Zhang, H., and L. Ming. (1999). *A report on China's private enterprises* (in Chinese). Beijing: Shehui Kexue Wenxian Chuban She.

Zhu, T. (1998). A theory of contract and ownership choice in public enterprises under reformed socialism: The case of China's TVEs. *China Economic Review*, 9, 59–71.

第九章　政府放权和中国上市公司的董事会结构：政府官员会危害董事会的专业性和公司业绩吗？*

陈冬华　范博宏　黄德尊

尽管国有股份的正式私有化还没有出现**，但自1978年以来，伴随着控制权的下放——将其归还给企业，中国的经济改革就一直致力于决策权的放权——将中央政府的权力下放到地方政府。20世纪90年代的持续改革促成了国有企业的公司化以及股票市场的创立。

从表9.1可以看出，在20世纪最后10年，中国经历了资本市场发展的巨大繁荣时期。在2000年，上市公司的数量猛增至1 088家，是1992年的二十多倍。至2000年底，仅有约占中国总人口5%的人成为股票投资者。如果只以城市人口计算的话，这个比例大约是20%。2000年，股票市场的市值占中国国内生产总值(已超过1万亿美元)的比例已超过

---

* 作者在此感谢香港科技大学高度影响地区研究基金会(High Impact Area Research Grant of HKUST)、中国政府提供的国家自然科学基金(No. 70172008)所提供的资助。范博宏在此感谢在自己访问昆士兰大学(University of Queensland)期间，其所给予研究上的帮助。陈冬华在此感谢上海重点学科研究基金(Research Grant of Shanghai Key Subjects)和上海优秀年轻学者候选人研究基金(the Research Grant for Shanghai Excellent Young Scholar Candidates)所提供的资助。

** 随着上市公司股改的陆续完成，国有股正逐渐转变为流通股。此处所述为本文写作时的情形。——编辑注

50%。在过去的10年内,中国的股票市场飞速发展。以股票市场的市值占GDP的百分比来看,在2001年,中国在新兴市场和转型经济体(国家)中名列第八(参见图9.1)。就同一指标而言,中国的排名也高于几乎所有与其差不多同时建立股票市场的东欧国家。[1]

表9.1 中国股市的基本描述性统计(1992—2000年)

	1992	1993	1994	1995	1996	1997	1998	1999	2000
国内上市公司(A股和B股)	53	182	291	323	530	745	851	949	1 088
国内B股上市公司	18	41	58	70	85	101	106	108	114
国外上市公司	0	6	15	18	25	42	43	46	52
投资者账户(以千计)	2 170	7 780	10 590	12 420	23 070	33 330	39 110	44 810	58 010
全部股份的市值(以10亿人民币计)	105	353	369	347	984	1 753	1 951	2 647	4 809
全部股份市值占GDP的比例(%)	3.93	10.20	7.89	5.94	14.50	23.44	24.52	31.82	53.79
可交易股份的市值(以10亿人民币计)	21	86	97	94	287	520	575	821	1 609
可交易股份市值占GDP的比例(%)	0.78	2.49	2.06	1.60	4.22	6.96	7.22	9.87	17.99

数据来源:《中国证券期货统计年鉴(2001)》,百花出版社2001年版。

20世纪80年代后期,许多批评家认为,股票市场的建立有悖于中国的社会主义意识形态。为了规避这个有可能使股票市场的建立中途夭折的政治争论,中国创造出了有中国特色的风格独特的股票市场。这些新型股票市场主要包含国有企业重组而形成的股份公司。这个允许国家保留多数所有权的重组过程被称做公司化,或者更为准确地称为部分民营化。通常公司化会涉及将少量国有股份转给私人的首次公开募股(IPO),而新上市公司的大多数股份由仍由身为国有企业的母公司持有,并且这一部分股份是不能在股票市场上流通的。在1994年至2000年这一期间,平均的国有股比例大约为63%,并呈逐年减少的趋势,即从1994

---

[1] 中国上市公司的股票可分为两种:可交易股票和不可交易股票。如果我们用可交易股票总市值占GDP比例来排名的话,中国的排名将大幅降低。

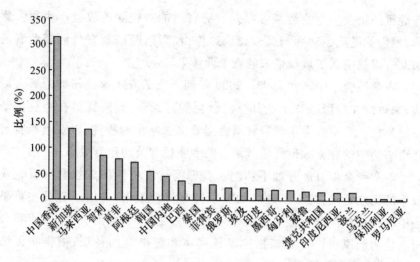

图 9.1　2001 年新兴市场和转型国家（经济体）股票市场市值与 GDP 的比例（%）

数据来源:"中国经济"数据库。

年的 67% 降低到 2000 年的 61%（Sun and Tong, 2003）。②

虽然仍保留多数所有权,但是政府已下放了大部分经营决策权给国有企业和上市公司。通过将控制权下放至上市公司和鼓励市场竞争,中央政府希望加大企业自主权和加强市场约束,从而提高上市公司的效率。然而,扩大企业自主权要付出巨大的代价。地方政府可能不是提高国有企业的效率和竞争力,而是利用企业资源配置去扶持一些社会项目,如地方发展、降低财政赤字或保护就业。地方官员也可能收受贿赂或挪用企业资源为他们自己牟取私利。作为回报,地方政府和官员也可能为企业带来好处,比如,直接提供补助、通过设置贸易壁垒来保护当地市场、给予某些企业独家经营权,以及通过注入公共资源来援救陷入财

---

② 欧洲复兴发展银行（European Bank for Reconstruction and Development, EBRD）和世界银行（World Bank）采用了中欧、东欧和中亚员工 100 人以上的 3 000 多家企业数据,得出的结论是,在这些企业中,平均的国家所有权在捷克共和国为 51%,匈牙利为 53%,波兰为 26%,罗马尼亚为 46%,俄罗斯为 8%,乌克兰为 21%（EBRD, 1999）。与这些国家相比,中国政府对企业拥有更多的控制权。

务危机的企业。企业经营者深知政府官员能对企业的收益产生很大影响,他们就受此驱动而与其合谋。这样,代理问题以及官员同经营者的相互合谋就削弱了放权带来的竞争性效果。

本章检验了中国在 1993—2000 年间上市的 621 家公司的董事会结构,来讨论在中国国有企业部分民营化的背景下,政府官员在企业活动中的角色。本章着重于政府官员占据董事会席位的程度,以及政府官员在董事会中的存在如何影响董事会的专业性和公司运营效率。

本章剩余部分展开如下:首先,我们阐述了中国的放权和国有企业改革的制度背景,分析了放权的竞争性和代理效果,提出了官员在董事会中的存在如何影响董事会的专业性和其他特征、政府补助、就业和公司业绩的假说;然后,我们描述了该样本和董事会的特征;报告实证结果;并给出我们的结论。

制度背景和假说的提出

这一部分论述了有关放权对中国产品市场和资本市场竞争影响的两种截然相反的观点,并提出关于放权的竞争性效果如何影响人力资本配置,特别是在董事会结构上,以及上市公司业绩的假说。

放权的历史

自 1978 年以来,中国通过将中央政府的各种决策权下放至地方政府来进行放权改革。地方政府被允许保留大部分收入,而不再像以往那样将其上交中央政府。地方政府在增加利润和市场发展中的利害关系通过中央政府强加的更为硬性的预算约束——该预算约束使得费用和收入紧密相联——和不同地区之间地方政府的竞争得到加强(Cao, Qian and Weingast, 1997; Qian and Roland, 1998)。

中央政府也赋予企业经营者生产、定价、销售、采购、对外贸易、投资、使用保留利润、资产处置、并购、劳务、人事管理、工资津贴、内部组织以及拒绝交纳由地方政府摊派的各种不合理费用等一系列控制权

(Qian, 1994)。

20世纪80年代的改革产生了巨大的经济效益,包括企业和产业生产率的极大提高(Rawski, 1994)。经济学家们把这个经济成就归功于由放权产生的激励和信息效率的提高(Groves et al., 1994; Li, 1997; Qian and Weingast, 1997)。

正面的观点

正面的观点认为:中国的放权充分推动了竞争,进而约束了政府对国有企业的干预。作为对竞争压力做出的回应,政府可能降低它们对国有企业的干预,因为这种干预在竞争性的市场中的负面作用日益加剧。竞争来自于几个方面:首先,地区之间的竞争已经成为对地方政府的一种激励和监督机制。Qian 和 Weingast(1997)认为地区间的竞争通过使政府官员降职来惩戒对市场的不正当干预。就像市场竞争迫使企业经营者代表股东的利益一样,地方政府间的相互竞争有助于限制政府的掠夺性行为。流动的资源能够迅速撤离那些有不正当行为的地区,对流动资源的竞争阻止了地方政府官员强加税费或制定苛刻的法规(Buchanan, 1995; Weingast, 1995)。其次,控制权从中央政府下放到国有企业可以提高产品市场的竞争力。再次,股份公司的设立以及股票市场的创建确保了企业拥有更大的自主权,允许其在资本市场上对资金的角逐。

负面的观点

尽管放权和市场竞争产生了经济效益,中国企业改革的一些特征也限制了其推动市场竞争的效果。第一是代理问题。姑且不论放权的过程,中央政府仍旧保留着进行重新集权的权利。这样便产生了中央政府一方与地方政府和国有企业一方之间的代理问题(Jefferson, 1998; Lin, Cai and Li, 1998; Qian, 1995)。

地方政府和国有企业为进入管制和减轻竞争压力而进行的合谋使得代理问题进一步加剧。在它们的管辖范围内,地方政府对国有企业拥有行政管理权力,而且经常要求企业支持一些像地方发展、减少财政赤字以及保护就业之类的目标。地方政府也运用它们的行政权力来控制当地市场,以此保护国有企业,使其免于竞争,从而导致地方保护主义的产生。国有企业深知它们的效益依赖于当地政府,因而也乐于承担这些目标,以此来取得更为宽松的竞争地位。

第二是国家对国有企业的强制性政策性负担的反竞争影响。Lin,Cai 和 Li(1998)曾经指出,尽管在企业改革后竞争加剧了,国有企业的代理问题反而更加恶化了。问题的根源是国家强加的政策性负担使得国有企业在同非国有企业的竞争中处于不利地位。由于各种企业并不是在进行公平竞争,因而政府被迫采取预算软约束来扶持许多国有企业。

第三是当官员辞去他们的政府职位,加入到企业并享有大量的剩余控制权的时候,他们又会变成要求政府减少干预的颇为有效的说客。另一方面,企业中有从政背景的官员的存在创造了一种政企不分的环境,从而导致政府和企业合谋,并可能最终滋生腐败。

第四是中国的新兴资本市场产生的不正当的激励。地方政府可能将某些国有企业上市的特权当做为财政项目融资的手段而干预国有企业。为了支持融资的能力,地方政府可能通过提供直接补助或者提高贸易壁垒来保护这些上市公司。而这种形势导致加强经济立法,进而又强化了上市国有企业和政府的合谋。

假说

经济学文献强调董事会是内生决定的制度(Hermalin and Weisbach,2001)。这些文献主要关注的是董事会在减轻企业经营者和股东二者之间利益冲突的公司治理角色(Fama and Jensen,1983)。大多数先前的著作研究董事会的构成(内部董事对外部董事)怎样与公司政策和绩效相关。③ 最近 Klein(1998)主张并证明了董事并非是被随意地选入董事会,而是因其能提供特别服务而被任命的。先前的一些研究检验了有政治经历的董事的角色。Agrawal 和 Knoeber(2001)展示了与其观点一致的

---

③ 参考 Hermalin 和 Weisbach(2001)对这些文献的回顾。

证据:有政治背景的董事能为与政府打交道的公司出谋划策。Helland 和 Sykuta(2000)调查了美国上市天然气公司在放松管制期间董事会结构的演变。他们发现相当数量的董事担任了寻租的角色:这些前政府官员利用他们的便利条件为新雇主获得私下交易。放松管制使得这些公司减少了有政治背景董事的数量。

作为对这些文献的补充,我们在一个政治在经济活动中扮演活跃角色的转型经济体的放权背景下对董事会进行了研究。我们特别关注中国政府放权在董事会结构的人力资本方面的竞争和激励效果。我们提出了几种有关政治如何影响董事会专业性和区域集中度、政府补助、企业冗员和公司业绩的假说。

董事会的专业性

如果地方政府造成的代理问题不能够得到有效的遏制,它们就会积极地干预地方市场和企业,从而导致减少竞争。在上市公司董事会内大量地方政府官员的存在同政府干预和寻租是相一致的。官员被地方政府派到上市公司以加强对公司的控制,并且/或者应上市公司邀请进入董事会以便于企业的寻租。我们预期政府官员的存在弱化了董事会的专业性,因为有企业经营和专业特长的董事可能会妨碍政府和企业进行互利交易。我们正式的假说是:

假说1 董事会内政府官员的存在与董事会的专业性水平负相关。

董事会的区域集中度

放权不会在各省间引起更多的竞争,相反地,它会刺激各地方政府去建立贸易壁垒。面对市场压力,如果各地方政府和企业通过合谋以保护他们的当地市场来应对竞争压力,董事会中董事的区域集中程度将会变得更高。

假说2 董事会内的政府官员的存在与来自同一个行政区的董事数目正相关。

政府补助、就业和公司业绩

董事会内有政府官员董事对公司可能有益也可能有害。一方面,如果他们扮演积极的说客,在公司陷入财政危机或在发行新股前要达到盈利目标时,他们可以帮助公司向政府寻求帮助(Chen, Lee and Li, 2003)。政府援助可通过补贴这一形式直接成为收入。另一方面,政府官员董事往往会追求与外部股东股票价值最大化这一目标相冲突的政治和其他社会目标。其中的一个政治目的便是通过提供充足的地方就业来维护社会的稳定。

继本章的研究之后,Fan Wong 和 Zhang(即将发表)论述了有政府背景的公司的首席执行官(CEOs)更倾向于任用其他政府官员为董事,而较少任用那些有专业背景或丰富企业经营经验的人,也没有小股东的代表。有政府背景的首席执行官同企业所在地的失业和财政情况息息相关,而与大多数企业特征却不相关。样本公司在 IPO 后的三年,平均股票收益率比市场低了 20%,其中首席执行官有政治背景的公司比首席执行官没有政治背景的公司表现更差,股票收益率低约 30%。总之,结果表明任命有政治背景的人做公司的首席执行官并不能提高公司的效率,然而却是为了完成政府的政治目标。

在这一章,我们尝试直接将董事会内的政府官员任职和政府补贴、企业冗员和以会计指标来度量的公司业绩联系起来。以上的论述得出了以下三种假说:

假说 3　董事会内部的政府官员的存在与政府给公司的补贴正相关。

假说 4　董事会内部的政府官员的存在与企业冗员问题正相关。

假说 5　董事会内部的政府官员的存在与公司上市后的会计回报负相关。

研究方法

样本

我们从 1993 年至 2000 年在上海股票交易所和深圳股票交易所上市

的A股公司的招股说明书中手工收集了董事会的数据。④ 从招股说明书中"董事、监事和高级管理人员简介"部分,我们获得了全体董事的个人简历。我们还搜索了招股说明书的其他部分以确定董事的背景。例如,我们检查了以下部分:"上市公司的历史"、"发起股东的背景"和"大股东背景",以此分析董事曾经或正在工作的公司与上市公司是否相关联。对于1997年以前上市的公司,由于当时信息披露要求较低,执行力度较弱(中国这样的新兴市场中的经典问题),招股说明书里披露的信息不够详尽。我们从深圳巨灵(Genius)信息技术有限公司的数据库里获取了大多数公司IPO年度的财务和股权结构数据。

最终的样本包括621家公司。表9.2描述了这些样本。它代表了该

表9.2 IPO公司各年各行业分布

	样本中的 IPO 公司	中国 IPO 公司总数	样本公司数占中国 IPO 公司总数百分比
A 部分:年			
1993	59	123	47.97
1994	65	110	59.09
1995	11	24	45.83
1996	131	203	64.53
1997	173	206	83.98
1998	89	105	84.76
1999	83	97	85.57
2000	10	136	7.35
B 部分:行业			
自然资源	34	56	60.71
制造业	386	609	63.38
服务业和贸易	96	149	64.43
公用事业	47	82	57.32
金融和房地产业	15	37	40.54
综合性企业	43	71	60.56
合计	621	1 004	61.85

---

④ 在样本期间,国内投资者可以买卖A股,然而外国投资者只能买卖其他类型的股票,如B股和H股。从2001年起,允许国内投资者买卖B股。

研究期间中国62%的IPO公司。表中A部分显示在该研究期间我们的样本IPO公司的分布不均匀,从1996年、1997年的131家、173家公司到1995年、2000年的11家、10家公司不等。样本的分布很大程度反映了中国IPO的总体模式:IPO市场1996年和1997年较为火暴,而1995年比较冷淡。⑤ 2000年样本相对于总体比较小,是因为这年大多数的数据我们还无法获取。样本覆盖率随时间推移而扩大,从1993年的48%增长到1999年的86%。这个分布也反映了随时间推移公司资料的透明度的增加。表中B部分对样本按照行业进行了划分。样本公司中,有34家公司属于自然资源行业,386家属于制造业,96家属于服务和贸易业,47家属于公用事业,15家属于金融和房地产行业,43家横跨多个行业从而被归为综合类。样本显示不同行业的覆盖面基本相似。它代表了除金融和房地产行业(40%)外的所有IPO公司的60%。

度量

我们用官员董事的数量占所有董事的比例来代表官员在董事会中的存在程度,其中官员董事定义为曾经或者正在中央政府、地方政府和其他政府部门任职的官员。为检验不同类型官员的影响,我们将其分为三类:来自中央政府的官员、来自地方政府的官员和来自其他政府的官员。

董事会的专业性通过三种变量来衡量。第一种,我们将来自于非关联公司(以前或现任的雇员)认定为企业经营专家。样本公司的第一大股东、第一大股东的母公司、其他大股东、样本公司的前身和样本公司的子公司被认为是关联公司。第二种,顾问、律师、会计师和财务专家被认定为专业人士。最后一种,我们还将曾经或者正在大学或研究机构任职的人士定义为学者。

董事会区域集中度通过来自同一地区非关联公司的董事数量占所

---

⑤ 20世纪90年代初,经济过热和高通货膨胀导致中央政府出台了限制货币供给的政策,这引起了1995年IPO市场的崩盘。

有来自非关联公司董事总数的比例来衡量。而用来衡量补贴、冗员和会计业绩的变量定义,将在我们汇报结果的时候进行阐述。

实 证 结 果

在本部分,我们将报告检验官员对董事会专业性和其他董事会特征、政府补助的程度、公司冗员和公司业绩的影响的一系列回归分析结果。

董事会专业性与其他特征

表9.3描述了我们研究中收集的变量,而表9.4详细描述了样本董事会的特征。表9.4 A部分的描述性统计显示董事会变量围绕它们的均值均匀分布,而不同公司之间变化很大。均值统计量揭示了一个典型的中国公司董事会的如下特性:董事会一般拥有大约9个董事,而其中34%同时也是企业的经理;大约49%的董事是公司第一大股东从前或现在的雇员,通常是在一个企业集团内控股结构金字塔中直接控制公司的关联企业的雇员。由于这些大股东在样本公司中通常控制很大的股份,因此董事会成员同最大股东相关联如此普遍并没有什么值得惊讶的。第一大股东通常持有样本公司近半数已公开发行的股票。

表9.3 变量定义

董事会特征	
董事会规模	IPO期间董事会的人数
执行董事	执行董事人数占董事会规模的百分比。执行董事即公司IPO期间在公司担任高级经理人员的董事
第一大股东	第一大股东派出董事人数占董事会规模的百分比。第一大股东派出董事即曾经或现在为上市公司的第一大股东工作的董事

(续表)

董事会特征	
政府官员	政府官员人数占董事会规模的百分比 政府官员董事即曾经或现在为政府工作的董事,政府包括中央政府、地方政府和其他政府
中央政府官员	中央政府官员董事人数占董事会规模的百分比。中央政府官员董事即曾经或现在为中央政府工作的董事
地方政府官员	地方政府官员董事人数占董事会规模的百分比。地方政府官员董事即曾经或现在为上市公司所在行政区的地方政府工作的董事,包括省级和省级以下政府机构。由中央政府直接管辖的自治区、直辖市等同于省级级别
其他政府官员	其他政府官员董事人数占董事会规模的百分比。其他政府官员董事即曾经或现在为非中央政府和地方政府的政府机构(上面已定义)工作的董事。例如,为军队和上市公司所在行政区外的其他地方政府工作的董事
非关联公司董事	非关联公司董事占董事会规模的百分比。非关联公司董事即曾经或现在为非关联公司工作的董事。第一大股东、母公司最大股东、其他大股东、对首次公开募股起重要作用的前公司和上市公司的子公司被视为关联公司
来自同一行政区的非关联公司董事	来自同一行政区的非关联公司董事占所有无关联关系公司董事的百分比
专业人员	专业人员董事,如顾问、财务专业人士,占董事会规模的百分比。专业人员董事即曾经或现在在金融机构或中介机构工作的董事,或者身为会计师、律师或审计师
学者	学者董事占董事会规模的百分比。学者董事即曾经或现在在大学或研究机构任职的董事
女性董事	女性董事占董事会规模的百分比
年龄	IPO 期间所有董事的平均年龄
受教育程度	IPO 期间所有董事平均受教育程度。如果低于大专学历,值为 0;大专学历,值为 1;本科学位,值为 2;硕士学位,值为 3;博士学位,值为 4
股权结构和财务信息	
销售收入的对数	IPO 年度销售收入的对数
债务销售比	IPO 年度年末债务除以销售收入的比值

(续表)

行业信息	
自然资源	标准行业代码 = 0100,0200,0700,0800,0900,1000,1200, 1300,1400,2900,或 4600
服务业和贸易	标准行业代码 = 4700,5000,5100,5300,5400,5800,7000, 7200,7300 或 7900
公用事业	标准行业代码 = 4000,4100,4200,4300,4400,4500,4800 或 4900
金融业和房地产业	标准行业代码 = 6000,6100,6200,6300,6400,6500 或 6700。
综合性企业	标准行业代码 = 9900

注释:表9.3 阐述了从我们所研究的 621 家中国上市公司收集到的变量。第一列标出了变量的名称。第二列对变量进行了描述。我们的所有董事会数据均从公司招股说明书中手工收集,财务数据来自深圳巨灵信息技术有限公司(Genius)的数据库。

表9.4 样本公司董事会数据[a]

A 部分:描述性统计

	平均值	标准差	1/4 分位数	中位数	3/4 分位数	最小值	最大值
董事会规模	9.22	2.60	7.00	9.00	11.00	5.00	19.00
执行董事	33.68	17.40	20.00	33.33	45.45	0.00	100.00
第一大股东	48.58	19.10	33.95	49.93	64.32	6.67	88.35
政府官员	31.92	24.81	11.11	30.00	50.00	0.00	100.00
中央政府官员	4.48	8.71	0.00	0.00	9.09	0.00	55.56
地方政府官员	18.80	22.41	0.00	11.11	30.00	0.00	100.00
其他政府官员	9.27	15.44	0.00	0.00	14.29	0.00	85.71
非关联公司董事	18.23	14.97	0.00	18.18	28.57	0.00	80.00
专业人员	5.23	10.57	0.00	0.00	9.09	0.00	51.74
学者	13.94	19.88	0.00	9.09	18.18	0.00	100.00
女性董事	5.00	7.62	0.00	0.00	10.00	0.00	44.44
年龄	46.98	2.51	45.09	46.90	48.70	39.56	53.83
受教育程度	1.67	0.43	1.38	1.67	2.00	0.67	2.86
销售收入的对数	10.48	1.15	9.73	10.45	11.16	6.87	13.95
债务销售比	1.05	3.00	0.40	0.66	1.06	0.00	67.28

（续表）

	B 部分：皮尔逊相关系数						
	董事会规模	执行董事	最大股东	政府官员	中央政府官员	地方政府官员	其他政府官员
董事会规模	1.00	0.12	-0.04	-0.05	0.01	-0.04	-0.01
		(0.00)	(0.33)	(0.22)	(0.77)	(0.38)	(0.76)
执行董事		1.00	0.04	-0.11	-0.07	-0.11	0.02
			(0.33)	(0.00)	(0.08)	(0.01)	(0.69)
最大股东			1.00	0.02	0.01	-0.02	0.04
				(0.68)	(0.79)	(0.64)	(0.31)
政府官员				1.00	0.42	0.76	0.32
					(<0.01)	(<0.01)	(<0.01)
中央政府官员					1.00	0.16	-0.04
						(<0.01)	(0.31)
地方政府官员						1.00	-0.30
							(<0.01)
其他政府官员							1.00
非关联公司董事							
专业人员							
学者							
女性董事							
年龄							
受教育程度							
销售收入的对数							
债务销售比							

	非关联公司董事	专业人员	学者	年龄	受教育程度	女性董事	销售收入的对数	债务销售比
董事会规模	0.01	0.04	-0.03	-0.03	0.01	0.04	0.10	-0.01
	(0.90)	(0.29)	(0.43)	(0.46)	(0.79)	(0.33)	(0.01)	(0.78)
执行董事	-0.19	-0.13	-0.19	0.05	-0.12	-0.17	0.06	-0.02
	(<0.01)	(0.00)	(<0.01)	(0.22)	(0.00)	(<0.01)	(0.15)	(0.66)
最大股东	-0.05	-0.07	0.04	0.02	0.06	0.00	0.31	0.01
	(0.17)	(0.09)	(0.31)	(0.59)	(0.12)	(0.92)	(<0.01)	(0.80)
政府官员	-0.03	-0.25	-0.26	0.29	0.01	-0.21	-0.01	-0.01
	(0.48)	(<0.01)	(<0.01)	(<0.01)	(0.74)	(<0.01)	(0.89)	(0.86)
中央政府官员	0.01	-0.12	0.10	0.07	0.18	-0.02	-0.01	0.07
	(0.84)	(0.00)	(0.01)	(0.07)	(<0.01)	(0.57)	(0.76)	(0.08)
地方政府官员	-0.09	-0.16	-0.31	0.16	-0.19	-0.08	-0.03	-0.02
	(0.02)	(0.01)	(<0.01)	(<0.01)	(<0.01)	(0.04)	(0.47)	(0.66)
其他政府官员	0.08	-0.11	-0.03	0.21	0.21	-0.21	0.04	-0.03
	(0.06)	(0.01)	(0.48)	(<0.01)	(<0.01)	(<0.01)	(0.34)	(0.53)

（续表）

	非关联公司董事	专业人员	学者	年龄	受教育程度	女性董事	销售收入的对数	债务销售比
非关联公司董事	1.00	0.27	-0.07	-0.06	0.10	0.09	-0.08	-0.07
		(<0.01)	(0.09)	(0.17)	(0.01)	(0.03)	(0.06)	(0.07)
专业人员		1.00	-0.16	-0.28	-0.06	0.23	-0.10	0.02
			(<0.01)	(<0.01)	(0.16)	(<0.01)	(0.01)	(0.64)
学者			1.00	0.19	0.61	-0.01	0.01	0.15
				(<0.01)	(<0.01)	(0.86)	(0.75)	(0.00)
女性董事				1.00	0.35	-0.29	0.03	0.09
					(<0.01)	(<0.01)	(0.45)	(0.03)
年龄					1.00	-0.08	0.07	0.09
						(0.05)	(0.08)	(0.03)
受教育程度						1.00	-0.04	-0.01
							(0.37)	(0.72)
销售收入的对数							1.00	0.15
								(0.00)
债务销售比								1.00

a. 变量的详细描述请见表9.3。
注释：括号中是 p 值。

在样本中，大约32%的董事是在职或者离任的政府官员。这些政府官员同各级政府相关联，但主要是地方政府：中央政府约占4%，地方政府19%，其他政府部门（包括军队以及当地企业所在地区之外的地方政府）9%。

官员在董事会的存在不能被忽视。你可能认为他们也同样是代表公司第一大股东的董事，事实并非如此。像表9.4中B部分所报告的，跟第一大股东相关联的董事所占的比例与同政府相关联的董事的比例之间的皮尔逊相关系数仅仅为1.6%。如果官员的存在是代表最大股东的董事存在的一个镜像的话，它们就应该高度正相关。如果把官员细分成不同类别，就会发现代表第一大股东的董事的比例与同中央政府或者其他政府有关联的那些董事的比例是负相关的（相关系数分别为 -28% 和 -26%）。尽管代表最大股东的那部分董事比例与同地方政府有关联的董事所占的比例正相关，相关系数也仅仅在10%的水平上显著。*

很有趣的是，代表第一大股东的董事所占的比例跟最大股东的持股

---

* 此小节数据与表9.4 B部分不符，原文如此。——编辑注

比例并不相关。你可能料想企业所有者为了保护自身的利益而使董事席位与所持股份成比例,然而,在中国却并非如此。所有权和董事席位之间联系的缺失揭示出中国上市公司的所有权和控制权的特征。第一大股东可以运用行政权力而非使用所有权去影响企业的政策。这种以行使行政权力替代使用所有权的做法很可能是中国模糊产权制度的结果。

还有一点没有在本表中报告,几乎没有董事代表小股东——不管他们是机构投资者还是个人投资者——的利益。代表小股东利益的董事的缺失与同第一大股东以及政府联系紧密的董事的大比例存在形成了鲜明的对比。

接下来,正如 A 部分所显示的那样,我们用董事的职业背景测量了董事会专业性的整体水平。差不多18%的董事当前或者曾经受聘于同一个行业或者同一行政区的其他非关联公司。这个数字同像美国这样的更为发达国家的数字相比太小了。在美国,外部董事在董事会完全处于支配地位(Hermalin and Weisbach, 1998; Yermack, 1996)。这些经常被当做企业经理层监督者的外部董事(Fama 和 Jensen, 1983)通常是其他专业机构的决策者,是资本市场、公司法以及帮助内部董事处理专门决策问题的其他相关技能的专家(Klein, 1998)。在中国,只有一小部分董事具有外部相关企业经历,这反映出中国专业管理人才市场的欠发达。同样,它也反映出这样一个事实:典型的企业倾向于从内部——不是从企业内,就是从同一个企业集团内——聘用管理人才。样本公司的董事会也缺乏律师、会计师以及财务管理专业人才:仅有5%的董事是会计师、律师以及金融机构或者证券公司现在或以前的雇员。而相比之下,令人吃惊的是,如此众多的董事拥有学术背景。均值为14%,中位数为9%。董事会成员中学者所占比例如此之高,这表明他们充当的是目前中国企业活动中所真正缺乏的懂得实际操作的专业人才之替代品的角色。

将目光转向其他的董事会特征,我们了解到董事受教育平均程度介于大专和本科之间。他们的平均年龄为 47 岁。由于多次的政治运动,如"文化大革命",中断了他们的正规教育,这一代董事受教育的水平不是很高。最后,女性董事占董事会人数的比例为5%,而在美国的《财富》1 000家公司1990—1991年的女性董事所占比例低于2%(Farrell and Hersch, 2001)。中国的董事会中女性董事的比例较高,可能是因为,在社会主义制度下几乎所有中国女性都参加工作。

总之,这些基本的描述性统计揭示出,代表第一大股东的董事和政府官员董事(特别是地方政府官员董事)在中国国有企业的董事会中占据支配地位。这一支配模式反映出通过放权,第一大股东和地方政府被赋予了上市公司控制权这一事实。在我们的样本公司中,地方官员在董事会的大量存在说明地方政府对公司政策可施加强大的影响力。相比之下,董事会里普遍缺乏律师、会计师、财务专家和来自非关联公司的具有企业经营经验的人员,这也间接地表明专业性的缺乏。董事会里几乎没有代表小股东的董事,这说明其利益可能并未得到很好的保护。

官员和董事会的专业性

我们用我们的表示董事会专业性和其他特征的变量(董事会规模;执行董事、非关联公司董事、企业专家、律师、会计师或具有财务管理背景的人员、学者及女性在董事会中分别所占的比例;平均受教育程度和年龄)进行了人量的回归分析。这些回归中的自变量包括和第一大股东相关联的董事的比例、同政府相关联的董事的比例、IPO年度公司销售的自然对数以及IPO年度的债务销售比。我们用销售收入的对数来控制公司规模的影响,因为规模是组织的复杂性和内部资源基础的替代变量。债务销售比控制了企业的增长潜力的影响:低增长率的公司往往具有高负债率(Smith and Watts, 1992)。我们用销售收入而不是资产来衡量规模和作为规模缩放系数。因为账面价值常常由于中国资产市场的欠发达而失真。回归中还控制了行业虚拟变量(以制造业作为参照)。我们还控制了年度虚拟变量但没有在这里报告。我们用普通最小二乘法(OLS)和全部样本621个公司来估计回归模型。注意第一大股东董事和官员董事在回归模型的右边,意味着它们被认为是外生的。这与现实的差异不大。在中国资本市场发展的早期,所有权结构和官员在企业经营中参与的程度被由上到下的政府政策深深影响着;尽管市场驱动的作用越来越重要,但它的影响还是次要的。

表 9.5 报告了回归结果。在第 1 列,董事会规模同第一大股东势力的程度负相关。估计的系数在 1% 的水平上显著。此外,官员在董事会中的存在与董事会规模负相关,但只有在政府官员是与其他政府——上市公司所处行政区域之外的其他地方政府——相关联的时候才在统计上显著(第 1 列)。董事会规模与用销售收入的对数所衡量的公司规模正相关。这个发现和董事会规模与公司规模均反映公司的资源基础的事实一致:规模较大的公司业务更为复杂,因而在董事会中要求更多的人力资本来进行监督和决策。自然资源部门的公司也拥有较大规模的董事会。

在第 2 列中,以担任高级经理职位的董事的人数衡量的执行董事席位与第一大股东势力的程度存在正相关。然而,执行董事的比例与地方官员在董事会的势力有很强的负相关关系,但与中央和其他政府官员的势力不相关。这一证据表明,地方政府官员并没有提供管理的职能,甚至可以说与董事会的管理职能相替代。

像前面提到的,我们用非关联公司董事的人数、具有专业资格董事的人数和学者董事的人数作为专业性的替代变量。来自非关联公司的有企业经营经历的董事与第一大股东势力负相关,但与官员势力无关(地方政府官员除外,第 3 列)。证据表明地方政府官员不能给董事会提供相关的企业经营经验。他们可能会妨害有企业经营经验的人员进入董事会,以防这些专业人员会弱化他们对董事会的控制,因为这些人员来自其管辖区域之外的地区。证据还表明,相关的企业经营经验对深受地方政府控制的企业并不重要。这个发现和我们的猜测——官员势力可能危害到董事会的专业性——是一致的。另一方面,来自中央政府和其他政府的官员势力并不会排挤具有相关企业经营经验的人。

表 9.5 官员势力对董事会结构影响的回归分析结果

自变量	董事会规模 (1)	执行董事 (2)	非关联公司董事 (3)	专业人员 (4)	学者 (5)	受教育程度 (6)	年龄 (7)	女性董事 (8)	同一地区非关联公司董事 (9)
常数项	7.37*** (6.88)	0.30*** (4.29)	0.36*** (5.94)	0.19*** (4.54)	0.02 (0.20)	1.09*** (6.70)	43.46*** (47.01)	0.13*** (4.14)	0.84*** (5.55)
第一大股东	-2.01*** (-4.64)	0.12*** (4.10)	-0.08*** (-3.35)	-0.01 (-0.40)	0.11*** (3.42)	0.45*** (6.82)	3.61*** (9.67)	-0.05*** (-3.76)	0.03 (0.41)
中央政府官员	-1.45 (-1.14)	-0.02 (-0.18)	-0.02 (-0.30)	-0.12** (-2.39)	0.45*** (4.95)	1.45*** (7.55)	4.37*** (3.99)	-0.05 (-1.30)	-1.25*** (-7.58)
地方政府官员	-0.36 (-0.72)	-0.10*** (-2.98)	-0.05* (-1.75)	-0.09*** (-4.48)	-0.34*** (-9.52)	-0.34*** (-4.57)	2.36*** (5.53)	-0.05*** (-3.46)	0.26*** (3.34)
其他政府官员	-1.32** (-1.80)	0.00 (0.03)	0.02 (0.68)	-0.11*** (-3.82)	-0.11** (-2.07)	0.69*** (6.21)	6.03*** (9.54)	-0.15*** (-7.02)	-0.53*** (-5.38)
销售收入的对数	0.25*** (2.67)	0.00 (-0.12)	-0.01* (-1.66)	-0.01* (-1.89)	0.01 (0.95)	0.02 (1.59)	-0.02 (-0.22)	0.00 (-0.29)	-0.01 (-0.38)
债务销售比	0.01 (0.39)	0.00 (-0.25)	3.00* (-1.94)	0.00 (-0.26)	0.01* (1.94)	0.01 (1.94)	0.07** (2.29)	0.00 (-0.63)	-0.01 (-0.43)
自然资源	1.01** (2.19)	-0.02 (-0.50)	-0.05* (-1.88)	0.02 (0.89)	0.02 (3.27)	-0.05 (-0.73)	-0.86** (-2.16)	0.00 (0.20)	-0.10 (-1.59)
服务业和贸易	0.48 (1.62)	0.01 (0.69)	0.01 (-0.59)	-0.01 (-0.65)	0.02 (0.60)	-0.01 (-0.14)	-0.08 (-0.31)	0.01 (0.60)	0.05 (0.90)
公用事业	0.49 (1.18)	-0.02 (-0.87)	0.00 (-0.01)	0.00 (0.18)	0.02 (0.89)	-0.04 (-0.71)	-0.07 (-0.19)	0.00 (0.04)	0.05 (0.91)
金融业和房地产业	-0.03 (-0.04)	-0.04 (-0.84)	-0.02 (-0.53)	0.02 (0.80)	0.00 (0.08)	-0.03 (-0.26)	-0.54 (-0.90)	-0.01 (-0.54)	0.22** (2.24)
综合性企业	-0.28 (-0.66)	-0.10*** (-3.74)	0.05** (2.06)	0.04** (2.20)	0.03 (0.99)	0.01 (0.16)	-0.54 (-1.47)	0.03** (2.41)	0.04 (0.73)
调整后的 R^2	0.04	0.06	0.05	0.07	0.16	0.18	0.23	0.09	0.21

a. 表 9.3 详细地定义了因变量（1—9 列）和自变量（最左边一列）。括号内的数值是 t 统计量。

* $p<0.10$；** $p<0.05$；*** $p<0.01$；双尾检验。

从第4列中，我们可以看到来自于律师、会计师和财务专业人员的那部分董事与所有类型的官员势力都负相关，但是与董事会内第一大股东势力程度不相关。这个证据和我们关于放权的负作用的观点——政府仍旧影响中国企业董事会的形态——是一致的。一些辅助观察证明了这个猜测。首先，官员通常不具有专业技能。其次，董事会内官员的巨大势力表明官员的技能对企业的盈利能力至关重要，这也暗示着专业人员为企业增加的价值相对较少。再次，巨大的官员势力可能也暗示着完成政治的或社会的目标的动机常常胜过营利的动机，这导致了专业性的匮乏。最后，相对而言，董事会内第一大股东强大的势力不会危害到董事会的专业性。

另一个衡量董事会专业性的方法是学者董事的比例。结果（第5列）表明学者势力显著地与来自中央政府官员的势力正相关，但却显著地与地方官员和其他官员的势力负相关。可被证明的是学者董事更为中立，比其他董事更适于监督经营者和对企业政策发表无偏见的看法。学者董事相对中立是因为他们和公司没有企业利益上的冲突。在这一意义上诠释他们的角色，证据说明依赖地方官员的董事会甚至不需要理论知识。但中央政府是个例外，当中央政府官员势力强大时，学者董事则会更有优势。总之，学者董事和各级不同政府董事之间的关系与中央政府和地方政府两者间的利益冲突是一致的。

第6列至第8列报告了董事会内第一大股东和官员董事的存在力对受教育程度、性别和年龄影响的回归结果。我们认为受教育程度应是董事所具有知识多少的替代变量。我们认为年龄和专业性关联不大，但和资历有很大关联。在中国，年龄和专业性两者几乎没有什么关系，因为20世纪50年代至70年代的各种政治运动中断了现今40岁以上人群的教育和企业经历。回归结果表明平均受教育水平与董事会内地方官员势力高度负相关。相对而言，平均受教育水平与董事会内其他两种官员势力正相关。官员势力强的公司董事会通常会有更少的女性董事，而且董事的平均年龄偏高。

以IPO年度年末总负债除以该年度的总销售收入来表示的债务销

售比变量与来自非关联公司董事的比例和年龄负相关,但与学者董事和董事受教育程度正相关。可以想象,对外部企业经营专长的需求在低增长的公司里较低。低增长的公司会任命更多的学者董事,可能因为他们可以提供低成本的企业知识来替代企业专业人员,这也可以从它们之间的负相关关系看出来(表9.4B部分)。根据这一特征,低增长的企业的董事会更愿吸纳学者,是因为后者的较低机会成本,还可能因为后者比其他专业人员更加风险规避。低增长企业董事受教育水平更高反映出企业倾向任命学者董事的趋势。

企业规模除了与专业董事和来自非关联公司董事比例负相关并与董事会的规模正相关外,与其他董事会特征无关。如果用企业规模来表示公司的组织复杂性,这一证据说明在中国企业的复杂性并非是董事会任命专业人员的首要因素。然而,行业虚拟变量的结果显示,综合性企业执行董事较少,而拥有较多的来自非关联公司的有企业经营经验的董事、较多的律师和有财务背景的董事及较多的女性董事。由于在不同的行业经营,综合性企业需要来自各个行业的专家。综合性企业同样需要律师、会计和财务专业人士来帮助他们的要素、产品和资本等内部市场的运行。事实上,证据表明综合性企业的董事会由更多外部企业专家和律师、会计、财务专业人员组成。这个论据同先前美国的研究结果是一致的——组织愈是复杂,对专业人员的需求就愈强(Klein,1998)。

官员和董事区域集中度

对于中国放权效果的另一个论点是:放权可能使地方政府和企业有动机来设置进入壁垒,而这种进入壁垒共同导致了市场分割。如果这属实的话,我们应该从区域集中度的角度来观察董事会:董事的经历会聚集在同一个行政区域内。我们检验了其中的一部分曾经或者目前正在非关联企业工作的董事(此后称之为"非关联董事"),并且关注其地理概况:他们从前或者现在的雇主是否与他们正担任董事的公司在同一个行政区域。

表9.5中的第9列是回归结果。因变量是来自同一行政区域的非

关联董事占非关联董事总数的比例。我们发现官员的负面影响可归因于来自中央或者其他政府的官员。相比之下,地方官员董事的系数是正的而且统计上显著。这些结果同地方官员对区域集中的董事会贡献很大的假说是一致的。另一方面,其他类型官员的加入是同董事会的区域多元化相一致的。

官员和政府补贴

与官员能为企业带来好处的预测相一致,表 9.6 中的结果显示出:官员董事的势力会导致 IPO 之后的那一年更高的政府补贴(在损益表中作为一个单独项目列示)(第 3 列),但 IPO 那一年不是这样(第 1 列),同时也会导致从 IPO 年度到此后一年的补贴的更大变化(第 5 列)。如果将官员董事的政治联系分为:同中央政府的联系以及同地方政府的联系两种,我们发现政治关系的效果主要来源于地方政府,这从水平(第 4 列)

表 9.6　官员势力对政府补贴的回归分析证据

自变量	IPO 年政府补贴和净收益比		IPO 后一年政府补贴和净收益比		IPO 年至 IPO 后一年政府补贴和净收益比的变化	
	(1)	(2)	(3)	(4)	(5)	(6)
常数项	0.04	0.04	0.01	0.01	-0.03	-0.03
	(0.59)	(0.59)	(0.08)	(0.06)	(-0.20)	(-0.22)
政府官员	0.00		0.10***		0.10***	
	(-0.28)		(3.48)		(3.53)	
中央政府官员		-0.01		-0.03		-0.02
		(-0.30)		(-0.36)		(-0.21)
地方政府官员		0.00		0.14***		0.14***
		(-0.01)		(4.06)		(3.96)
其他地方政府官员		-0.01		0.06		0.08
		(-0.57)		(1.37)		(1.61)
销售收入的对数	0.00	0.00	0.00	0.00	0.00	0.00
	(0.50)	(0.52)	(0.05)	(0.09)	(-0.20)	(-0.16)
债务销售比	0.00***	0.00***	0.00	0.00	0.00	0.00
	(2.32)	(2.34)	(0.35)	(0.51)	(-0.77)	(-0.63)
调整后的 R^2	0.09	0.09	0.05	0.05	0.04	0.05

a. 表 9.3 详细地定义了因变量(1—6 列)和自变量(最左边)。括号内的数值是 t 统计量。行业和年度的影响已控制但在这里没有报告。

* $p<0.10$;＊＊ $p<0.05$;＊＊＊ $p<0.01$;双尾检验。

及变化(第6列)两个方面都可发现这个结果。这个发现佐证了我们的论点:企业拥有的官员董事越多,其获得地方政府补贴的概率就越高。这也说明了国有企业以承担政策性负担为代价获取了一定利益。我们的发现同先前的研究是一致的,例如,Faccio(2003),Agrawal 和 Knoeber(2001)的研究表明具有政治联系的企业便于它们从政府进行寻租活动。

官员与企业冗员

在表9.7第1列中,我们发现官员董事的势力极大地增加了企业冗

表9.7 官员势力对就业影响的回归分析

自变量	每百万销售额的员工数		
	(1)	(2)	(3)
常数项	3.02**	2.97**	2.72*
	(2.06)	(2.02)	(1.85)
官员	3.42*	3.01	
	(1.95)	(1.39)	
官员×主营业务收入哑变量			0.81
			(0.32)
中央政府官员			−5.16
			(−0.68)
地方政府官员			5.04*
			(1.89)
其他政府官员			2.91
			(0.68)
中央政府官员×主营业务收入哑变量			11.27
			(1.14)
地方官员×主营业务收入哑变量			−5.17
			(−1.51)
其他政府官员×主营业务收入哑变量			9.25*
			(1.75)
债务销售比	0.16	0.16	0.15
	(1.23)	(1.20)	(1.14)
核心经营收益率	5.11*	5.52*	5.84**
	(1.92)	(1.87)	(1.99)
调整后的 R^2	0.04	0.04	0.05

a. 表9.3详细地定义了因变量(1—3列)和自变量(最左边)。括号内的数值是 t 统计量,如果主营业务收入低于行业中位数,主营业务收入哑变量值为1;否则为0。行业和年度的影响已控制,但在这里没有报告。

$*p<0.10$; $**p<0.05$; $***p<0.01$;双尾检验。

员的程度(该指标用 IPO 年度的企业员工总数除以总的销售额表示)。该发现同企业的官员董事越多,企业承担的政府政策性负担就越多这一负面观点是一致的。维持当地的高就业率是地方政府的关键目标。我们的发现验证了这个推测:企业的官员董事越多,其帮助政府完成就业目标的积极性就越高。在不同类型的官员当中,地方官员对企业雇用更多工作人员的决策有着决定性的影响(第 3 列)。这与中央政府和地方政府之间的代理问题会降低国有企业的效率的放权的负面观点是一致的。

官员与公司业绩

以上的结果看起来表明官员势力有时候可能通过政府补贴为企业带来好处,而有时候可能由于冗员问题损害企业。接下来,我们运用公司业绩来评估官员势力对企业的总体净影响。像表 9.8 里所报告的那样,我们在三组回归分析中使用了三个不同的变量:第 1 列和第 2 列中

表 9.8 官员势力对公司业绩影响的证据

自变量	总资产收益率		息税前总资产收益率		非常项目收益占总收益的比例	
	(1)	(2)	(3)	(4)	(5)	(6)
常数项	0.06*	0.06*	0.03	0.03	1.22***	1.11***
	(1.74)	(1.74)	(0.75)	(0.76)	(6.78)	(6.06)
官员	−0.02**		−0.02**		0.05	
	(−2.30)		(−2.50)		(1.38)	
中央政府官员		−0.04*		−0.03*		0.16
		(−1.94)		(−1.67)		(1.38)
地方政府官员		−0.01		−0.02*		0.00
		(−1.38)		(−1.87)		(0.03)
其他政府官员		−0.02		−0.01		0.04
		(−1.30)		(−0.93)		(0.71)
销售收入的对数	0.00	0.00	0.00*	0.00*	−0.05***	−0.05***
	(0.47)	(0.48)	(1.74)	(1.74)	(−6.17)	(−5.41)
债务销售比	0.00***	0.00***	0.00***	0.00***	0.01***	0.01***
	(−3.32)	(−3.23)	(−3.26)	(−3.19)	(4.48)	(4.09)
调整后的 R^2	0.06	0.06	0.08	0.08	0.13	0.12

a. 表 9.3 详细地定义了因变量(1—6 列)和自变量(最左边)。括号内的数值是 t 统计量,行业和年度的影响已控制,但在这里没有报告。

* $p<0.10$;** $p<0.05$;*** $p<0.01$;双尾检验。

的总资产收益率(ROA)、第3列和第4列中的息税前总资产收益率、第5列和第6列中的非常项目收入占总收入的比例。第二个变量是一个更不易于操纵的会计报酬指标,而第三个变量是会被操纵的会计盈余的替代变量(Chen and Yuan, 2004)。

在第1列和第3列中,我们看到有政治联系的官员董事对会计绩效有极大的负面影响。第3列的结果证实这种政治联系会导致更低的难以操纵的会计盈余。我们把政治联系分成中央政府和地方政府两部分,在第2列和第4列中的结果显示:中央政府官员和地方政府官员二者对公司业绩都有负面影响。在第5列和第6列中,我们的结果显示:官员变量同盈余管理没有显著的联系。公司业绩的结果表明:中国公司董事会的官员势力对企业产生的危害大于其为企业带来的益处。

结论以及未来研究方向

我们用大样本数据分析了中国IPO公司的董事会结构。我们指出了在中国企业董事会里官员拥有强大的势力。与公司的第一大股东董事相比,官员董事更多地扮演着政府角色而非管理角色。我们认为地方政府官员利用手中的行政权来影响其管辖区域内的市场和企业。在由此导致的关系型市场中,企业从官员带来经济租金和执行交易的服务中获益。在这样的市场里,对专业性的需求很低。因为专业人员可能会泄漏破坏企业寻租活动的机密信息,这便导致了对专业性的更低的需求。和假说一致,我们发现官员势力和专业人员两者间为负相关,这在各种董事会特征中也得到了证明。与官员角色使管辖区域市场地方化一致,我们发现同地方官员关系紧密的董事会内部也同样存在地域的集中。与董事会内官员势力的负面观点一致,尽管这样的企业能寻求到更多的政府补助,但终究会导致更多的冗员和低会计收益。总而言之,我们的证据证明了这一观点。尽管中国政府在分权上进行了很多努力,但地方政府不正当的动机会继续使国有企业遇到麻烦。

虽然,官员的盛行和由此而弱化的专业人员是中国的政治经济现状所导致的后果,但上市公司将来会因此付出更为高昂的代价。因为中国不久前加入了世界贸易组织(WTO),中国市场被期待着进一步地开放。竞争加剧的市场将会弱化官员在市场或董事会中所扮演的角色。另一方面,企业对有经验专业人员的需求将会提高。并且,随着资本市场进一步发展,公司若不改善公司治理,就无法增加筹集资本的竞争力。这意味着他们将通过任命小股东的代表担任董事并降低官员的影响来改组董事会。官员之所以对上市公司重要的根本原因是产权的不明晰以及企业的所有权和控制权的未完全分离。对于市场改革者来说,这个研究说明,如果产权制度不能被革新,那么创建有效的激励和监督机制,促使地方政府对所管辖区域放松管制和减少他们对企业经营的干预,就尤为重要了。

从本研究可引出许多将来的可能研究方向。首先,研究人员可以分析董事会官员势力形成的根本制度因素。其次,进行更多的关于董事会和管理层专业性的调查研究是值得的。首席执行官或董事会成员的变更与公司绩效是否有关?最后,将官员势力作为一把测量政府干预企业程度的尺子,研究人员可以调查研究官员势力是怎样影响公司政策和中国上市公司的透明度的。

参 考 文 献

Agrawal, A., and C. R. Knoeber. (2001). Do some outsider directors play a political role? *Journal of Law and Economics*, 64, 179–99.

Buchanan, J. (1995). Federalism as an ideal political order and an objective for constitutional reform. *Publius*, 25, 19–27.

Cao, Y.; Y. Qian; and B. R. Weingast. (1997). From federalism, Chinese style, to privatization, Chinese style. Manuscript, State Commission for Restructuring the Economic Systems, and Stanford University. Available at http://papers.ssrn.com/sol3/papers.cfm?abstract_id=57564.

Chen, X.; J. Lee; and J. Li. (2003). Chinese tango: Government assisted earnings management. Working Paper, Tsinghua University, Beijing. Available at http://papers.ssrn.com/sol3/papers.cfm?abstract_id=408800.

Chen, K. C. W., and H. Yuan. (2004). Earnings management and capital resource allocation: Evidence from China's accounting-based regulation of rights issues. *The Accounting Review*, 79, 3, 645–65.

European Bank for Reconstruction and Development (EBRD). (1999). *Transition report 1999; Ten years of transition*. London: EBRD.

Faccio, M. (2004). Politically connected firms. Working Paper, Vanderbilt University, Nashville, TN. Available at http://papers.ssrn.com/sol3/papers.cfm?abstract_id=444960.

Fama, E. F., and M. C. Jensen. (1983). Separation of ownership and control. *Journal of Law and Economics*,

26, 301–25.

Fan, J.P.H.; T. J. Wong; and T. Zhang (forthcoming). Politically connected CEOs, corporate governance and post-IPO performance of China's partially privatized firms. *Journal of Financial Economics*.

Farrell, K. A., and P. L. Hersch. (2001). Additions to corporate boards: Does gender matter? Manuscript, University of Nebraska-Lincoln. Available at http://papers.ssrn.com/sol3/papers.cfm?abstract_id=292281

Groves, T.; Y. Hong; J. McMillan; and B. Naughton. (1994). Autonomy and incentives in Chinese state enterprises. *Quarterly Journal of Economics*, 109, 183–209.

Helland, E., and M. Sykuta. (2000). Deregulation and board composition: Evidence on the value of the revolving door. Manuscript, Claremont-McKenna College and University of Missouri. Available at http://papers.ssrn.com/sol3/papers.cfm?abstract_id=291171.

Hermalin, B. E., and M. S. Weisbach. (1988). The determinants of board composition. *Rand Journal of Economics*, 19, 589–606.

———. (2001). Boards of directors as an endogenously determined institution: A survey of the economic literature. National Bureau of Economic Research Working Paper No. 8161, March.

Jefferson, G. H. (1998). China's state enterprises: Public goods, externalities, and coase. *American Economic Review*, 88, 428–32.

Klein, A. (1998). Affiliated directors: Puppets of management or effective directors? Manuscript, New York University. Available at http://papers.ssrn.com/sol3/papers.cfm?abstract_id=10569.

Li, W. (1997). The impact of economic reform on the performance of Chinese state enterprises, 1980–1989. *Journal of Political Economy*, 105, 1080–1106.

Lin, J. Y.; F. Cai; and Z. Li. (1998). Competition, policy burdens, and state-owned enterprise reform. *American Economic Review*, 88 (May), 422–27.

Qian, Y. (1994). A theory of shortage in socialist economies based on the 'soft budget constraint.' *American Economic Review*, 84, 145–56.

———. (1995). Reforming corporate governance and finance in China. In M. Aoki and H. K. Kim (Eds.), *Corporate governance in transitional economies: Insider control and the role of banks*. Washington, DC: World Bank, pp. 215-52.

Qian, Y., and G. Roland. (1998). Federalism and the soft budget constraint. *American Economic Review*, 88, 5, 1143–62.

Qian, Y., and B. R. Weingast. (1997). Federalism as a commitment to preserving market incentives. *Journal of Economic Perspectives*, 11, 83–92.

Rawski, T. G. (1994). Chinese industrial reform: Accomplishments, prospects, and implications. *American Economic Review*, 84, 271–75.

Smith, C. W., and R. L. Watts. (1992). The investment opportunity set and corporate financing, dividend and compensation policies. *Journal of Financial Economics*, 32, 263–92.

Sun, Q., and W.H.S. Tong. (2003). China share issue privatization: The extent of its success. *Journal of Financial Economics*, 70, 183–222.

Weingast, B. (1995). The economic role of political institutions: Market-preserving federalism and economic growth. *Journal of Law, Economics and Organization*, 11, 1–31.

Yermack, D. (1996). Higher market valuation of companies with a small board of directors. *Journal of Financial Economics*, 40, 185–211.

第十章 混合市场中的企业行为:以中国为例*

武常岐 李稻葵

引 言

中国市场环境的一个显著特征是具有不同所有制形式的企业在同一市场上相互竞争。这些企业的所有制形式大致可以分为三类,即,国有企业、民营企业和跨国公司在中国的子公司。① 不同所有制的企业拥有不同的资源、追求不同的目标、面临不同的经营环境约束以及采用不同的战略,相应地也有不同的经济绩效。我们将这种类型的市场称为混合市场,以反映该市场结构的独有特征。② 随着中国经济改革的不断深入,对混合市场中不同所有制企业的行为及其互动进行研究也成为企业战略管理和公共政策领域中的一个重要课题。

在研究中国企业改革的文献中,大多数研究考察的重点是国有和非国有企业的经济绩效比较。经济绩效一般用全要素生产率或者利润率

---

* 本章是香港科技大学的"中国民营企业"研究项目的一部分。作者感谢香港科技大学"中国民营企业"项目和 2004 年夏在北京大学举行的"产业组织和战略管理"研讨会参与人员的意见。作者在此感谢郑国汉、徐淑英和王—江教授对本章的修订提出了建设性的建议及做出了认真的评论。在此我们还要感谢香港研究资助局的资助支持和曾玉萍出色的研究助理工作。

① 在经济改革的过程中,企业的不同所有制构成也在演变。在改革早期,民营企业根本不存在。那时,集体企业和乡镇企业是非国有部门企业的典型形式。随着经济改革的继续深化,私有企业成为了非国有部门的主导力量。

② 混合市场的概念是指在国有企业和民营企业共存的寡头竞争市场,在其中国有企业和民营企业的行为相互影响着对方(Bos, 1991)。

来衡量。这些研究的一个一般性的结论是两种所有制企业的经济效率有着显著的差异:不管是在全要素生产率和(或)利润率的变动值还是在其变化率上,两类企业都有所不同。然而,当前文献中却没有研究系统地考察企业的所有制如何影响其行为,以及这些企业行为如何影响企业经济绩效。

本文期望通过考察和比较不同市场结构条件、不同所有制下的企业行为差异来填补文献中的这一空白,提高我们对同一行业中不同所有制企业之间竞争的性质和结果的理解。具体而言,我们将着重探讨以下问题:在混合市场中,国有企业在市场营销、资金运用和经营活动等方面是否显著地不同于民营企业? 如果不同,又是如何不同? 在这样的环境中,市场结构和产业构成如何影响企业行为?③

我们所研究的问题显然已经超越了中国的企业改革的范围,对于其他国家也有重要的意义。首先,在转型经济国家中,在许多非完全竞争的行业中,国有企业仍然扮演着重要的角色。在这些国家的经济中,混合市场结构的形成主要有三种途径:第一种是跨国公司进入原来由国有企业控制的市场;第二种是原先国有企业的私有化;第三种是许多私有企业的诞生。而且,甚至在一些工业化国家里,在一些行业中也是私有企业和国有企业同时并存的;比如,德国的银行业、加拿大的航空业以及美国的邮政服务业。因此,我们的研究对于任何存在私有企业和国有企业竞争的市场都是适用的。

我们采用产业组织理论中的"结构—行为—绩效"的分析框架来考察以上所提出的研究问题。根据该分析框架,市场结构(例如,同一行业中企业的数目)决定着企业在市场中的行为;企业在定价、竞争和创新等方面所采取的行为会影响企业本身和行业层面的经济效率和利润率。④由于在大部分市场中完全竞争所需的产品同质的前提条件都得不到满足,因此,现实世界中完全竞争市场是很少见的。市场的不完善给予政

---

③ 这里的"市场结构"指的是企业数量和这些企业的规模分布;"产业构成"指的是国有企业和民营企业在市场内的分布。

④ 参见 Scherer 和 Ross(1990)。

府通过国有企业对市场进行干预的理由。因此,我们以不完全市场竞争的理论框架为基础来展开本文的分析。

为了反映这种特殊市场结构的特征,我们修正了经济学教科书中关于企业追求利润最大化的标准假设,假设在同一个市场中不同所有制企业追求不同的目标。并且,与文献中考察转型经济国家中企业所有制和经济绩效之间关系的研究不同,我们着重研究市场结构和企业行为以及企业所有制和企业行为之间的关系。⑤

尽管公共经济学文献中也有一些有关在混合市场中公有制企业可能出现偏离利润最大化假设的理论讨论(如:Bos,1991),但是却没有系统的实证研究来考察这些偏离的具体行为方式。

本文使用的数据库是中国国家统计局提供的工业调查数据库。该数据库包括中国各行业大量企业的信息,使我们能够实证检验上面的研究问题。我们的研究结果表明,不同所有制的企业行为的确存在差异。另外,民营企业和国有企业共存的这一特殊所有制结构和市场结构(以集中度衡量)也会影响企业的市场行为。

文献回顾、理论和假设

关于企业所有制和企业战略之间关系的文献可以分为两种:经济学文献和管理学文献。

在早期经济学文献中,国有企业被视为是在寡头竞争市场中规范私有企业行为和纠正市场不完备的一种政策工具。追求福利最大化的国有企业和追求利润最大化的私有企业之间的竞争所导致的均衡产量不同于单纯追求利润最大化之间的企业竞争的结果。国有企业为政策决定者提供了干预不完全市场、提高社会福利的工具。当国有企业参与竞争时,均衡产量可能会不同于标准寡头市场下的均衡(两种情况下的差

---

⑤ 关于研究中国企业改革的早期文献可参考 Jefferson 和 Rawski(1994)和 Groves,Hong,McMillan 和 Naughton(1994)。更多近期研究说明所有权改革提高了国有企业的效率(李稻葵和武常岐,2004)。

别程度取决于国有企业的目标函数),因此也会导致不同的社会福利水平(Bos,1991)。

中国企业改革的经历和国有企业的亏损的背景也促使一些研究者从代理理论的角度来分析混合市场中企业的行为和结果。张维迎和马捷(Zhang and Ma,1999)分析了国有企业和利润最大化的私有企业之间由于目标的不对称性对混合市场中寡头竞争的价格水平和福利结果的影响,他们得出如下的结论:混合市场结构中的企业竞争比在传统的寡头垄断中更加激烈;在这种情况下,国有企业的委托代理问题会更加严重,因为,国有企业在竞争中所制定的价格可能要低于边际成本,而成为"亏损领导者"。

在比较经济学中,有些文献比较了在同一产业中不同所有制企业的经济绩效。例如,埃利希(Ehrlich,1994)等人在实证研究中发现,如果以全要素生产率作为衡量企业效率的指标,在加拿大航空业中私人企业和国有企业之间存在着显著的绩效差异。埃克尔和沃梅莱恩(Eckel and Vermaelen,1986)分析了部分产业中具有不同国有产权比重的企业的经济绩效,结果表明国有比例比较高的企业经济绩效较差。

许多管理学领域的学者也注意到中国不同所有制企业间的市场竞争。但是这些研究更侧重于企业所有制与企业战略之间的关系。例如,谭劲松(Tan,2002)基于对中国国有企业、集体企业、私有企业和合资企业这四类企业的201名经理的调查,考察了企业所有制对企业战略制定的影响。他的研究结果支持了不同所有制企业具有不同的环境—战略组合的核心观点,对企业提高市场表现有重要的含义。

如上文所提到的,虽然大量的文献研究了在转型经济中所有制与企业经济绩效之间的关系,但还没有更为细致的研究来分析企业在混合市场中的行为的本质及其对竞争结果的影响。我们仍没有完全了解所有制作用于企业经济绩效的机制以及市场结构在这个过程中所扮演的角色。下文中,我们将介绍本研究的理论基础并提出一组可检验的理论假设。

为了分析企业在混合市场中的行为,我们首先考察对于处于一个完善的市场中的民营企业行为的标准假设:企业既面临着产品市场上的竞争压力也面临着投入品市场上的竞争压力,其所有者追求其自身利润的最大化。国有企业至少在三个方面与这样的"标准"民营企业有所不同：国有企业并非追求利润最大化；其代理成本较高；其享有特权。下文中我们将详细分析这三个特征。

首先,国有企业可能并不是利润导向型的。在标准假设中,国有企业被视为是追求社会福利最大化而非利润最大化。因为社会福利既包括企业利润也包括消费者剩余；与民营企业相比,以福利最大化为目标的国有企业倾向于制订较低的价格。在不完全竞争市场下,如果国有企业和民营企业有相似的成本结构,在混合市场中市场达到均衡时,国有企业会比民营企业提供更多的产出。

其次,因为国有企业只有名义上的所有者,而民营企业拥有真实的所有者,因此委托-代理问题在国有企业中更加严重,代理成本也会比私有企业高。就均衡结果来看,代理成本可导致两个相反的结果。一种可能的结果是,因为缺少企业监督,国有企业的经营者可能构建"企业帝国"。因此,国有企业可能制订低价格来追求市场份额。此外,他们可能选择最大化附加价值,包括他们可从中获利的利润,也包括构成成本的工资。这些最大化动机可能导致比私有企业更积极的市场行为。

但在另一方面,由于国有企业的经理比民营企业的经理受到的激励更少,并且享受着舒适的生活,国有企业也可能在竞争中比民营企业更消极。之所以如此,是因为国有企业所在的行业大都有较高的进入壁垒,较高的进入壁垒能够保护国有企业(和其经营者)规避竞争压力,容许他们制订更高的、非竞争性的价格。因此,这些企业更缺乏竞争的积极性。

再次,在混合市场中,不同所有制企业处于不平等的地位。在政府支持下的国有企业能够在获得资金和其他资源上享受优惠待遇。由于国有企业面临着预算软约束,所以国有企业的经理与民营企业的经理面对的资金成本不同。由于对国有企业而言,资金成本较低,国有企业有动力去投资到那些以考虑风险因素后的市场资金成本进行评估时非赢利的项目。

有趣的是,民营企业和国有企业之间在企业目标、所有权安排和资源等方面的三个主要的差异必然会使得在混合市场中的企业行为会有所不同。为了实证检验混合市场中企业行为的差异,我们在上文所述的理论观点的基础上提出一系列可检验的假设,来考察国有企业和民营企业行为的差异。

定价

如上文所论证的,当国有企业的目标是社会福利最大化而不是利润最大化时,国有企业制订的价格比民营企业的低。另外,当国有企业最大化附加价值时,它们也会制订比民营企业更低的价格。代理成本的存在使预测更为复杂,当"企业帝国"盛行时,国有企业可能会制订低的价格;相反地,当竞争不激烈时,它们会制订高的价格。面对预算软约束的国有企业,在不考虑成本时,倾向于制订低的价格。因此,我们提出如下的假设:

假设1　与民营企业相比,国有企业的定价较低。

为了检验这个假设,我们需要生产同一产品的不同所有制企业的价格水平信息。绝对地比较价格是困难的,首先,价格和产品质量及特性有关。此外,在跨行业的情况下,直接比较不同产品的价格是无意义的。

检验"抑价假设"可行的方法是比较价格变动的效应,这个方法还特别考虑到了中国国有企业改革继续深化的过程。假设最初国有企业的定价低于民营企业,这是因为上述两者间三个主要差异导致的。随着经济改革的深化,这些差异愈来愈小。抑价假设自然扩展为:无论环境如何,国有企业提价的幅度将超过民营企业。因而,我们将假设1修正为以下假设:

假设1′　与民营企业相比,国有企业提价的幅度较高。

为了体现价格变动效应,我们使用价格调整变量来反映企业一年之内的价格变动幅度。

创新

企业的竞争力在某种程度上反映在创新效应上。民营企业以利润最大化为目标,因此,民营企业在生产和营销新产品以满足市场需求方面更为积极。由于以上所提到的原因,国有企业缺少动力激发创新。因此,我们提出了如下假设:

假设2 民营企业在产品创新上比国有企业更具有积极性。

为了体现在创新努力程度方面的差别,我们采用新产品销售额变量。新产品销售额变量度量了在总销售额中新产品销售额的价值。这个变量可以被认为反映了企业生产和销售新产品方面的生产努力程度。同样,这个变量也间接反映了企业的创新努力程度。

营销

通常认为,由于国有企业在营销支出方面受到严格控制,并且在营销行为上受到严格的政府管制,因此国有企业在市场中成功率更低。而非国有企业在营销方面更加富有积极性并且愿意促销产品。企业的市场活动应该能够体现在成本结构上。其他条件相同,较高的市场努力程度需要花费较高的销售成本,由此,我们提出下面的假设:

假设3 与国有企业相比,民营企业的销售成本较高。

为了检验这个假设,我们用销售成本占销售额的比例来描述企业的市场营销积极性程度。如果企业能有效经营并且追求利润最大化,那么我们认为,在上述条件下,企业越有营销积极性,它的市场销售成本越大。对于转制中的国有企业而言,情况要复杂些。至少要把下述两种因素考虑进去:首先,在市场营销的效率上,国有企业可能不如民营企业有效率。因而较高的销售成本比率可能反映了国有企业的低效率。其次,国有企业的经理更容易腐败,因此他们可能以市场销售费用的名义来掩盖他们从公司获取私人利益行为的事实。

运营

检测企业经营效率的指标有很多。存货水平是其中之一。显然,经济周期和市场波动会影响存货水平,但存货水平主要取决于企业的特性。这里,我们感兴趣的是不同所有制企业的存货水平是否会有所不同。正如我们所指出的,国有企业的代理成本较高,因此其经理不太关心存货水平。此外,高存货水平可能是未售商品的一种征兆,潜在地标志着企业管理松散。所有这些因素显示国有企业的存货水平会高于民营企业的存货水平。因此,我们提出了如下假设:

假设 4　与国有企业相比,民营企业的存货水平较低。

为了检验这个假设,我们使用存货的商品价值量与年销售总量的比率。

投资

国有企业常常被指责会进行过度的非生产性投资。尽管这些指责可能是正确的,但是以下几个因素可以对国有企业的过度投资给予解释。首先,如果国有企业的目标是福利最大化,它们将会进行过度的投资。福利最大化投资比利润最大化投资需要更多产出。国有企业面临的是预算软约束,这也可能导致过度投资。面临这种约束,国有企业将会比民营企业进行更多的投资。此外,由于国有企业面临的资本成本比市场资本成本低,它们更可能选择资本密集型的生产技术来生产相同质量的同一种产品,由此,我们提出下面的假设:

假设 5　与民营企业相比,国有企业进行过度的非生产性投资更多。

为检验这一假设,我们用投资这一变量来描述企业的投资积极性。投资用企业的额外投资水平衡量,即在某一个给定年份的额外投资与现存固定资产之比。我们无法获得额外投资是被用来扩大企业生产能力还是升级现有的生产线的信息。

资本结构

当企业获得一个有利可图的投资项目时,企业一定要决定怎样为这个项目融资。在充满竞争和不确定因素的环境下,负债融资和权益融资具有不同的税收和激励含义。对于公司经理,负债越高,破产风险越高,相应也增加了失业和名誉扫地的风险,因此,企业经营者应为企业保持适度的负债水平。在转型经济的混合市场下,情况有所不同。当涉及财务决策时,所有权结构也会有影响,这是由于国有企业受到国有银行的支持和帮助,因而比民营企业更容易得到贷款。由于国有企业面临着这样的预算软约束,便不用申请破产。因此,我们提出下面的假设:

假设6 与国有企业相比,民营企业的财务杠杆率(或资产负债率)较低。

为检验这一假设,我们使用了企业长期负债和流动负债之和与全部固定资产的比例,这是杠杆率的一个指标。这一比例,与投资变量相似,反映了企业的进取性。但是与投资变量不同,财务杠杆率测度的是企业的财务决策。

显然,这6个假设是基于上文所描述的国有企业和民营企业之间可能的行为差异的三种基本理论。为检验上述假设,我们使用了我们数据中可以提供的可观察、可计算的指标来检验这些理论假设。

上述假设都将企业所有制类型作为自变量来考察。市场结构和国有企业占主导地位等能反应企业外部环境的变量也可能影响所有权和企业行为之间的关系。因此,除了研究企业所有权对企业行为的影响之外,我们也希望能够考察行业市场结构和行业内国有企业主导程度对所有权和企业行为之间关系的调节方式。

研 究 方 法

数据

为了检测上述假设,我们使用中国国家统计局编制的工业调查数据。在所使用的3年数据中,每年调查的企业的平均数均超过了10万家。被纳入工业调查中的企业是规模以上的企业,即在调查期间年销售额在20万元人民币以上。

虽然中国国家统计局开展这种调查已多年,我们仍然发现在时间序列数据中存在着不一致的问题。某些企业没有固定的识别码,因此难以把同一企业的跨时期数据对应起来。我们发现1999—2001年的数据质量最好,因此在我们的分析中使用这三年的数据。我们得到了 394 556 个观察值。调查数据涵盖了各个企业的七十多个指标。表 10.1 列出了我们分析中使用的变量的定义。

在表 10.1,前面 6 项为因变量,其余的为解释变量(自变量)。

表 10.1　变量的定义

变量	定义
销售成本	销售费用/销售额
投资	长期投资/总资产
价格调整	总产出的当前价值/总产出的固定价值
新产品	新产品产出的当前价值/总产出的当前价值
投资	新产品投资额占总产出的当前价值的比率
杠杆率	总负债/总资产
国有资本份额	国有资本占总资本的比率
民营企业	虚拟变量,1 表示该企业是民营企业;否则为 0
d1	虚拟变量,如果国有股比例 <0.3 等于 1;否则为 0
d2	虚拟变量,如果 0.3 < 国有股比例 <0.7 等于 1;否则为 0
d3	虚拟变量,如果国有股比例 >0.7 等于 1;否则为 0
市场结构	赫芬达尔指数,等于企业市场销售份额的平方和
企业规模	企业规模的类别变量,从 1 到 6,1 代表最小的规模,6 代表最大的规模
职工	职工数量的对数值
国有企业比率	行业中国有股比例 >90% 的企业数量/行业中总的企业数量
Dum00	虚拟变量,如果观测数据来自 2000 年,等于 1;否则,等于 0
Dum99	虚拟变量,如果观测数据来自 1999 年,等于 1;否则,等于 0

计量经济模型

在本文中,我们使用了随机效应模型来评估我们解释变量对上面已提到的 6 个自变量的影响。

$$y_{it} = \mu + \beta_1 \text{所有权}_{it} + \beta_2 \text{国有企业比例}_{it} + \beta_3 \text{市场结构}_{it} + \beta_4 \text{所有权}_{it} \times \text{国有企业比例}_{it} + \beta_5 \text{所有权}_{it} \times \text{市场结构}_{it}$$

$$+ \beta_6 \text{企业规模}_{it} + \beta_7 \text{dum99} + \beta_8 \text{dum00} + \alpha_i + \varepsilon_{it}$$

这里，y_{it} 表示企业行为变量，即，价格调整、新产品、销售成本、存货、投资或杠杆率；

所有权$_{it}$ 为在 t 时期内，企业的所有权形式；

国有企业比例为在 t 时期内企业 i 所在行业国有企业所占比例；市场结构$_{it}$ 为在 t 时期内企业 i 所在行业的赫芬达尔指数；

企业规模$_{it}$ 为在 t 时期内企业 i 的规模；Dum99 是一个虚拟变量，如果观测数据来自 1999 年，等于 1；否则，等于 0；Dum00 是一个虚拟变量，如果观测数据来自 2000 年，等于 1；否则，等于 0；α_i 为未观察到的企业特征；

ε_{it} 是残差项。

基本的回归模型除了三项重要的解释变量之外，还包括两项交互项。这些交互项用来检验企业所有权和市场结构、国有企业主导程度之间可能存在的交互作用。

变量的衡量

因为所有权形式是一个重要的解释变量，所以我们运用了两种度量方法来测量所有权形式。第一种是用一个虚拟变量来衡量。当一个企业为民营企业时，该虚拟变量取值为 1；当一个企业为国有企业时，该变量取值为 0。第二种是按照国有资本在企业的份额将企业划分为三类：第一类是国有份额小于 30% 的企业，第二类是国有份额在 30% 和 70% 之间的企业，第三类是国有份额在 70% 以上的企业。市场结构用该行业的赫芬达尔指数来衡量。企业规模运用了两种衡量，第一种是根据统计局对企业规模的六大分类进行衡量。该分类方法使用了两种标准：产量和固定资产账面价值。不同行业的阈值有所不同。只有当一家企业同时达到两种标准时，这家企业才能进入更高的规模分类。这一标准明显是中央计划时期留下来的度量生产单位规模的方法。第二种是以企业职工人数的对数来衡量，这种方法已被广泛地应用于经济学和管理领域。表 10.2 给出了这些变量的描述性统计。

表 10.2　统计描述

变量	均值	标准差
销售成本	0.04	0.07
投资	0.02	0.06
价格调整	1.32	1.92
杠杆(率)	0.58	0.25
存货	0.11	0.16
新产品	0.03	0.13
民营企业	0.29	0.45
国有资本份额	0.69	0.41
国有企业比率	0.58	0.17
市场结构[a]	0.03	0.07
企业规模[b]	5.72	0.81
职工	4.98	1.22

a. 市场结构用赫芬达尔指数来测量。
b. 企业规模的类别变量，从 1 到 6,6 代表大企业，1 代表小企业。由中国国家统计局提供数据。

分析结果及其解释

　　表10.3—10.8给出了各个因变量的回归模型。每一张表中，我们给出了与不同所有权变量对应的两套回归结果。表10.3—10.8的前4列，是以民营企业这一虚拟变量来标识所有权形式时的回归结果，国有企业是参考基准。第一个模型(表10.3—10.8中的模型1)包括除了交互项外的所有解释变量。第二个模型增加了两组交互项(表10.3—10.8中的模型2)。前两组回归中，我们使用的是国家统计局对企业规模的六大分类指标衡量企业规模;但在模型3、4中，我们使用了职工人数来对企业规模进行衡量。后四列——模型1′、2′、3′和4′——我们使用了所有权的三种类型分类来代替私有企业变量。

表 10.3 价格调整回归（假设 1）[a]

	因变量：价格调整				因变量：价格调整			
	模型 1	模型 2	模型 3	模型 4	模型 1'	模型 2'	模型 3'	模型 4'
民营企业[b]	−0.03* (−2.57)	−0.02 (−1.77)	−0.02* (−2.20)	−0.01 (−1.5)				
d1					0.23** (2.74)	0.21* (2.48)	0.21* (2.47)	0.19* (2.19)
d2					0.09** (4.72)	0.09** (4.63)	0.08** (4.07)	0.07** (3.98)
d3					0.28** (31.44)	0.28** (31.46)	0.27** (30.36)	0.27** (30.41)
国有企业比例	1.89** (87.94)	1.90** (78.23)	1.89** (87.94)	1.90** (78.24)	1.64** (73.25)	1.64** (65.85)	1.65** (73.36)	1.64** (65.92)
市场结构	−0.41** (−5.12)	−0.16 (−0.56)	−0.42** (−5.28)	−0.17 (−0.61)	−0.41** (−5.14)	−0.25 (−1)	−0.44** (−5.52)	−0.27 (−1.07)
民营企业 × 市场结构		−0.15 (−0.84)		−0.13 (−0.75)				
国有资本份额 × 市场结构		−0.36 (−0.85)	−0.36 (−0.86)		−0.03** (−7.84)	−0.44* (−2.49)		−0.48** (−2.72)
民营企业比例 × 市场结构		−0.01** (−3.22)				0.26 (0.62)		0.29
企业规模	−0.01** (−3.20)		0.011** (4.04)	0.011** (4.04)		−0.03 (−0.62)		0.69
职工人数								
dum00	0.16** (23.97)	0.16** (23.98)	0.16** (24.03)	0.16** (24.03)	0.15** (23.02)	0.15** (22.98)	0.15** (22.9)	0.15** (22.94)
dum99	0.05** (8.60)	0.05** (8.61)	0.05** (8.62)	0.05** (8.63)	0.05** (8.56)	0.05** (8.55)	0.05** (8.51)	0.05** (8.50)
常数	0.10** (3.46)	0.09** (3.12)	0.12** (5.91)	0.12** (5.27)	1.65**	0.05 (1.68)	0.23** (11.17)	0.23** (10.62)
χ^2	8513**	8514**	8516**	8517**	9550**	9556**	9484**	9492**
R^2	0.03	0.03	0.03	0.03	0.04	0.04	0.03	0.04

a. 所有回归均为随机效应回归。括号内的数值为 t-统计量。模型 1—4 和 3'—4' 中用置信度水平上，统计显著。

b. 模型 1—4 中用虚拟变量民营企业。模型 1'—4' 中用职工人数来度量企业规模。

* 在 5% 的置信度水平上，统计显著。
** 在 1% 的置信度水平上，统计显著。

价格调整（假设1）

表10.3给出了价格调整模型的结果,该模型反映了价格调整幅度和它的决定因素之间的关系。

我们看到,所有权虚拟变量(民营企业)的系数均为负,即在同一时期内,民营企业的价格变化比国有企业变化要慢,这个结果支持了假设1。对此结果的一个解释是,这种情况反映了在经济改革深化过程中,国有企业日益偏离福利最大化,逐渐成为利润导向的企业。因此,国有企业的行为越来越趋向于民营企业的行为,并开始利用市场支配力(或市场势力)和提高价格。

如果考察国有资本份额对定价行为的影响,我们会发现拥有不同国有资本份额的企业在定价行为上仍存在差异。当企业国有资本份额超过70%时,其价格调整远大于企业国有资本份额的其他两种情况(即国有资本份额低于30%和在30%—70%之间),并且这一差异在统计上显著。

值得注意的是测量市场集中度的指标——赫芬达尔指数的系数符号为负值。回归结果表明,市场集中度较高的产业比集中度低的产业的价格调整要慢。考虑到样本企业仅包括制造业的企业而不包括受管制的垄断企业,因此,一个合理的解释为,竞争性产业中的销售商为了适应投入要素的价格变动而对其价格做出更快的调整,而具有某种市场势力的企业则仅是对其价格做出部分且缓慢的调整。

至于企业的规模,无论是以雇员的人数衡量还是按照类别指标衡量,这些系数均为正,且是统计上显著的。这表明,即使市场结构不变,大企业也比小企业更多地调整其价格。我们还发现,如在产业中国有企业比重指标所显示的一样,在一个产业中,国有企业越多,价格调整越快。

以上的结论在加入交互作用项后仍然成立。除了市场结构和同一行业国有企业所占比例这项交互项外,其他交互项的系数都在统计上显著非零。系数为负说明市场集中度会调节国家所有制和价格调整两者间的正的相关性。

新产品的销售(假设 2)

如上文所提到的,我们用新产品销售比例作为衡量企业创新效果的指标。表 10.4 的回归分析结果显示民营企业在引进和销售新产品方面低于国有企业。因此,假设 2 没有得到支持。

然而,这个结果并不令人十分惊奇。众所周知,国有企业能够比民营企业更轻易地得到研究经费和科研人员。这种不平等有助于国有企业发展和保持其创新能力的优势。因此,民营企业的明智之选是:通过模仿目前的产品,用低价策略进入市场。考察国有资本比重对新产品的影响时,我们发现新产品的引进并不完全和国有资本比重成正比,就像所有制形式的系数值所显示的那样。国有资本比重小于 30% 的企业,其系数是这三种所有制形式中最大的,这意味着在国有企业占较大比例的产业中对新产品的销售存在负面的影响。

回归的结果还表明市场结构和新产品销售两者之间呈正向关系。产业集中度越高,市场中生产和销售的新产品就越多。有趣的是,两个度量企业规模的变量的系数的符号是相反的。以销售额衡量时,大企业销售更多的新产品;而以雇员人数衡量时,大企业销售的新产品较小规模企业少。一个可能的解释为:生产成熟产品倾向于使用劳动密集型技术;生产早期产品倾向于使用资本密集型技术。

我们还发现国有企业比重大的行业销售更少的新产品。我们认为这是因为,某一产业改革程度越低,新产品在总销售额中的比重就越低。

此外,交互项的加入没有影响解释变量的显著性。同一行业内国家控制的企业比例和市场集中度这个交互项的系数均为负,这说明了在(市场)集中度高的行业中,国有企业比重的提高对新产品销售的负面影响更大。

表 10.4 新产品销售回归(假设 2)[a]

因变量：新品销售

	模型 1	模型 2	模型 3	模型 4	模型 1'	模型 2'	模型 3'	模型 4'
民营企业[b]	-0.003** (-5.44)	-0.002** (-3.81)	-0.004** (-7.22)	-0.003** (-5.15)				
d1					0.02** (4.18)	0.03** (4.53)	0.03** (4.86)	0.03** (5.26)
d2					0.02** (14.42)	0.02** (14.50)	0.02** (16.81)	0.02** (16.89)
d3					0.003** (-4.80)	0.003** (-4.06)	0.006** (10.37)	0.006** (9.46)
国有企业比例	-0.05** (-33.59)	-0.05** (-26.44)	-0.05** (-30.7)	-0.04** (-23.45)	-0.05** (-31.60)	-0.05** (-25.11)	-0.05** (-30.23)	-0.04** (-23.52)
市场结构	0.13** (23.03)	0.27** (14.58)	0.14** (25.92)	0.31** (16.36)	0.13** (22.96)	0.24** (14.31)	0.14** (25.78)	0.27** (15.85)
民营企业×市场结构		-0.02 (-1.69)		-0.02 (-2.05)				
国有资本份额×市场结构						0.05** (4.29)		0.06** (4.92)
国有企业比例×市场结构		-0.23** (-8.46)		-0.26** (-9.43)		-0.25** (-9.16)		-0.28** (-10.13)
企业规模	0.02** (71.09)	0.02** (71.06)	0.01** (51.62)	0.01** (51.74)	0.02** (69.54)	0.02** (69.43)	0.01** (50.60)	0.01** (50.66)
职工人数	-0.01** (-13.59)	-0.01** (-13.49)	-0.004** (-10.40)	-0.004** (-10.33)	-0.01** (-13.46)	-0.01** (-13.30)	-0.004** (-10.65)	-0.004** (-10.48)
dum00	-0.003** (-7.88)	-0.003** (-7.75)	-0.002** (-5.86)	-0.002** (-5.72)	-0.003** (-7.80)	-0.003** (-7.66)	-0.002** (-5.92)	-0.002** (-5.76)
dum99	0.19** (87.34)	0.18** (83.15)	0.001 (0.38)	0.18** (-2.57)	0.18** (84.92)	0.18** (81.31)	-0.002 (-1.29)	-0.01** (-3.98)
常数	6726	6802	4310	4404	6924	7016	4616	4728
χ^2	0.04	0.04	0.02	0.02	0.04	0.04	0.02	0.02
R^2	0.04	0.04	0.02	0.02	0.04	0.04	0.02	0.02

a. 所有回归均为随机效应回归。括号内的数值为 t-统计量。
b. 模型 1—4 中用虚拟变量民营企业，模型 1'—4'中用三个分类变量 d1、d2、d3 来度量所有制分类。模型 1—2 和 1'—2'中用六大分类变量，模型 3—4 和 3'—4'中用职工人数来度量企业规模。
* 在 5% 的置信度水平上，统计显著。
** 在 1% 的置信度水平上，统计显著。

销售成本(假设3)

表10.5报告了检验销售成本与所有权和市场结构之间关系的回归结果。民营企业变量的系数为负,这意味着非政府投资占有较大份额的企业的销售成本占总收入的比例较小,模型3、4的结果显示国有资本比例对此的影响模式是相同的。此发现与假设3相悖,该假设认为民营企业在营销方面投入更多的资金。此发现还与民营企业是利润最大化追求者,它们在决定在营销方面投入多少资金时会更灵活这一通常观念相悖。

该结论的一种解释是国有企业面临市场压力时倾向于在产品营销方面更具有积极性。因此,它们会在广告及与销售有关的活动上投入更多的资金。另一种解释是国有企业的经理更有可能腐败并利用销售费用作为从企业挪用资金的手段。如果这两种效应都存在,我们的分析无法将其区分开来,需要有更详细的分析才能区分这两种效应。

在这些模型中,检测企业规模的两个变量系数均为负,且统计上显著。一个直截了当的解释是规模大的企业比规模小的企业更能够从涉及销售活动的规模经济获得益处。

行业中国有企业所占比例和行业集中度两者间的交互作用显著。国有企业比例高且集中度高的行业缓和了销售成本和市场集中度、销售成本和某行业国有企业所占比例的正相关。

库存水平(假设4)

表10.4中所有模型的民营企业变量系数都支持民营企业拥有的库存比国有企业少的假定。但是,模型3显示,在国有资本份额<30%的企业组中,国有资本份额对企业库存的影响并不显著;而在另外两组中,该影响显著不为零,并且在国有资本比重较大的企业组中,该种影响程度也较大。

表10.6的结果表明,像赫芬达尔指数系数所显示的,在集中度很高的产业中的企业拥有大量的库存。另一方面,在那些国有企业仍然处于主导地位的产业中,库存水平却很低。

表 10.5 销售成本回归(假设 3)[a]

因变量:销售成本

	模型 1	模型 2	模型 3	模型 4	模型 1'	模型 2'	模型 3'	模型 4'
民营企业[b]	-0.0004 (-1.63)	-0.001* (-2.27)	-0.001* (-2.41)	-0.001** (-2.87)				
d1					0.02** (5.75)	0.02** (5.64)	0.02** (6.04)	0.02** (5.96)
d2					0.01 (10.41)	0.01 (10.34)	0.01 (11.05)	0.01 (10.99)
d3					0.004** (12.45)	0.004** (12.27)	0.01** (13.99)	0.004** (13.75)
国有企业比例	0.02** (18.16)	0.02** (19.71)	0.02** (18.00)	0.02** (19.52)	0.014** (14.78)	0.02** (16.84)	0.013** (14.27)	0.02** (16.31)
市场结构	0.04** (11.53)	0.10** (9.95)	0.04** (11.70)	0.11** (9.94)	0.03** (11.48)	0.11** (11.58)	0.04** (11.57)	0.11** (11.38)
民营企业 × 市场结构		0.01 (1.84)		0.01 (1.71)		-0.003 (-0.48)		-0.001 (-0.18)
国有资本份额 × 市场结构								
比率 × 市场结构		-0.11** (-7.62)	-0.001** (-12.30)	-0.11** (-7.52)		-0.12** (-7.80)	-0.002** (-13.40)	-0.11** (-7.71)
企业规模	0.001** (5.49)	0.001** (5.47)	0.002** (11.25)	-0.001** (-12.14)	0.001** (3.64)	0.001** (3.63)	0.002** (10.52)	-0.002** (-13.29)
职工人数[b]	0.002** (11.43)	0.02** (11.57)	0.001** (8.24)	0.002** (11.38)	0.002** (10.89)	0.002** (11.02)	0.002** (7.91)	0.002** (10.66)
dum00	0.001** (8.31)	0.01** (8.46)	0.04** (8.24)	0.001** (8.38)	0.001** (8.15)	0.001** (8.29)	0.04** (7.98)	0.001** (8.12)
dum99	0.04** (31.53)	0.04** (29.27)	0.04** (47.19)	0.04** (42.80)	0.04** (29.92)	0.03** (27.73)	0.04** (48.74)	0.04** (44.38)
常数	586**	663**	705**	779**	826**	896**	993**	1059**
χ^2	0.003	0.003	0.003	0.004	0.004	0.005	0.005	0.005
R^2								

a. 所有回归均为随机效应回归。括号内的数值为 t-统计量。
b. 模型 1—4 中用虚拟变量民营企业,模型 1'—4' 中用三个分类变量 d1、d2、d3 来度量所有制分类。模型 1—2 和 1'—2' 中用六大分类变量,模型 3—4 和 3'—4' 中用职工人数来度量企业规模。
* 在 5% 的置信度水平上,统计显著。
** 在 1% 的置信度水平上,统计显著。

表10.6 存货回归(假设4)[a]

	因变量:存货							
	模型1	模型2	模型3	模型4	模型1'	模型2'	模型3'	模型4'
民营企业[b]	−0.02** (−34.67)	−0.02** (−29.87)	−0.02** (−35.0)	−0.02** (−30.12)				
d1					−0.01 (−1.65)	−0.004 (−0.54)	−0.01 (−1.67)	−0.004 (−0.56)
d2					0.01** (5.35)	0.01** (5.71)	0.01** (5.70)	0.01** (6.05)
d3					0.05** (56.68)	0.04** (54.82)	0.05** (57.96)	0.04** (56.02)
国有企业比例	−0.05** (−24.39)	−0.05** (−21.40)	−0.05** (−22.90)	−0.05** (−19.83)	−0.08** (−34.67)	−0.07** (−30.85)	−0.07** (−33.71)	−0.07** (−29.74)
市场结构	0.06** (7.97)	0.10** (4.10)	0.07** (9.30)	0.12** (5.07)	0.06** (7.94)	0.03 (1.41)	0.06** (9.08)	0.05* (2.29)
民营企业 × 市场结构		−0.01 (−0.59)		−0.01 (−0.67)				
国有资本份额 × 市场结构								
国有企业比例 × 市场结构		−0.06 (−1.78)		−0.08* (−2.41)		0.17** (11.91)		0.17** (11.99)
企业规模	0.01** (32.89)	0.01** (32.88)	0.01** (39.41)	0.01** (39.43)	0.01** (27.78)	−0.15** (−4.50)		−0.17** (−5.07)
职工人数						0.01** (27.55)		
dum00	−0.01** (−13.47)	−0.01** (−13.44)	−0.01** (−11.24)	−0.01** (−11.19)	−0.01** (−17.23)	−0.01** (−17.11)	−0.01** (−15.29)	−0.01** (−15.17)
dum99	0.001** (2.08)	0.001** (2.11)	0.001** (3.56)	0.001** (3.60)	0.0002 (0.72)	0.0003 (0.77)	0.001* (2.01)	0.001* (2.07)
常数	0.23** (80.15)	0.23** (77.84)	0.09** (46.93)	0.09** (43.99)	0.21** (75.10)	0.21** (73.07)	0.09** (48.33)	0.09** (45.72)
χ^2	2 890**	2 893**	3 370**	3 376**	4 974**	5 123**	44**	5 743**
R^2	0.02	0.02	0.02	0.02	0.03	0.03	0.03	0.03

a. 所有回归均为随机效应回归。括号内的数值为t-统计量。
b. 模型1—4中用虚拟变量民营企业,模型1'—4'中用三个分类变量d1、d2、d3来度量所有制分类。模型1—2和1'—2'中用六大大分类变量,模型3—4和3'—4'中用职工人数来度量企业规模。
* 在5%的置信度水平上,统计显著。
** 在1%的置信度水平上,统计显著。

投资(假设5)

在考察投资水平的模型中,如民营企业变量的负系数所显示的那样,民营企业的投资比国有企业要少,因此,支持了假设5。这与先前的库存水平结果一样:第二类的国有资本份额系数不显著,这意味着国有资本份额低只会对企业(投资)行为起有限的作用。

另外,在集中度高的产业中的企业也较集中度低的产业中的企业投资多。投资的速率也与企业规模正相关,大企业投资多于小企业。在国有企业占主导的行业也投资较多,因为国有企业比例系数为正。

资本结构(假设6)

表10.8总结了检验杠杆率(或资产负债率)的回归结果。模型中,国有资本份额变量和民营企业变量的系数显示,国有企业比民营企业有更高的资产负债率,因此,支持了假设6。此外,在模型3、4,不同国有资本比重组企业的回归系数可以看出,在国有资本比重小于70%的两组企业中,国有资本比重较高的企业的资产负债率较低。一个可能的解释是伴随着金融体制的改革,除非这些企业国有资本比重较高,否则它们并不能很容易地从银行贷款。

企业规模系数均统计上显著,说明大企业比小企业举债更多。行业集中度的影响为负,说明在比较集中的行业中,企业举债相对较少。但是在加入交互作用以后,这一影响不再显著,说明可能是由于存在交互作用而导致行业集中度的影响显著。令人意外的是国有企业比重变量的系数为负,这意味着当其他因素保持不变时,在国有企业较多的产业中的企业倾向于负债较少。国有企业比重与产业结构的交互作用显著不为零,说明国有企业占主导且集中度高的行业加强了市场集中度和资产负债率、行业国有企业比重和资产负债率的负相关。

表 10.7 投资回归(假设 5)[a]

	因变量:投资							
	模型 1	模型 2	模型 3	模型 4	模型 1'	模型 2'	模型 3'	模型 4'
民营企业[b]	-0.01** (-25.76)	-0.01** (-20.89)	-0.01** (-26.4)	-0.01** (-21.39)				
d1					-0.01** (-4.54)	-0.01** (-3.19)	-0.01** (-4.27)	-0.01** (-2.90)
d2					-0.000018 (-0.03)	0.0002 (0.4)	0.001 (1.13)	0.001 (1.55)
d3					0.003** (9.37)	0.002** (7.41)	0.003** (12.24)	0.003** (10.18)
国有企业比例	0.001 (1.20)	0.002** (2.65)	0.002** (3.24)	0.004** (4.83)	0.003** (3.51)	0.004** (5.11)	0.004** (4.75)	0.001** (6.55)
市场结构	0.02** (8.53)	0.05** (6.31)	0.03** (10.53)	0.06** (7.64)	0.02** (8.49)	0.02** (2.96)	0.03** (10.47)	0.03** (4.23)
民营资本份额 × 市场结构		-0.02** (-2.91)		-0.02** (-3.10)				
国有企业比例 × 市场结构		-0.05** (-3.68)		-0.05** (-4.47)		0.07** (14.40)		0.07** (14.66)
						-0.09** (-7.21)		-0.10** (-7.98)
企业规模	0.01** (48.02)	0.01** (47.98)	0.004** (45.58)	0.004** (45.61)	0.01** (47.75)	0.01** (47.47)	0.004** (45.52)	0.004** (45.39)
职工人数								
dum00	0.0004** (2.21)	0.0004** (2.26)	0.001** (4.85)	0.001** (4.91)	0.0002 (1.59)	0.0003 (1.78)	0.001** (4.07)	0.001** (4.27)
dum99	0.0003* (1.98)	0.0003* (2.04)	0.001** (3.79)	0.001** (3.86)	0.0002 (1.79)	0.0003 (1.9)	0.001** (3.55)	0.001** (3.67)
常数	0.06** (58.02)	0.06** (55.66)	-0.01** (-8.5)	-0.01** (-9.54)	0.05** (54.85)	0.05** (52.67)	-0.01** (-13.46)	-0.01** (-14.19)
χ^2	3 312**	3 330**	3 077**	3 101**	2 756**	2 977**	2 545**	2 780**
R^2	0.02	0.02	0.02	0.02	0.02	0.02	0.01	0.02

a. 所有回归均为随机效应回归。括号内的数值为 t-统计量。
b. 模型 1—4 中用虚拟变量民营企业，模型 1'—4' 中用三个分类变量 d1、d2、d3 来度量所有制分类。模型 1—2 和 1'—2' 中用六大大分类变量，模型 3—4 和 3'—4' 中用职工人数来度量企业规模。
* 在 5% 的置信度水平上，统计显著。
** 在 1% 的置信度水平上，统计显著。

表 10.8 杠杆率回归(假设 6)[a]

					因变量:杠杆率				
	模型 1	模型 2	模型 3	模型 4	模型 1'	模型 2'	模型 3'	模型 4'
民营企业[b]	−0.02** (−19.25)	−0.02** (−17.98)	−0.02** (−18.6)	−0.02** (−17.48)				
d1					−0.04** (−4.67)	−0.04** (−4.20)	−0.05** (−5.17)	−0.04** (−4.73)
d2					−0.01 (−6.38)	−0.01 (−6.24)	−0.02 (−7.06)	−0.02 (−6.94)
d3					0.03** (23.77)	0.03** (22.97)	0.03** (22.57)	0.03** (21.77)
国有企业比例	−0.02** (−6.32)	−0.02** (−4.67)	−0.02** (−4.91)	−0.01** (−3.07)	−0.03** (−10.15)	−0.03** (−7.86)	−0.03** (−8.63)	−0.02** (−6.15)
市场结构	−0.03** (−2.85)	−0.04 (−1.08)	−0.04 (−1.98)	0.07* (1.99)	−0.03** (−2.86)	0.04 (1.15)	−0.03* (−2.04)	0.07* (2.23)
国有企业×市场结构		0.05* 2.45		0.05* (2.56)				
国有资本份额×市场结构								
民营企业比例×市场结构		−0.13** (−2.65)		−0.17** (−3.40)		0.10** (5.05)	0.10** (4.82)	
企业规模	0.01** (22.03)	0.01 (22.04)	0.02** (58.91)	0.02** (58.98)	0.01** (20.45)	0.01** (20.36)	0.02** (58.17)	0.02** (58.17)
职工人数								
dum00	−0.001 (−1.29)	−0.001 (−1.22)	0.001 (1.20)	0.001 (1.28)	−0.002** (−3.07)	−0.002** (−2.96)	−0.0004 (−0.59)	−0.0003 (−0.47)
dum99	0.001* (2.28)	0.001* (2.34)	0.002** (3.96)	0.002** (4.04)	0.001 (1.61)	0.001 (1.69)	0.002** (3.27)	0.002** (3.37)
常数	0.68** (161.38)	0.68** (157.29)	0.48** (165.3)	0.48** (156.99)	0.67** (159.75)	0.67** (156.01)	0.48** (167.66)	0.48** (159.81)
χ^2	917**	936**	3 916**	3 942**	1 243**	1 280**	4 226**	4 268**
R^2	0.01	0.01	0.02	0.02	0.01	0.01	0.02	0.02

a. 所有回归均为随机效应回归。括号内的数值为 t-统计量。模型 1—4 和 3'—4' 中用虚拟变量民营企业,模型 1'—2' 中用三个分类变量 d1,d2,d3 来度量所有制分类,模型 3—4 和 3'—4' 中用职工人数来度量企业规模。
b. 模型 1—2 中用虚拟变量民营企业,模型 1'—2' 中用三个分类变量 d1,d2,d3 来度量所有制分类。
* 在 5% 的置信度水平上,统计显著。
** 在 1% 的置信度水平上,统计显著。

结　论

尽管有大量的研究对转型经济中的国有企业和民营企业的经济绩效进行了比较,鲜有研究仔细对比过混合市场中民营企业和国有企业竞争的行为差异。在我们的分析中,民营企业和国有企业的行为在许多方面确实存在差异。

我们发现国有企业在价格调整、新产品开发和营销方面更具积极性。它们销售费用更多,外部借款更多,尽管它们保持着高投资率。此外,当按照国有资本比重将企业所有权分成三类时,我们发现在国有资本比重不同的企业组内,国有资本比重对企业的行为影响存在差异。

利用"国有控股企业比重"来衡量的企业改革程度也影响着企业行为。此外,我们发现行业中国有企业比重的大小对该行业内的企业行为有显著的影响。企业的行为同时受到所有权结构、市场结构和国有企业改革水平的影响。

本文提高了我们对中国混合市场中的企业行为的理解。我们的结果是基于独特的工业调查数据。但是我们的研究也有一些不足。例如,对市场混合程度的度量可以使用国有企业的市场份额或调整过的市场份额标准而不是企业数量。另外,为突出混合市场的影响,我们可以事先挑选出那些在本质上确实混合了国有企业和民营企业的产业。

此外,本研究所使用的变量来自于单一来源的数据。而在一个转型经济中,企业行为和绩效受外界因素的影响很大。但是我们只是加入了时间虚拟变量来控制这些外部环境因素的影响,而没有能够包括明确反映外部环境变化的政策变量。以后的研究需要将多元化等战略变量纳入进来。

本章是设法理解在混合市场中不同类型企业的行为的首次尝试。下一步将确定企业行为和企业绩效两者的关系。该类研究将对企业的经营绩效有很重要的意义。

参考文献

Bos, D. (1991). *Economics of privatization.* Oxford: Oxford University Press.
Eckel, C., and T. Vermaelen. (1986). Internal regulation: The effect of government ownership on the value of the firm. *Journal of Law and Economics,* 29, 381–404.
Ehrlich, I.; G. Gallais-Hamonno; R. Lutter; and Z. Liu. (1994). Productivity growth and firm ownership. *Journal of Political Economy,* 102, 1006–38.
Groves, T.; Y. Hong; J. McMillan; and B. Naughton. (1994). Autonomy and incentives in Chinese state enterprises. *Quarterly Journal of Economics,* 1, 183–209.
Jefferson, G., and T. Rawski. (1994). Enterprise reforms in Chinese industry. *Journal of Economic Perspective,* 8, 47–70.
Li, D., and C. Wu. (2004). Privatization at the margin. Working paper, Hong Kong University of Science and Technology.
Scherer, F. M., and D. Ross. (1990). *Industrial market structure and economic performance* (3rd ed.). New York: Rand McNally.
Tan, J. (2002). Impact of ownership type on environment-strategy linkage and performance: Evidence from a transitional economy. *Journal of Management Studies,* 39, 333–55.
Zhang, W., and Ma, J. (1999). Ownership foundation of excessive competition (in Chinese). *Economic Research,* 6, 11–20.

第十一章 在市场和董事会中:我们对中国的非国有企业了解多少?

王一江

本书此部分中三个章节的每一章本身都是非常令人感兴趣的,同时也是很重要的,其提供了有关中国非国有企业的重要观点。李写的这一章提供了广泛而深入的对有关非国有企业研究文献的回顾,有助于读者在中国的政治、法律、社会制度和改革经历之背景下,去理解有关这些企业的主要议题。武和李所写的这一章研究处在不同市场结构中的不同所有制企业是怎样表现的,这非常有助于研究中国企业在市场中能达到什么样的预期这一问题。陈、范和黄合写的这一章研究中国上市公司的董事会构成:董事会中政府官员、专家和专业人员所占的比例。该章对上市公司董事会内部的情况有着相当敏锐的洞察力。这三章共同为中国非国有企业在市场和董事会中的历史和现状以及它们对经济的意义提供了一幅色彩丰富的画卷。

这一评注的作用在于:首先,回顾和评价了每章的主要观点;然后,再讨论怎样展开每个主题的研究。

李:非国有企业文献回顾

设定基调

作为此领域经验丰富、颇有声望的研究者,李稻葵在解释与非国有企业相关问题和研究方面,做出了卓越的贡献。无论是出于研究或者实际目的,对于那些对非国有企业感兴趣以及希望更多地了解相关文献的人来说,这一回顾是一个绝佳的开始。

在一开始,李为非国有企业下了严谨的定义。他指出,尽管非国有企业在许多方面与私有企业相似,但这两种类型的企业并不完全相同。因为,生产资料私有制在过去——甚至一直到今天,在一定程度上也是如此——背负着"在中国社会和政治中都带有负面含义,并遭受到政策上的歧视待遇",所以,中国的私有企业常常将自身伪装在不同的形式之下。因此,私有企业、集体企业和国有企业之间的差别常常被混淆。许多中国非国有企业的研究都集中在这个问题上。这些名义上多样的所有权安排形式的实质性含义是什么?这个问题不仅引人注意,而且实际上也非常重要。正如李所用的统计资料所显示的那样,非国有企业已经成为中国改革进程中最强劲的驱动力和经济支柱。

所回顾的议题和主要结论

设定基调后,李的回顾主要涵盖了文献中的三组议题:
- 中国非国有企业所处的环境
- 非国有企业对环境的组织回应
- 中国非国有企业的行为和绩效

中国非国有企业所处的环境

李提供了对非国有企业所处的意识形态、政治、法律和政策环境的历史回顾。其回顾的时间覆盖了从1949年共产党接管国家政权到当前这段时期。回顾解释了中国共产党有过一段对私有企业不友善甚至公开敌对的历史。在共产党对非国有企业的政策以意识形态和政治为导向的时期,公然的敌对非常盛行。当共产党更注重实效时,即当共产党及其地方部门更关注就业、收入和其他经济因素的发展时,敌意的程度开始下降。然而,即使在最好的时期,非国有企业也不能和国有企业在同一水平领域竞争:它们不允许进入某些重要行业;当申请银行贷款时会受到更多的盘查,它们的法定权利也常常受到侵扰。

非国有企业对环境的组织回应

在不友善和公开敌对的环境下,如果找不到取得政治保护和获取资源的办法,中国的非国有企业就得不到机会发展。意识到解决这两个问题的方法都掌握在政府手中,遍布全国的大多数非国有企业为自己的生意想出了一种把握不大的组织战略:与政府合作。为了达到这个目的,各种有创造性的所有权形式应运而生,乡镇企业应该是我们最熟知的实例了。像张(Chang)和王(Wang)(1994)、李(Li,1996)和其他人已指出的那样,乡镇企业所有权的实质是:非国有企业放弃了自己的部分控制权和受益权,从而取得地方政府的政治保护和获得资源的更佳通路。车(Che)和钱(Qian)(1998a,b)进一步提出了令人感兴趣的问题:与乡镇企业合作的政府在更高级别的政府对乡镇企业可能进行干预时,是怎样来保护这些乡镇企业的?

李的回顾还涵盖了非国有企业的所有权转换。由于非常规的所有权安排是非国有企业对它们所面临的环境的回应,因此所有权形式与环境的不断变化相一致。当环境变得更加以市场为导向、更加有利于竞争的时候,民营化才会盛行。

中国非国有企业的行为与绩效

在非国有企业内的政府所有权并非名义上的,同样也具有行为上的含义。有政府过分干预历史的非国有企业,即使在政府所有权收回后,仍继续保持着在财务和决策上的高水平职工参与。无论是不是企业所有者,地方政府都可能要求其管辖区域内的非国有企业完成一些就业目标。于是,产生了一个重要的问题:当政府放弃所有权,民营化会有何不同？李回顾的实证研究文献显示,这样的话收入的不平等程度将会增加。而这被认为是一种先兆:即私有化增强了非国有企业的利润驱动,并致使非国有企业依据要素的市场价值来给予回报。例如,对比较稀缺的管理人员和非熟练劳动力的报酬不同。

关于非国有企业的市场导向的行为的结论与关于这些企业绩效的结论是一致的。在此,从三个不同的视角进行比较性研究得出的结论是极其令人感兴趣和有益的。首先,非国有企业比国有企业效率更高;其次,中国非国有企业的绩效与其他发展中国家的类似企业是可比的;最后,如果其所有权能够进一步"划清",非国有企业能表现得更好,这通常意味着,在非国有企业管理及其决策上,政府应扮演一个更有限的角色。

陶和朱(Tao and Zhu, 2001)注意到,尽管利润驱动有助于提高效率,而且也被经济学家们所肯定;但是,在实际生活中,强烈的利润驱动也可能导致非国有企业财务上的额外困难。他们的深刻见解是:在诚信度低及合同执行力弱的经济体内,较强的利润驱动意味着一家非国有企业可能进行投机行为;比如,它为了短期利润而违约的可能性高于国有企业。

进一步的研究

李列出了一系列尚在研究中的有关非国有企业的重要议题。

- "原罪",它指许多非国有企业为了自身致富而进行的不道德甚至不合法的行为。近来在中国,这个问题受到公众广泛关注。李指出:对非国有企业的原罪类型与严重程度以及其他相关问题的实证研究还比较缺乏。

- 中国非国有企业所有权的新兴模式。中国内地的非国有企业是否会像香港地区的企业一样,以家族制企业作为主导形式?抑或演变成类似西方那样产权分散的上市公司(绝大多数企业的创始家族逐渐蜕变成被动持股的股东)?由此产生的分配和社会含义值得关注。

- 企业治理的模式,这是一个关乎所有权的问题。陈(Chen)、范(Fan)和黄(Wong)所写的章节将深入讨论此议题。

- 非国有企业的出现对宏观经济的影响,尤其是当它们成为经济主导力量时。对于这个问题,研究者需要更好地在投资、定价及相关因素上理解非国有企业的行为。武(Wu)和李(Li)所写的章节,对此问题的研究取得了颇有价值的成果。

除了上面李列出的已提及的议题,以下议题和问题的提出也有助于对非国有企业、中国经济及主流经济学的研究。

1. 什么是非国有企业的最优化问题(目标函数)? 有关中国非国有企业的崛起及其本质,尽管理论的、实证的解说已有许多,但到目前为止,还没有十分精确的关于非国有企业最优化问题的研究。这样的疏忽既不是微不足道的,也不是理所应当的。我们要注意到,在最优化问题的研究上,主流经济学家取得了多少成果,提出了多少深刻的见解。我们也要回忆一下,我们从沃德(Ward, 1958)关于劳动管理企业的开创性研究中学到了多少。白、李和王(1997)创造的对国有企业的研究模型也是如此。我们无法否认企业的新古典模型——抛开企业的利润最大化问题不说——从来没有令人十分满意过。它还受到了经济学家和其他学科专家的批评,包括著名的心理学家,如马茨(March)和西蒙(Simon),他们在20世纪60年代提出了"企业的行为理论"。但这不能成为学者没有建立非国有企业目标函数和没有明确说明企业最优化问题的基准模型的理由。一旦基准模型建立,再加上更多实际的行为和制度假设,这将会永远为丰富和扩展研究留有空间。

2. 关于非国有企业的研究和发现与主流经济学的逻辑和核心理念有着怎样的关联? 当然,用于研究非国有企业的方法(其他中国经济问题也是如此),如契约理论、统计学等这些方法通常是从现代经济学引入的。然而,从更深层次来说,这种关联要么含糊不清,要么完全被遗漏。比如,丰富的、有成效的非国有企业研究有助于研究者理解非国有企业所有权的特征以及形成这些特征的原因。然而,至于这些发现同诸如科斯(Coase, 1937)、格罗斯曼和哈特(Grossman and Hart, 1988)、威廉姆森(Williamson, 1985)这些人的主流理论有什么样的关联,还仍旧没有搞清楚。

中国非常规所有权形式的非国有企业的成功是否表明主流理论过

于有限,因而需要扩展呢?如果是的话,又该怎样扩展呢?对于这些问题,我自己的答案是:关于中国非国有企业所有权的研究同所有权的主流理论在几个关键部分具有共通之处,但也有一个重要的方面与其不尽相同。几个共通之处是:首先,在制定契约或契约执行困难的时候,所有权就变得重要了;其次,控制权和利润分配牵涉到成本和利益,所有权的安排被用来寻找两者的最佳权衡;最后,最佳权衡取决于一套参数,比如信息和投入的相对重要性。如果只有这些共通的核心要素,有关中国非国有企业所有权的研究发现就仅是主流理论的应用。然而,存在一个重要的不同之处,即:在决定输入的相对重要性方面,继而,在最优所有权安排上,已建立的理论的焦点是,在公平的法律环境下,制定契约或契约执行的各种信息问题。恰恰相反,关于非国有企业所有权的研究指向法律制度本身的问题——缺乏独立于政治和其他可能势力影响的公平法律环境。不能忽视这个差异的重要性:在一个典型的发展中国家里,市场支持的政治和法律制度的缺乏至少同各种信息问题一样突出。

3. 怎样调和不同理论与更为复杂的实证研究呢?普遍认为非国有企业在贷款方面受到歧视。另一方面,陶和朱(Tao and Zhu,2001)确定地指出,非国有企业(多于其他类型企业)更易违约。这便产生了一个有挑战性的实证问题:非国有企业贷款难的问题,在多大程度上是由于歧视造成的;多大程度上是由于银行使用理性的经济标准导致的?对非国有企业财务更富有意义的政策性建议,需要更可靠的且有事实根据的深刻见解。

4. 国有企业的民营化方式——要么将国有企业转化为非国有企业,要么进一步减少政府在现有非国有企业中所扮演的角色——重要吗?此处的关注带有双重性:首先,后民营化治理、行为和绩效是如何发生作用的?其次,在中国,民营化过程是怎样影响收入分配并进而影响社会和政治稳定的?这里,我们要注意民营化对东欧及前苏联经济、社会结构的影响。目前,在中国,管理层收购是一个敏感问题,有关其效率和平等含义的争论十分激烈。

5. 非国有企业与中国的政治制度和法律制度之间存在着怎样的交

互关系？到目前为止,对于非国有企业的研究主要聚焦于:在这些制度之下,非国有企业是怎样兴起并发展起来的。而在中国,非国有企业同时也很可能影响着政治制度和法律制度的发展并将继续影响下去。最近,《中华人民共和国宪法》做出保护私有财产的修订以及非国有企业经营者可以入党——甚至可以成为党内领导——正是显而易见的例子。认识到非国有企业的成功及其在应对中国社会、经济的挑战中所扮演的重要角色,中国共产党越注重实效,就会越多地推动一些变革来激励非国有企业进一步发展。因为中国的政治和法律制度对重要变量如所有权以及治理有着重大的影响;并且,非国有企业的行为和绩效两者间的交互关系将如何发展及非国有企业的成功对中国的法律制度有着怎样的累积效应,都是不可回避的重大问题。这些问题的答案有助于学者理解非国有企业的前景和中国其他重要的经济问题。

6. 中国融入全球经济是如何改善非国有企业的环境并进而影响其未来发展的？中国现已成为世贸组织的一员,这使得中国在贸易、产品、金融、科技及其他方面快速融入了全球经济。全球化给中国的企业,包括非国有企业提供了一个崭新和更加广阔的平台。除了中国政府所有明确的法律承诺,在开放经济中增强的生产要素流动也给予非国有企业一种新的手段来保护自身的利益,从而大大增强了其与政府交往时的谈判地位。另一方面,中国本土的非国有企业从现在开始需要学会在全球竞技场的现实竞争中如何生存。

武和李:混合市场内的企业行为

所有权、结构和行为

武和李以他们的观察作为开篇,他们观察到中国许多行业包含了不同所有制形式的企业:国有企业、民营企业和跨国公司在中国的子公司。他们提出并试图寻找实证答案的问题是:企业在这样的混合市场中是怎样表现的？作者进一步观察到市场中存在混合所有权结构的现象并非是中国独有的,在西方市场经济中也同样普遍。这说明他们的研究具有普遍的重要性。他们以德国的银行业、加拿大的商用航空业及美国的邮政服务业作为实例。

武和李采用了标准的结构—行为—绩效范式来研究这个问题,这说明他们以寡头垄断行业作为分析的基础。与其他寡头垄断竞争研究的不同在于,他们并没有采用所有企业均追求利润最大化作为分析的基础。这个不同很容易被证明是正确的,因为众所周知,国有企业追求的是非经济目标、面临的是预算软约束。

他们使用了中国国家统计局的工业调查数据,样本期间从1999—2001年连续3年,包含10万家以上年销售额达到20万元人民币以上的制造业企业。

主要发现

其研究得出了一系列丰富的、有时令人意外的结论:

- 国有企业提价的幅度远超过民营企业。这个结论在一定程度上令人感到意外,因为国有企业追求非经济目标,面对市场的影响,普遍认为国有企业不会像民营企业那样做出快速反应。作者认为,这说明了在经济改革深化的过程中,国有企业日益偏离福利最大化,而成为日益趋于利润最大化的企业。
- 在混合市场中,规模较大的企业调整价格的速度快于规模较小的企业。
- 与国有企业相比,民营企业生产和销售的新产品较少。国有企业比民营企业更富于创新,这一发现,初看上去令人惊奇。然而,如果我们意识到国有企业控制更多的资源且面临着预算软约束,它们在研发上投入得更多,就不难理解了。
- 国有企业更为集中的行业销售的新产品较少。作者对此发现的解释是:某一产业改革越少,新产品在总销售中的值就越低。这个解释单独来看是合理的。但与上一个结论——在特定行业内,国有企业会销售更多的新产品——并不相一致。

- 国有资本比重较大的企业,其销售成本占收入的比例更高。作者对此结论做出了同样的解释:因为国有企业面临着预算软约束,国有企业的经理更容易腐败,可能以市场销售预算的名义来掩盖他们从公司获取私人利益的行为事实。
- 民营企业比国有企业的存货率低。这个发现并不令人惊奇:它反映出民营企业对成本的敏感性,而国有企业则缺乏敏感性。在制造业内,确实如此;然而,当涉及其他行业时,结论便有所不同。研究显示,在仍旧由国有企业控制的行业内,存货率较低。
- 在产业内,国有企业的投资多于民营企业。在产业间,国有企业比重高的产业投资更多。投资率也与企业规模和一个行业的集中度呈正相关。
- 国有企业的资产负债率高于民营企业,国有企业会从银行贷款更多。国有股权份额在70%以上的企业尤其如此。然而,这个结论并不完全适用于行业之间。当一个行业的国有企业比重较高时,其资产负债率实际上下降了。

进一步的讨论

一些有关国有企业行为的实证结论并不令人感到意外,比如,与民营企业相比,国有企业存货更多、贷款更多、在促销和新产品上的支出也更多。有些结论却令人感到十分意外,比如,国有企业对市场力量的反应更快,表现在价格调整上。武和李试图用不同的理论解释对这些结论一一做出解答,例如,注意预算软约束的影响。然而,作者必须意识到缺乏一个内在连贯的、一致的理论来解释所有这些——或者至少一部分——实证结论。有鉴于此,我要尽力强调,对混合所有权结构中企业行为的实证研究非常欠缺,而同时又是十分必要的,而关于此议题的理论也是如此。

这样一个混合行业的竞争模型应具有以下特点:

1. 国有企业追求的目标,就是说,利润和其他带有参数化权重的动机的线性组合。

2. 检验国有企业预算软度的参数测量方法。比如,对于国有企业来说,参与约束是利润大于某一特定负值。

3. 国有企业与追求利润最大化、面临预算硬约束(即参与约束是利润非负)的民营企业竞争。

4. 相互竞争的国有企业和非国有企业的最优化问题可能要用到的变量,包括产出水平、价格、以广告支出表示的销售费用以及研发、投资、存货等因素。

在这些特征中,要点 3 和 4——有关民营企业和竞争变量的假说——是产业组织理论中常见的。然而,要点 1 和 2 背离了这些传统并具体体现了我们对国有企业的理解。我们想要找出的因素如下:

- 什么是均衡产出、价格或其他类似变量。如果同时研究几个变量会在技术上发生混乱,那么模型可每次只分析这些变量中的一个,就像产业组织理论常进行的那样。
- 国有企业不同目标的相关参数化权重是怎样影响上述均衡的。这个问题的答案可从上面提到的要点 1 中目标相关参数化权重的比较静态分析中得出。
- 预算软约束的程度是怎样影响上述均衡的。
- 这样一个理论模型的结论与其他实证研究(如武和李的研究)的结论相比如何。

陈、范和黄:中国上市公司里的地方政府和董事会结构

政府和董事会结构:问题的背景及重要性

在第九章"政府放权和中国上市公司的董事会结构:政府官员会危害董事会的专业性和公司业绩吗?"中,陈、范和黄提出了一个非常尖锐同时也是非常重要的问题:中国上市公司董事会的董事,其背景如何?这个研究有助于我们更好地了解,在快速发展的中国上市公司内,政府立场和人力资本(专家的意见和专业技术)之间的关系,以及政治体制是

如何影响公司高层的人事任命的。

中国的上市公司中，国家持有多数股权：1994年持有67%，2000年持有61%。一定程度的所有权和管理权分离确实存在，中央政府已将大部分经营自主权下放给上市公司。然而，中央政府下放经营自主权，并不一定意味着政府下放经营自主权，随着地方政府代替中央政府把持了公司的经营权，一种崭新的交换关系出现了：企业经营者与地方政府官员合谋，以此得到资源分配和市场保护的益处。一种促进这种交换关系的正规途径的组织安排是，任命政府官员为董事。

作者所使用的是来自中国621家上市公司1993—2000年的数据。

主要发现

作者呈现了一系列丰富的、引人注意的结论。（括号内是陈、范和黄对他们的实证结论的解说。）

- 中国上市公司董事会的规模与第一大股东势力和官员势力负相关。（规模小的公司的董事会更容易被第一大股东官员控制。）
- 董事会的规模与公司规模和复杂性正相关。（规模更大、更复杂的公司更需要专业人员帮助管理。）
- 有公司运营经验的董事比例与第一大股东势力负相关，但是和官员势力不相关。（第一大股东董事扮演着管理角色，这样就取代了有商场经验的外部董事，而官员却不会如此。）
- 董事会内的专业人员董事比例与官员势力负相关，但与第一大股东势力不相关。（董事会内官员势力是企业非经济目标和缺乏商品市场竞争的信号，这致使专业人员的服务不再有价值。）
- 第一大股东和官员势力导致了较少的女性董事、较高的平均受教育程度和较大的平均年龄。女性董事是专业性的代表而年龄是其对立面。
- 陈、范和黄将官员分成三类——分别为中央官员、地方官员和其他政府官员——他们发现只有"其他"政府官员会对董事会规模有负面影响。（控制董事会，对于来自其他地方政府的官员来说最为困难，规模较小的董事会则较易于控制。）

- 执行董事比例与地方政府官员势力显著负相关,但与中央和其他政府的官员势力不相关。(这正是中央政府下放经营自主权后,地方政府代替中央政府把持了公司的经营权的证据。)
- 有商务经验的执行董事比例与官员势力的负相关主要体现于地方官员势力,专业人员董事比例与三类政府官员势力均负相关。
- 受教育程度与地方官员势力负相关,但与其他两种类型的官员势力正相关。官员势力与女性董事较少及董事平均年龄高有关系。

进一步的讨论

我们为何要关注中国上市公司董事会构成的变化?问题的答案,正像陈、范和黄用描述性统计说明的那样:经济正在被快速地"公司化"。有人可能会对此做出补充:中国政府对那些不景气的、效率低下的国有企业的改革经常被等同于将其转变成上市公司,尤其是规模较大、地位较重要的国有企业。鉴于上市公司目前以及在未来的中国将发挥的更为重要的作用,研究上市公司的组织特点、行为和绩效是完全有意义的。

学者们对中国上市公司的人事、治理和组织特点了解多少?并不多——相对于我们需要了解的程度来说,是太少了。许多关于上市公司的研究聚焦在其绩效上。陈、范和黄则聚焦在重要的治理问题上,这是受到了欢迎并做出了重要贡献的。但这仅仅是开始,实证研究已经为中国上市公司董事会人员的变动性、报酬和功能提供了丰富的信息。尤为重要的是,中国共产党的各级领导及其各级组织部门是怎样影响这些变量的。相关的实证信息,对于了解中国企业组织和企业领导人在多大程度上把理性的经济和商业标准作为决策的基础,而非把政治抱负的标准作为决策的基础是必不可少的。要注意到的是,主流经济学缺乏几个潜在的重要理论:当政治是主要因素时,一个关于人事的理论;一个关于官员—企业家理性行为的理论;一个关于官员—企业家对企业组织含义的理论。

上市公司的管理者对共产党强大的政治控制会作何回应?这是另一个非常重要的有现实意义和理论价值的问题,却未得到足够的重视。

不全面的观察表明:中国上市公司的管理者,特别是国有资本份额比重大的公司的管理者,并非静静地等待政治体制来决定自身的命运。他们会做大量的工作,以此来推进自身在政治体制下的发展。以下是一系列他们会常常采取的行动:

- 在政府系统内致力于建立与政府的联系,争取政治保护。这是常识,无须过多地解释。
- 发展企业,达到政治标准,从而成为模范企业和模范企业家。例如,通过将自己的企业打造成"民族骄傲",企业执行者可获得政治资本、取得政府更多的资助。通过广泛的国外投资和打入国外商品市场,可将自己的企业打造成"民族骄傲";但是,这样做的代价过于高昂,因此并没有更多的经济学意义。
- 尽快地壮大企业,使其内部关系尽可能地复杂。当一个企业在很多不同、无关联的行业拥有众多的部门(作为独立法人,若有必要的话),这个企业内部便越复杂。这些部门有多重所有制、债务(举例来说,通过相互担保国有银行大量贷款)、人员和供求关系。企业规模越大,对就业和社会稳定就越重要,这对政府来说,是一个永远的终极目标。当一家大型企业内部变得如此复杂时,政府要免去企业的高层管理者就变得更加困难,因为它意识到打破企业内部的复杂性和需要慎重处理的财务(或其他)关系所要冒的风险,尽管该企业存在不合乎要求的员工以及财务的交互影响。

每个人都可轻易地从这些例子中看出,中国企业的高层管理者可能以及经常做些什么,来获得政治保护。人事和治理等问题不仅仅因管理者对自身的利益的考虑而重要,而且对企业的决策和效率也有深远的意义。研究这些含义可帮助学者更好地理解中国企业的增长动力、财务高负债及内部审核和平衡的脆弱;此外,这些研究可以帮助学者理解为什么这么多的企业经过几年短暂的声名显赫的风光——自己宣称的并得到承认的成功——之后,最终成为空壳,进而轰然倒塌。

中国企业的突然死亡必然有许多原因。随机的不利事件有时可能会使企业失去保护,从而导致快速地死亡。其他可能的原因包括:一些成功的企业靠投机起家。当企业快速发展的时候,然而,由于它们对组织结构方面投入得很少,以至于管理团队不能够适应环境的变化(如竞争激烈化),往往导致其失败。一些企业仍旧不能摆脱往日奠基人全权决策的模式,职员仅仅扮演着执行全能老板命令的角色。当老板决策失误时,没有制度可抑制其错误。还有,当老板再也没有新的创意时,企业组织自身也不能够产生新的创意。缺乏弹性和足可支撑的权力,可能是中国企业未来许多年要面临的问题。我们上面所描述的政府持续干涉和各种带有政治目的的回应都只能使这个问题更加恶化。

参 考 文 献

Bai, C.; D. Li; and Y. Wang. (1997). Enterprise productivity and efficiency: When is up really down? *Journal of Comparative Economics*, 24, 265–80.
Chang, C., and Y. Wang. (1994). The nature of the township enterprises. *Journal of Comparative Economics*, 19, 434–52.
Che, J., and Y. Qian. (1998a). Institutional environment, community government, and corporate governance: Understanding China's township-village enterprises. *Journal of Law, Economics, and Organization*, 14, 1–23.
———. (1998b). Insecure property rights and government ownership of firms. *Quarterly Journal of Economics*, 113, 467–96.
Coase, R. (1937). The nature of the firm. *Economics*, 4, 368–405.
Grossman, S., and O. Hart. (1988). One share/one vote and the market for corporate control. *Journal of Financial Economics*, 20, 175–202.
Li, D. (1996). A theory of ambiguous property rights in transition economies: The case of the Chinese non-state sector. *Journal of Comparative Economics*, 23, 1–19.
Tao, Z., and T. Zhu. (2001). An agency theory of transactions without contract enforcement: The case of China. *China Economic Review*, 12, 1–14.
Ward, B. (1958). The firm in Illyria: Market syndicalism. *American Economic Review*, 48 (September), 566–89.
Williamson, O. E. (1985). *The economic institutions of capitalism: Firms, markets, relational contracting*. New York: Free Press.

第十二章 中国民营企业:文献综述和未来研究的方向

李家涛　杨静钰

中国是世界上最大的转型期经济体。经过持续二十多年的经济改革之后,国内的民营经济部分重新成为推动中国经济快速发展的重要力量(亚洲发展银行,2003)。它们已成为中国的经济发展和就业增长最重要的来源(据亚洲发展银行估计,2002年,非国有经济部分的产值占中国GDP的2/3)。这里我们把国内民营企业定义为那些由中国公民所有及管理的企业或组织:包括乡镇企业、集体企业和个体企业。民营部门在中国持续增长的重要性就要求我们对它的成长和发展有个系统的认识。然而,迄今为止,有关企业组织和管理的系统研究主要是针对国有企业以及外资企业的。国内民营企业,作为中国经济中当仁不让地最有活力的实体,却没有引起研究者们足够的注意力。

在这一章里,我们将对中国国内民营企业组织管理的现有研究做一个综述。我们回顾了1986—2003年这18年间发表在24种一流英文杂志上的文献。通过这个回顾,我们发现了92篇关于中国民营经济的文章,并针对研究问题和方法这两个维度,进一步了解分析这些文章的特点。文献综述有三个目的:第一,向学者们提供自1986年以来有关中国国内民营经济组织和管理研究的知识,包括研究的类型、议题,以及研究所采

---

* 感谢主编徐淑英以及Kaye Schoonhoven和恒隆研究研讨会参与者们的建设性意见,感谢常松和钟竞出色的研究助理工作。我们还要衷心感谢香港研究资助局(HKUST6150/02H;HKUST6196/04H)和香港科技大学研究基金(DAG03/04.BM48)的资助。

用的方法;第二,描绘这些文献的贡献,这主要是通过分析评价关键研究成果和结论,识别文献中的研究机会,以及从战略管理角度综合分析这些研究成果和机会来实现的;第三,为未来的研究勾画出一些重要领域。

本章的结构如下:首先,我们确定一组发表有关中国组织与管理研究的一流的英文学术杂志。其次,在确认这些英文杂志的基础上,我们建立一个综合性的文献资料库,这个资料库收录1986—2003年期间有关中国国内民营企业组织和管理的文章。然后,我们分析这些文献的研究问题、方法和关键结论。最后,在以上大量文献分析的基础上,我们将阐明文献中的缺陷并建议将来研究的一些重要主题。

中国民营企业组织和管理相关研究纵览

文献来源和杂志选择

我们在选择纳入这次文献综述研究的学术杂志时,主要考虑四个因素。第一,只包括一流的组织和管理学杂志,尤其是被过去一些重要文章所确认的杂志(比如,Johnson and Podsakoff, 1994; Li and Tsui, 2002; Park and Gordon, 1996; Peng et al., 2001; Tahai and Meyer, 1999);第二,纳入有关企业家和小型企业的杂志,还有那些强调跨国和跨文化研究的杂志,发表于这些杂志上的文章应有助于我们了解中国民营经济以及民营企业的发展,既包括宏观的、组织层面上的了解,也包括微观的、个人层面上的了解(比如,Johnson and Podsakoff, 1994; Shane, 1997);第三,因为有关中国的研究最早发表在区域研究杂志(比如,Li and Tsui, 2002; Peng et al., 2001),所以我们还选了三种以中国为主要研究对象的区域杂志;第四,我们决定只选择纯学术杂志进行研究,因为发表在这些杂志上的论文多使用严格科学方法。尽管我们也对一些针对职业经理和专业人员的期刊进行了回顾,比如说《哈佛商业评论》,但我们只发现少数有关于中国国内民营经济的文章。为此我们把这些期刊排除在研究样本之外,不过我们将在稍后的补充分析中对发表在这些期刊杂志上的研究进行讨论。

基于以上的因素,我们共选择了 24 种杂志作为样本,表 12.1 对这

表 12.1　中国民营企业管理和组织的研究:24 种学术杂志的调查(1986—2003)[a]

杂志领域和名字	文章数		
	合计	1986—1994	1995—2003
管理	38	9	29
《亚太管理杂志》(Asia Pacific Journal of Management)	6	0	6
《组织研究》(Organization Studies)	4	1	3
《美国管理学会学报》(Academy of Management Journal)	3	0	3
《管理科学季刊》(Administrative Science Quarterly)	3	2	1
《应用心理学杂志》(Journal of Applied Psychology)	3	2	1
《国际商务研究杂志》(Journal of International Business Studies)	3	1	2
《美国管理学会评论》(Academy of Management Review)	2	0	2
《管理研究杂志》(Journal of Management Studies)	2	0	2
《职业和组织心理学杂志》(Journal of Occupational and Organizational Psychology)	2	1	1
《组织行为学杂志》(Journal of Organizational Behavior)	2	0	2
《组织科学》(Organization Science)	2	0	2
《战略管理杂志》(Strategic Management Journal)	2	0	2
《人际关系》(Human Relations)	1	0	1
《劳资关系评论》(Industrial and Labor Relations Review)	1	0	1
《管理杂志》(Journal of Management)	1	1	0
《管理科学》(Management Science)	1	1	0

(续表)

杂志领域和名字	文章数		
	合计	1986—1994	1995—2003
企业家和小企业	26	8	18
《商业风险投资杂志》(Journal of Business Venturing)	8	3	5
《小企业管理杂志》(Journal of Small Business Management)	8	2	6
《企业家理论与实践》(Entrepreneurship Theory and Practice)	5	0	5
《国际小企业杂志》(International Small Business Journal)	4	3	1
《发展中的企业家精神杂志》(Journal of Developmental Entrepreneurship)	1	0	1
区域研究	28	8	20
《中国季刊》(China Quarterly)	16	5	11
《中国杂志》或《澳大利亚中国事务杂志》(China Journal or Australia Journal of Chinese Affairs)[b]	7	3	4
《当代中国杂志》(Journal of Contemporary China)	5	0	5
合计	92	25	67

a. 有关92篇文章的详情见附录12.1。
b. 《澳大利亚中国事务杂志》(1979—1995)更名为《中国杂志》(1995年至今)。详情请参考 www.jstor.org/journals/13249347.html。

些杂志进行了分类。样本包括16种在管理、战略、组织行为方面一流的学术杂志(比如,《美国管理学会学报》(Academy of Management Journal)、《战略管理杂志》(Strategic Management Journal)和《应用心理学杂志》(Journal of Applied Psychology));5种有关于企业家和小型企业的杂志(比如,《企业家理论与实践》(Entrepreneurship Theory and Practice)、《商业风险投资杂志》(Journal of Business Venturing)和《小企业管理杂志》(Journal of Small Business Management));3种区域研究的杂志(《中

国季刊》(*China Quarterly*)、《中国杂志》(*China Journal*)①和《当代中国》(*Journal of Contemporary China*))。这些杂志在亚洲、大洋洲、欧洲和北美洲都有发行,是一些高质量区域性和全球性组织管理学术研究的主要出处(Johnson and Podsakoff, 1994; Li and Tsui, 2002; Lohrke and Bruton, 1997; Peng et al., 2001; Tahai and Meyer, 1999)。

我们使用一些关键词比如"中国"、"中国的"、"民营经济"、"民营企业"、"民营领域"、"乡镇企业"、"集体企业"和"家族企业",用ProQuest数据库中的ABI/Inform服务进行文献搜索。我们选定了1986年作为我们的开始年份,因为国际金融公司(2000)和亚洲发展银行(2003)认为1984—1986年是中国民营企业的开始年份。被我们选入文献综述的每一篇文章必须在制度/环境,企业/战略或心理/微观三个层面上阐述有关中国民营企业的理论或实证问题。其中实证研究的文章必须提供有关中国国内民营企业或雇员层面的数据。我们还把已选出的文章样本与几篇其他已发表了的文献综述中(如:Li and Tsui, 2002; Peng et al., 2001; White, 2002)与中国相关的管理和组织文章进行了反复比较和查对。

在符合入选标准的24种杂志中,我们进一步选定了92篇有关中国民营企业的文章。其中25篇发表于第一个9年期间(1986—1994),67篇发表于第二个9年期间(1995—2003),比第一个9年阶段发表的研究多了一倍以上。表12.1列出了在这两个时期内24种杂志各自的文章数。

根据表12.1,我们有两个发现。第一个是有关发表出处的。该表显示:38篇文章(41%)发表于16种管理学杂志;26篇(28%)发表于5种企业家和小企业杂志;28篇(31%)发表于3种区域研究杂志。24种杂志仅有7种杂志在过去的18年中发表了5篇或5篇以上有关中国民营企业的文章,这7种杂志中,仅有1种管理学杂志(《亚太管理杂志》)。

---

① 《澳大利亚中国事务杂志》(1979—1995)更名为《中国杂志》(1995年至今)。详情请参考www.jstor.org/journals/13249347.html。

其余6种至少发表了5篇有关文章的杂志包括3种企业家和小企业期刊(《商业风险投资杂志》、《小企业管理杂志》和《企业家理论和实践》)和3种区域研究杂志(《中国季刊》、《中国杂志》和《当代中国杂志》)。

表12.1的第二个发现是：在我们的研究时期内，尽管出现在主流和一线管理学杂志，如《美国管理学会学报》、《组织科学》和《战略管理杂志》上的文章仍然较少，但其数量却在增加。这表明学者和杂志编辑们对中国民营企业中的管理学问题越来越感兴趣。随着中国市场经济改革的深入和民营经济部门的繁荣和发展，我们相信与中国民营企业及其管理相关的高质量的研究论文会越来越频繁地出现在顶尖的管理学杂志上。

研究的课题和方法

截至目前，从文献中看，吸引研究者注意力的课题有哪些？在本综述关注的18年研究期限中，这些研究课题有没有什么变化？为了回答这两个问题，我们根据分析层次和研究课题将这92篇有关中国民营企业的文章进行了分类。这些文章大体可分为三个分析层次，即制度/环境、企业战略/结构和心理/微观。两位作者每人首先独立地将92篇文章中研究的主题列了出来。经过随后的比较和讨论，最终在10个一般性主题上达成了共识，这10个主题列于表12.2。每篇文章都根据其主题给予编号。

表12.2显示了一个明显的趋势，即各研究主题的文章数量随着年份的增长都在明显地增加。在这92篇文章中，有62篇(67%)是企业层面的研究，16篇(17%)是制度/环境层面的研究，剩下的14篇(16%)是个人/心理层面的研究。宏观/制度层面的研究往往把"中国"作为一种制度环境或背景，暗含着可能影响管理决策、企业和个人行为等方面的社会、政治和经济的结构因素。企业层面的研究关注各种战略和结构及其对企业增长和业绩的影响。个人/心理研究往往把"中国"作为一个社会—文化变量，一个影响个人行为和决定的文化价值的代理变量。

表 12.2　中国民营企业管理和组织的研究：研究主题

	文章数		
	合计	1986—1994	1995—2003
制度/环境	16	3	13
市场转型/商业体系	13	2	11
流动性/职业/收入	3	1	2
企业战略/结构	62	13	49
企业/制度互动	18	8	10
企业战略/绩效	16	1	15
企业家精神/企业创建	16	4	12
企业间关系/网络	7	0	7
公司治理/所有权	2	0	2
雇佣关系/人力资源管理	3	3	
心理/微观	14	9	5
管理行为/价值	11	9	2
个人/团体结果	3	0	3
合计	92	25	67

另外，我们根据采用的研究方法将这 92 篇文章分为，调查/定量研究、基于案例/定性研究和概念发展/综述研究三组。表 12.3 列出了有关分组情况的信息。这些研究中，有 34 篇以调查为基础，其中又有 2/3（22 篇文章）是研究企业层面课题的。另有 18 篇文章用了基于案例的研究方法。最后，有 40 篇是概念发展或综述文章，其中有 2/3（26篇）研究企业层面课题，剩下的 1/3（13 篇）研究制度/环境课题。这部分研究在考察中国企业的战略、结构和业绩时通常会考虑政策环境的影响。

表 12.3 中国民营企业管理和组织的研究:研究方法和主题

	文章数			
	合计	调查/定量	案例研究/定性	概念/综述
制度/环境	**16**	**1**	**2**	**13**
市场转型/商业体系	13	0	1	12
流动性/职业/收入	3	1	1	1
企业战略/结构	**62**	**22**	**14**	**26**
企业/制度互动	18	0	6	12
企业战略/绩效	16	10	1	5
企业家精神/企业创建	16	4	5	7
企业间关系/网络	7	4	1	2
公司治理/所有权	2	2	0	0
雇佣关系/人力资源管理	3	2	1	0
心理/微观	**14**	**11**	**2**	**1**
管理行为/价值	11	8	2	1
个人/团体结果	3	3	0	0
合计	92	34	18	40

综上所述,这24种顶级英语杂志在过去18年间发表的92篇文章给我们提供了对过去和当前中国国内民营企业研究热点的大概印象。这些研究越来越多地发表在著名的杂志上,表明了它们对全球管理和组织研究的价值。综合以上回顾,我们得出这样一个结论:对中国国内民营企业的管理和组织研究已经越来越多地吸引了全世界学者们的注意力。

勘查文献的贡献

在这部分,我们把文章的主要研究问题和结论分三个层次总结到十个概括性研究主题下,这三个层次是制度/环境、企业战略/结构和心理/微观研究。表12.4概括了这些研究的主题和贡献的情况,附录12.1列出了这92篇文章文献资料出处的详细信息。考虑到许多研究的本质是综合性的,对这些不同领域间的区分带有一些任意性。然而,我们相信这样一种依靠直觉建立的组织框架能反映出文献的一些本质。

表12.4 中国民营企业管理和组织的研究:详细的研究主题

A. 制度/环境研究:详细研究主题

市场转型/商业体系变化
- 中国民营企业的出现(Anderson et al., 2003; Anyansi-Archibong, Danenburg and Tan, 1989; Dana, 1999; Liu, 1992; Parries, 1993)
- 所有和产权改革(Guo, 2003; Putterman, 1995)
- 商业体系变化和影响(Child and Tse, 2001; Francis, 1996; Wei, 2002)

流动性/职业/不平等
- 劳动力市场的出现、雇用结构改变和工资下降(Davis, 1999; Parish, Zhe and Li, 1995; Sabin, 1994)

B. 心理/微观研究:详细研究主题

管理行为/价值
- 管理行为/价值差异的文化和跨文化分析(McGrath, MacMillan and Tsai, 1992; Okechuku, 1994; Ralston, 1992; Ralston et al., 1993; Vertinsky et al., 1990)
- 企业家特性、角色结构和特征,以及中国管理行为的模式(Boisot and Liang, 1992; Holt, 1997; Miner, 1991; Shenkar et al., 1998; Siu, 1995)

个人/团体结果
- 个体结果:组织公民行为、流动率和承诺(Chen et al., 1998, 2002)
- 团体结果(Tjosvold et al., 2002)

C. 企业层面研究:详细研究主题

企业/制度互动
- 混合形态、网络资本主义、地方法团主义、地方政府对经济活动的干预(Blecher and Shue, 2001; Boisot and Child, 1988, 1996; Danenburg and Tan, 1989; Jiang and Hall, 1996; Unger and Chan, 1999; Kwong, 2000; Nee, 1992; Oi, 1995)
- 条件、威胁/机遇和对民营企业的社会态度(Snell and Tseng, 2002; Tsang, 1994; Young, 1991)
- 民营企业协会(Nevitt, 1996; Unger, 1996)
- 文化价值和商业体系(Redding, 2002; Shenkar and von Glinow, 1994; Whyte, 1995)

（续表）

企业间关系/网络	• 文化、制度、组织因素对关系应用和组织间网络信息的作用(Li, 1998; Xin and Pearce, 1996; Wank, 1996) • 关系网络和组织间关系对企业业绩的影响(Li and Atuahene-Gima, 2002; Park and Luo, 2001; Peng and Luo, 2000)
公司治理/所有权	• 治理结构和企业业绩(Tian and Lau, 2001) • 所有制类型和环境-战略配置(Tan, 2002b)
企业战略/绩效	• 制度转型和组织战略选择：基于网络的战略(Boisot and Child, 1999; Peng, 2003; Peng and Heath, 1996) • 创新、剧变、积极战略和冒险行为(Keister, 2002; Li and Atuahene-Gima, 2001; Luo, 1999) • 产品多样化战略、进入/退出决策(Li and Wong, 2003; Luo, 1999; Wing, 1996) • 促进企业发展、效率、财务绩效的环境和组织因素(Schlevogt, 2001; Tong, 2001; Tong and Chan, 2003; Wing and Yiu, 1996, 2000) • 组织能力、交易成本和战略选择(White and Liu, 2001)
企业家精神/企业创建	• 制度、文化和经济因素对企业家出现和企业发展的影响(Chang and MacMillan, 1991; Cornwall, 1998; Fan, 1996; Matthews et al., 1996; Murphy, 2000; Odgaard, 1992; Siu, 1992; Wing, 1994; Zapalska, 2001) • 企业家导向，如积极行为、冒险行为和增长意图(Tan, 1996, 2001) • 企业家网络(Wank, 1996; Zhao and Aram, 1995) • 企业家如何创立、保持和管理组织、战略导向(Ahlstrom and Bruton, 2002; Lau and Busenitz, 2001; Tan, 2002a; Tsang, 1996)
雇佣关系/人力资源管理	• 雇佣关系的国家与文化比较(Frenkel and Kuruvilla, 2002) • 雇佣关系/人力资源管理和企业绩效(Law et al., 2003; Wang et al., 2003)

制度/环境

大多数制度/环境研究通过描述中国制度环境的变化来解释民营企业的出现和民营领域的变化(表 12.4A)。这些文献往往把中国当做一种制度环境,包括那些影响中国民营企业出现的社会、政治和经济元素,以及这些元素对商业体系的演化、社会分层、劳动力市场、雇用结构和收入与不平等带来的影响。

在这个宽泛的领域内,我们确定了两个研究主题:市场转型/商业体系变化和流动性/职业/不平等。第一个主题的研究关注中国民营企业的出现(Anderson et al., 2003;Anyansi-Archibong, Danenburg and Tan, 1989;Dana, 1999;Liu, 1992;Parries, 1993)、所有制和产权改革(Guo, 2003;Putterman, 1995),以及商业体系的变化和影响(Child and Tse, 2001;Francis, 1996;Wei, 2002)。第二个主题的研究集中在劳动力市场的出现、雇用结构改变和工资下降(Davis, 1999;Parish, Zhe and Li, 1995;Sabin, 1994)等问题上。

个人/心理

在这个层面上,我们亦确定了两个研究主题:管理行为/价值和个人/团体结果(表 12.4B)。第一个主题的研究包括管理行为/价值差异的文化和跨文化分析(McGrath, MacMillan and Tsai, 1992;Okechuku, 1994;Ralston, 1992;Ralston et al., 1993;Vertinsky et al., 1990),企业家特性、角色结构和特征,以及中国管理行为的模式(Boisot and Liang, 1992;Holt, 1997;Miner, 1991;Shenkar et al., 1998;Siu, 1995)。例如,Holt(1997)探索了中国企业家和经理人员在价值体系方面是否存在显著差异。其他研究关注于主要包括组织公民行为、员工流动率和组织承诺等在内的个人和团体结果(Chen, Hui and Sego, 1998;Chen, Tsui and Farh, 2002;Tjosvold et al., 2002)。

企业战略/结构

我们把企业层面的研究划分为六个较广泛的研究课题:企业/制度

互动、企业间关系/网络、公司治理/所有权、企业战略/绩效、企业家精神/企业创建和雇佣关系/人力资源管理(见表12.4C)。

我们接下来的讨论将主要集中在有关中国国内新兴民营经济领域的研究,包括民营企业、私人创业公司和乡镇企业,并研究它们与制度环境、战略、结构以及绩效结果的交互关系。在本篇综述中,我们并不研究民营化和国有企业的改制。

一个企业制定和实行商业战略时需要考虑包括广义的制度在内的外部环境(Olive, 1997; Powell and DiMaggio, 1991)。这对转型经济中容易受到制度及其变化影响的企业而言尤其重要(Child, 1994; Peng and Heath, 1996; Shenkar and von Glinow, 1994)。这种重要性已在我们综述所选取的样本研究中有所反映。例如,许多关于企业/制度互动的研究认为中国民营企业的兴起和企业家活动受到了制度的约束和政府的干预(Boisot and Child, 1988, 1996; Jiang and Hall, 1996; Nee, 1992; Tsang, 1994)。所以,很多研究,尤其是关于民营企业的研究,都特别强调企业为应付制度约束而采用的不同管理战略的重要性,包括关系网络、组织间关系和公—私混合治理结构(表12.4C)。大体上说,这与西方战略管理学文献中所强调的通过建立核心竞争力和发展创新能力来获取竞争优势的说法不同(Barney, 1991; Penrose, 1959)。在后面的部分,我们将回过头来讨论这种现象。

其他的研究集中在新企业创立和中国的企业家精神。其中一些关注制度、文化和经济因素对企业家的崛起和创业企业发展的影响(Chang and MacMillan, 1991; Cornwall, 1998; Fan, 1996; Matthews, Qin and Franklin, 1996; Murphy, 2000; Odgaard, 1992; Siu, 1992; Wing, 1994; Zapalska, 2001)。其余的研究考察中国民营经济领域的企业家导向,如积极性、冒险行为和增长意图(Tan, 1996, 2001)、企业家网络建设(Wank, 1996; Zhao and Aram, 1995)和企业家战略导向(Ahlstrom and Bruton, 2002; Lau and Busenitz, 2001; Tan, 2002a; Tsang, 1996)。例如,最近的研究显示,除了建立网络和模糊界限的战略,中国民营企业和

企业家们已经开始采用其他战略,如"前瞻",即一个企业注重创新和追随着市场的变化而变化(Miles et al.,1978)。近期的研究进一步比较了民营企业和其他形式的企业(如国有企业)的差别是如何影响它们采取积极、创新战略和冒险行为的(Keister,2002; Li and Atuahene-Gima, 2001; Luo, Tan and Shenkar 1998)。

在剩余的企业层面研究中,有一些考察了企业的一般战略和管理主题,包括产品多样化(Li and Wong, 2003; Luo, 1999; Wing, 1996)、公司治理和企业绩效(Tian and Lau, 2001)、雇佣关系/人力资源管理与企业绩效(Law, Tse and Zhou, 2003; Wang et al.,2002)。另一些研究关注影响民营企业增长、效率和财务绩效的环境和组织因素(Schlevogt, 2001; Tong, 2001; Tong and Chan, 2003; Wing and Yiu, 1996, 2000)。

前文已经提到,企业战略和结构的研究主要是考察企业采用各种战略的原因、时间和方式,以及这些战略对企业增长和绩效的影响作用。表12.4C是对以上研究的一个概况总结。

一个整合框架

为了更好地整合文献并确定有关中国民营经济未来的研究领域,我们设计了一个逻辑严明的整合框架(见图12.1),来展示制度变化、三种企业战略和绩效结果之间的联系。在以下的篇幅中,我们首先简要地回顾综述样本中所发现的联系,即与基于关系或网络的战略和基于价格或销量的战略有关的联系。然后,我们将提出第三种已在战略管理文献中被强调的战略——基于能力的战略,但该战略在我们的调查样本中却显然研究得不够,应该成为未来研究的重点。

联系一:变化的制度环境和基于关系或网络的战略

中国转型期经济具有资本市场结构弱、产权不明确和制度不确定性高等特征,这创造了一种混合组织形式和地方法团主义优于其他治理结

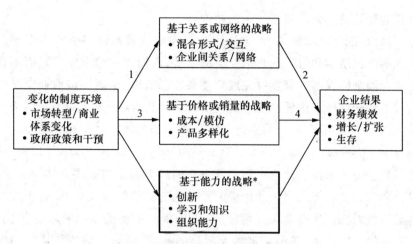

图 12.1　中国民营企业的发展：组织框架
* 我们调查样本中的研究并未关注战略的这一主要方面。

构的制度环境（Jiang and Hall，1996；Nee，1992）。例如，在 20 世纪 80 年代市场经济开始迅速增长时，中国的集体所有制企业越来越多地转变成了混合组织形式。这些转型期经济体中的混合形式，与发达资本主义经济体中的混合形式一样，是"使用了来自不止一种组织的资源和/或治理结构"的组织形式（Borys and Jemison，1989：235）。地方政府或其他集体组织参与到企业商业活动中来，被称作"地方法团主义"，它被认为对中国的经济发展起了至关重要的作用（Nee，1992）。文献中之所以强调转型期经济体中混合形式和地方法团主义的优势，是因为它们能降低组织双边依赖关系中的不确定性（Pfeffer and Salancik，1978）。例如，地方法团主义可以通过提供补贴、推动水平或垂直的经济整合、提供获取贷款的途径和投资支持性基础设施和相关服务来提升企业的竞争力（Oi，1995）。

　　Boisot 和 Child（1988，1996）指出，中国企业经常通过结成联盟来实现水平或垂直的经济整合。这种联盟有助于中国发展准市场网络，并已经成了一种日渐流行的潮流。网络和组织联盟可以提升单个企业生产和传播新信息的能力。当得到组织间信任关系的支持时，网络和联盟还可以为预防商业失败提供一定的缓冲。

然而,混合组织形式、地方法团主义和中国式的网络资本体系缺乏明确的产权结构和有效的自治能力的支持,因而要依赖个人关系而不是法律合同来确保各方都能够完成交易条款。所以,中国许多商业交易是通过关系网络体系内的协商来解决的就不足为奇了,而这些关系网络体系多基于个人互惠关系,特别是与官员或干部的关系(如:Carroll, Goodstein and Gyenes, 1988; Xin and Pearce, 1966)。Xin 和 Pearce (1966)认为不健全的法律体系使得中国民营企业的经理们比国有或集体所有制/混合形式的企业经理们更加依赖关系。比起其他经理人员,民营企业的高层经理们会认为商业关系更重要,更加依赖这些关系以获取保护,会有更多的政府关系,送出更多的无回报的礼品,也会更加信任他们的关系。这些发现与在其他法律和规章制度同样不健全的国家的发现一致(如:Redding, 1990)。

联系二:关系/网络战略与业绩

Peng 和 Luo(2000)认为中国的经理们培植了两种关系,一种是与其他企业高层经理的关系,如供应商、购买者或竞争者;另一种是与政府官员的关系。他们研究了这两种关系对企业业绩的影响。虽然社会资本论支持管理人员之间关系和企业业绩的正相关关系,但是文献中没有清晰而又一致的发现。在另一项研究中,Park 和 Luo(2001)证明了制度和战略因素在政府部门中关系运用至关重要的作用。大概说来,他们得出的结论是:关系会提高企业的业绩,但只是增加销售量而不是增加利润;关系对市场扩张和企业的竞争性定位有利,但无助于改善企业内部运行。

一些最新的研究开始主张中国日益深化的市场转型、管理关系和组织间网络可能只是企业成功的必要条件,而不是充分条件(Tsang, 1998:71)。Guthrie (1998:281)也对关系在中国经济中日益下降的重要性作了评价,并进一步指出"关系仅帮助那些有竞争力的企业"。

联系三和联系四：变化的制度环境、基于价格或销量的战略与业绩

其余的对民营企业的战略和结构的研究相当多样化。有些文章关注传统的市场竞争变量（如：价格、销量和成本），而有的文章研究变化的制度环境对这些战略的影响和这些战略的绩效结果。在这一部分，我们将集中讨论此次文献回顾针对这两个联系的有关发现。

Li 和 Atuahene-Gima(2001)研究了中国新科技企业的战略。他们提出可以用"有缺陷的"(dysfunctional)一词来描述中国很多行业的竞争——企业多陷入销量和价格的竞争，而不是发展创新能力——以致产品创新不足。地方企业经常是相互简单地仿制对方的产品，而不是致力于提升技术。另外，因为知识产权保护的执法力度不够，所以企业把产品创新看成一种高风险、低回报的战略，以致阻碍了它们进行产品创新。Li 和 Atuahene-Gima(2001)未能证明创新战略和中国新技术企业的业绩间有清晰的线性关系，但是他们建议在考察创新战略和业绩关系时应把环境和企业的关系战略作为影响上述关系的中介因素。然而，也有其他一些学者(如：Tan, 1996, 2001)提出当管制环境发生变化时，中国的民营企业比国有企业更加倾向于创新，更加积极。

多样化一直是战略管理文献中的一个主要研究领域(Chandler, 1962；Rumelt, 1974)。最近的研究提出：在新兴市场中，由于资本市场和法律框架等制度不成熟，采用集团企业（不相关的产品多样化）和地域性扩张的形式可以帮助企业通过在低风险、快回报的市场进行投资来分散风险，进而获得稳定性(Guthrie, 1997；Khanna and Palepu, 1997)。另外，在转型阶段，当市场和制度在走向成熟但尚未成熟，消费者还不够成熟时，多样化战略经常被认为是一种快速开发市场潜力、抓住新的商业机遇的有效方法(Khanna and Palepu, 1997)。在我们的调查样本中，Li 和 Wong(2003)用一个中国企业样本检验了产品多样化战略和企业绩效的关系，他们的实证性研究发现了一些支持上述论点的证据。

补充分析

以上文献回顾关注的是发表于英语杂志的学术文章,不包括书籍、经理杂志、其他语言(如汉语)出版物。为了对现有分析进行补充并提供一些其他证据,我们还大致回顾了一些相关的书籍和其他一些实践性强的杂志,如《哈佛商业评论》(英文版和中文版)。

考虑到在过去的 20 年间出版的关于中国管理问题的书籍数目巨大,我们决定只选择回顾 24 种杂志所发表的书评中提到的书籍。根据这一标准,我们确定了在综述研究时段内出版的与中国相关的 38 本管理学书籍。然而,这其中只有很少几本是专门关注中国的民营企业及其管理问题的(Lu, 1994; Wong, Ma and Yang, 1995)。它们中的大部分关注的是制度变迁(Byrd, 1991; Ho, 1994; Nathan, 1997; Young, 1995)、在中国的外国企业管理(如:Kelley and Shenkar, 1993; Li, 2001; Luo, 2000)或国有企业管理(如:Keister, 2000),以及存在于各种组织形式中的一般性管理问题(如:Chen, 2001; Child, 1994; Li, Tsui and Weldon, 2000; Peng, 2000; Shenkar, 1991)。

在管理实践导向的杂志中,我们关注的是《哈佛商业评论》,它的中文版中有一些与中国民营企业相关的短文。这些短文大多涉及中国私有企业常见的商业问题、挑战和被经营人员常视为最好的解决措施的。对这些短文的回顾进一步表明我们的概念模型(图 12.1)确实也抓住了中国商业从业者们主要关心的问题。

从战略管理角度看中国民营企业的发展

我们对过去 18 年间发表的管理和组织文献的回顾表明:尽管中国的市场转型,尤其是国内民营企业的重新崛起,还处在一个相对早期阶段,但是,得益于全球学者们的努力,我们已经积累了一大批重要的研究成果。尤其是关于制度/企业互动的研究对我们理解市场转型及其对国内民营企业的影响提供了很大帮助。此类研究的价值突出表现在其发展出的"网络资本主义"战略这一概念,这是一种国内民营企业强调建立组织间/网络关系的战略。

我们的文献回顾结果与市场交易结构的研究基本相吻合。经济学(North,1990)、社会学(Fukuyama,1995)和管理学方面的研究者(Moran and Ghoshal,1999;Peng,2003)一致同意交易结构可分成两大类。第一种交易模式——"关系合同"是基于关系基础的个人化交易,这一模式反映了经济历史的大部分特点(North,1990:34)。第二种交易模式经常被称做"公平交易",是一种基于规则的、有第三方参与的、非个人的交易。随着经济的增长,交易的数量、范围和种类呈现了指数增长,这就要求执行法律和规章的第三方的出现。这些交易结构的制度转型将对企业层面的战略选择产生重要影响。

本章中,我们认为从基于关系到基于规则的交易结构的制度转型正在中国进行。随着今日中国各行业竞争格局的快速变化,许多民营企业已经认识到,它们需要更多地在管理和技术实力的基础上展开竞争,而不能仅仅依靠与政府官员或其他人的非正式社会关系,或仅仅执行低价格和仿制战略。这在跨国企业的不断扩张的情况下尤为如此。很多跨国企业是各自领域的全球性领军企业,它们利用全球范围的经营规模、先进独有的技术和来自全球各地的人才到中国竞争。中国的小型民营企业应该怎样与这些占优势的竞争者抗衡呢?在外国竞争者面前,中国的民营企业怎样才能实现繁荣呢?中国的民营企业怎样才能发展自己的实力和竞争优势以求能在中国长期生存呢?

截至目前,我们回顾的与中国相关的管理和组织学文献对这些问题涉及甚少。可能有人会说过去对中国企业的研究多是针对制度、文化和相关的社会学解释的,很少有研究在分析企业战略选择时将组织能力考虑进去。然而,几项最近的研究注意到随着中国市场转型的日益深化,关系、管理者之间的联系和组织间的网络对企业发展和业绩的重要性下降了,这些关系正在成为商业成功的必要条件,而不再是充分条件(Child and Tse,2001;Guthrie,1998;Peng and Luo,2000;Tsang,1998)。最近还有人提出,随着制度转型成为一种基于规则的市场结构,企业的竞争资源和竞争实力将变得至关重要(Peng,2000,2003)。

然而,在本综述中我们回顾的与中国相关的文献并没有对新兴经济体中的企业能力建设给予足够重视。我们建议,在今后有关中国民营企业发展的研究中应更多注意对企业成功至关重要的组织学习和能力建设。我们赞成以上出自战略管理文献中企业资源基础论的观点,而迄今为止,它在中国民营企业的管理学研究中受到的注意十分有限。所以,除了前文提到的两种战略外,我们提出了第三种战略,即"基于能力的战略"(见图12.1中的黑线框),它强调组织学习和企业能力发展。我们建议未来的研究应探索这第三种战略是如何分别与变化的制度环境、另外两种战略和企业业绩相互作用的。

战略管理,尤其是有关企业资源基础论的文献,关注于理解企业如何获取竞争优势并持续这种竞争优势(Barney,1991;Penrose,1959;Prahalad and Hamel,1990;Teece,Pisano and Shuen,1997)。战略管理理论认为,企业是由一组组资源组成的,资源非均匀地分布于不同的企业,且这种资源差异可能会持续一段时间(Amit and Schoemaker,1993;Wernerfelt,1984)。基于这些假设,研究者们从理论上提出,当企业拥有有价值(valuable)、稀缺(rare)、不可仿制(inimitable)而又不可替代(non-substitutable)的资源(即VRIN特征)时,就可以通过运用对手不能轻易复制的价值创造战略来获取持久的竞争优势(Nelson,1991;Peteraf,1993;Wernerfelt,1995)。

最近,学者们将企业的资源基础论扩展到动态市场环境(Teece et al.,1997),并指出资源基础论不能充分解释为什么在快速的、不可预测的情形下,某些特定企业还能保持竞争优势。在竞争格局不断变化的市场中,企业赖以"整合、建立和重新配置内外实力来应对急剧变化的环境"的动态能力(Teece et al.,1997:516)就成了持久竞争优势的来源。有人认为动态能力会创造和影响企业的竞争定位(Eisenhardt and Martin,2000)、知识资源(Kogut and Zander,1992)、惯例(Nelson,1991)和竞争战略(Porter,1994)。这些变量又将依次决定企业的市场地位和长期业绩。

中国目前正在进行的制度转型决定了基于关系、个人化的交易结构正在逐渐被基于规则的市场竞争结构所取代。所以,原先依靠基于关系或网络战略的企业将需要转型到市场导向的、基于能力的战略才能获取成功。

但是,中国的民营企业需要一定的时间来适应制度转型并做出相应的战略调整。基于市场的竞争中,竞争优势是企业成功最重要的因素,那么中国私有企业怎样才能成功地完成从基于关系/网络的竞争到完全基于市场的竞争的转变呢?在什么时间开始这种战略转变较为合适呢?民营企业应怎样发展他们的组织能力来获取竞争优势呢?我们认为对中国民营企业发展感兴趣的各国学者而言,还有许多研究工作要做。

未来研究方向:市场转型和战略选择的三阶段模型

考虑到图12.1的整合框架和市场转型的有关研究,我们提出中国民营企业市场转型和战略选择的一个三阶段模型和一组假设,以求能为中国相关的企业问题提供未来的研究方向。

学者们一直在争论有关适合于转型经济中的企业战略。一些学者认为,在缺乏正式制度支持时,基于网络和关系的竞争可以是一种取胜的战略(如:Peng and Heath,1996;Spicer,McDermott and Kogut,2000)。然而,其他学者认为,个人关系和网络被强调得过多了(White,2000:339),它们可能是滋生腐败和任人唯亲的温床。最近的实证研究表明关系、关系网络对企业发展和业绩的重要性下降了(Guthrie,1998;Tsang,1998)。对于这场争论,Peng(2003)提出了一个制度转型的两阶段模型,认为两种不同的战略可以在转型的不同阶段有效。

根据我们综述的调查结果,我们将Peng(2003)的研究成果扩展为一个三阶段模型,用以解释中国制度转型及其对民营企业战略选择和绩效结果的动态影响。表12.5展示了这一模型。我们提出了一个比Peng(2003)更细化的市场转型过程,首先描述了市场转型的开始和结束阶段,而后加入了一个中间阶段,我们认为这一阶段会持续很长一段时间,可能是几十年。

表 12.5 市场转型和中国民营企业的战略选择

	阶段一(T1):市场转型的开始阶段	阶段二(T2):市场转型早期	阶段三(T3):市场转型完成
市场交易结构	基于关系的,个人化的	基于关系的、个人化结构的晚期和基于规则的、非个人化结构的早期	基于规则的、非个人化结构的晚期
竞争基础	• 市场发展不成熟(产品、劳务、资本市场) • 制度发展不成熟(政府、法律和金融制度) • 关系/个人联系可以帮助减少由上述原因引起的不确定性	• 市场和制度还在发展 • 当地企业技术实力弱 • 缺乏支持行业和相关行业 • 当地消费者不够成熟 • 当地品牌和消费者忠诚度还未建立 • 当地中介市场尚未很好地建立 • 价格/销量/仿制成了竞争基础	• 市场和制度高度成熟 • 当地企业提高技术实力 • 当地支持行业和相关行业高度发展 • 当地消费者变得理性 • 企业家精神得以发展 • 公司资源/实力/创新成为竞争基础
战略选择	基于关系/网络的战略	基于价格/销量的战略	基于能力的战略
绩效结果	正	正	正

阶段一(T1)被定义为市场转型的开始阶段。在这一阶段,基于关系的、个人化的交易模式占主导地位。在这一阶段,中国经济的特点表现为:各种不健全的市场、脆弱的资本结构、不明晰的产权和制度的高度不确定性,这些为个人联系、关系网络和企业间关系在竞争中享有优势提供了环境。在现有文献(Peng and Heath, 1996; Xin and Pearce, 1996)的基础上,我们提出,在这一阶段,民营企业更倾向于利用网络和关系展开竞争,采用这种竞争战略会导致较好的企业业绩。

阶段三(T3)被定义为市场转型完成阶段。在这一阶段,与发达的经济体中一样,基于规则的非个人的交易模式在新兴经济体的市场上占据了主导统治地位。市场和制度在这一阶段高度成熟。领先的地方企业已经发展了一定的技术实力,地方企业和跨国企业间的技术差距已经大大缩小了。中国消费者日益成熟,消费需求日益多样,这必然要求企业提供更多的创新和多样化的产品来满足他们的需要。同时,支持性行业和其他相关行业,如当地的供应商、服务商和中介也将很快建立起来。受战略管理文献(Barney,1991;Eisenhardt and Martin,2000;Porter,1990,1991;Teece et al.,1997)的启发,我们提出:在这一阶段,民营企业更倾向于在资源和能力上展开竞争,采用这种竞争战略会导致较好的企业业绩。

然而,上面描述的开始和结束阶段并不能反映可要持续几十年的市场转型的全过程。所以,我们提出一个中间过程,阶段二(T2),它被定义为"市场转型早期",在这一阶段,基于关系的、个人化的交易模式开始被基于规则的非个人的交易模式所取代。在这个过渡阶段,基于规则的非个人的交易模式刚开始出现,但还没有成为主导性的市场逻辑,而个人联系和关系网络作为竞争优势主要来源的重要性开始下降。为了确保在这一过渡阶段的生存和发展,地方企业开始更多地依赖低价格和高销量来抢占市场份额。

在这一阶段,中国经济仍然处于转型期,基础制度设施需要一段时间来发展,从而才能支持那些采用基于能力战略的企业的竞争。Porter(1990)认为一个国家的经济发展由四大方面的特征决定(组成了钻石模型):因素条件,需求条件,相关和支持产业,企业战略、结构和竞争情况。这些特征可以影响企业能获取的,并用以发现商机的有关信息,企业的投入、技术和知识,左右企业投资决定的目标,迫使企业采取某些行为的压力(Porte,1991:111)。作为一个新兴的经济体,中国缺乏一些专业资源,如专业技术、资金和基础设施,来支持当地企业发展创新能力。国内市场需求在理解消费者需求和改良产品和服务的企业能力方面扮演着重要角色。日渐成熟而又挑剔的国内消费者开始激励企业通过竞争获胜。没有了挑剔的消费者,就会阻碍企业创新和对其产品的多样化。中国经济处在从计划经济转型的早期阶段,中国的消费者需要一段时间才能逐渐成熟起来。另外,一个国家的经济发展也会受到来自国内供应商和相关产业的重大影响(Porter,1990),同样,供应商和相关产业也需要一定的时间才能发展起来。中国供应商和相关产业总的来说还没有发展壮大到可以给其他产业提供潜在优势的程度,反而限制了那些重要的、本可以广泛运用于支持企业创新的投入和溢出。最后,在这一阶段,中国巨大的市场和本地企业薄弱的技术实力促成了它们以数量竞争的特点,但这不能激励企业快速提高、创新和最终的成功。

有了以上这些分析,在市场转型的这一阶段,许多当地企业围绕价格/销量竞争就不足为奇了。一方面,随着市场竞争的加强,组织/个人关系不再是影响企业业绩的充分条件。另一方面,尽管有这种意愿,但当地企业还没有建立起创新和产品多样化的必要实力。所以,为了确保短期生存,许多当地企业不得不依靠压低价格和仿制产品来竞争。

我们认为这个中间阶段是独特的,不应与市场转型的开始或结束阶段相混淆。不幸的是,本综述所调查的文献并未对市场转型过程的这一重要中间阶段给予足够的重视。实际上,我们认为这一阶段是市场转型过程的核心,应该成为未来研究的重点。

基于这些观点,我们提出以下研究命题:

命题1:市场转型的开始阶段(阶段一:T1)

命题1a:在市场转型的开始阶段,当基于关系的和个人化的交易模式占统治地位时(T1),民营企业倾向于采用基于关系/网络的战略。

命题1b:在这一阶段,采用基于关系/网络战略的企业往往会取得较好的业绩(T1)。

命题2:市场转型的早期阶段(阶段二:T2)

命题2a:在市场转型的早期阶段,当基于关系的和个人化的交易竞争模式开始减弱,而基于规则的、非个人化的交易模式开始出现时(T2),

民营企业倾向于采用基于价格/销量的战略(T2)。

命题2b：在这一阶段,采用基于价格/销量战略的企业往往会取得较好的业绩(T2)。

命题3：市场转型的晚期阶段(阶段三：T3)：

命题3a：在市场转型的晚期阶段,当基于规则的、非个人化的交易模式完全占据了主导地位(T3)时,民营企业倾向于采用基于能力的战略。

命题3b：在这一阶段,采取基于能力的战略往往会取得较好的企业业绩(T3)。

命题4：市场转型三个阶段的动态变化(T1→T2→T3)：

命题4a：随着市场从基于关系的、个人化的交易模式(T1)转型到基于规则的非个人化的交易模式(T2+T3),采用基于关系或基于网络的战略对企业业绩的作用会下降。

命题4b：随着市场从基于关系的、个人化的交易模式(T1)转型到基于规则的非个人化交易模式的早期阶段(T2),采用价格/销量的战略对企业业绩的作用会上升,但随着市场转型到基于规则的非个人化的交易模式后期阶段(T3),该战略的影响会下降。

命题4c：随着市场从基于关系的、个人化的交易模式(T1)转型到基于规则的非个人化的交易模式早期阶段(T2),最后到基于规则的非个人化的交易模式后期阶段(T3),采用基于能力的战略对企业业绩的作用会上升。

结　　论

本章回顾了现有的关于中国新兴民营部门的管理和组织课题的研究。我们回顾了18年间(1986—2003)在24种顶尖学术杂志上发表的92篇文章。在这篇综述中,我们首先确定并总结了现有文献的研究主题,然后根据严格的选择标准整合了这些多样、分散的文献。之后,我们进一步从战略管理角度提出了一个逻辑严明的整合框架,勾画了转型经济体中的三种战略:基于关系或基于网络的战略、基于价格或销量的战略和基于能力的战略。根据表12.1中的框架,结合有关市场转型的研究,我们提出了一个三阶段的中国市场转型和民营企业的战略选择模型,为未来对中国的研究提供了一定的指导。我们还提出了一系列的理论命题,例如,企业应在市场转型的不同阶段采用不同的战略,企业需要根据市场转型的演化来选择合适的战略等。这些假设需要在未来的实证研究中得到进一步的证明。

虽然本综述研究能够帮助那些对中国民营企业管理和组织课题感兴趣的研究者,但我们也必须承认本研究的一些局限性。第一,对中国的"民营部门"的定义究竟包含哪些成分并不是很清楚,这一点可以从官方统计(如:《中国统计年鉴》2002)提供的经济运行状况数据中看出来。另外,我们最初难以确立选定文献的标准也说明了"民营经济领域"定义的模糊性。尽管外资企业也属于民营经济领域,但为了使本综述研究更为集中和统一,我们决定只包括与中国国内民营企业和集体企业相关的研究,而排除了对在中国的外国企业的研究。

第二,新兴的民营企业在中国还很年轻,所以当我们发现专门研究它们的管理学文献很有限时,并不奇怪。在我们选择的文献中,有很多研究是比较性的,它们包括了不同形式所有制的企业及其员工,有国有企业、外资企业、集体企业和私营企业。例如,在本研究样本的92篇文章中,有21篇(23%)是关于私营企业的,15篇是关于乡镇企业的,剩下的56篇则可能包括各种企业。

第三,在面对平衡本综述的深度和宽度这一矛盾时,我们决定仅仅对24种英语学术杂志做统一、系统的分析。虽然我们在补充分析中,大致回顾了书籍、论文集和经理人杂志中出现的相关文章,但是我们仍然需要在未来的研究中对汉语和其他语言的书籍杂志中出现的文章进行更加全面的调查和回顾。

附录 12.1

Ahlstrom, D., and G. D. Bruton. (2002). An institutional perspective on the role of culture in shaping strategic actions by technology-focused entrepreneurial firms in China. *Entrepreneurship Theory and Practice*, 26, 53–69.

Anderson, A. R.; J.-H. Li; R. T. Harrison; and P.J.A. Robson. (2003). The increasing role of small business in the Chinese economy. *Journal of Small Business Management*, 41, 310–16.

Anyansi-Archibong, C. B.; W. P. Danenburg; and Z. Y. Tan. (1989). Small business in China's Special Economic Zones. *Journal of Small Business Management*, 27, 56–62.

Blecher, M., and V. Shue. (2001). Into leather: State-led development and the private sector in Xinji. *China Quarterly*, 166, 368–93.

Boisot, M., and J. Child. (1988). The iron law of fiefs: Bureaucratic failure and the problem of governance in the Chinese economic reforms. *Administrative Science Quarterly*, 33, 507–27.

———. (1996). From fiefs to clans and network capitalism: Explaining China's emerging economic order. *Administrative Science Quarterly*, 41, 600–28.

———. (1999). Organizations as adaptive systems in complex environments: The case of China. *Organization Science*, 10, 237–52.

Boisot, M., and X. G. Liang. (1992). The nature of managerial work in the Chinese enterprise reforms: A study of six directors. *Organization Studies*, 13, 161–84.

Chang, W., and I. C. MacMillan. (1991). A review of entrepreneurial development in the People's Republic of China. *Journal of Business Venturing*, 6, 375–79.

Chen, X. P.; C. Hui; and D. J. Sego. (1998). The role of organizational citizenship behavior in turnover: Conceptualization and preliminary tests of key hypotheses. *Journal of Applied Psychology*, 83, 922–31.

Chen, Z. X.; A. S. Tsui; and J. L. Farh. (2002). Loyalty to supervisor vs. organizational commitment: Relationships to employee performance in China. *Journal of Occupational and Organizational Psychology*, 75, 339–56.

Cheng, Y.-S., and D. Lo. (2002). Explaining the financial performance of China's industrial enterprises: Beyond the competition-ownership controversy. *China Quarterly*, 170, 413–40.

Child, J., and D. K. Tse. (2001). China's transition and its implications for international business. *Journal of International Business Studies*, 32, 5–21.

Cornwall, J. R. (1998). The entrepreneur as a building block for community. *Journal of Developmental Entrepreneurship*, 3, 141–48.

Dana, L. P. (1999). Small business as a supplement in the People's Republic of China (PRC). *Journal of Small Business Management*, 37, 76–80.

Danenburg, W. P., and Z. Y. Tan. (1989). The "Sparking Program" and its effect on small business in the People's Republic of China. *Journal of Small Business Management*, 27, 60–62.

Davis, D. S. (1999). Self-employment in Shanghai: A research note. *China Quarterly*, 157, 22–43.

Fan, Y. (1996). Global perspectives: Chinese peasant entrepreneurs: An examination of township and village enterprises in rural China. *Journal of Small Business Management*, 34, 72–76.

Francis, C. B. (1996). Reproduction of danwei institutional features in the context of China's market economy: The case of Haidian district's high-tech sector. *China Quarterly*, 147, 839–59.

Frenkel, S., and S. Kuruvilla. (2002). Logics of action, globalization, and changing employment relations in China, India, Malaysia, and the Philippines. *Industrial and Labor Relations Review*, 55, 387–412.

Goldstein, S. M. (1995). China in transition: The political foundations of incremental reform. *China Quarterly*, 144, 1105–31.

Guo, S. (2003). The ownership reform in China: What direction and how far? *Journal of Contemporary China*, 12, 553–73.

Holt, D. H. (1997). A comparative study of values among Chinese and U.S. entrepreneurs: Pragmatic convergence between contrasting cultures. *Journal of Business Venturing*, 12, 483–505.

Jiang, S. H., and R. H. Hall. (1996). Local corporatism and rural enterprises in China's reform. *Organization*

Studies, 17, 929–53.

Keister, L. A. (2002). Adapting to radical change: Strategy and environment in piece-rate adoption during China's transition. *Organization Science*, 13, 459–74.

Kwong, C.C.L. (2000). Business-government relations in industrializing rural China: A principal-agent perspective. *Journal of Contemporary China*, 9, 513–34.

Lau, C. M., and L.W. Busenitz. (2001). Growth intentions of entrepreneurs in a transitional economy: The People's Republic of China. *Entrepreneurship Theory and Practice*, 26, 5–20.

Law, K. S.; D. K. Tse; and N. Zhou. (2003). Does human resource management matter in a transitional economy? China as an example. *Journal of International Business Studies*, 34, 255–65.

Li, P. P. (1998). Towards a geocentric framework of organizational form: A holistic, dynamic and paradoxical approach. *Organization Studies*, 19, 829–61.

Li, H. Y., and K. Atuahene-Gima. (2001). Product innovation strategy and the performance of new technology ventures in China. *Academy of Management Journal*, 44, 1123–34.

———. (2002). The adoption of agency business activity, product innovation, and performance in Chinese technology ventures. *Strategic Management Journal*, 23, 469–90.

Li, M. F., and Y. Y. Wong. (2003). Diversification and economic performance: An empirical assessment of Chinese firms. *Asia Pacific Journal of Management*, 20, 243–65.

Liu, Y. L. (1992). Reform from below: The private economy and local politics in the rural industrialization of Wenzhou. *China Quarterly*, 130, 293–316.

Luo, Y. D. (1999). Environment-strategy-performance relations in small businesses in China: A case of township and village enterprises in southern China. *Journal of Small Business Management*, 37, 37–52.

Luo, Y. D.; J. Tan; and O. Shenkar. (1998). Strategic responses to competitive pressure: The case of township and village enterprises in China. *Asia Pacific Journal of Management*, 15, 33–50.

Matthews, C. H.; X. D. Qin; and G. M. Franklin. (1996). Stepping toward prosperity: The development of entrepreneurial ventures in China and Russia. *Journal of Small Business Management*, 34, 75–85.

McGrath, R. G.; I. C. MacMillan; and W. Tsai. (1992). Does culture endure, or is it malleable? Issues for entrepreneurial economic development. *Journal of Business Venturing*, 7, 441–58.

Miner, J. B. (1991). Theory testing under adverse conditions: Motivation to manage in the People's Republic of China. *Journal of Applied Psychology*, 76, 343–49.

Murphy, R. (2000). Return migration, entrepreneurship and local state corporatism in rural China: The experience of two counties in south Jiangxi. *Journal of Contemporary China*, 9, 231–48.

Nee, V. (1992). Organizational dynamics of market transition: Hybrid forms, property rights, and mixed economy in China. *Administrative Science Quarterly*, 37, 1–27.

Nevitt, C. E. (1996). Private business associations in China: Evidence of civil society or local state power? *China Journal*, 36, 25–43.

Odgaard, O. (1992). Entrepreneurs and elite formation in rural China. *Australian Journal of Chinese Affairs*, 28, 89–108.

Oi, J. C. (1995). The role of the local state in China's transitional economy. *China Quarterly*, 144, 1132–59.

Okechuku, C. (1994). The relationship of six managerial characteristics to the assessment of managerial effectiveness in Canada, Hong Kong and People's Republic of China. *Journal of Occupational and Organizational Psychology*, 67, 79–86.

Parish, W. L.; X. Y. Zhe; and F. (1995). Nonfarm work and marketization of the Chinese countryside. *China Quarterly*, 143, 697–712.

Park, S. H., and Y. D. Luo. (2001). *Guanxi* and organizational dynamics: Organizational networking in Chinese firms. *Strategic Management Journal*, 22, 455–77.

Parries, K. (1993). Local initiative and national reform: The Wenzhou model of development. *China Quarterly*, 134, 242–63.

Peng, W. P. (2003). Institutional transitions and strategic choices. *Academy of Management Review*, 28, 275–93.

Peng, W. P., and P. S. Heath. (1996). The growth of the firm in planned economies in transition: Institutions, organizations, and strategic choice. *Academy of Management Review*, 2, 492–528.

Peng, M. W., and Y. D. Luo. (2000). Managerial ties and firm performance in a transition economy: The nature of a micro-macro link. *Academy of Management Journal*, 43, 486–501.

Putterman, L. (1995). The role of ownership and property rights in China's economic transition. *China Quarterly*, 144, 1047–64.

Ralston, D. A. (1992). Eastern values: A comparison of managers in the United States, Hong Kong, and the People's Republic of China. *Journal of Applied Psychology*, 77, 664–71.

Ralston, D. A.; D. J. Gustafson; F.M. Cheung; and R.H. Terpstra. (1993). Differences in managerial values: A study of U.S., Hong Kong and PRC managers. *Journal of International Business Studies*, 24, 249–75.

Redding, G. (2002). The capitalist business system of China and its rationale. *Asia Pacific Journal of Management*, 19, 221–49.

Sabin, L. (1994). New bosses in the workers' state: The growth of non-state sector employment in China. *China Quarterly*, 140, 944–70.

Schlevogt, K. A. (2001). Institutional and organizational factors affecting effectiveness: Geoeconomic comparison between Shanghai and Beijing. *Asia Pacific Journal of Management*, 18, 519–51.

Shenkar, O., and M. A. von Glinow. (1994). Paradoxes of organizational theory and research: Using the case of China to illustrate national contingency. *Management Science*, 40, 56–71.

Shenkar, O.; S. Ronen; E. Shefy; and I. H. Chow. (1998). The role structure of Chinese managers. *Human Relations*, 51, 51–72.

Siu, W. S. (1992). Corporate entrepreneurs in the People's Republic of China: Problems encountered and respective solutions. *International Small Business Journal*, 10, 26–33.

———. (1995). Entrepreneurial typology: The case of owner-managers in China. *International Small Business Journal*, 14, 53–64.

Snell, R., and C. S. Tseng. (2002). Moral atmosphere and moral influence under China's network capitalism. *Organization Studies*, 23, 449–78.

Tam, O. K. (1992). A private bank in China: Hui Tong Urban Co-operative Bank. *China Quarterly*, 131, 766–77.

Tan, J. (1996). Regulatory environment and strategic orientations in a transitional economy: A study of Chinese private enterprise. *Entrepreneurship Theory and Practice*, 21, 31–46.

———. (2001). Innovation and risk-taking in a transitional economy: A comparative study of Chinese managers and entrepreneurs. *Journal of Business Venturing*, 16, 359–76.

———. (2002a). Culture, nation, and entrepreneurial strategic orientations: Implications for an emerging economy. *Entrepreneurship Theory and Practice*, 26, 95–111.

———. (2002b). Impact of ownership type on environment-strategy linkage and performance: Evidence from a transitional economy. *Journal of Management Studies*, 39, 333–54.

Tian, J. J., and C.-M. Lau. (2001). Board composition, leadership structure and performance in Chinese shareholding companies. *Asia Pacific Journal of Management*, 18, 245–60.

Tjosvold, D.; C. Hui; Z. Ding; and J. H. Hu. (2002). Conflict values and team relationships: Conflict's contribution to team effectiveness and citizenship in China. *Journal of Organizational Behavior*, 24, 69–88.

Tong, C.E.N. (2001). Total factor productivity growth and its spatial disparity across China's township and village enterprises. *Journal of Contemporary China*, 10, 155–72.

Tong, C.S.P., and H.L. Chan. (2003). Disparity in production efficiency of China's TVEs across regions: A stochastic frontier production function approach. *Asia Pacific Journal of Management*, 20, 113–31.

Tsang, E.W.K. (1994). Threats and opportunities faced by private businesses in China. *Journal of Business Venturing*, 9, 451–68.

———. (1996). In search of legitimacy: The private entrepreneur in China. *Entrepreneurship Theory and Practice*, 21, 21–30.

Unger, J. (1996). Bridges: Private business, the Chinese government and the rise of new associations. *China Quarterly*, 147, 795–819.

Unger, J., and A. Chan. (1995). China, corporatism, and the East Asian model. *Australian Journal of Chinese Affairs*, 33, 29–53.

———. (1999). Inheritors of the boom: Private enterprise and the role of local government in a rural South China township. *China Journal*, 42, 45–74.

Vertinsky, I.; D. K. Tse; D. A. Wehrung; and K.-H. Lee. (1990). Organizational design and management norms: A comparative study of managers' perceptions in the People's Republic of China, Hong Kong, and Canada. *Journal of Management*, 16, 853–67.

Walder, A. G. (1989). Factory and manager in an era of reform. *China Quarterly*, 118, 242–64.

Wang, D. X.; A. S. Tsui; Y.C. Zhang; and L. Ma. (2003). Employment relationships and firm performance: Evidence from an emerging economy. *Journal of Organizational Behavior*, 24, 511–35.

Wank, D. (1995). Private business, bureaucracy, and political alliance in a Chinese city. *Australian Journal of Chinese Affairs*, 33, 55–71.

———. (1996). The institutional process of market clientelism: *Guanxi* and private business in a South China city. *China Quarterly*, 147, 820–38.

Wei, Y. D. (2002). Multiscale and multimechanisms of regional inequality in China: Implications for regional policy. *Journal of Contemporary China*, 11, 109–24.

White, S., and X. L. Liu. (2001). Transition trajectories for market structure and firm strategy in China. *Journal of Management Studies*, 38, 103–24.

Whyte, M. K. (1995). The social roots of China's economic development. *China Quarterly*, 144, 999–1019.

Wing, C.C.K. (1994). Entrepreneurs in China: Development, functions and problems. *International Small Business Journal*, 13, 63–77.

———. (1996). Entry and exit process of small businesses in P.R. China's retail sector. *International Small Business Journal*, 15, 41–58.

Wing, C.C.K., and M.F.K. Yiu. (1996). Firm dynamics and industrialization in the Chinese economy in transition: Implications for small business policy. *Journal of Business Venturing*, 11, 489–505.

———. (2000). Small business and liquidity constraints in financing business investment: Evidence from Shanghai's manufacturing sector. *Journal of Business Venturing*, 15, 363–83.

Xin, K. R., and J. L. Pearce. (1996). *Guanxi*: Connections as substitutes for formal institutional support. *Academy of Management Journal*, 39, 1641–58.

Young, S. (1989). Policy, practice and the private sector in China. *Australian Journal of Chinese Affairs*, 21, 57–80.

———. (1991). Wealth but not security: Attitudes towards private business in China in the 1980s. *Australian Journal of Chinese Affairs*, 25, 115–37.

Zapalska, A. M. (2001). Chinese entrepreneurship in a cultural and economic perspective. *Journal of Small Business Management*, 39, 286–92.

Zhao, L. M., and J. D. Aram. (1995). Networking and growth of young technology-intensive ventures in China. *Journal of Business Venturing*, 5, 349–71.

参 考 文 献

Amit, R., and P.J.H. Schoemaker. (1993). Strategic assets and organizational rent. *Strategic Management Journal*, 14, 33–46.

Asian Development Bank. (2003). *The development of private enterprise in the People's Republic of China*. Manila, Philippines: Asian Development Bank.

Barney, J. (1991). Firm resources and sustained competitive advantage. *Journal of Management*, 17, 99–120.

Borys, B., and D. B. Jemison. (1989). Hybrid arrangements as strategic alliances: Theoretical issues in organizational combinations. *Academy of Management Review*, 14, 234–49.

Byrd, W. A. (1991). *The market mechanism and economic reforms in China*. Armonk, NY: M.E. Sharpe.

Carroll, G. R.; J. Goodstein; and A. Gyenes. (1988). Organizations and the state: Effects of the institutional environment on agricultural cooperatives in Hungary. *Administrative Science Quarterly*, 33, 233–56.

Chandler, A. (1962). *Strategy and structure*. Cambridge, MA: MIT Press.

Chen, M. (2001). *Inside Chinese business: A guide for managers worldwide*. Boston, MA: Harvard Business School Press.

Child, J. (1994). *Management in China during the age of reform*. Cambridge and New York: Cambridge University Press.

China Statistical Yearbook. (2002). Beijing: China Statistical Publishing House.

Eisenhardt, K. M., and J. A. Martin. (2000). Dynamic capabilities: What are they? *Strategic Management Journal*, 21, 1105–21.

Fukuyama, F. (1995). *Trust*. New York: Free Press.

Guthrie, D. (1997). Between markets and politics: Organizational responses to reform in China. *American Journal of Sociology*, 102, 1258–1304.

———. (1998). The declining significance of *guanxi* in China's economic transition. *China Quarterly*, 154, 254–83.

Ho, S.P.S. (1994). *Rural China in transition: Non-agricultural development in rural Jiansu, 1978–1990*. Oxford, England: Clarendon Press.

International Finance Corporation. (2000). *China's emerging private enterprises: Prospects for the new century*. Washington, DC: IFC.

Johnson, J. L., and P. M. Podsakoff. (1994). Journal influence in the field of management: An analysis using Salancik's index in a dependency network. *Academy of Management Journal*, 37, 1392–1407.

Keister, L. A. (2000). *Chinese business groups: The structure and impact of interfirm relations during economic development.* Oxford, England: Oxford University Press.
Kelley, L., and O. Shenkar. (1993). *International business in China.* London and New York: Routledge.
Khanna, T., and K. Palepu. (1997). Why focused strategies may be wrong for emerging markets. *Harvard Business Review,* 75(4), 41–51.
Kogut, B., and U. Zander. (1992). Knowledge of the firm, combinative capabilities, and the replication of technology. *Organization Science,* 3, 383–97.
Li, J. T. (2001). *Managing international business ventures in China.* Amsterdam: Pergamon.
Li, J. T., and A. S. Tsui. (2002). A citation analysis of management and organization research in the Chinese context: 1984–1999. *Asia Pacific Journal of Management,* 19, 87–107.
Li, J. T.; A. S. Tsui; and E. Weldon. (2000). *Management and organizations in the Chinese context.* New York: St. Martin's Press.
Lohrke, F., and G. Bruton. (1997). Contributions and gaps in international strategic management literature. *Journal of International Management,* 3, 25–57.
Lu, D. (1994). *Entrepreneurship in suppressed markets: Private-sector experience in China.* New York: Garland.
Luo, Y. (2000). *Multinational corporations in China: Benefiting from structural transformation.* Copenhagen: Copenhagen Business School Press.
Miles, R. E.; C. C. Snow; A. D. Meyer; and H. J. Coleman. (1978). Organizational strategy, structure, and process. *Academy of Management Review,* 3, 546–62.
Moran, P., and S. Ghoshal. (1999). Markets, firms and the process of economic development. *Academy of Management Review,* 24, 604–19.
Nathan, A. J. (1997). *China's transition.* New York: Columbia University Press.
Nelson, R. (1991). Why do firms differ, and how does it matter? *Strategic Management Journal,* 12, 61–74.
North, D. (1990). *Institutions, institutional change, and economic performance.* New York: Norton.
Oliver, C. (1997). Sustainable competitive advantage: Combining institutional and resource-based views. *Strategic Management Journal,* 18, 679–713.
Park, S. H., and M. E. Gordon. (1996). Publication records and tenure decisions in the field of strategic management. *Strategic Management Journal,* 17, 109–28.
Peng, M. W. (2000). *Business strategies in transition economies.* Thousand Oaks, CA: Sage Publications.
Peng, M. W.; Y. Lu; O. Shenkar; and D. Wang. (2001). Treasures in the China house: A review of management and organizational research on Greater China. *Journal of Business Research,* 52, 95–110.
Penrose, E. (1959). *The theory of the growth of the firm.* New York: John Wiley.
Peteraf, M. A. (1993). The cornerstones of competitive advantage. *Strategic Management Journal,* 14, 179–91.
Pfeffer, J., and G. Salancik. (1978). *The external control of organizations.* New York: Harper.
Porter, M. E. (1990). *The competitive advantage of nations.* New York: Free Press.
———. (1991). Towards a dynamic theory of strategy. *Strategic Management Journal,* 12, 95–117.
———. (1994). Toward a dynamic theory of strategy. In R. Rumelt, D. Schendel, and D. Teece (Eds.), *Fundamental issues in strategy: A research agenda,* pp. 423–61. Boston, Harvard Business School Press.
Powell, W., and P. DiMaggio (Eds.). (1991). *The new institutionalism in organizational analysis.* Chicago: University of Chicago Press.
Prahalad, C. K., and G. Hamel. (1990). The core competence of the corporation. *Harvard Business Review,* 68(3), 79–91.
Redding, S. G. (1990). *The spirit of Chinese capitalism.* New York: de Gruyter.
Rumelt, R. (1974). *Strategy, structure and economic performance.* Cambridge, MA: Harvard University Press.
Shane, S. (1997). Who is publishing entrepreneurship research? *Journal of Management,* 23, 83–95.
Shenkar, O. (1991). *Organization and management in China, 1979–1990.* Armonk, NY: M.E. Sharpe.
Spicer, A.; G. McDermott; and B. Kogut. (2000). Entrepreneurship and privatization in Central Europe: The tenuous balance between destruction and creation. *Academy of Management Review,* 25, 630–49.
Tahai, A., and M. J. Meyer. (1999). A revealed preference study of management journals' direct influences. *Strategic Management Journal,* 20, 276–96.
Teece, D.; G. Pisano; and A. Shuen. (1997). Dynamic capabilities and strategic management. *Strategic Management Journal,* 18, 509–33.
Tsang, E. (1998). Can *guanxi* be a source of sustainable competitive advantage for doing business in China? *Academy of Management Executive,* 12, 64–73.
Wernerfelt, B. (1984). A resource-based view of the firm. *Strategic Management Journal,* 5, 171–80.

———. (1995). The resource-based view of the firm: Ten years after. *Strategic Management Journal*, 16, 171–74.

White, S. (2000). Competition, capabilities, and the make, buy, or ally decisions of Chinese state-owned firms. *Academy of Management Journal*, 43, 324–41.

———. (2002). Rigor and relevance in Asian management research: Where are we and where can we go? *Asia Pacific Journal of Management*, 19, 287–352.

Wong, J.; R. Ma; and M. Yang. (1995). *China's rural entrepreneurs: Ten case studies*. Singapore: Times Academic Press.

Young, S. (1995). *Private business and economic reform in China*. Armonk, NY: M.E. Sharpe.

第十三章 权威与仁慈：中国员工对家长式领导的反应

樊景立　郑伯埙　周丽芳　储小平

领导行为，作为一种社会影响过程，跨越国界，无处不在，但是，领导行为的概念、领导方式及与领导行为相关的具体实践在不同的文化背景下是各异的(Farh and Cheng, 2000)。毕竟，领导者不能随心所欲地选择其领导方式，因为什么样的领导方式有效很大程度上取决于文化背景。虽然跨文化研究者们对这一现象作了审慎的注解(Hofstede, 1980b, 1994)，但是在领导行为的现代理论和模型方面占有统治地位的仍然是美国研究者的理论。

在中国，很多有关领导行为的经验研究依靠翻译过来的西方的方法来检验西方流行的领导行为模型是否适用于中国的组织(如：Chen and Farh, 1999; Farh, Podsakoff and Cheng, 1987; Huang and Wang, 1980)。这种研究策略虽然对认识西方领导行为理论应用的临界条件有用，却无助于全面、准确地理解中国组织中的领导行为。正如许多人写到的(如Hsu, 1981)，东西方文化的差别（尤其是中美文化的差别）很可能是全世界最大的。对中国领导行为的本土研究不仅会提供有助于理解中国领导行为主位(emic)方面的认识，而且会提供全球背景下领导行为的客位(etic)知识(Morris et al., 1999)。

过去的30年中，在中国香港地区、新加坡、中国台湾地区和东南亚大部的海外华人支配的亚洲经济快速崛起，引发了研究者们对海外华人企业管理哲学和实践的注意(如：Redding, 1992; Whiteley, 1992; Wong,

1988)。基于Silin(1976)的人类学研究,几位研究者对中国香港地区、印度尼西亚、新加坡和中国台湾地区等国家与地区的海外华人家族企业的拥有者或管理者的领导方式和哲学进行了研究(如:Cheng,1995a,b;Redding,1990)。这些研究确认了一种领导模式:家长制或家长式领导(PL)。广义的家长式领导行为是指一种父亲般的、清晰而强大的权威与关心、体谅及道德领导成分相结合的领导方式(Westwood and Chan,1992)。

本章的主要目的是探讨家长式领导对中华人民共和国境内的民营企业是否适用。我们首先广泛回顾了有关家长式领导的文献,从而确定主要研究领域。然后,我们分析了中国的民营部门的背景,并提出了关于家长式领导和下级反应关系的假说。最后,我们通过一个由52家中国私有企业的292名雇员组成的样本检验了这些假说。根据研究结果对领导理论以及具体到对中国管理实践的意义进行了讨论。

理论背景及假说

几个世纪以来,人际关系中的权威与从属关系这一研究课题一直吸引着西方的社会科学家。在其社会分析中,Max Weber认为支配是一个非常关键的课题。当一个支配者将他或她的意愿(命令)强加给一个被支配者,而被支配者将这些命令作为行为准则时,支配便发生了。根据合法性的不同,Weber构建了支配的三种理想型:法理型支配、传统型支配和魅力型支配。传统型支配的合法性基于古老的规矩和权利。Weber(1968,p.231)认为家长制是最基本的传统型支配之一,它是支配一群人(一家人),这群人往往是在经济和血缘的基础上,由一个被特定继承制确定的男性组织起来的。在这种社会制度下,成员是由传统而不是由法律确定的;对家长的服从仅仅是由其传统角色决定的。Weber(1968,p.231)进一步指出,家长制的决定性特征是:虽然支配是家长的固有的传统权力,但全体成员/家人都相信支配行为必须符合全体成员的利益,所以不能由在任家长任意使用。这个意义上,家长还是要在很大程度上依靠成员自愿地执行他的命令。

家长制在中国和西方的传统社会(如地中海文化的国家)普遍存在。然而,由于家长权力的源泉和发展历史的不同,家长制在中国继续盛行,而在西方,却于过去的三个世纪间一落千丈(Farh and Cheng, 2000)。海外华人家族企业中的家长式领导是中国商业组织中家长制传统的清晰表现。家长式领导及哲学在亚洲的企业和政府中也很常见(如:Pye, 1985)。

基于家长制的非常强烈的独裁色彩和其对下属从属心理的依靠,跨文化心理学家们推理说家长式领导只有在人们习惯于并乐意接受不同阶层间较大权力差别的高权力距离文化时才能兴旺发展。一些跨文化心理学家其至提出对高权力距离社会来说,家长式领导是一种理想模式。例如,Hofstede 和 Bond 认为:"权力距离较小的文化中,理想的领导者是一个足智多谋的讲民主的人;相反,权力距离较大文化中,理想的领导者是一个仁慈的独裁者(或者是一个好父亲)。"(1988, p. 14)虽然有这些大胆的预测,比较中西领导方式的跨文化研究并不多。有限的证据确实显示,较之于西方国家,中国社会总的来说权力距离较大(Hofstede, 1980a; Smith and Wang, 1996);较之于西方的领导者,中国的领导者参与较少(Xia, 1987),而更倾向于依靠上级来处理事务,更倾向于对同伴采取家长式的态度(Chang, 1985)。

对中国的民营企业来说,家长式领导有效吗?中国的雇员会对其上司所展现的家长式领导有积极的回应吗?中国雇员们传统价值取向的差异所反映的文化变迁会如何影响他们对家长式领导的反应?中国雇员对上级手中的资源的依赖会影响他们对家长式领导的反应吗?本研究便致力于在中国民营企业的背景下解答这些主要问题。

家长式领导的三元模型及其文化起源

在广泛参阅有关海外华人家族企业中的家长式领导的文献后,Farh 和 Cheng(2000)提出了家长式领导的三元模型,将之定义为由三种截然不同的领导风格(元素、维度)组成:权威主义、仁慈和道德。权威主义是指对下属有着绝对的权威和控制并要求他们绝对地服从的领导行为。仁慈领导指体现对下属个人及家庭福利的个性化、整体性的关心的领导行为。道德领导是指展现可树立合法性、并激发下属的认同感和尊重的个人美德或素质的领导行为。因此，家长式领导被定义为：在个人层面上，将严格的纪律和权威、父亲般的仁慈和高尚道德相结合的领导方式（Farh and Cheng, 2000, p. 94）。

进一步说，家长式领导的三个方面与三种文化使然的下属反应相搭配。在权威式领导下，下属会毫无异议地遵守领导的命令；对于领导的仁慈，下属会感恩戴德，在情况允许时尽力回报；道德领导下，下属会尊重并认同领导的高尚与美德，并尽力仿效。这个模型中隐含着领导与下属角色的互补性。只有在下属受社会影响而尊重垂直的等级并有一种依赖性的思维时，权威领导才能奏效（Pye, 1981; Redding, 1990）；只有造成下属亏欠领导的感觉并使他们愿意回报，仁慈领导才能持续；只有当下属认同领导的过人道德水平并愿意模仿，道德领导才会有效。当领导与下属各司其职时，社会便和谐了。如果下属不愿或不会尽其本分，领导坚持家长式领导（尤其是权威式领导）将是徒劳的，甚至会导致关系的紧张、不和谐乃至破裂。从这种意义上说，家长式领导依靠追随甚于依靠领导。

家长式领导的某些主要元素与现代民主、平等和注重隐私的价值观相冲突，那么它是如何经受住时代的挑战并继续在当代中国企业组织中盛行的呢？这是因为家长式领导深深植根于中国的社会文化传统（Farh and Cheng, 2000; Redding, 1990; Westwood, 1997）。例如，权威制可追溯到中国的父权制家庭体系、儒家对等级关系的遵从和漫长的帝王统治。根据中国的传统，父子之间的垂直等级关系是至高无上的，超过其他任何社会关系，包括夫妻关系。父亲对儿子（以及其他家庭成员）的权威是绝对的。中国的帝王们利用了这种伦理观，把君臣关系定义为父子关系的延伸。在帝王们的支持下，家长制等级制度被确立，并统治了中国社会两千年。通过这种"泛家庭主义"（Yang, 1993）的心理过程，中国人将这种家庭里获得的经历与习惯推广到其他群体，从而其他群体被看做准家庭组织。当家庭模式在企业中应用时，所有者或管理者担当了父亲的角色,下属则担当了儿子的角色,即权力至高无上的老板进行指挥,而下属听从和服从。

　　仁慈领导的文化根源是仁厚、文雅的上司这一儒家理想,这种理想又被用上级的关心换取下属的亏欠感、服从和个人忠诚的做法进一步强化了。社会关系方面,中国人非常信奉人与人之间的知恩图报。给别人的恩惠往往被当做一种"社会投资",会得到"涌泉相报"。正如Yang (1957, p. 291)所尖锐地指出的,虽然知恩图报的原则在几乎每个社会都被广泛接受,但在中国社会中,其历史尤其长,人们的这种意识尤其强烈,其应用尤其广泛,影响尤其大。

　　道德领导同样是源于儒家的统治思想。孔子强调道德原则、道德榜样和以德服人在管理方面的应用。他不相信法律的效用,认为惩罚只能约束表面行为而不能影响到内在思想。最有效的管理便是以美德和道德榜样来领导。中国比较弱的法治传统和人治的传统进一步强调了身处权威位置者品德的重要性(Farh and Cheng, 2000)。

　　作为一种基于文化的领导方式,家长式领导及与其相关的文化使然的下属反应是植根于一系列社会文化和组织因素上的。主要的社会文化因素是家族主义和儒家道德,包括尊重等级、人治主义/特殊主义、互惠原则、人际和谐及以德服人等。组织因素包括家族所有制、所有权与经营权的分离情况、创业性的结构、简单的企业经营环境,以及稳定的技术。在这种模型下,社会文化和组织因素为家长式领导的实施提供了合适的环境。所以,家长式领导在家族拥有、家族管理的企业中比在非家族拥有的企业中更易施行(恐怕也更加有效)。认同中国传统文化价值(如服从权威)的个人比不认同中国传统文化价值的个人更容易对家长式领导产生积极回应。家长式领导在一个小型企业(具有简单产品线、稳定的技术,面对简单的经营环境)中的运作,将比在一个有着宽广的产品线,面对复杂的环境及不确定技术的大企业中更为有效。

家长式领导与中国的民营企业

　　家长式领导的三元模型在中国,尤其是在民营企业是否有效?这个问题很大程度取决于家族主义、尊重等级的儒家伦理、人治主义/特殊主义、互惠原则、人际和谐等社会文化因素在中国是否依然有效。现有的研究证据似乎表明，这些一度被压制的文化力量，正在当代中国迅速东山再起。

看一下中国传统的"关系"这个例子（Farh, Tsui, Xin and Cheng, 1998；King, 1991；Tsui and Farh, 1997）。中国共产党于1949年后发动了一系列的运动，以将中国传统的人际关系从"朋友关系"转变为"同志关系"（Vogel, 1965）。在 Vogel 的理想形式中，朋友关系依靠个人道德，而同志关系依靠一种普遍的道德。同志关系体现了一个新的社会主义国家中公民的公众精神，超越了基于亲属和同乡关系的特殊主义。这个巨大的价值转换工程最终将社会组合为一个个无所不包的功能性集体，称为单位。几乎每一个有工作的成年人都属于某个给其成员提供生活必需的物品和服务的单位。"文化大革命"期间（1966—1976），在"对资本主义全面专政"这一概念下，国家机器试图控制社会生活的所有方面。这种不理智的狂热席卷了中国，并几乎将这个国家带到了全面崩溃的边缘。随后由邓小平于1978年设计的经济改革使政治力量从公民的私人生活中稳步后撤。长期受压制的朋友关系这一概念重获新生。在中国这一改革过程中的经济体中，为个人利益而动用私人关系的做法无处不在，到20世纪80年代中期，已经渗透到了生活的每个方面（Yang, 1994）。

以上叙述凸现了中国传统社会文化力量的弹力。因为中国家长式领导的文化和组织因素根深蒂固，所以我们有理由相信家长式领导在中国的组织中大概跟在海外华人企业中一样盛行。实际上，Ho 和 Si（2001, p.47）从最近有关中国的研究发现中得出这么一个结论："强烈的家长主义或者叫做家庭主义在中国的工人中仍然十分盛行。"

随着邓小平的改革，中国经济中的民营成分，最早于20世纪80年代，以路边小摊和小块农田的形式出现了。现在，民营成分已经进入了各行业的各个分支，并且已经成为经济中增长最快、效率最高、最有活力的一部分（Smyth, Wang and Kiang, 2001）。民营部门的所有制形式多样,但合伙制和家族制成了主要形式(Redding,2002)。中国社会伦理中的家族中心性似乎在中国慢慢重新站住了脚跟,家庭,虽然曾经被意识形态所削弱,但现在又成了稳定这个巨变时期的锚(Ho and Si,2001)。在中国,家庭仍是不安全的条件下首选的,也经常是唯一的依靠(Redding,1990)。在最近一次对中国56个中小企业的调查中,Pistrui(2001)发现其中89%由其当前的企业拥有者创建,60%雇用其他家庭成员,41%有家族投资者。其他研究也证实了这一趋势(Schlevogt,2001)。

当代中国背景下的家长式领导与下属回应

虽然在20世纪60年代至80年代的表意研究(ideographical studies)中,家长式领导被认为在海外华人家族企业中很流行,但面对剧烈的社会现代化和西化,家长式领导如何应用于当代中国组织中的上级—下属关系仍然是个问题。最近,在台湾进行了一系列的四个研究,关注家长式领导在不同类型的组织中对不同下属回应的影响,这些组织包括金融服务公司、汽车制造商、高科技公司和公立学校。这些研究用的是缘于家长式领导量表(Cheng,Chou and Farh,2000)的问卷调查。在每项研究中,下属们都要填写有关他们的直接领导的领导方式的问卷。因变量包括下属们自我报告的对家长式领导的反应、组织承诺、对上级的满意度以及上级对下属表现的评级。表13.1概括了这四项有关家长式领导的研究的主要发现。

关于家长式领导的三个维度的主要影响,这些发现高度一致。第一,权威总是与下属回应负相关。它激起愤怒情绪(如:愤怒、愤慨、激动和疲惫),并倾向于压抑这些负面情绪的表达(Wu,Hsu and Cheng,2002);它对团队互动、成员对团队领导的承诺与满意度有着负面影响(Cheng,Huang and Chou,2002);它导致对领导的低忠诚度、低信任度和较差的组织公民行为(Cheng,Shieh and Chou,2002)。Cheng、Chou、Huang、Wu和Farh(2004)报告说这种形式的唯一例外是:多元回归分析发现,权威对下属的认同感、服从性与感恩心理有正面影响。这里,回归

表 13.1 台湾有关家长式领导四项研究的总结

研究和样本	自变量	因变量	调节变量/中介变量	与家长式领导相关的主要发现
研究一：Cheng, Huang and Chou (2002) 来自71个工作团队的400个成员，包括电子制造业(17)①、食品加工业(13)、汽车工业(8)、销售服务业(10)和医疗服务业(15)，分为30个一般管理团队、18个质量管理团队和24个R&D团队	权威领导 ($a=0.85$) 仁慈领导 ($a=0.89$)	对领导的满意度（单因素度量） 团队承诺 ($a=0.90$) 表现自评 ($a=0.86$) 留职意愿 ($a=0.89$)	团队互动：垂直互动 ($a=0.90$) 水平互动 ($a=0.89$)	1. 仁慈领导对所有回应变量和中介变量都有正面影响，而权威领导对所有回应变量和中介变量都有负面影响。 2. 权威和仁慈对垂直互动和对领导的满意度有正面影响。 3. 团队内互动完全中介仁慈和权威对自我表现评级和留职意愿的影响。 4. 团队内互动部分中介仁慈和权威对团队的满意度和对团队的承诺的影响。
研究二：Cheng, Shieh and Chou (2002) 台北部157所县级小学的509个校长一教师对	家长式领导：权威 ($a=0.85$)；仁慈 ($a=0.89$)；道德领导 ($a=0.89$) 交易型领导：任务相关 ($a=0.94$)；人相关 ($a=0.95$) 变革型领导：权变性报酬和处罚 ($a=0.90$)；非权变性报酬和处罚 ($a=0.71$)	校长对教师组织公民行为的评级 ($a=0.91$)（仅作为尺度）；校长评级	对领导的情感忠诚度（认同感和内在化）($a=0.96$) 强制忠诚度（牺牲性和奉献、业务辅助、服从性、主动协调）($a=0.93$) 对领导的信任 ($a=0.98$)	1. 控制了变革型领导和人口特征因素后，仁慈领导和道德领导对全部三个中介变量和组织公民行为有正面影响。 2. 权威领导与全部三个中介变量和组织公民行为负相关。 3. 强制忠诚度和人际间信任完全中介仁慈领导和道德领导对组织公民行为的影响。 4. 该研究未验证家长式领导和中介变量和道德领导对组织公民行为的三个方面对中介变量和组织公民行为的三个方面的影响。

（续表）

研究和样本	自变量	因变量	调节变量/中介变量	与家长式领导相关的主要发现
研究三：Wu, Hsu and Cheng (2002) 台湾一个大型汽车制造公司的 609 名雇员	仅权威领导（α = 0.82）	工作满意度（单因素度量）	对领导生气的感觉（α = 0.83）对生气感觉的压制（α = 0.85）	1. 权威领导正向影响对领导生气的感觉，倾向于压制生气感觉的表达。 2. 权威领导对工作满意度有负面影响，这种影响受生气的感觉完全中介。
研究四：Cheng, Chou, Huang, Wu and Farh (2004) 2000 年，台湾一家拥有 18 000 名员工的大型私营集团的 605 名经理和雇员。其核心业务是基金融服务，但也涉及银行、进出口贸易、通信服务、造纸等其他行业	家长式领导：权威（α = 0.91），仁慈（α = 0.96），道德领导（α = 0.93）交易型领导：高绩效标准（α = 0.75）个别关怀（α = 0.88）个别示范（α = 0.97）	下属反应：认同感和模仿（α = 0.93）无异议服从（α = 0.31）感恩心理和回报（α = 0.88）	对下属传统性的权威导向（α = 0.84）	1. 当相应变革型领导维度被控制时，权威对服从心理和感恩心理，仁慈对认同感和道德对全部三种心理有正面影响。 2. 仁慈领导和权威领导对全部三种反应有正向交互作用。而在全部三种道德和权威同有负向交互作用。 3. 下属的传统性调节权威领导和全部三种下属反应的关系。

① 括号中的数字是此次研究的团队数。

分析中发生了抑制(Cohen and Cohen,1983),因为在双变量水平上,权威与认同感($r = -0.28$, $p < 0.01$)和感恩心理($r = -0.17$, $p < 0.01$)是负相关的,和服从性是不相关的($r = -0.06$, $p > 0.05$)。

第二,与权威不同,仁慈总是与下属回应正相关。它对团队互动、成员承诺与对团队领导的满意度有着正面影响(Cheng, Huang and Chou, 2002)。它导致对领导的高忠诚度、高信任度和较好的组织公民行为(Cheng, Shieh and Chou, 2002);并且对下属的认同感、服从性与感恩心理有显著正面影响(Cheng et al., 2004)。

第三,有关道德的发现与有关仁慈的发现很相似。即,道德总是与下属回应正相关。它与对领导的高忠诚度、高信任度和较好的组织公民行为有关(Cheng, Shieh and Chou, 2002);并且对下属的认同感、服从性与感恩心理有显著正面影响(Cheng et al., 2004)。

以上发现表明,尽管中国社会与组织经历了翻天覆地的变化,家长式领导的两个维度(仁慈和道德)对下属回应有正面影响,这基本上与家长式领导的三元模型的预测相一致(图13.1)。唯一的例外是权威领导。它不像家长式领导的三元模型预测的那样带来下属的服从,实际上它导致下属的不良情绪(如:愤怒、对愤怒的压抑)和不良回应(如:对上级的不满和较低的组织承诺)。

基于以上讨论,我们提出以下假说:

假说1 道德领导和仁慈领导跟下属与上级的认同感正相关,其中道德领导影响较强。

假说2 道德领导和仁慈领导与下属对上级的感恩心理与回报正相关,其中仁慈领导影响较强。

假说3 权威领导与下属对上级的惧怕正相关。

假说4 仁慈领导和道德领导与下属对上级的服从性正相关。

假说5 权威领导与对上级的满意度和组织承诺负相关,而道德领导和仁慈领导与对上级的满意度和组织承诺正相关。

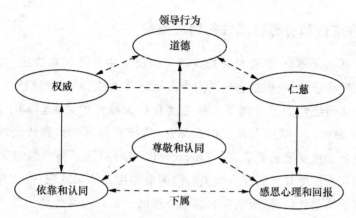

图 13.1　家长式领导与下属反应

资料来源：选自 Farh and Cheng(2000)。

三元模型没有包括对家长式领导的三个维度对下属回应的交互作用的特定预测。然而，根据中国长期以来的传统，一个理想的领导既要仁慈又要严格(在执行纪律方面)。以上四项研究中的两项研究了家长式领导的三个维度对下属回应的交互作用。在这两项研究中，Cheng 和他的同事发现权威和仁慈的交互作用对下属回应有显著的正面影响。在 Cheng, Huang 和 Chou(2002)中发现，权威和仁慈的交互作用对团队垂直互动和团队成员对团队领导的满意度有正面影响。在 Cheng 等(2004)中发现，权威和仁慈的交互作用对认同感、服从性和感恩心理也有正面影响。作图后可以看出，权威和仁慈间的正面交互作用表明，当一位领导很仁慈时，权威或者是对下属回应有一点正面影响，或是没有影响；一位领导不怎么仁慈时，权威与下属回应是负相关的。这种交互作用支持上文描述的对理想领导的传统理解。因此，我们提出以下假说：

假说 6　权威领导和仁慈领导交互进行来影响对上级的满意度。

239 下属传统性和资源依赖性的情境效应

根据三元模型,下属对家长式领导的反应由几个因素决定,其中一个是下属传统性,我们把它定义为个人愿意尊重社会等级的程度。研究表明个体传统性的差异调节工作态度和行为绩效的关系(Farh, Earley and Lin, 1997)。我们总体上的预测是:传统性较高的人比传统性较低的人更容易接受家长式领导。Cheng 等(2004)检验了传统性对家长式领导的几个维度和下属反应间关系的调节作用。结果发现:传统性调节权威与下属的认同感、服从性和感恩心理的关系。对高传统性的下属来说,权威与认同感、服从性和感恩心理间存在微弱的正向关系。对传统性较低的下属来说,权威与认同感、服从性和感恩心理负相关。然而,并未发现传统性与仁慈或道德互动而影响下属反应。

除了传统性,下属对上级的依赖性也可能影响下属对家长式领导的几个方面的反应。在分析海外华人家族企业的家长制时,Redding 将之分成了几个主题,第一个便是"下属的依赖性这一思维方式"(Redding, 1990, p.130)。这里的逻辑很直白,独立自主的下属更容易拒绝家长制管理。

有两种方式来定义下属的依赖性。首先,下属的依赖性可以定义为缺乏对独立性的需求的心理倾向(如:Kerr and Jermier, 1978; Podsakoff et al., 1993)。另一种观点是将其定义为一种由组织结构所强加的基于资源的依赖。分析中国国有工厂中工人行为时,Walder(1986)指出,计划经济制造出一种有组织的依赖文化,使工人依赖单位来获取生活必需品。这种资源依赖性的无意的后果是:干部和他们忠实的下属(如积极分子和骨干)间出现了一种庇护和被庇护关系。在这种庇护交易中,庇护者保护和照顾被庇护者的需要,被庇护者忠诚和服从于庇护者。这种由资源交换引起的交易是中国家长制传统的重生。所以,我们认为下属为了有价值的资源而产生的依赖性会是家长式领导的一个主要决定因素。

我们总体上的预测是：当下属为了有价值的资源而高度依赖他们的上级时，会比他们不依赖他们的上级时对权威领导和仁慈领导的反应更强烈。然而，资源依赖性对道德领导几乎没有影响，因为道德领导通过个人性格和诚恳来影响下属，而不是通过权力关系或是资源交换。

基于以上讨论，我们提出以下假说：

假说7 权威领导对下属回应的影响因下属传统性的不同而不同。传统性高的下属比起传统性低的下属，不易对权威领导做出负面反应。

假说8 权威领导和仁慈领导对下属反应的影响因下属依赖性的不同而不同。对领导依赖性更高的下属比起依赖性低的下属，对权威和仁慈的反应更强烈，更积极。

研究方法

样本

我们的样本是上海西北80公里的大城市苏州的52家中国民营企业的292名员工。这些企业代表了中国流行的许多行业，包括电子业、通讯业、钢铁业、纺织业、餐饮业和制造业。这些民营企业平均拥有207名员工（20—735人），平均企业年龄是6.92年（截止到2002年，1—16年）。这些企业中大约有1/3是由家族拥有和管理的，其他的是各种形式的合资企业。

我们发出了400份调查问卷，收回有效调查问卷292份，回收率73%。这个样本性别平衡（男性占49%），平均年龄是33.6岁（标准差是8.2）。教育程度方面，30.4%的样本成员为高中、技校毕业或以下；33.6%为职业培训学校毕业；23.2%拥有学士学位；10.1%拥有硕士学位。工作年限方面，17.9%的样本成员在当前组织工作了1年以下；

38.7%工作了1—3年；16.8%工作了3—5年；8.6%工作了5—7年；18%工作了7年以上。在职位方面，62.5%不担任管理职务；25.5%是一线管理者；12.0%是中层经理。

步骤

我们雇用了苏州大学的一位教授担任我们的数据收集顾问，利用他广泛的人际关系网和学校的网络来联系样本企业的人力资源经理来调查。我们用口头和书面形式把本次研究的目的和保密保证告知了这些参与者。

评估

我们采用了Cheng, Chou和Farh(2002)的项目来评估家长式领导。Cheng等(2000)的量表采用了比Farh和Cheng(2002)构建的家长式领导的最初定义更宽泛的定义。我们选用了其中与家长式领导的核心定义紧密对应的项目。领导的仁慈用6个项目来评估，这些项目与展现对下属的个人及家庭福利的个性化、整体性的关心紧密相关。道德领导（或道德）用4个项目来评估，这些项目表明某个领导榜样性的道德性格（诚实、可靠和公平）和身体力行来领导的意愿。权威领导用9个项目来评估，这些项目表明领导者独断专行，要求别人服从，故意使自己的意图含混不清，行为举止有威严。家长式领导量表上的19个项目都要经过主成分分析和Kaiser正交化promax旋转。我们发现了三个特征值大于1的因素，解释了变异量的56%。所有的家长式领导的项目都合适地载荷到了指定的维度上（调查项目和因子载荷见表13.2）。权威、仁慈和道德的Cronbach α 系数分别是0.85、0.84和0.83。

表 13.2　家长制领导量表的主成分分析结果（$N=274$）

家长制量表项目	权威	仁慈	道德
权威			
1. 会议上，决定总是以我的上级的意愿而定。	**0.77**	0.03	0.17
2. 工作单位的决定，不论大小，都是由我的上级说了算。	**0.75**	−0.01	0.04
3. 我的上级不让我们知道他的真实意图。	**0.74**	−0.03	−0.07
4. 我的上级要求我完全服从他/她的命令。	**0.74**	−0.02	0.03
5. 完不成任务时，上级就责备我们。	**0.71**	−0.17	0.09
6. 在我的上级的心目中，理想的下属是总是服从他/她的意愿的下属。	**0.69**	0.09	−0.19
7. 与我的上级一起工作时，我感到很有压力。	**0.62**	0.06	−0.22
8. 我的上级不与我们分享信息。	**0.54**	−0.10	0.20
9. 在我们面前，我的上级表现得威严。	**0.53**	0.17	−0.08
仁慈			
1. 我的上级对我的个人和日常生活表现出关心。	−0.09	**0.78**	0.05
2. 我的上级对我是不是舒服表现出关心。	−0.11	**0.78**	0.05
3. 我的上级也把我的家人照顾得好好的。	0.08	**0.78**	0.03
4. 我的上级对跟了他/她很久的下属照顾有加。	−0.01	**0.71**	0.13
5. 根据我的请求，我的上级满足我的要求。	0.19	**0.70**	−0.21
6. 我的上级帮助我解决日常生活中遇到的难题。	−0.03	**0.67**	0.24
道德			
1. 我的上级通过以身作则来领导。	0.05	−0.02	**0.87**
2. 我的上级没有偏见地公平对待我们。	0.00	−0.02	**0.86**
3. 在道德性格和做事方法方面，我的上级是我的榜样。	0.06	0.16	**0.75**
4. 我的上级是个诚实可靠的人。他/她从不以服务大众为幌子攫取个人利益。	−0.02	0.10	**0.66**

下属对家长式领导的心理反应通过以下四个维度来评估：认同感、服从性、感恩心理与回报以及畏惧。对认同感、服从性、感恩心理与回报的评估项目选自 Cheng 和 Jiang(2000)的对上级忠诚度量表。认同感包括 13 个项目，表达了对上级的仰慕和尊重，以及对上级价值观的认同；服从性通过 3 个项目来评估，表明下属愿意毫无疑义地服从上级工作指示的程度；感恩心理和回报通过 7 个项目来评估，表示下属感激上级的关心和友好，以及愿意为上级的利益而牺牲个人利益的程度；本研究中，下属对上级的畏惧通过 4 个项目来评估。我们用主成分分析和 Kaiser 正交化 promax 旋转对 27 个项目进行了因子分析，发现四个因素的特征值大于1，解释总变异量的 61.2%。所有的项目都合适地载荷到了指定的维度上（调查项目和因素载荷见表 13.3）。我们删除了认同感量表上因素载荷较低的 13 个项目。认同感、服从性、畏惧、感恩心理与回报 Cronbach α 系数分别是 0.91、0.75、0.85 和 0.85。

对上级的满意度通过 1 个项目来评估。我们要求参与者用一份百分制的量表来说明他们对他们的直接领导的满意程度。我们没有用多选题来评估对上级的满意度，因为先前研究表明，单选题足够评估出总的满意度(Negy，2002；Wanous，Reichers and Hudy，1997)。下属对组织的情感忠诚度通过从先前研究中(Farh，Tsui，Xin and Cheng，1998)选出的 7 个项目来评估。样本项目包括："公司的问题就跟我自己的问题一样"，"当有人夸奖我的公司时，我也感到骄傲"和"我经常告诉我的朋友说我的公司是个理想的工作场所"。对组织的情感忠诚度的 Cronbach α 系数是 0.87。

表 13.3 认同感、感恩心理与回报、畏惧和服从性的主成分分析结果（$N=264$）

	认同感	感恩心理与回报	畏惧	服从性
认同感				
1. 我非常欣赏我的上级的行为举止。	**0.90**	-0.21	0.01	-0.03
2. 我认同我的上级的工作哲学和方法。	**0.85**	-0.02	-0.05	-0.04
3. 我极度尊重我的上级。	**0.82**	-0.13	0.00	0.09
4. 我认为我的上级是一个有远见的人。	**0.78**	-0.12	0.11	0.10
5. 我会把我的上级的美德告诉同事们或朋友们。	**0.75**	0.21	-0.16	-0.21
6. 当我的上级受到不公正的待遇，我会站出来为他/她说话。	**0.73**	-0.03	0.07	-0.12
7. 我经常告诉我的朋友们说我的上级是个好老板。	**0.70**	0.13	-0.11	0.14
8. 自开始工作以来，我的价值观和我的上级的越来越相似了。	**0.67**	0.26	0.07	-0.10
9. 当我的上级被表扬时，我感到很荣幸。	**0.63**	0.05	0.01	0.20
10. 当我的上级受到批评时，我感觉就像自己被批评了一样。	**0.59**	0.24	0.15	0.03
11. 我的上级的成功就是我的成功。	**0.55**	0.33	-0.09	0.05
12. 我发现我自己总是同意我的上级的意见。	**0.52**	0.11	0.02	0.28
13. 我认为我的上级做的决定总是对的。	**0.37**	0.24	0.14	0.23

(续表)

	认同感	感恩心理与回报	畏惧	服从性
感恩心理和回报				
1. 有机会时,我会回报老板对我的友善。	0.12	**0.77**	−0.05	−0.19
2. 为了维护我的上级的利益,我会牺牲我个人的利益。	−0.02	**0.73**	−0.02	0.17
3. 我愿意帮助我的上级处理他/她自己的事情。	−0.02	**0.70**	−0.08	0.12
4. 我愿意为我的上级所犯的错误承担责任。	−0.21	**0.63**	0.23	0.10
5. 我会收集同事们的信息(如,计划、想法和观点),报告给我的上级	−0.01	**0.61**	0.17	0.04
6. 我非常感激我的上级对我的友善。	0.30	**0.59**	−0.04	−0.09
7. 即使要牺牲我个人的利益,我也愿意为我的上级工作。	0.19	**0.45**	0.06	0.30
恐惧				
1. 跟我的上级在一起时,我感到紧张。	−0.05	0.08	**0.86**	−0.01
2. 我努力与我的上级保持距离。	0.02	0.07	**0.83**	−0.25
3. 我总是担心老板批评我工作表现不佳。	0.16	−0.26	**0.80**	0.17
4. 我害怕我的上级。	−0.07	0.27	**0.75**	0.01
服从性				
1. 我即使不同意我的上级的意见也会服从。	−0.17	0.06	−0.04	**0.81**
2. 我完全遵从我的上级的工作哲学和方法。	0.18	0.05	−0.14	**0.70**
3. 我完全听从我的上级的指示。	0.22	−0.02	0.07	**0.67**

下属对上级的依赖性通过为本次研究写的6个项目来评估。我们要求参与者说明他们的直接上级可以决定他们的升迁、年加薪、工作福利、工作资源(如基金、设备)和工作内容的程度。传统性(定义为一个人对服从权威的传统价值观的认同程度)通过从Yang, Yu和Yeh(1989)中选出的5个项目来评估。因为依赖性是一个新的量表,我们用主成分分析对依赖性的项目和我们的传统性的项目进行了因子分析。发现两个因素的特征值大于1,解释总项目变异量的52.4%。所有项目都合适地载荷到指定的维度上(调查项目和因素载荷见表13.4)。我们删除了依赖性量表上依赖性因素载荷较低并在传统性上交叉载荷的6个项目。依赖性和传统性的Cronbach α系数分别是0.80和0.77。

表13.4 传统性和依赖性的主成分分析结果($N=260$)

	传统性	依赖性
传统性		
1. 避免犯错误的最好方法就是听取老人的意见。	0.79	0.03
2. 服从权威和尊重长辈是孩子们应该学习的美德。	0.78	-0.15
3. 当人们有争议的时候,他们应该问一下最年长的人谁是对的。	0.78	-0.04
4. 孩子们应该尊重他们的父母所尊重的人。	0.67	0.08
5. 国家元首就像一家之主,在所有国事上,公民们都应该服从他的意见。	0.67	0.11
依赖性		
1. 我的升迁很大程度上取决于我的直接上级。	-0.12	0.79
2. 我每年工资能涨多少受到我的直接上级决定的很大影响。	-0.10	0.79
3. 我必须依靠我的直接上级的支持来获得更多福利。	0.05	0.79
4. 我必须依靠我的直接上级来获取必需的工作资源(如:基金、设备)。	0.10	0.67
5. 我的工作内容是我的上级分配的。	0.27	0.44
6. 我必须依靠我的直接上级的帮助来完成工作。	0.37	0.37

本次调查用到的多项目量表中的所有项目都通过李克特六点量表来评估。我们选用了偶数反应格式,因为先前的研究表明中国人倾向于选择奇数李克特量表上的中间值(Chui and Yang,1987)。我们希望通过不设中间值来减少反应偏差。

本次研究中,我们包括了四个人口特征变量(性别、年龄、教育程度和工作年限),并且将职位高低作为控制因素。之所以包括这些变量是因为它们可能与本次研究中的因变量有关。性别作了编码(0=女,1=男)。年龄分成了七个阶段(1=25岁以下,2=26—30岁,以此类推)。教育程度分成了四类(1=高中毕业以下,2=高中,3=学士学位,4=研究生或以上)。工作年限分成了八个阶段(1=1年以下,2=1—3年,3=3—5年,4=5—7年,5=7—9年,6=9—11年,7=11—13年,8=13年以上)。职位高低分成了三类(1=员工,2=一线领导,3=二线经理或以上)。

分析

我们用多元回归分析来检验家长式领导对下属回应的影响,在控制下属人口特征、职位高低、传统性和依赖性的前提下,对家长式领导的三个维度分别作了回归。我们用分层回归分析检验了家长式领导三个维度间的交互作用对下属回应的影响,检验了传统性和依赖性对家长式领导和下属回应间关系的调节作用。当我们发现显著交互或调节作用时,便用 Cohen 和 Cohen(1983)中描写的步骤来对这些作用进行作图。因为这些多种多样的下属回应可以分为近期和远期回应,前者与后者通过假设的因果流连接,我们采用了协方差结构分析来检验家长式领导对下属回应影响的总的因果模型。

结　　果

相关分析

表 13.5 列出了研究变量的均值、标准差和相关系数。看一下这个

表格就会发现几种有趣的关系模式。第一,道德和仁慈是中度相关的($r=0.48$),但它们与权威是边际相关的(r分别为 -0.16 和 0.15)。这种相关模式表明家长式领导的三个维度间是高度独立的。第二,虽然六个下属回应变量(即认同感、服从性、畏惧、感恩心理与回报、满意度和承诺)是显著相关的,但是它们中没有任何两个分享38%以上的变异量(最高相关系数为0.61),表明这些回应变量间是相对独立的。第三,下属的传统性和依赖性与下属回应正相关(r为0.07到0.58),家长式领导的三个维度与下属回应正相关(r为0.20到0.38)。这些值表明,家长式领导与下属回应间的相关性可能为它们与下属的性情(如:传统性)和环境因素(如:下属依靠领导来获取资源)的相关性所扩大了。为了控制这种共同方法偏差,我们在用多元回归分析评估家长式领导对下属回应的影响时,把传统性和依赖性加入了我们的控制变量。

回归分析

为了检验假说1—5(即家长式领导的各个维度对下属回应的主要影响),我们把每个下属回应和控制变量对家长式领导的各个维度作了回归。表13.6显示了分析的结果。每个回应变量下有两个模型,第一栏显示的是只控制下属的人口特征或职位时,家长式领导的各个维度对下属回应的影响。第二栏显示的是为控制共同方法偏差而把传统性和依赖性加入控制变量时的结果和两个调节变量的影响。

假说1称道德领导和仁慈领导跟下属与上级的认同感正相关,其中道德领导影响较大。跟预测的一样,道德对认同感有较强的正面影响(第一列和第二列)。仁慈对认同感的影响弱一些(第一列),到第二列时就不显著了。假说1得到了支持。这个分析也表明,权威在第一列对认同感没有影响,但在第二列却有显著的负面影响,这表明它在等式中是个抑制变量。

假说2称道德领导和仁慈领导与下属对上级的感恩心理与回报正相关,其中仁慈领导影响较大。如表13.6的第三列和第四列所示,下属的感恩心理和回报与领导的仁慈紧密相关,但与道德不相关。假说2得到部分支持。

表 13.5 研究变量ᵃ的均值、标准差和相关系数

	均值	标准差	1	2	3	4	5	6	7	8	9	10	11	12	13	14	15	16
1. 认同感	4.47	0.73	(0.93)															
2. 服从性	4.34	0.82	0.61	(0.75)														
3. 畏惧	3.59	1.02	0.17	0.25	(0.85)													
4. 感恩心理	3.92	0.81	0.59	0.56	0.47	(0.85)												
5. 满意度	80.90	16.02	0.47	0.21	-0.12	0.14	—											
6. 承诺	4.51	0.73	0.61	0.40	0.01	0.35	0.36	(0.87)										
7. 年龄	3.81	1.65	0.07	0.05	0.13	0.19	0.08	0.07	—									
8. 性别	0.51	0.50	0.04	0.00	0.12	0.12	0.04	0.06	0.17	—								
9. 教育程度	3.08	1.03	-0.05	0.05	0.03	0.04	-0.16	-0.16	-0.23	0.01	—							
10. 工作年限	2.98	1.99	0.01	-0.07	0.01	-0.03	0.13	0.13	0.41	-0.08	-0.25	—						
11. 职位	1.49	0.73	0.18	0.08	0.02	0.18	0.13	0.12	0.14	0.12	0.16	0.16	—					
12. 传统性	3.90	0.93	0.43	0.45	0.34	0.42	0.15	0.38	0.05	-0.03	-0.06	0.02	0.02	(0.80)				
13. 依赖性	4.20	0.77	0.47	0.49	0.46	0.58	0.07	0.27	-0.01	0.02	-0.05	-0.04	0.06	0.36	(0.77)			
14. 权威	3.59	0.87	0.02	0.21	0.51	0.31	-0.14	-0.14	0.19	0.03	0.11	-0.01	0.02	0.26	0.37	(0.85)		
15. 仁慈	3.88	0.89	0.47	0.34	0.23	0.49	0.23	0.43	0.11	0.16	0.00	-0.06	0.10	0.38	0.34	0.15	(0.84)	
16. 道德	4.60	0.83	0.52	0.24	-0.12	0.18	0.43	0.54	-0.10	-0.03	-0.18	0.09	0.00	0.26	0.20	-0.17	0.48	(0.83)

a. 当 r 大于 0.13 和 0.17 时，p 分别小于 0.05 和 0.01（双侧）。

注：斜线上括号中的数字是多项目量表的 Cronbach α 值，$N = 244$，未列出的被删除了。

表 13.6 家长式领导对下属回应影响的多元回归分析

	认同感(H1)		感恩心理(H2)		畏惧(H3)		服从性(H4)		满意度(H5)		承诺(H5)	
	1	2	3	4	5	6	7	8	9	10	11	12
第一步:控制变量												
年龄	0.06	0.03	0.22**	0.20***	0.12	0.11	0.10	0.08	-0.01	-0.01	-0.02	-0.04
性别	-0.02	-0.01	0.06	0.07	0.11	0.12*	-0.05	-0.04	0.03	0.03	0.03	0.05
教育程度	-0.08	-0.08	0.03	0.03	0.06	0.05	0.03	-0.10	-0.16*	-0.16*	-0.17*	-0.15*
工作年限	-0.09	-0.06	-0.13	-0.10	0.00	0.03	-0.13	-0.10	0.07	0.08	0.06	0.08
职位	0.18**	0.15***	0.16*	0.13**	-0.01	-0.04	0.08	0.04	0.14*	0.14*	0.11	0.10
传统性		0.30***		0.24***		0.19***		0.32***		0.13		0.32***
依赖性		0.35***		0.48***		0.39***		0.36***		0.02		0.16*
ΔR²	0.04	0.32***	0.08***	0.45***	0.03	0.27***	0.02	0.34***	0.06*	0.08**	0.05	0.20***
第二步:家长式领导												
权威	0.03	-0.15**	-0.23***	0.03	0.45***	0.29***	0.19***	-0.01	-0.09	-0.10	-0.12*	-0.24***
仁慈	0.22***	0.09	0.41***	0.27***	0.26***	0.15**	0.20***	0.04	0.03	0.01	0.23***	0.13*
道德	0.45***	0.37***	0.04	-0.05	-0.19***	-0.26***	0.21***	0.12	0.39***	0.38***	0.41***	0.35*
ΔR²	0.33***	0.19***	0.024***	0.05**	0.28***	0.14**	0.16***	0.02	0.17***	0.16***	0.32***	0.24***
总R²	0.37	0.51	0.33	0.50	0.31	0.42	0.18	0.36	0.23	0.23	0.37	0.44
F值	17.15***	23.87***	14.17***	22.89***	13.36***	16.56***	6.32***	12.98***	8.45***	6.83***	17.01***	18.39***

* $p < 0.05$；** $p < 0.01$；*** $p < 0.001$。

假说3称权威领导与下属对上级的畏惧正相关。如第五列和第六列所示，畏惧与权威强烈正相关。所以假说3得到了支持。有趣的是我们发现仁慈也与对上级的畏惧正相关；相反，领导的道德倾向于对领导的畏惧有负面影响。

假说4称仁慈领导和道德领导与下属对上级的服从性正相关。如表13.6的第七列所示，服从性与家长式领导的三个维度全部显著正相关。然而，当传统性和依赖性被作为控制变量加入到回归中时，这些显著影响便消失了。假说4得到了部分支持。

假说5称权威领导与对上级的满意度和组织承诺负相关，而道德领导和仁慈领导与对上级的满意度和组织承诺正相关。如第九到十二列所示，道德和仁慈对组织承诺都有显著的正面影响，而权威对组织承诺有显著的负面影响。家长式领导的三个维度加起来解释承诺变异量的24%，其他部分由下属的人口特征、职位高低、传统性和依赖性决定。下属对上级的满意度仅与道德正相关，仁慈与权威对满意度没有影响，下属的传统性与依赖性对满意度也没有影响。假说5在组织承诺方面得到了有力支持，但在对上级的满意度方面仅得到了部分支持。

假说6称权威领导和仁慈领导的交互作用正向影响对上级的满意度。为了检验这一预测，除了家长式领导的几个方面和控制变量，我们还把权威和仁慈的交互作用包括进了回归方程。这个交互作用项不显著，所以假说6未得到支持。

下属传统性和对上级的资源依赖性的调节作用

假说7称权威领导对下属回应的影响因下属传统性的不同而不同。传统性高的下属比起传统性低的下属，不易对权威领导做出负面反应。我们用分层多元回归分析分析了传统性与家长式领导各个维度的交互作用对下属回应的影响。我们发现权威领导和传统性对领导的满意度有显著的交互影响。有些出乎意料的是，我们也发现仁慈领导和传统性对畏惧有显著的交互影响。结果见表13.7。我们遵照Cohen和Cohen（1983）推荐的程序，把这两个交互作用绘成了图13.2a和图13.2b。与假说7相一致,对于传统性较低的下属比对于传统性较高的下属,领导权威与对上级的满意度更加负相关(图13.2b)。因为传统性与权威领导仅仅在一种下属回应中有交互作用,所以假说7得到了部分支持。图13.2a 显示:对于传统性较高的下属比对于传统性较低的下属,仁慈领导和畏惧的关系更强。

表13.7 家长式领导的各维度、下属传统性和对上级依赖性交互作用的多元回归分析($N=244$)

	传统性的调节		对上级的资源依赖性的调节			
	畏惧	满足感	畏惧	服从性	认同感	承诺
控制变量						
年龄	-0.03	0.08	-0.02	0.10	0.13*	0.07
性别	0.10	0.06	0.10	-0.05	-0.02	0.03
教育程度	-0.03	-0.05	-0.04	0.04	0.00	-0.08
工作年限	0.08	0.05	0.08	-0.13*	-0.10	0.02
职位	-0.03	0.10	-0.02	0.06	0.15**	0.10*
传统性	-0.46	0.46	0.16**	0.27***	0.21**	0.22**
依赖性	0.30***	-0.01	-0.05	0.49	0.62	0.55
家长式领导						
权威(AU)	0.20	-0.66**	-0.31	-0.23	-0.06	-0.40
仁慈(BE)	-0.42	0.22	0.21	-0.68**	-0.43	-0.82**
诺德(MO)	-0.26	0.87**	-0.23	0.94**	0.97**	1.52**
双向交互						
AU×传统性	0.11	0.86*				
BE×传统性	1.00*	-0.36				
MO×传统性	-0.06	-0.93				
AU×依赖性			0.88*	0.31	-0.13	0.22
BE×依赖性			-0.10	1.12*	0.80*	1.46***
MO×依赖性			-0.07	-1.38*	-1.00*	-1.95***
ΔR^2	0.02*	0.04**	0.01	0.03*	0.01	0.05***
总R^2	0.44	0.27	0.43	0.39	0.52	0.49
F值	13.68***	6.50***	13.22***	11.09***	18.93***	16.82***

* $p<0.05$；** $p<0.01$；*** $p<0.001$。

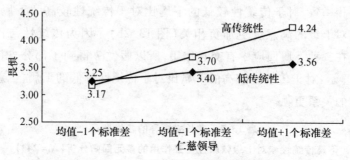

图 13.2a 仁慈领导 × 传统性对畏惧

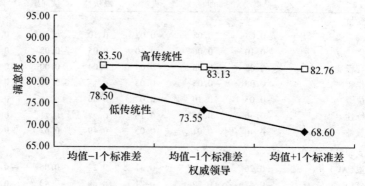

图 13.2b 权威领导 × 传统性对满意度

图 13.2 仁慈领导和权威领导与传统性的交互作用

假说8称权威领导和仁慈领导对下属反应的影响因下属依赖性的不同而不同。对领导依赖性更高的下属比起依赖性低的下属,对权威和仁慈的反应更强烈,更积极。我们用分层多元回归分析分析了依赖性和家长式领导各方面的交互作用。结果见表13.7,家长式领导和依赖性的交互作用见图13.3a—13.3g。

第一,我们发现依赖性调节权威与畏惧的关系。在下属的依赖性高时,上级权威对畏惧的正面影响比下属的依赖性低时更强(见图 13.3a)。第二,我们还发现依赖性调节仁慈对认同感、服从性和组织承诺的影响。在下属的依赖性高时,仁慈对认同感、服从性和承诺的正面影响比下属的依赖性低时更强(图 13.3a—图 13.3d)。假说8得到了部分支持。

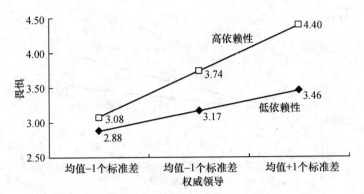

图 13.3a 权威领导 × 依赖性对畏惧

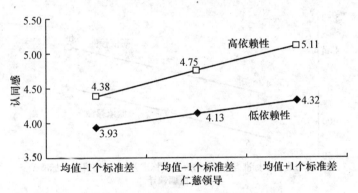

图 13.3b 仁慈领导 × 依赖性对认同感

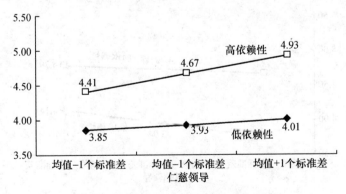

图 13.3c 仁慈领导 × 依赖性对服从性

图 13.3 家长式领导和依赖性的交互作用

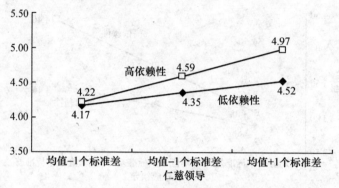

图 13.3d　仁慈领导 × 依赖性对组织承诺

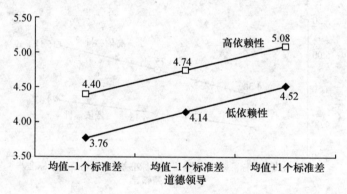

图 13.3e　道德领导 × 依赖性对认同感

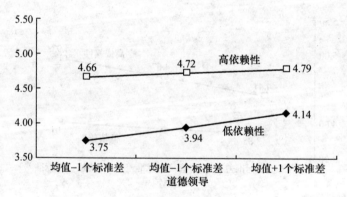

图 13.3f　道德领导 × 依赖性对服从性

图 13.3 续

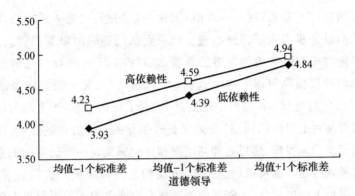

图 13.3g 道德领导×依赖性对承诺

图 13.3 续

意想不到的是,我们发现依赖性也调节道德对认同感、服从性和承诺的影响。这种影响方式正好与仁慈的影响方式相反,因为在下属的依赖性低时比下属的依赖性高时,道德对认同感、服从性和承诺的正面影响更强(图 13.3e—图 13.3g)。

家长式领导对下属回应的影响的补充因果分析

本研究的一个长处是我们研究了家长式领导各维度对许多下属回应的影响,一些是与上级相关的(如:对上级的畏惧),其他的是与组织相关的(如:组织承诺)。我们把这六种回应分成了两组,每组三个。第一组由受家长式领导各维度直接影响的直接心理反应组成,包括畏惧、感恩心理与回报和认同感。第二组由较远的回应组成(即服从性、对上级的满意度和组织承诺),这些通过心理状态与家长式领导各维度间接联系。我们把前者称为近回应,把后者称为远回应。这些数据使得我们可以进行家长式领导对这两层回应的影响的初步因果分析。

图 13.4 展示了我们的解释性的因果模型。这个模型的外生变量是家长式领导三个相关的维度。紧跟着家长式领导各维度的三个近回应是对上级的畏惧、对上级的感恩心理与回报和对上级的认同感。鉴于三元模型(见图 13.1),我们用直接因果通路将家长式领导的三个维度与

三个近回应连了起来:权威→畏惧;道德→认同感;仁慈→感恩心理与回报。我们进一步引入了感恩心理与回报到认同感的因果通路,因为心理认同可能源于对领导道德性格的尊重,也可能源于对领导仁慈的感恩心理。我们的模型也包括了三个远回应(即服从性、对上级的满意度和组织承诺),它们全都是通过三个近变量(即对上级的畏惧、对上级的感恩心理与回报和对上级的认同感)受到家长式领导的三个方面的影响。所以,我们的模型引入畏惧、感恩心理与回报和认同感到每一个远回应的直接通路。这种安排是有据可依的。例如,下属们之所以服从上级的请求,可能是因为畏惧上级的评估,可能是因为感恩心理而觉得不得不回报上级以前对自己的好处,也可能是因为个人认同上级(参见 Etzioni,1961)。关于对上级的满意度和组织承诺,对上级的畏惧对这两者都有负面影响,而感觉领导值得感激和回报和对上级的个人认同会强化这两种回应。

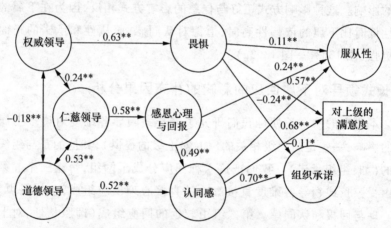

图 13.4 家长式领导对下属回应的因果模型
* $p < 0.05$;** $p < 0.01$;本图中省去了不显著的通路。

这个解释性因果模型用极大似然技术通过 EQS6.1 程序来估计(Bentler,2004)。考虑到测量模型中有许多参数要估计,我们将多项目量表的每个潜在建构分成了两个指标(Aryee, Budhwar and Chen, 2002)。随后的协变量结构分析表明这个因果模型与数据吻合较好(χ^2 = 352.38; d.f. = 120; RMSEA = 0.09; CFI = 0.89)。图 13.4 还展示了此次分析的结构系数,这验证了模型中的大多数通路。对于主要受畏惧中介的对领导的满意度和组织承诺,权威有间接的负面影响;对于主要受畏惧中介的服从性,权威也有弱的间接正面影响;道德领导对服从性、对上级的满意度和组织承诺的间接影响由认同感来传递;仁慈对服从性的正面直接影响由感恩心理与回报来中介;仁慈还对上级的满意度和组织承诺有间接正面影响,该影响由感恩心理与回报及接下来的认同感来中介。

讨 论

本次研究的主要目的是调查 Farh 和 Cheng(2000)的家长式领导模型是否可以解释中国民营企业中的上级—下属关系。本次研究的总的发现支持该模型,因为:(1)家长式领导三个维度与下属回应有正面关系,支持假说1到假说4;(2)家长式领导与组织承诺、对领导的满意度和对领导要求的服从性的关系由畏惧、感恩心理与回报和认同感这些心理反应来中介;(3)与 Farh 和 Cheng(2000)的家长式领导模型预测的一样,下属对上级的资源依赖性和下属的传统性在影响下属回应时与家长式领导的三个维度有交互作用。这些结果不仅再现了原先在台湾做的关于家长式领导的研究发现,还进一步将家长式领导的三个维度通过认同感、感恩心理与回报和畏惧等心理反应与满意度、承诺和服从性连了起来。另外,本研究还展示了下属对上级的资源依赖性作为作用于家长式领导对下属回应的影响的关键变量的重要性。

此次研究的核心发现之一是有关权威对下属回应的影响的。承接先前的研究,我们发现权威会导致许多负面回应,如较低的组织承诺和对上级较低的满意度。在先前研究的基础上更进一步,我们还发现下属对上级的畏惧在权威的影响方面起到了重要的干扰作用。我们发现畏惧和服从性正相关,但是和组织承诺和对上级的满意度负相关。这种模式表明:权威性的领导人会通过畏惧得到下属的服从,但与此同时要付出代价,即会导致下属对上级较低的满意度和较低的组织承诺。

我们还发现权威与下属的传统性交互作用来影响下属对上级的满意度。对传统价值观较强的下属,权威不与对上级的满意度负相关;对传统价值观较弱的下属,权威导致对上级的强烈不满情绪;在下属对上级的资源依赖性高时比下属对上级的资源依赖性低时,权威与畏惧的相关更强。这些结果表明,下属对权威领导的反应受他们自己的个性和对依赖性的理解的影响。

权威的负面影响并非完全出乎意料。中国在过去的50年中经历了从计划到市场的改革,撼动了对权威的传统理解。我们不能再想当然地认为服从权威是所有中国人普遍的价值观。

随着中国社会服从权威的传统价值观的江河日下,当前的权威领导可能需要经过修改才能被中国的雇员们接受。其转变可能有两个方向。第一,权威领导可以去除领导行为中非常有损个人人格的部分(如:轻视下属所作的贡献,非常严格的控制与管理,要下属绝对服从于自己)。权威领导的另一面(如:实行严格的工作标准,坚持让下属遵守工作规章制度,制定高的绩效标准)在某些组织中可以保留甚至是进一步加强。实际上,Wang(2002)最近所作的一项研究表明:首席执行官们的严格管理控制与公司的良好业绩相关。第二,上级可以不致力于建立个人权威来使下属敬畏或畏惧自己,而是致力于建立非个人的权威(如:塑造公司的核心原则和价值观的权威性)。当权威从某个领导转移到核心原则和价值观上时,下属就不再服从于"人"了,而是服从于"法"了。他们体验到的将不再是与个人权威的行使相关的敬畏,而是与核心原则和价值观相关的敬畏。在当代中国,比起个人权威,建立在核心原则和价值观基础上的非个人的权威将不那么容易激起雇员们的抵触。同时,非个人的权威还有其他好处:建立强大的、更持久的公司文化,更平稳的管理人接替,更大的稳定性和长时间的延续性。以后的研究应该讨论这些可能性。

与权威不同,仁慈与对上级的感恩心理与回报有很强的正面关系,并通过这种关系,对认同感、服从性、满意度和承诺产生正面影响。我们的研究进一步表明,当下属因为资源而依赖上级时,仁慈对认同感、服从性和组织承诺的正面影响更加强大。由于我们对依赖性的度量是上级职位权力的逆度量,我们的发现表明,当一个有力的领导者变得仁慈时,他/她会对下属产生尤其强的正面影响。相反,当一个软弱的领导变得仁慈时,他/她的仁慈的举动几乎不会影响到下属。这个发现并不与有关职位权力的领导学文献(Yukl, 1998)相冲突。虽然一个有力的领导的仁慈举动会被看做对下属的真实的关心,但是一个软弱的领导的仁慈举动却可能被看做软弱的表现,下属可能一点也不感激。

在家长式领导的三个维度中,道德对认同感、对上级的满意度和组织承诺的影响最大。我们还发现道德与依赖性交互作用来影响认同感、服从性和承诺。这些交互作用表明,当领导有低职位权力时比起领导有高职位权力时,道德与认同感、服从性和承诺的关系更强。这种交互方式与仁慈领导的交互方式恰恰相反。仁慈的领导们与下属建立个人关系并通过互惠来影响他们,而道德的领导们通过自身的高尚来激励下属。所以,身居高权职位的仁慈领导影响力非常大,而道德的领导,即使缺乏权力,也有影响力。这些对比鲜明的结果值得我们在以后的研究中系统检验。

出乎意料的是,我们并没有发现家长式领导的各个维度彼此交互作用来影响下属回应。换句话说,没有证据表明一个集权威与仁慈于一身的领导比一位权威而不仁慈的领导更能取得下属的认同感、服从性、感恩与回报、满意度和承诺。先前的研究则有发现这一交互作用的(见表13.1)。以后的研究应该关注为什么有的样本中有这样的合并效应,而有的样本却没有。

最后,我们必须指明我们对领导有效性的评估仅限于下属回应。而家长式领导完全可能在组织水平产生正面回应,但下属回应反映不出来。比如,在执行官层次的家长式领导倾向于形成个人决策的结构,该结构的优势有加强源于见识的直觉、制定战略很灵活、反应速度快等(Redding, 1990)。这些有助于增加组织的适应性和灵活性,也正是许多海外华人组织的优势。在家族所有的企业中,家长式领导肯定能够帮助所有者/管理者维持控制力。所以,在将对家族财富的控制力最大化方面,家长式领导可能是一个十分有效的策略。我们需要在以后的研究中研究家长式领导在组织层面的回应。

局　　限

本研究有几处可能影响对结果的解读的局限。第一,家长式领导和下属回应的数据都来自于同一组下属,这可能带来同源偏倚或共同方法变异问题。然而,有些研究者称,同源偏倚不一定对结论产生严重影响(Kline, Sulsky and Rever-Moriyama, 2000; Spector, 1987)。虽然有这些说法,以后的研究还是应该从不同的来源获取自变量和因变量。

第二,这是一项横截面研究,这意味着我们得到的因果性结论可能有其他解读。对原因和结果的有不同时间间隔的纵向设计有助于增加结果的说服力。

第三,被我们的参与者描述领导行为的目标人群由中层或下层管理者组成。这些发现可能不能推广到可能要应用家长式领导的高层管理者或中国家族企业的所有者。

结　　论

家长式领导是一种土生土长的中国领导方式,它植根于中国的家长制传统,在海外华人家族企业中流行。本章回顾了现有的对家长式领导的研究,然后用来自 52 家民营企业的 292 名雇员组成的样本研究了家长式领导是否适用于中国民营企业。我们发现权威与对上级的满意度和组织承诺等下属回应有负面关系,这种关系由对上级的畏惧中介。我们进一步发现,仁慈和道德与下属的服从性、对上级的满意度和组织承诺正相关,这种相关由下属的感恩心理与回报和对上级的认同感中介。下属的资源依赖性和传统性与家长式领导的各维度交互作用来影响几种下属回应。我们构建了通路模型来展示家长式领导各维度与下属心理反应和态度/行为回应的假设性因果关系。本章丰富了我们对家长式领导的心理反应的理解，因为本章不仅探明了对家长式领导的几种心理反应，还揭示了领导的权威、仁慈和道德性格与雇员的传统性、对领导的资源依赖性间丰富的相互作用。我们希望本章能够加深我们对领导学的理解，并为对中国雇员的管理提供有用的建议。

参 考 文 献

Aryee, S.; P. S. Budhwar; and Z. X. Chen. (2002). Trust as a mediator of the relationship between organizational justice and work outcomes: Test of a social exchange model. *Journal of Organizational Behavior*, 23, 267–85.

Bagozzi, R., and T. Heatherton. (1994). A general approach to representing multifaceted personality constructs: Application to self-esteem. *Structural Equation Modeling*, 1, 35–67.

Bentler, P. M. (2004). *EQS 6 for Windows Program Manual*. Encino, CA: Multivariate Software.

Chang, S. K. C. (1985). American and Chinese managers in U.S. companies in Taiwan: A comparison. *California Management Review*, 27, 4, 144–56.

Chen, X. P., and J. L. Farh. (1999). The effectiveness of transactional and transformational leader behaviours in Chinese organizations: Evidence from Taiwan. Paper presented at the annual meeting of the Academy of Management, Chicago.

Cheng, B. S. (1990). *Leadership and situation: An interactional psychology approach* (in Chinese). Taipei: Dayang.

———. (1995a). Paternalistic authority and leadership: A case study of a Taiwanese CEO (in Chinese). *Bulletin of the Institute of Ethnology Academic Sinica*, 79, 119–73.

———. (1995b). Hierarchical structure and Chinese organizational behavior (in Chinese). *Indigenous Psychological Research in Chinese Societies*, 3, 142–219.

Cheng, B. S.; L. F. Chou; and J. L. Farh. (2000). A triad model of paternalistic leadership: The constructs and measurement (in Chinese). *Indigenous Psychological Research in Chinese Societies*, 14, 3–64.

Cheng, B. S.; L. F. Chou; M.P. Huang; T. Y. Wu; and J. L. Farh (2004). Paternalistic leadership and subordinator responses: Evidence from Taiwan. *Asian Journal of Social Psychology*, 7(1), 89–117.

Cheng, B. S.; M. P. Huang; and L. F. Chou. (2002). Paternalistic leadership and its effectiveness: Evidence from Chinese organizational teams. *Journal of Psychology in Chinese Societies*, 3, 85–112.

Cheng, B. S., and D. Y. Jiang. (2000). Supervisory loyalty in Chinese business enterprises: The relative effects of emic and imposed-etic constructs on employee effectiveness (in Chinese). *Indigenous Psychological Research in Chinese Societies*, 14, 65–114.

Cheng, B. S.; P. Y. Shieh; and L. F. Chou. (2002). The principal's leadership, leader-member exchange quality, and the teacher's extra-role behavior: The effects of transformational and paternalistic leadership (in Chinese). *Indigenous Psychological Research in Chinese Societies*, 17, 105–61.

Chiu, C., and C. F. Yang. (1987). Chinese subjects' dilemmas: Humility and cognitive laziness as problems in using rating scales. *Bulletin of the Hong Kong Psychological Society*, 18, 39–50.

Cohen, J., and P. Cohen. (1983). *Applied multiple regression /correlation analysis for behavioral science*. Hillsdale, NJ: Lawrence Erlbaum Associates.

Etzioni, A. (1961). *Comparative analysis of complex organizations*. New York: Free Press.

Farh, J. L., and B. S. Cheng. (2000). A cultural analysis of paternalistic leadership in Chinese organizations. In J. T. Li, A. S. Tsui, and E. Weldon (Eds.), *Management and organizations in the Chinese Context*, pp. 94–127. London: Macmillan.

Farh, J. L.; P. C. Earley; and S. C. Lin. (1997). Impetus for action: A cultural analysis of justice and organizational citizenship behaviour in Chinese society. *Administrative Science Quarterly*, 42, 421–44.

Farh, J. L.; P. M. Podsakoff; and B. S. Cheng. (1987). Culture free leadership effectiveness versus moderators of leadership behavior: An extension and test of Kerr and Jermier's substitutes for leadership model in Taiwan. *Journal of International Business Studies*, 18, 43–60.

Farh, J. L.; A. S. Tsui; K. Xin; and B. S. Cheng. (1998). The influence of relational demography and *guanxi*: The Chinese case. *Organization Science*, 9, 471–88.

Ho, Y. P., and S. X. Si. (2001). Employee responsibilities and rights in China. *Asia Pacific Business Review*, 7, 3, 34–56.

Hofstede, G. H. (1980a). *Culture's consequences: International differences in work-related values*. Beverly

Hills, CA: Sage.

———. (1980b). Motivation, leadership, and organization: Do American theories apply abroad? *Organizational Dynamics*, 9, 1, 42–63.

———. (1994). Cultural constraints in management theories. In D.E. Hussey (Ed.), *International review of strategic management*, 5, pp. 27–48. Chichester, UK: Wiley.

Hofstede, G. H., and M. H. Bond. (1988). The Confucius connection: From cultural roots to economic growth. *Organizational Dynamics*, 16, 4, 4–21.

Hsu, F. L. K. (1981). *Americans and Chinese: Passage to differences* (3rd ed). Honolulu: University of Hawaii Press.

Huang, K. L., and I. F. Wang. (1980). The effects of leadership style and personality trait on worker job satisfaction (in Chinese). *Journal of Changchi University*, 41, 45–60.

Hui, C.; C. Lee; and D. M. Rousseau. (2004). Employment relationships in China: Do workers relate to the organization or to people? *Organization Science*, 15, 232–40.

Kerr, S., and J. M. Jermier. (1978). Substitutes for leadership: Their meaning and measurement. *Organizational Behavior and Human Performance*, 22, 375–403.

King, A. Y. (1991). Kuan-hsi and network building: A sociological interpretation. *Daedalus*, 120, 63–84.

Kline, T. J. B.; L. M. Sulsky; and S. D. Rever-Moriyama. (2000). Common method variance and specification errors: A practical approach to detection. *Journal of Psychology Interdisciplinary and Applied*, 134, 401–21.

Morris, M. W.; K. Leung; D. Ames; and B. Lickel. (1999). Views from inside and outside: Integrating emic and etic insights about culture and justice judgment. *Academy of Management Review*, 24, 781–96.

Negy, S. M. (2002). Using a single-item approach to measure facet job satisfaction. *Journal of Occupational and Organizational Psychology*, 75, 77–86.

Pistrui, D. (2001). Entrepreneurship in China: Characteristics, attributes and family forces shaping the emerging private sector. *Family Business Review*, 14, 141–52.

Podsakoff, P. M.; B. P. Niehoff; S. B. MacKenzie; and M. L. Williams. (1993). Do substitutes for leadership really substitute for leadership? An empirical examination of Kerr and Jermier's situational leadership model. *Organizational Behavior and Human Decision Processes*, 54, 1–44.

Pye, L. W. (1985). *Asian power and politics*. Cambridge, MA: Harvard University Press.

Redding, S. G. (1990). *The spirit of Chinese capitalism*. Berlin: Walter de Gruyter.

———. (2002). The capitalist business system of China and its rationale. *Asia Pacific Journal of Management*, 19, 221–49.

Schlevogt, K. A. (2001). The distinctive structure of Chinese private enterprises: State versus private sector. *Asian Pacific Business Review*, 7, 1, 1–33.

Silin, R. F. (1976). *Leadership and values*. Cambridge, MA: Harvard University Press.

Smith, P. B., and M. F. Peterson. (1988). *Leadership, organizations and culture: An event management model*. London: Sage.

Smith, P. B., and Z. M. Wang. (1996). Chinese leadership and organizational structures. In M.H. Bond (Ed.), *The handbook of Chinese psychology*, pp. 322–37. Hong Kong: Oxford University Press.

Smyth, R.; J. G. Wang; and Q. L. Kiang. (2001). Efficiency, performance and changing corporate governance in China's township-village enterprises since the 1990's. *Asian Pacific Economic Literature*, 15, 30–41.

Spector, P. E. (1987). Method variance as an artifact in self-reported affect and perceptions at work: Myth or significant problem. *Journal of Applied Psychology*, 72, 438–43.

Tsui, A. S., and J. L. Farh. (1997). Where *guanxi* matters: Relational demography and *guanxi* in the Chinese context. *Work and Occupations*, 24, 56–79.

Vogel, E. F. (1965). From friendship to comradeship. *China Quarterly*, 21, 46–60.

Walder, A. G. (1986). *Communist neo-traditionalism: Work and authority in Chinese industry*. Berkeley: University of California Press.

Wang, H. (2002). *Strategic leadership and organizational effectiveness: The role of situational uncertainty and organizational culture*: Doctoral dissertation, Hong Kong University of Science and Technology.

Wanous, J. P.; A. E. Reichers; and M. J. Hudy. (1997). Overall job satisfaction: How good are single-item measures? *Journal of Applied Psychology*, 82, 247–52.

Weber, M. (1968). *Economy and society*. Translated by G. Roth and C. Wittich (Eds.), Berkeley: University of California.

Westwood, R. I. (1997). Harmony and patriarchy: The cultural basis for "paternalistic headship" among the overseas Chinese. *Organization Studies*, 18, 445–80.

Westwood, R. I., and A. Chan. (1992). Headship and leadership. In R.I. Westwood (Ed.), *Organizational behaviour: A Southeast Asian perspective*, pp.123–39. Hong Kong: Longman.

Whitley, R. (1992). *Business systems in East Asia: Firms, markets and societies*. London: Sage.
Wong, S. L. (1988). *Emigrant entrepreneurs: Shanghai industrialists in Hong Kong*. Hong Kong: Oxford University Press.
Wu, T. Y.; W. L. Hsu; and B. S. Cheng. (2002). Expressing or suppressing anger: Subordinates' anger responses to supervisors' authoritarian behaviors in a Taiwan enterprise (in Chinese). *Indigenous Psychological Research in Chinese Societies*, 18, 3–49.
Xia, R. J. (1987). *Participative decision-making behaviour in industrial organizations* (in Chinese). Unpublished master's thesis, Institute of Psychology, Academy of Sciences, Beijing.
Yang, K. S. (1993). Chinese social orientation: An integrative analysis. In L.Y. Cheng, F.M.C. Cheung, and C.N. Chen (Eds.), *Psychotherapy for the Chinese* (selected papers from the first international conference), pp. 19–56. Hong Kong: Chinese University of Hong Kong.
Yang, K. S.; A. B. Yu; and M. H. Yeh. (1989). Chinese individual modernity and traditionality: Construct definition and measurement. In K. S. Yang and A. B. Yu (Eds.), *Chinese psychology and behavior* (in Chinese), pp. 241–306. Taipei: Laureat.
Yang, L. S. (1957). The concept of pao as a basis for social relations in China. In J.K. Fairbank (Ed.), *Chinese thought and institutions*, pp. 291–309. Chicago: University of Chicago Press.
Yang, M. M. (1994). *Gifts, favors and banquets: The art of social relationships in China*. Ithaca, NY: Cornell University Press.
Yukl, G. (1998). *Leadership in organizations* (2nd ed.). Englewood Cliffs, NJ: Prentice-Hall.

第十四章　承诺为本的人力资源管理体制在中国私营企业中的应用及对业绩的影响

龚亚平　罗胜强　忻　榕*

随着中国由计划经济向市场经济的转变,中国国内的私营企业增长显著。1987年,领有执照的国内私营企业仅为150 000家(Warner, 1995);而截至2001年年底,这一数量已超过2 000 000家(《中国私营经济年鉴2002》)。国内私营企业的发展促进了中国经济的快速增长和就业率的提高(Ding, Lan and Warner, 2001)。截至2001年底,国内私营企业的销售总额达11 484亿元人民币,员工总数达2.7亿人(《中国私营经济年鉴2002》)。

在这一宏观经济背景下,我们比较了承诺为本的人力资源管理(HRM)体制(Arthur, 1994)在中国不同类型企业中的应用以及这一体制对企业业绩的影响。人力资源管理对于构建企业人力资本、提高企业业绩表现至关重要(Wright, Dunford and Snell, 2001)。由于中国经济的未来增长取决于国内私营企业的实力,研究这些企业中的人力资源管理实践将具有理论和实践的双重重要意义。在本研究中,我们将国内私营企业定义为由中国公民创立并管理的企业。由于许多集体企业和乡镇企业的产权关系错综复杂(Fan and Li, 2001),我们在当前研究中未将这两

---

* 感谢香港研究资助局的财务支持(资助编号#HKUST6249/03H)。

种企业形式包括在国内私营企业范畴之内。因此,所对比的内容为国内私营企业与国有企业及外国企业中的人力资源管理实践。

本研究旨在达到两个主要目的。与中国有关的人力资源管理文献大多关注单一的人力资源实践及个人层面上的结果,首先,与这一趋势不同,我们分析的是承诺为本的人力资源管理体制以及其与企业业绩的关系;其次,战略性人力资源管理的文献大多关注制度环境相对稳定、发展态势良好的国家中人力资源管理与企业业绩之间的关系,而我们研究的不仅是人力资源管理的性质及其与企业业绩的关系,而且包括中国这一日新月异的多样性制度环境中人力资源管理实践的制度前提(即所有权形式)。

概念背景及前提

本书中李和杨的回顾表明,中国民营经济的管理和组织文献主要以战略、结构、组织间关系和社会网络问题为核心。现有的关于在华企业的人力资源管理的研究主要关注国有企业(如 Chow and Shenkar, 1989; Warner, 1997)、合资企业(如 Gong et al., 2001, 2005; Holton, 1990; Von Clinow and Teagarden, 1988)或两者之间的对比(如 Goodall and Warner, 1999)。一些研究分析了集体企业内的人力资源管理(如 Chow and Fu, 2000; Ding et al., 2001)。例如,Ding 等(2001)对珠江三角洲地区的6家乡镇企业的人力资源管理问题进行了深入的案例研究。他们发现乡镇企业倾向于采用不同于国有企业的人力资源管理体制。比如,乡镇企业倾向于采用个人合同而非集体合同;采取以业绩奖励为主的体制;而且工会化程度不高,为中到低等。总的来说,对中国国内私营企业管理实践的学术研究十分有限,我们亟需将国内私营企业纳入与中国有关的人力资源管理研究之中。

现有的对中国人力资源管理问题的研究集中于单独的人力资源管理实践上(如,Chen, 1995),而很少关注人力资源管理的体制及其对企业业绩的影响。而龚等人(Gong et al., 2005)对设在中国的国际合资企业的人力资源管理进行的研究是一个显著的例外。在那次研究中,龚和他的同事发现关系性人力资源问题(即母公司层面上的人力资源体制)以及企业内部的人力资源问题(即主要存在于合资企业内部的人力资源体制)对合资企业的业绩存在不同影响。另一个明显的例外是Tsui, Wang and Zhang(2002)等人进行的研究,他们发现国内私营企业更有可能采用以组织为核心的聘用关系(向员工提供高承诺并吸引员工做出高承诺的人力资源体制)。但是,在另一项研究中,Wang等人(2003)发现采取相互承诺形式聘用关系的国内私营企业未必拥有更好的企业业绩。因此,在中国不同企业形式中,承诺为本的人力资源管理体制与企业业绩之间的关系可能并非直接明了。

总的来说,尽管与中国相关的现有人力资源管理研究深入地分析了国有企业和合资企业中的雇佣关系和人力资源管理实践,我们对其他类型企业所采用的人力资源管理体制(即大量内在一致的人力资源实践)仍然知之甚少,特别是可能提高中国企业业绩的人力资源管理体制。鉴于中国经济的持续增长在很大程度上取决于非国有企业,那么对有助于提高不同类型企业业绩的那些人力资源管理体制的分析将具有理论和实践的双重重要意义。

战略人力资源管理的文献指出,承诺为本的人力资源管理体制可以改善企业业绩(如,Arthur,1994)。通过强化员工与组织的心理联系,承诺为本的人力资源管理体制能够形成有利的员工态度和行为方式。其核心在于塑造忠诚的员工,他们掌握技能,值得信赖,能够自主完成所交付的任务(Arthur,1992)。承诺为本的人力资源管理实践包括就业保障、对新员工的选择性聘用、分权式决策、根据组织业绩支付酬劳、广泛的培训和发展训练以及信息共享(Pfeffer,1998)。遗憾的是,鲜有研究人员分析承诺为本的人力资源管理体制在中国不同类型企业中的应用以及其与业绩的关系。

在以下章节中,我们将首先探讨承诺为本的人力资源管理体制在管理层中的应用,对比中国国内私营企业与国有企业、合资企业和外资企业的做法。之后探讨的是承诺为本的人力资源管理体制与企业绩效的关系,特别是这一关系在国内私营企业中的强弱。我们的分析集中在承诺为本的人力资源管理体制、其制度前提及其在中国日新月异的多样性制度环境中与企业业绩的关系上。我们集中研究管理人员的原因在于他们在战略决策和企业业绩中起着重要作用(Finkelstein and Hambrick, 1996; Wang et al., 2003)。如何管理这些管理者对企业业绩具有深远影响。

中国不同类型企业中的
承诺为本的人力资源管理体制

对人力资源管理的战略性研究表明,承诺为本的人力资源管理体制(如,Arthur, 1994; Huselid, 1995; Pfeffer, 1998)有助于提高组织效率。承诺为本的人力资源管理体制包括通过扩展员工技能和强化与组织的心理联系而激发员工的高度忠诚,形成有利的员工态度和行为方式。其核心在于塑造忠诚的、值得信赖的、并能够自主完成所交付工作的员工(Arthur, 1992)。在本研究中,我们使用"承诺为本的人力资源管理体制"代表这些构建承诺的人力资源管理实践。

中国传统的人事管理被视为一种控制机制,而不是激励机制;而承诺为本的人力资源管理体制将员工作为宝贵资源,充分开拓、激发并应用,以提高组织效率(Goodall and Warner, 1999; Warner, 1995)。人力资源管理的战略文献评述了美国企业采用承诺为本的人力资源管理而对企业业绩带来的积极影响(如,Arthur, 1994; Huselid, 1995; Pfeffer, 1994)。鉴于中国和美国的制度和文化差异,承诺为本的人力资源管理做法在不同企业类型中的应用程度——以及这些做法是否与中国企业业绩有关——仍然有待分析。

经过二十多年的改革,部分中国企业已经采取了某种形式的承诺为本的人力资源体制。例如,作为中国家电制造业龙头企业的美的公司的管理方针是"确保全国范围内的岗位均有最优秀的员工"、"通过内部劳动力市场充分发挥员工潜力"以及"2000年鼓励至少70%的员工进行岗位轮换和接受培训"(Ding et al.,2001,p.340)。Meindl、Cheng 和 Jun(1990)注意到中国的经理们对应用人力资源管理技巧和激励机制的兴趣日益浓厚,这些技巧和机制都强调从个人、群体和企业层次上提高生产效率。此外,承诺为本的人力资源管理做法对中国的企业和员工或许有更为显著的作用,因为中国的文化是以关系为导向的。但是,鉴于目前处于现代化建设和企业改革的早期,不同类型企业的制度环境多种多样,在华经营的企业对承诺为本的人力资源管理体制的应用也将不尽相同。

目前找不到中国国内私营企业中人力资源管理实践的系统证明材料。总的来说,我们认为国内私营企业对承诺为本的人力资源管理体制的采纳程度与国有企业相近。一些国内私营企业,特别是较小的企业,可能由于缺少资源的原因而采用短期合同,向员工支付薪金较低。但与国有企业相比,国内私营企业在采用承诺为本的人力资源管理实践,如与业绩挂钩的酬劳制度和广泛的员工培训等方面,遭遇到的制度约束更少。总体而言,我们认为国内私营企业采用承诺为本的人力资源管理体制的程度低于外资企业。相对于外资企业,国内私营企业缺乏施行承诺为本的人力资源管理体制所需的知识和资源。由于资源的限制,一些国内私营企业尚不具备任何形式的合理规划的人力资源体制。以下段落中我们将详细阐述以上分析的理论基础。

国有企业处于中国传统制度环境的中心位置。由于国有企业更深地植根于传统制度环境中(如,国家和机关对人力资源的严格控制、作为社会稳定性的表率以及公平和论资排辈原则),其面临的传统制度环境压力最大,同时又保持着制度惰性(DiMaggio and Powell,1983; Greenwood and Hinings,1996; Lounsbury,2001; Scott,2001; Zucker,1987)。由此产生的结果是国有企业更抵制变化(即它们不太可能采用承诺为本的人力资源管理这种做法)。正如 Tsui 和她的同事(2002)观察发现的一样,尽管经济改革带来了巨大变化,众多国有企业却依然固守着传统做法。而另一方面,国内私营企业面对的制度约束较少,因此能够更自由地采用承诺为本的人力资源管理做法。

但是,与国内私营企业相比,国有企业更易于获得金融资源。国家在不断地向国有企业提供金融资本。长期以来,国内私营企业在国内资本市场中备受歧视(Fan and Li, 2001)。由于施行承诺为本的人力资源管理体制需要大量资源,国内私营企业较国有企业更难负担所需的成本。综合考虑制度和资源因素,我们认为,总体来说国内私营企业和国有企业在应用承诺为本的人力资源体制方面并无显著差异。

外商独资企业和合资企业并未植根于中国的传统制度环境,他们直接面对市场压力。与国内私营企业相比,外商独资企业通常能够从其国外母公司以及国外资本市场获得金融资源。国内私营企业获取金融资源的限制表明,它们较外商独资企业和合资企业更难以采用承诺为本的人力资源管理体制。此外,外商独资企业和合资企业可以直接采用来自母公司先进的承诺为本的人力资源管理体制,因为它们的母公司通常来自管理先进的经济。因此,与国内私营企业相比,这些外国企业能够更多地接触到开发和施行这一管理体制所需要的知识。作为总结,我们提出:

假设1　国内私营企业较外商独资企业和合资企业更难以采用承诺为本的人力资源管理体制,但对该体制的采用程度与国有企业相近。

承诺为本的人力资源管理体制及企业业绩

基于资源的公司理论认为,有价值、难以模仿的稀缺资源将给企业带来持续的竞争优势(Barney, 1991)。与金融资源和实物资本资源相比,竞争对手更难以模仿人力资源,因此它能够带来独特的竞争优势(Barney and Wright, 1998; Huselid, 1995)。人力资源管理体制能够影响企业的人力资源储备,例如,企业可以通过一定程序筛选出具备独特才能、难以模仿的高素质人才(如, Huselid, 1995; Huselid, Jackson and Schuler, 1997)。人力资源管理体制还能够在个人的人力资源管理做法中产生协同效应,这一点竞争者也很难模仿。

从基于资源的公司理论观点来看,兑现承诺的资源管理体制通过激励员工、优化筛选和扩展以及应用企业人力资本资源的方式可以提高企业业绩(Arthur, 1994; Barney, 1991)。在华经营的企业正处于快速发展之中。承诺为本的人力资源管理体制使得经理们能够学习新技能,以满足不断变化的业务需求。在承诺为本的人力资源管理体制中,经理们得到鼓舞,参加到本职工作之外的活动中去(Organ, 1988),以回报组织对他们的投资。这一现象在中国这样职责分配尚不完善且变化日新月异的环境中尤为重要(Ilgen and Hollenbeck, 1991)。承诺为本的人力资源管理体制能够激励经理们提出建议,改善企业经营管理。承诺为本的人力资源管理体制中的分散决策使企业能够激发经理的创造潜能、促使他们更努力地为企业效力。广泛的培训和扩展能够加强企业的管理人力资本储备,提高管理人员的创造力。承诺为本的人力资源管理体制有助于企业塑造奖励、尊重、开发人力资源的良好形象。这一形象本身在中国的传统经济中是难以模仿的。例如,美的采取的人力资源开发做法便吸引了大量国内国外的大学毕业生,包括 MBA 和博士(Ding et al., 2001)。作为总结,我们作了如下假设:

假设 2 对承诺为本的人力资源管理做法的采用程度与中国企业的业绩存在明确联系。

由于传统的认知、规范和法律制度在中国存在多年,国内私营企业仍然需要不断努力以取得与国有企业平等的社会和政治地位。国内私营企业常常处于发展的最初阶段,业绩前景尚不明朗,生存潜力尚不可知(Wang et al., 2003)。对一些经理而言,国内私营企业并非理想雇主,因为它们社会地位较低、在现有制度形式下的业绩压力较大(Sabin, 1994)。其结果是,国内私营企业所采取的承诺为本的人力资源管理体制可能无法产生与其他类型企业相同的承诺和激励程度。此外,国内私营企业往往缺乏有效施行承诺为本的人力资源管理体制所需的现代管理知识和资源。作为总结,我们作了如下假设:

假设3 在国内私营企业中,承诺为本的人力资源管理做法和企业业绩之间的联系弱于中国其他类型企业。

方　　法

样本和程序

我们的样本中包括了这样一些企业,它们的高级经理参加了中国上海一个顶级商学院的管理人员教育计划。因为这是一所国家级商学院,我们获得了来自全国的参与者。每节课结束时均有一位作者向学生讲解调研项目,征询自愿参与者。之后我们向同意参与的企业发出一整套调研问卷。最初联系了374家企业。我们用不同颜色标注了两种不同的调研(蓝色代表中层经理调研,绿色代表人力资源经理调研)。为确保匿名及保密,我们为每一位答复者提供了一个写有地址并贴有邮票的信封,以便他们寄回调研问卷。

经过几轮后续追踪调研,125家企业的人力资源经理回答了人力资源经理调研问卷;146家企业的中层经理回答了中层经理调研问卷。每家企业的中层经理数量从1至6不等(平均为2.57)。66%的企业有3名中层经理回答了调研问卷,20%的企业有2名中层经理回答了问卷。经匹配处理,我们发现117家企业的人力资源经理和中层经理均参加了调研,答复率为31%。我们的样本中包括24%($n=28$)的国有企业,27%($n=32$)的国内私营企业,17%($n=20$)的中外合资企业和15%($n=17$)的外商独资企业。约22%的企业来自制造业,33%来自高科技行业,36%来自服务业。

衡量标准

承诺为本的人力资源管理

我们在全面研究了人力资源管理的战略文献(如 Arthur, 1994; Becker and Huselid, 1998; Delery and Dotty, 1996; Gerhart et al., 2000; Ichniowski, Shaw and Prennushi, 1997; Pfeffer, 1994, 1998; Youndt, Dean and Lepak, 1996)基础之上开发了我们的承诺为本的人力资源管理量表。该量表包括八个维度:(1) 选择性聘用;(2) 通过管理团队采取分权式决策;(3) 根据个人和组织业绩水平支付酬劳;(4) 广泛的跨职培训;(5) 出于发展、薪资和升职目的的定期目标业绩评定;(6) 广泛的信息共享;(7) 弱化地位差异;(8) 就业保障。人力资源经理对各自公司在中层管理中所采取的承诺为本的人力资源管理做法评定等级(1 = "非常不同意",7 = "非常同意")。

我们分别使用人力资源经理和中层经理的评级进行了探索性因素分析。维度(1)至(5)的因素结构在人力资源经理和中层经理的答复中表现一致,因此,我们在随后的分析中继续使用了维度(1)至(5)。表14.1 列出了维度(1)至(5)的项目及探索性因素分析(EFA)的结果,人力资源经理和中层经理的结果分别列出。这两类经理所得出的结果相类似。我们对每一维度中各项目的答复结果取平均数,得出了每一个维度的分数。我们又在二阶因素分析中进一步检验了维度(1)至(5)是否负载于同一个二阶因素(如承诺为本的人力资源管理构念),结果证明了存在总体的因素结构。我们在随后的假设检验中使用了人力资源经理对承诺为本的人力资源管理的评级,因为这些经理更为了解他们所在公司的人力资源管理做法。

表 14.1　承诺为本的人力资源管理的五个维度的因素分析结果

项目	因素1	因素2	因素3	因素4	因素5
A. 选择性聘用					
1. 我公司聘用的新经理都是根据有效的测试结果来选拔的。	**0.78** (**0.61**)	0.03 (0.00)	0.09 (0.03)	-0.02 (0.09)	-0.03 (0.09)
2. 我公司聘用所有经理前都对他们使用多种评估工具加以评估。	**0.66** (**0.95**)	-0.01 (0.06)	-0.03 (-0.03)	0.07 (-0.06)	-0.02 (0.00)
3. 我公司聘用新的经理时采用严格的选拔程序。	**0.47** (**0.48**)	-0.03 (-0.14)	-0.03 (0.01)	0.07 (0.18)	-0.02 (0.06)
B. 通过管理团队采取的分权式决策					
4. 我公司的经理定期参加管理委员会会议,讨论公司的重要问题。	0.09 (0.07)	**0.87** (**0.95**)	-0.07 (-0.03)	0.03 (-0.03)	-0.04 (0.05)
5. 我公司的管理委员会可以对公司的主要决策施加重大影响。	-0.05 (-0.04)	**0.62** (**0.70**)	0.11 (0.13)	0.03 (0.03)	0.06 (0.03)
6. 我公司的大部分经理参与了正式或非正式的管理委员会或其他相关的问题解决活动。	-0.09 (-0.01)	**0.51** (**0.53**)	0.04 (-0.03)	0.04 (0.08)	0.17 (0.02)
C. 根据个人和组织业绩水平支付酬劳					
7. 我公司经理的激励性薪酬与公司的财务绩效紧密挂钩。	-0.04 (0.14)	-0.07 (-0.05)	**0.89** (**0.88**)	-0.01 (0.00)	-0.07 (-0.05)
8. 我公司的经理人员的薪酬增长与他们的工作业绩成正比例。	-0.02 (0.00)	-0.01 (0.07)	**0.60** (**0.64**)	0.09 (0.16)	0.22 (0.13)
9. 我公司的经理有资格参加递延的年终激励计划、分红计划和(或)收益共享计划。	0.09 (-0.24)	0.19 (-0.11)	**0.41** (**0.47**)	0.00 (-0.06)	-0.08 (-0.03)

(续表)

项目	因素1	因素2	因素3	因素4	因素5
D. 广泛的跨职培训					
10. 我公司的经理经常参与跨职培训或岗位轮换。	-0.09 (-0.09)	0.02 (-0.02)	-0.07 (0.03)	**0.91** (**0.89**)	-0.05 (-0.11)
11. 我公司的大部分经理通过培训或岗位轮换能够胜任一种以上的岗位。	-0.02 (0.05)	-0.06 (-0.02)	0.05 (-0.05)	**0.67** (**0.61**)	0.17 (0.14)
12. 我公司的经理经常接受他们各自职能领域外的培训。	0.21 (-0.06)	0.11 (-0.10)	0.07 (0.08)	**0.62** (**0.71**)	-0.07 (-0.06)
E. 以发展、薪资和升职为目的的定期的和客观的业绩评定。					
13. 我公司经常对经理进行正式的业绩评定。	-0.04 (0.04)	-0.05 (-0.01)	0.06 (-0.01)	-0.02 (-0.08)	**0.89** (**0.90**)
14. 我公司的经理业绩评定以客观的结果为基础。	0.04 (-0.01)	-0.02 (-0.08)	0.10 (0.04)	0.08 (-0.03)	**0.76** (**0.83**)
15. 我公司经常对经理进行以开发为目的的评定。	0.09 (0.12)	0.08 (0.07)	-0.11 (-0.06)	0.00 (-0.04)	**0.69** (**0.83**)
16. 我们公司经常对经理进行以薪资为目的的评定。	-0.02 (0.06)	0.01 (0.14)	0.14 (0.28)	0.04 (0.11)	**0.66** (**0.58**)
17. 我们公司经常对经理进行以升职为目的的评定。	0.00 (-0.06)	0.17 (0.02)	0.01 (0.01)	0.05 (0.12)	**0.60** (**0.73**)
18. 与直接竞争对手相比,我们公司的业绩评定系统设计更优。	0.11 (-0.02)	0.04 (-0.09)	0.03 (-0.02)	0.06 (0.05)	**0.57** (**0.73**)
特征值	1.14	1.68	1.14	6.36	1.74
所解释的变异百分比	7.42	9.3	6.34	35.31	9.66

注:因素负荷源自人力资源经理和中层经理,后者在括号之内。

企业业绩

我们使用四项指标衡量企业业绩:总资产增长、税后总资产回报率、税后总销售利润率和劳动生产率。我们请中层经理用5点量表(1="最低的20%",5="最高的20%")比较所在企业与直接竞争对手的当前业绩。对于有多个中层经理答复的企业,我们对他们所做的企业业绩评定值取平均数。为保证能够汇集不同经理的数据,我们计算了评判间一致性(r_{wg}; James, Demaree and Wolf, 1984, 1993)。平均而言,r_{wg}分别是0.80—总资产增长,0.77—税后总资产回报率,0.76—税后总销售利润率,0.79—劳动生产率。所有这些值均大于0.70;由此证明我们进行了正确的汇总。我们的探索性因素分析结果显示,四项指标负载于同一个因素(见表14.2)。在其后进行的回归分析中,我们分析了整体业绩,将之作为四项业绩的潜在基本因素。

表14.2 承诺为本的人力资源管理和企业业绩的因素分析结果

	因素1	因素2
承诺为本的人力资源管理(由人力资源经理评定)		
1. 选择性聘用	**0.38**	0.12
2. 通过管理团队采取分权式决策	**0.58**	-0.02
3. 根据个人和组织业绩水平支付酬劳	**0.65**	0.02
4. 广泛的跨职培训	**0.61**	-0.01
5. 以开发、薪资和升职为目的的定期的和客观的业绩评定	**0.77**	-0.09
企业业绩(由中层经理评定)		
1. 总资产增长	0.08	**0.72**
2. 税后总资产回报率	-0.05	**0.93**
3. 税后总销售利润率	-0.08	**0.97**
4. 劳动生产率	0.05	**0.68**
特征值	1.70	2.97
所解释的变异百分比	18.87	33.01
Cronbach's α	0.73	0.89

出于以下三个原因,我们使用了中层经理的企业业绩评定结果:首先,我们需要来源独立的对因变量的评估,以避免出现共同方法变异;其次,一线经理应当比人事经理更加了解企业业绩;再次,许多公司的答复者不止一位。通过对他们的估计值取平均数,可以大大降低因变量出现的随机估计误差。

最后,我们对承诺为本的人力资源管理量表的五个维度(采用人力资源经理的数据)和企业业绩的项目(采用中层经理的数据)进行了探索性因素分析。结果显示,这五个人力资源管理维度均负载于一个因素,业绩项目负载于另一个因素。表14.2表示了这些因素负载。承诺为本的人力资源管理的Cronbach's α 为0.73,而企业业绩的Cronbach's α 为0.89。

控制变量

我们还收集了包括企业规模(员工人数)、行业(如制造业、高科技行业、服务业和其他行业)和所有权形式(国有企业、国内私营企业、合资企业、外商独资企业和其他企业)在内的信息。行业(三个虚拟变量)和所有权(四个虚拟变量)均为虚拟编码。少数企业由于所有权形式无法明确分类,因此被我们归入"其他"。

结 果

表14.3包括了研究中主要变量的描述性统计。与我们的假设相一致,承诺为本的人力资源管理的确与企业业绩相关($r = 0.26, p < 0.05$)。企业规模(就员工人数而言)也与承诺为本的人力资源管理的应用正相关($r = 0.21, p < 0.05$)。接下来我们将展示回归分析结果。

表 14.3 平均值、标准差和零阶相关系数[1]

	均值	标准差	1	2	3	4	5	6	7	8	9	10
1. 雇用规模	1 023.96	2 286.87	—									
2. 制造业	0.22	0.42	0.22*	—								
3. 高科技行业	0.33	0.47	−0.09	−0.38*	—							
4. 服务业	0.36	0.48	−0.17†	−0.41*	−0.53*	—						
5. 其他行业	0.16	0.37	0.11	0.10	−0.16†	0.01	—					
6. 合资企业	0.17	0.38	−0.05	0.14	−0.03	−0.06	−0.20*	—				
7. 外商独资企业	0.15	0.36	0.08	0.13	0.07	−0.11	−0.18*	−0.19*	—			
8. 国有企业	0.24	0.43	0.05	−0.11	−0.27*	0.25*	−0.25*	−0.26*	−0.23*	—		
9. 承诺为本的人力资源管理[2]	21.14	4.23	0.21*	0.02	−0.04	0.17†	−0.02	0.01	0.05	−0.12	—	
10. 企业业绩[3]	13.54	3.49	0.08	−0.11	−0.07	0.19*	−0.06	−0.07	0.01	0.01	0.26*	—

1. $N = 111-117$（成对出现）；
2. 人力资源经理提供的承诺为本的人力资源管理数据；
3. 中层经理提供的企业业绩数据；
† $p<0.10$，* $p<0.05$。

对承诺为本的人力资源管理体制的应用

为检验假设1,我们将所有权形式对承诺为本的人力资源管理作了回归分析。我们在模型1中输入控制变量,之后在模型2中加入自变量。表14.4列出了回归分析的结果。模型2中的国有企业的回归系数显著($\beta = -0.21, p < 0.05$),表明与国内私营企业相比,国有企业采用承诺为本的人力资源管理的程度较低。外商独资企业和合资企业的回归系数并不显著,表明这两种企业与国内私营企业在采用承诺为本的人力资源管理方面并无明显差别。因此,假设1未得到证明。我们在"讨论与结论"一节详细说明这一结论。

表14.4 应用承诺为本的人力资源管理的回归分析结果[a]

自变量	承诺为本的人力资源管理的应用	
	模型1	模型2
第一步		
对数雇员人数[b]	0.28**	0.30**
制造业	0.24†	0.15
高科技行业	0.32*	0.18
服务业	0.41**	0.43**
第二步		
国有企业		-0.21*
外商独资企业		0.03
合资企业		0.02
其他企业		-0.13
ΔR^2		0.10*
ΔF		4.10*
自由度	4 107	8 103

a. 本表中为标准化的回归系数。
b. 雇员人数的对数变换。
† $p < 0.10$, * $p < 0.05$, ** $p < 0.01$。

承诺为本的人力资源管理体制与企业业绩

为验证假设2和3,我们以1代表国内私营企业,0代表其他类型企业。在我们的回归分析中,我们在第一步输入控制变量(如雇员人数的对数、行业和所有权类型),第二步输入承诺为本的人力资源管理,第三步输入承诺为本的人力资源管理与所有权的交互作用。表 14.5 列出了我们的回归分析结果。第二步的结果显示,承诺为本的人力资源管理与企业整体业绩显著相关($\beta = 0.25, p < 0.05$),支持了假设 2。承诺为本的人力资源管理与所有权之间的交互作用符号与假设的方向相一致,但在第三步中并不显著($\beta = -0.1$, n.s.)。因此假设 3 未得到支持。

表 14.5 企业业绩的回归分析结果

自变量	企业业绩[a]		
	模型 1	模型 2	模型 3
第一步			
对数雇员人数[b]	0.07	-0.01	-0.01
制造业	-0.07	-0.12	-0.13
高科技行业	-0.06	-0.12	-0.13
服务业	0.15	0.04	0.03
国内私营企业[c]	0.12	0.09	0.09
第二步(H2)			
承诺为本的人力资源管理[d]		0.25*	0.29*
第三步(H3)			
承诺为本的人力资源管理×国内私营企业			-0.10
ΔR^2		0.05*	0.01
ΔF		5.63*	0.80
自由度	5 102	6 101	7 100

a. 本表中为标准化的回归系数。企业业绩由中层经理评定。
b. 雇员人数的对数变换。
c. 虚拟编码,"1"=国内私营企业,"0"=所有其他企业。
d. 承诺为本的人力资源管理由人力资源经理评定。
* $p < 0.05$。

讨论与结论

在本研究中,我们分析了在华经营企业的所有权形式与采用承诺为本的人力资源管理体制之间的关系,之后进一步分析了采用承诺为本的人力资源管理体制与企业业绩之间的关系。我们发现所有权结构的确对采用承诺为本的人力资源管理存在影响,这与制度理论相一致。总体来说,国内私营企业与国有企业相比,采用承诺为本的人力资源管理体制的程度更高;而与外商独资企业和合资企业相比并无明显差别。这一结论与 Tsui 等(2002)的发现一致,他们报告称与其他类型的企业相比,国内私营企业对中层经理采取相互投资的雇佣关系的程度更高。对这一结果的一种解释是我们选为样本的国内私营企业相对较大(平均销售额 5.49 亿元人民币),具备充足的资源。资源可用度高,加之制度限制少,因而采用承诺为本的人力资源管理体制的程度较高。这些私营企业可以采用这一人力资源战略吸引管理人才,增强竞争优势。尽管国有企业通常可以获得金融资源,但它们在改革人力资源管理方面受到更多的制度因素制约。

我们还发现承诺为本的人力资源管理体制的采用与企业业绩正相关。与假设 3 相反,承诺为本的人力资源管理体制与企业业绩之间的正相关在国内私营企业中并未明显减弱。这一发现表明,基于承诺的人力资源管理体制在各种类型企业中的作用相近。我们还注意到这一结果未受到共同方法变异的影响,因为承诺为本的人力资源管理和企业业绩的评定来自不同来源。

我们的发现在某种程度上支持了关于采用承诺为本的人力资源体制的制度预言。中国的制度环境呈多样化、迅速发展的趋势。由于国有企业深深植根于传统制度环境之中并受其庇佑,所受的市场压力较小,因此采用承诺为本的人力资源管理体制的可能性较低。我们的发现还证实了国内私营企业,尤其是较大规模的企业在人力资源管理体制性质上的迅速变化。国内私营企业并未深入传统制度环境之中,因此更可能采取利于提高业绩的人力资源管理体制。鉴于国内私营企业较难获得金融资源,它们可能借助人力资源管理提升业绩。与基于资源的公司理论相一致,我们的研究表明承诺为本的人力资源管理体制能够提升企业业绩。在市场竞争日益激烈的情况下,国内私营企业或许已经学会如何管理人力资源以增强竞争优势。先进的人力资源管理体制对业绩的影响在国内私营企业中并未明显减弱。一个可能的原因是我们选取的样本均为较大的国内私营企业,社会地位较高,因此能够以具有竞争力的方式吸引员工。

本研究对战略人力资源管理的文献做出了以下贡献。此前的研究主要集中于人力资源管理与企业业绩的关系,但忽略了不同类型企业采用的人力资源管理存在的差别。在本研究中,我们将所有权形式作为影响实施承诺为本的人力资源管理的变量并对此提供了支持。就方法论而言,我们采用两组独立的答复者评定承诺为本的人力资源管理体制。我们对兑现承诺人力资源管理的因素分析即以这两组答复为基础。

最后,我们的研究补充证明了承诺为本的人力资源管理对转型经济(如当前中国经济)中的企业业绩确实具有影响。有趣的是,承诺为本的人力资源管理体制中的一些做法在传统意义上讲与中国文化并不一致。例如,中国历来被视为讲求均等主义和高权力距离价值观,而我们的研究结果表明,尽管中国存在这样的传统,根据个人业绩支付酬劳和分权式决策仍然是承诺为本的人力资源管理体制的重要因素。与之相反,承诺为本的人力资源管理体制中的另外一些做法与中国传统的集体主义价值观不谋而合,比如根据组织业绩支付酬劳。

我们的研究存在以下局限性。第一,我们的样本数量相对较小,这可能导致考察显著性时统计功效不强。第二,我们的研究是横截面的。这一设计使我们无法充分分析承诺为本的人力资源管理和企业业绩之间的因果关系;未来的研究应当采取纵向设计,以便更好地审视这一关系。第三,我们在本研究中仅使用了主观业绩衡量标准,如果在此基础上采用客观业绩衡量效果将更佳。但是,在中国很难获得客观业绩数据,且往往并不准确。许多学者发现合资企业和非合资企业中的主观业绩衡量具备可取性、有很好的信度和效度(如 Chandler and Hanks, 1993; Geringer and Hebert, 1991; Gong et al., 2005; Wall et al., 2004)。例如,Wall 等人(2004)为主观业绩标准的效度(如,建构效度、聚合效度和区别效度)提供了广泛的证据。第四,我们采用制度理论分析承诺为本的人力资源管理体制的应用。制度理论认为企业被动适应外部制度环境。而事实上,企业可能主动采取承诺为本的人力资源管理体制,以此作为增强竞争优势的战略选择。国内私营企业尤为如此,因为它们较其他类型企业面对的市场压力更大,且往往可获得的金融资源更少。因此,对于国内私营企业来说,管理人力资源就成为了不受制度环境限制的战略选择,而其他企业均受制度环境的制约。由于国有企业在一定程度上与市场竞争压力相隔绝,战略选择观点(Child,1972)将做出有关国有企业和外商独资企业应用承诺为本的人力资源管理的与制度理论(Scott,2001)相类似的预言。未来的研究应明确分析同一背景下(对是否采用新的或不同的管理做法或创新意见分歧)的这两种不同解释。

参 考 文 献

Arthur, J. B. (1992). The link between business strategy and industrial relations systems in American steel minimills. *Industrial and Labor Relations Review*, 45, 488–506.

———. (1994). Effects of human resources systems on manufacturing performance and turnover. *Academy of Management Journal*, 37, 670–87.

Barney, J. B. (1991). Firm resources and sustained competitive advantage. *Journal of Management*, 17, 99–120.

Barney, J. B., and P. M. Wright. (1998). On becoming a strategic partner: The role of human resources in gaining competitive advantage. *Human Resource Management*, 37, 31–46.

Becker, E. B., and M. A. Huselid. (1998). High performance work system and firm performance: A synthesis of research and managerial implications. *Research in Personnel and Human Resource Management*, 16, 53–101.

Chandler, G. N., and S. H. Hanks. (1993). Measuring the performance of emerging business: A validation study. *Journal of Business Venturing*, 8, 391–408.

Chen, C. (1995). New trends in rewards allocation preferences: A Sino–U.S. comparison. *Academy of Management Journal*, 38, 408–28.

Child, J. (1972). Organizational structure, environment and performance: The role of strategic choice. *Sociology*, 6, 1–22.

China Private Economy Yearbook. (2002). (In Chinese). Beijing: Zhonghua gong shang lian he chu ban she.

Chow, I. H. S., and P. P. Fu. (2000). Change and development in pluralistic settings: An exploration of HR practices in Chinese township and village enterprises. *International Journal of Human Resource Management*, 11, 822–36.

Chow, I. H. S., and O. Shenkar. (1989). HR practices in the People's Republic of China. *Personnel*, December, 41–47.

Delery, J., and D. H. Dotty. (1996). Modes of theorizing in strategic human resource management: Tests of universal, contingency, and configurational performance predictions. *Academy of Management Journal*, 39, 802–35.

DiMaggio, P. J., and W. W. Powell. (1983). The iron cage revisited: Institutionalisomorphism and collective rationality in organizational fields. *American Sociological Review*, 48, 147–60.

Ding, D. Z.; G. Lan; and M. Warner. (2001). A new form of Chinese human resource management? Personnel and labor-management relations in Chinese township and village enterprises: A case study approach. *Industrial Relations Journal*, 32, 328–43.

Fan, D., and D. D. Li. (2001). *A survey of the economics literature of China's non-state enterprises.* Internal discussion at Hong Kong University of Science and Technology, Hong Kong.
Finkelstein, S., and D. Hambrick. (1996). *Strategic leadership: Top executives and their effects on organizations.* Minneapolis, MN: West Pub. Co.
Gerhart, B.; B. Wright, B.; P. M. McMahan; and S. A. Snell. (2000). Measurement error in research on human resources and firm performance: How much error is there and how does it influence effect estimates? *Personnel Psychology,* 53, 803–34.
Geringer, J. M., and L. Hebert. (1991). Measuring performance of international joint ventures. *Journal of International Business Studies,* 22, 249–64.
Gong, Y.; O. Shenkar; Y. Luo; and M. K. Nyaw. (2001). Role conflict and ambiguity of CEOs in international joint ventures: A transaction cost perspective. *Journal of Applied Psychology,* 86, 764–73.
———. (2005). Human resources and international joint venture performance: A system perspective. *Journal of International Business Studies,* 36, 505–18.
Goodall, K., and M. Warner. (1999). Enterprise reform, labor-management relations, and human resource management in a multinational context: Empirical evidence from Sino-foreign joint ventures. *International Studies of Management and Organization,* 29, 21–36.
Greenwood, R., and C. R. Hinings. (1996). Understanding radical organizational change: Bringing together the old and the new institutionalism. *Academy of Management Review,* 4, 1022–54.
Holton, R. H. (1990). Human resource management in People's Republic of China. *Management International Review,* 30, 121–36.
Huselid, M. A. (1995). The impact of human resource management practices on turnover, productivity, and corporate financial performance. *Academy of Management Journal,* 38, 635–72.
Huselid, M. A.; S. E. Jackson; and R. S. Schuler. (1997). Technical and strategic human resource management effectiveness as determinants of firm performance. *Academy of Management Journal,* 40, 171–88.
Ichniowski, C.; K. Shaw; and G. Prennushi. (1997). The effects of human resource management practices on productivity: A study of steel finishing lines. *American Economic Review,* 87, 291–313.
Ilgen, D. R., and J. R. Hollenbeck. (1991). The structure of work: Job design and roles. In M. D. Dunnette and L. M. Hough (Eds.), *Handbook of industrial and organizational psychology,* volume 2, pp. 165–207. Palo Alto, CA: Consulting Psychologists Press.
James, L. R.: R. G. Demaree; and G. Wolf. (1984). Estimating within-group interrater reliability with and without response bias. *Journal of Applied Psychology,* 68, 85–98.
———. (1993). r_{wg}: An assessment of within-group interrater agreement. *Journal of Applied Psychology,* 78, 306–9.
Lounsbury, M. (2001). Institutional sources of practice variation: Staffing college and university recycling programs. *Administrative Science Quarterly,* 46, 29–56.
Meindl, J. R.; Y. R. Cheng; and L. Jun. (1990). Distributive justice in the workplace: Preliminary data on managerial preferences in the PRC. In B. B. Shaw, J. E. Beck, G. R. Ferris, and K. M. Rowland (Eds.), *Research in personnel and human resources management,* supplement 2, pp. 221–36. Greenwich, CT: JAI Press.
Organ, D. W. (1988). *Organizational citizenship behavior: The good soldier syndrome.* Lexington, MA: Lexington Books.
Pfeffer, J. (1994). *Competitive advantage through people: Unleashing the power of the workforce.* Boston: Harvard Business School Press.
———. (1998). Seven practices of successful organizations. *California Management Review,* 40, 96–124.
Sabin, L. (1994). New bosses in the workers' state: The growth of nonstate sector employment in China. *China Quarterly,* 140, 944–64.
Scott, W. R. (2001). *Institutions and organizations* (2nd ed.). New York: de Gruyter.
Tsui, A. S.; D. Wang; and Y. Zhang. (2002). Employment relationships with Chinese middle managers: Exploring differences between state-owned and nonstate-owned firms. In A. S. Tsui and C. M. Lau (Eds.), *The management of enterprises in the People's Republic of China,* pp. 347–74. Boston: Kluwer Academic Publishers.
Von Glinow, M. A., and M. B. Teagarden. (1988). The transfer of human resource management technology in Sino-U.S. cooperative ventures: Problems and solutions. *Human Resource Management,* 27, 201–29.
Wall, T. D.; J. Michie; M. Patterson; S. J. Wood; M. Sheehan; C. W. Clegg; and M. West. (2004). On the validity of subjective measures of company performance. *Personnel Psychology,* 57, 95–118.
Wang, D.; A. S. Tsui; Y. Zhang; and L. Ma. (2003). Employment relationships and firm performance: Evidence from an emerging economy. *Journal of Organizational Behavior,* 24, 511–35.

Warner, M. (1995). *The management of human resources in Chinese industry.* New York: St. Martin's Press.
———. (1997). Management–labour relations in the new Chinese economy. *Human Resource Management Journal,* 7, 30–43.
Wright, P. M.; B. B. Dunford; and S. A. Snell. (2001). Human resources and the resource-based view of the firm. *Journal of Management,* 27, 701–21.
Youndt, M. A.; J. W. Dean; and D. P. Lepak. (1996). Human resource management, manufacturing strategy, and firm performance. *Academy of Management Journal,* 39, 836–66.
Zucker, L. G. (1987). Institutional theories of organization. *American Review of Sociology,* 13, 443–64.

第十五章 联想集团有限公司对动态战略匹配的追求

白思迪 谢 伟[*]

本章旨在说明构成"民营"和"非国有"经济的新型中国企业实现动态战略匹配并作为一个群体代表动态性最强的不断发展的中国经济行业的过程。这些私营企业和集体企业是始于20世纪70年代后期的一系列经济改革的产物,中国的GDP和新就业空间大部分由它们产生,且这个比例仍在不断增长。它们不仅创造了中国绝大部分出口收入,还在许多产品的国际市场中占据了主导地位,特别是消费品市场和元件市场(Zeng and Williamson, 2003)。

这些企业诞生和发展的过程以及它们在不断变化的环境和内部资源及能力之间实现协调的过程并不简单。在中国过渡期的大部分时间内,国家所有权的政治意识形态和中国共产党的中央计划与控制的制度合法性表明私营企业只是半合法的。20世纪80年代初推行的第一批经济改革与行政改革标志着中国过渡期的开始。它们的首要目标是提高中国的农业和国有制造业的生产力。然而,当时有人认为这种发展会减少中国共产党(及政府)的控制,从而削弱他们的权力。他们甚至对其他新出现的为新型企业(乡镇企业、集体企业、改组的新公司、私营企业、中外合资企业)创造制度空间的改革也持怀疑态度。

---

[*] 本章的研究受到了中国国家自然科学基金(研究项目资助号:70173008 和 70373005)和清华大学基础研究基金(项目编号:JC2002049)的资助。感谢三位匿名审稿人为初稿提供了详细而全面的意见。感谢受访人员花费时间和耐心回答我们的问题。

结果,在中国向市场经济过渡的二十多年的大部分时期中,中国充其量只允许民营企业的存在。民营企业处于非常明显的劣势,因为它们不像国有企业那样拥有重要的人际网(关系)或行政"父母官"可以保护它们,为它们提供稀有的资源(Guthrie, 1998; Peng and Heath, 1996; Peng and Luo, 2000; Steinfeld, 1998; Xin and Pearce, 1996)。直到2004年,中国才允许私营企业家加入共产党,人民代表大会才宣布承认他们的财产所有权。甚至现在,虽然人们对民营企业的先进管理体制以及它们对经济做出的贡献(特别是,它们缴纳的税款为政府提供了经费)赞不绝口,但是政府仍然偏爱国有企业,特别是大型国有企业,为它们提供优惠的贷款,保护它们,使它们不至于完全倒闭(Nolan, 2001; Story, 2003)。

除了来自不断变化的外部不利环境的挑战以外,中国民营企业还面临着所有新型企业都要面对的组织挑战。从自建立起就拥有的互补资源和能力开始,它们不得不去获得额外的资源和能力,通过制造、收购和联盟战略,使自己具备竞争能力,得以生存。这些新型的中国企业所面临的挑战甚至比发达市场经济中的企业所面临的更大,因为新企业缺乏有经验且有能力在竞争性市场环境中制定并执行战略决策的管理者。国有经济的管理者因为软预算约束,且偏重生产而非利润,因而不具备领导这些新型企业的专业技术或观念模式(Walder, 1995)。而且,这些新型企业很难吸引为数甚少的有才能的管理者,因为它们不能保证工作的稳定性和福利(住房、教育、医保等),而这些在国企和政府机构中都是可以保证的。

在非国有经济中出现的新型企业中,从研究机构(研究院和大学)中脱离出来的新公司在以科技为基础的新型企业中占有很大的比例,包括许多高科技行业中最成功的中国企业。这些从机构中脱离出来的新公司是研究机构为了响应中央政府将更多研发成果投放市场的双轨制战略(Gu, 1999; Liu and White, 2001)而建立的。首先,中央政府开始减少对这些企业的资助,迫使它们自己创造新的收入。这同时又伴随着20世纪80年代中期的政策变化,即允许它们追求经济目标(据中央政府看来这是另一种资助方法),并授予这些机构更多预算分配、人力资源、工资和其他方面的自行决定权。这两项政策于1986年及1987年公布,不仅允许而且甚至鼓励研发专业机构建立商业性企业或从中脱离出来的新公司,先是在总部的支持下经营,以后开始自主经营。

这些政策变化的结果造就了一大批从机构中脱离出来的新公司。它们的管理动机和战略选择程度在很大程度上与那些非已有研究机构建立的私营企业完全相同。虽然这些从机构中脱离出来的新公司因为与国家支持的研究院和大学联系紧密,因此建立时的合法性更高,但是它们的内部管理制度和激励措施与其他类型的民营企业建立的公司类似;换言之,它们有创收的压力,而在如何创收方面也有很大的自主决定权。

在本章中,我们以联想集团为例,探究国有经济之外的管理者协调动态战略的过程。联想集团是一家从研究机构中脱离出来新成立的公司(预算限制紧,创收压力大,战略选择广,不为中央计划造成的后果所累),现已发展为世界最大的个人电脑生产商之一。自联想成立起几年来,联想已有能力扩大并深化其资源和能力组合,应对其所处环境中固有的不断变化的机遇和限制。因此,该案例应该可以帮助我们了解环境变化、管理决策以及实现协调并提高业绩的组织内部特征之间的相互作用。

探索、开发及动态战略匹配

中国的民营企业面对严格的预算限制,必须取得绝佳的财政业绩才能得以生存。它们所面对的最基本的挑战就是在面对国企或(某些行业中的)外企时,在面对环境中的重大变化以及有限的初始互补组织资源和能力时,如何在处于劣势的情况下获得绝佳的业绩。它们所面对的挑战代表了一个核心问题,这个问题引发了对战略匹配的研究:即,一个将其战略资源(如,Barney,1991;Peteraf,1993)与其环境中的特定要求相协调的企业能否获得比未实现上述协调的公司高得多的业绩(Venkatraman, 1989; Venkatraman and Prescott, 1990)。

已调查了中国环境中的战略—结构—业绩范式的研究人员大都认为企业战略与其所处环境之间实现匹配可以提高业绩。其中最早的研究之一还特别观察了这种关系，Tan 和 Litschert(1994)发现适当的调整与业绩有很大的关系，虽然当时(1990)中国的特定环境—战略调整与那些发达市场经济中的环境—战略调整迥然不同。Lukas, Tan 和 Hult(2001)还发现战略和环境之间存在共同匹配的情况，但是它们与业绩的关系只存在于特定类型的环境中。同样，Davis and Walters (2004)发现一些(但并非全部)调整对业绩有重大影响，特别是在"市场化"程度较高且更宽松的环境中。

对战略匹配研究的传统方法的一种批评认为战略匹配通常是静态的而非动态的。Zajac 和其共同研究者(2000)认为动态观点应明确地纳入匹配研究中，特别是在不断变化的环境中。根据这个观点，战略推动了业绩，且战略必须发展到随环境或组织的变动而改变的程度。

在中国环境下，Tan 和 Tan(2004)根据经验表示战略—结构—业绩之间存在关系，正如 12 年前(Tan and Litschert, 1994)在类似的环境下进行的一次研究中所显示的那样，但是战略的特定环境已经随着行业和中国总体商业环境的变化一起发展。很明显，这表明业绩是一个匹配的问题，但是企业的战略——结构和资源配置的最佳选择以及对发展另一种资源和能力的选择——已经发生了改变。在这种不断变化的环境中生存的企业必须能够动态地适应这种环境，并需要在某种程度上改变组织。更具体地说，Zajac, Kraatz 和 Bresser(2000)建议管理者必须决定是否改变以及进行何种类型的改变，以实现 Davies and Walters (2004, p. 349)所谓的"受益性战略改变"。

前期的研究已经从两个不同的角度分析了这样一个问题，即中国企业如何应对这种迫切的需求。研究的侧重点之一是以制度(如，Liu and White, 2001; Peng, 2003; Peng and Heath, 1996; White and Linden, 2002)和竞争(如，White, 2000)为形式的外部环境的影响。管理者已做出战略决策应对所处环境中的这些压力(如，Child, 1994)。其他研究侧重于了解组织获取新资源和新能力以应对外部压力和不断变化的机遇的过程(如,White and Liu, 1998;Xie and White, 2005;Xie and Wu, 2003),在这之前,学者的早期工作已重点研究过韩国企业中(如,Amsden, 1989;Kim, 1997)和其他新出现的产业化经济(Bell and Pavitt, 1993;Hobday, 1995;Kim and Nelson, 2000)中的这种过程。

马奇(March)的探索/开发区别

这些管理者所做的决策——是应对制度带来的压力还是作为预先准备的学习过程的一部分——有质的不同。这儿,马奇(March, 1991)的探索和开发之间的区别为区分他们的选择提供了一种有效的方法。特别是,计划进行"受益性组织改变"的管理者必须将资源分配给两种不同类型的活动:开发企业现有资源和能力组合的活动(在概念上定义为收入的分布概率为已知的一种选择)和探索新领域,意在获得新资源和新能力的活动(但是收入的分布概率是未知的)。马奇认为大多数组织内部的适应过程更喜欢开发而非探索,这造成的不良后果是企业通常不能处于最佳的地位。

应用到受益性改变和动态战略匹配问题,当环境稳定且企业最初的资源和能力组合适合那个环境时,开发也许更合适。变化应限制于深化那些资源和能力,使它们更有效或复制这些资源和能力。另一方面,当环境发生重大改变时——这在过渡时期的中国是必然发生的——企业必须能够持续探索更能适应新环境的新资源、新能力和新结构。

马奇还强调了目标和目的的重要性,它们是管理者在开发与探索之间做出选择的决定因素。根据前景理论(Kahneman and Tversky, 1979)和西蒙(Simon, 1995)的"满意"行为概念,马奇提出如果活动可能的结果基本能实现期望的目的,那么选择开发更好。如果期望的结果远远不够实现目的,管理者更可能选择探索。

动态战略匹配的新框架

我们将马奇的开发—探索框架的核心构念与从战略—结构—业绩

范式中得出的核心构念结合在一起,提出一个框架,用于分析新企业在过渡环境中匹配动态战略的过程。这个框架的关键要素见图15.1。

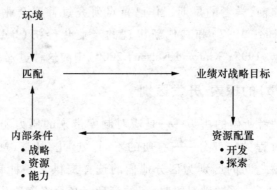

图 15.1　动态战略匹配的递归模型

内部条件

新企业在成立时就具有内部结构和特定的资源和能力组合,而且企业的战略会随着时间的发展而变化,以应对战略目标和环境中的变化。资源和能力包括核心技术、厂房和设备等固定资产或掌握特殊技能的人。他们可能属于一个功能单一的领域也可能属于多个领域。

环境

由于企业对所处环境中的资源具有依赖性,因此它还需承受由环境引起的制度结构变化带来的压力。制度压力有两大来源,一是政府政策,二是竞争。

目标

管理者确立和改变其战略目标以应对内部和外部刺激。这些目标能否实现,部分取决于企业现有的资源和能力组合与其所处环境之间的匹配程度。

资源配置决策

管理者必须做出资源配置决策,这种决策在根本上代表了管理者是选择开发现有资源和能力以及在现有资源和能力上进一步投资,还是选择获取新的资源和能力。

变化

环境或战略目标中的重大变化可能会要求组织变化——不同的资源和能力或新的资源和能力——以重新调整组织,使其与环境相协调。我们认为这些要素在一系列相互的因果作用中是有关联的,这些因果作用始于企业最初的资源和能力组合(内部条件)以及环境压力(外部环境)。管理者评估他们实现目标的能力,我们假设(根据战略—结构—业绩范式)这些目标深受企业内部条件和环境条件之间是否相匹配的影响。管理者对于是否改变企业的内部条件做出决策(选择行动或维持原状),如果需要发生变化,他们还要决定应该将资源分配给哪种类型的活动(开发或探索)。我们希望他们继续做出改变直至达到他们期望的业绩—目标水平。这些要素(环境、内部条件和目标)中的任何变化都能导致出现新的不匹配的状态,同时评估和决策周期又会重新开始。

我们利用这个综合框架研究联想在战略目标、内部条件和环境的共同变化方面的发展。联想是从研究所中脱离出来的新公司,是过渡期间出现的新型公司的几种主要形式之一,这类公司在技术行业已经取得了空前的成功(Lu, 2000)。这些企业由从整个机构中脱离出来的新公司、其附属单位之一或某个个人团体组成。据估计,到 1993 年,在中国众多技术开发区中运营的新型企业有近一半都是这样的组织(Gu, 1999, p.83)。像非国有经济中的私营企业、集体企业和中外合资企业的管理者一样,联想的管理者在战略决策上享有更大的自主权,同时,较之国企,他们所面对的环境也更为不利。对联想的分析帮助我们了解新企业如何通过受益性战略改变应对中国商业环境中的机遇和限制的转变,从而保持动态战略匹配。

方 法 论

我们从档案资料和面谈中收集有关联想及其所处环境的信息。最初的信息采集集中于研究档案资料,研究的英文文献包括 Kraemer 和 Derick(1994a, b, 2001, 2002)及 Lu(2000),中文文献包括陈(Chen, 1997)、林(Ling, 2005)和张、陈及吴(Zhang, Chen and Wu, 2000)的工作。他们提供了有关行业环境和企业层面的数据。依据以前对纵向过程的定性研究(Eisenhardt, 1989; Van de Ven, Angle and Poole, 1989),我们将这些数据按年代顺序组织起来,以关键事件为基础进行了半结构面谈。我们一共进行了18场面谈,从2001年到2004年,历时3年。接受面谈的人包括联想的管理人员和工程师以及其他企业的管理者和行业分析家。我们与其中的7位受访者面谈了二至三次,详细讨论并明确了其他面谈中的要点或研究资料中出现的要点。我们利用面谈和档案数据对关键发展事件的时间顺序和这些发展事件之间的因果联系进行了三角测试,并将从数据中呈现出来的构念和关系与我们对过程框架的预想相对比,然后对构念和关系进行修改,使其符合联想未包括的过程。我们列出了组成我们框架的构念的相继顺序并确定了它们之间的联系,以追踪联想的发展过程。然后,我们讨论了这个过程对在发生剧变的环境(如中国)中生存的新型企业的发展的含义,并探究了我们的研究结果在更广泛的范围中对实践和研究的意义。

背景:联想有限公司

联想集团有限公司(前身是联想计算机集团)是中国的个人电脑制造商,占有领先的市场份额,也是除日本以外亚洲最大的制造商。联想一直在售后服务中名列前茅,位于IBM和惠普之前(《亚洲信息日报·中国新闻》,1999)。而且,自2000年开始,联想每一年都因为它的面向家庭的个人电脑创新设计而获得英特尔个人电脑创新奖。联想成立于1984年,在成立初始是从中科院下属的计算技术研究所中脱离出来的一个新公司(公司发展重大事件见表15.1)。联想的第一笔业务是销售并安装由国外制造商生产的个人电脑,之后不断扩展业务,于1991年开始自行生产制造个人电脑,并推出自己的个人电脑品牌。1994年,联想在香港股票交易所上市,成为一家上市公司。1997年,它赶超IBM和Compaq成为中国领先的个人电脑供应商(表15.2)。自此,联想一直保持着龙头老大的地位,并将其在中国市场的份额扩大到近30%。联想又将其产品线扩大到个人电脑和电脑元件(主板、接插卡)之外,涵盖服务器、数码相机、打印机、手机、机顶盒和网络设备,呈现出多样化的特点。但是,个人电脑部门仍然是联想最重要的部门,也是本章所述分析的重点。

表15.1 联想发展的里程碑

年份	大事记
1984	成立于1984年,名为联想,是从计算技术研究所中脱离出来新成立的公司(计算技术研究所是中科院下属的一家由政府资助的研发机构)。
1987	成为AST销售商,后成为惠普和其他国外品牌个人电脑的销售商。
1988	10月,联想重组,更名为联想计算机集团公司。
1988	成立香港计算机集团,这是联想与香港合作伙伴合资成立的一家企业,生产个人电脑的主板和接插卡,同时从事贸易。
1989	更名为联想集团公司。
1991	开始制造个人电脑,并冠以自己的品牌名,在中国销售。
1993	成为中国最大的本土个人电脑制造商,排名仅次于AST和Compaq。
1997	在中国个人电脑市场上的份额超过了Compaq。
1999	成为亚太地区(除日本以外)最大销售商,中国个人电脑制造商首次获此地位。
2002	将英文名从Legend Holdings Limited更改为Legend Group Limited。
2003	将标识从Legend更改为Lenovo。
2004	将英文名从Legend更改为Lenovo。收购IBM个人电脑业务。

表15.2 联想的市场份额(百分比)

排名	1992	1996	1997	1998	2002	2004
1	AST(27)	Compaq(9)	联想(11)	联想(22)	联想(27)	联想(25)
2	Compaq(19)	IBM(7)	IBM(8)	IBM(6)	IBM(9)	方正(10)
3	长城(11)	联想(7)	Compaq(7)	方正(6)	方正(5)	清华同方(8)
4	IBM(5)	惠普(7)	惠普(7)	惠普(6)	戴尔(5)	戴尔(7)

数据来源:Lu(2000),Kraemer 和 Derick(2001),IDC 和 Gartner 报告。

联想的序贯发展

在以下几节中,我们将列出我们对联想的外部环境、战略及资源能力决策之间的顺序和因果作用进行调查得出的结果。我们根据联想进入几大功能性活动的时间划分联想发展的各个阶段:即,1984—1990年(贸易和销售),1991—2000年(制造)以及2001年至今(技术开发)。

1984—1990年:贸易和销售

环境

20世纪80年代,中国政府将中国个人电脑业的发展视为国家战略的头等大事,并将其作为范围更广的长期目标的一部分,该目标是实现自力更生,不再依靠国外的技术和产品资源。为了实现这个目标,政府选择并培养了几家大型企业,希望它们最终能与国外企业竞争。在保护新生产业的名义下,政府还对国外制造的进口个人电脑产品征收高额关税。这个制度确实成功地造就了本土个人电脑的产生,而指定的制造商也能利用本地生产的元件组装个人电脑。而且,虽然这些电脑的质量和安全性都很差,制造商的生产成本又很高(根据行业标准),但是国内企业因为该制度得以向中国消费者销售产品,且数量日益增多,并从中获取了高额利润。

但是,在80年代的大部分时间内,中国个人电脑的总销量都是微不足道的,而且对IBM、惠普等顶级跨国公司而言,中国并非它们最想占据的市场。相反,二级国外生产商却将顶级企业对中国市场的漠然看成一个机遇,如加利福尼亚的AST公司就是第一家打入中国市场的外企,且很快占据了最高的市场份额。

战略

成立于1984年的联想并不是由政府指派带领中国个人电脑制造业的企业之一;事实上,直到1991年联想才获得生产个人电脑的许可。但是,11名创始人承受着来自母公司(中科院下属的计算技术研究所,ICT)的压力——要求他们发挥新的自主权的优势,成立公司,从事政府批准研究院进行的商业活动。这是政府制度试验的一部分(Lu,2000)。但是,母公司和这些公司的创始人都没有商业经验,而且母公司也没有丰富的财务资源可以投资于资本密集的制造业。

联想确实从母公司处获得了一些资源。首先,ICT的领导以有形的方式支持联想,比如允许联想免费使用ICT的设备。联想还可以以ICT的名义从事商业活动,利用ICT在潜在客户中的知名度,成为IT研究项目和重大项目(卫星、火箭、大型计算系统)的领导者,并利用ICT与中国政府的联系,获得从事这些商业活动的许可。一些受访者将这些联系和通过政府获得的合法资格视为ICT为联想的发展做出的最主要的贡献,而不是其给予的技术资源和支持。

创始人最终决定成立一家公司,将他们的服务销售给其他公司,这些服务主要是安装电脑、测试进口电脑以及培训新的电脑使用者。他们的第一位大客户是联想的"祖父",即中科院。中科院与他们签订了一份价值人民币70万元(当时大约相当于30万美元)的合同,内容是为中科院安装、测试进口电脑。

资源配置

从1987年开始,联想将其商业活动扩大到贸易和分销范围,成为第一个AST(当时中国的领先国外品牌)的分销商,此后又成为惠普和其他打入中国市场的国外品牌的分销商。这些商业活动很快成为联想收入的主要来源,同时也为其创造了资金来源。联想利用这笔资金在香港投资成立了合资企业,从事贸易,后又从事主板和接插卡的制造。

通过分销国外生产的个人电脑,联想不仅积累了所需的资金,而且学会了如何组织销售渠道,销售个人电脑。联想的前任CEO柳传志甚至说,"我们最早且最好的老师是惠普"(Gold, Leibowitz and Perkins, 2001)。而且,通过这些商业活动,联想开始对中国消费者及他们购买电脑的习惯有了自己的理解。

到这个时期末,联想在创建自己的国内分销网络方面已经取得了重大的进展,这是一种极具竞争价值的稀有资源,特别是在中国市场转型的初级阶段。当时,只有国有分销企业才具有这种分销网络。这种国有分销企业存在于大多数行业中,是中央计划体制的产物,负责执行国家发展和改革委员会及相关行业部门制定的制造投入、中间产品和成品的分配指令。但是,联想与这些由国家控制的分销活动不同,联想的分销活动是根据需求,以顾客为中心的;只有当供应符合顾客的需求时,它才能生存。

到这个时期末,从成立香港合资企业开始,联想迈出了挺进制造业的第一步,主要生产接插卡。其最成功的接插卡之一——中文文字处理接插卡起源于其母公司ICT的实验室。联想将开发和工程研发转包给了ICT,而ICT又为联想输送人员,在生产阶段帮助联想实施生产。除了销售国外个人电脑以外,这些接插卡成为联想收入的重要来源。

1991—2000年:制造

环境

从20世纪90年代初开始,中国电子工业部改变了其有关发展中国个人电脑业的政策,从"民族主义转为实用主义"(Kraemer and Derick,

1994a)。首先,政府不再坚持自力更生,而是鼓励当地企业获取国外技术,成为国际个人电脑生产网络的一部分。其次,政府大大削减了国外品牌个人电脑的关税。

1992年,政府削减进口电脑关税,这对中国的外企和竞争环境产生了深远的影响。第一,外企几乎没有国内竞争对手,因为政府只允许一小部分企业——这些企业是政府精挑细选的精英企业——生产个人电脑。第二,由于本土市场受到政府的保护,因此那些国内"精英企业"(如长城)从本土市场中获得的利润相对较高,而且它们并未投入资金学习知识、拓展能力,使自己更接近于国际标准。结果,在90年代上半期,外企很快在中国个人电脑市场中占据了主导地位。此后,政府开始允许有冲劲的新企业(如联想和方正)生产个人电脑,外企很快失去了它们的绝对领导地位。

战略

在前面的贸易和分销阶段,联想开始通过与顾客的直接互动以及广泛的分销网络形成自己对市场的理解。它还对主板和接插卡两大元件进行了小批量的生产和组装。这些活动——贸易、服务和元件制造——产生了可供联想再次投资的利润。与其他由某一个核心活动提供资金、从事与主营项目无关的业务以达到多样化目的的企业不同,联想的管理者仍将重点放在个人电脑业上。他们决定通过生产自己的品牌电脑在这个行业开展增值活动,获取更高的利润。1991年,联想获得了生产个人电脑的许可。

联想的管理者做出了几个战略决策,这是他们对继续以个人电脑业为重心生产自己的品牌电脑做出的基本决策。首先,他们将为中国顾客的电脑配备最新的处理器,这一点和外企不同。外企不会将其最新的产品优先提供给中国市场。比如,外企在美国销售最新的486电脑,但是却将运行速度较慢的386电脑销往中国市场,而且这些老式机器在中国的售价还高于其他市场中最新机器的售价。相反,联想很快将配备最新英特尔芯片的个人电脑推向中国市场。这项战略同时也提升了联想的形象,消费者认为它是发展速度快、技术精深的生产商,这也减少了中国消费者认为本土品牌技术落后的不良印象(《商业周刊》,1999)。

联想的第二个战略决策是设计自己的专门吸引中国消费者的品牌电脑,这个决策进一步完善了将领先技术融入其电脑中的决策(Gold,Leibowitz and Perkins,2001)。对于当时并不看重的市场,比如中国市场,外企并未为此专门设计符合当地消费者需求的电脑。而联想正好相反,它为中国国内不同的细分市场设计了不同的产品,设计对象涵盖针对公司的市场中的银行、其他大型组织和中小型企业以及同样多样化的个体消费群。

最后,联想的管理者决定与外企展开价格战。对于具有可比性的产品,联想将其价格定为外企同类产品售价的 2/3(《华尔街日报》1997)。比如,1996 年 8 月,联想以 1 520 美元的价格销售其基于 75 MHZ 奔腾处理器的电脑,而 AST 和 IBM 同类产品的售价为 2 000 美元以上。联想能以低价销售的原因是它们的成本比外企低。第一,联想的管理成本较低,特别是相对于聘请外籍管理人员的中国外企而言。第二,更多的国外元件制造商在中国开展经营,比如深圳的硬盘制造商希捷科技。这些制造商通过在中国的运营活动节约了成本,同时也等于为联想节约了一些成本。同时,90 年代中期,台湾企业涌入中国内地(Kraemer and Derick,2001),为联想提供元件和外围设备,质量与领先外企所使用的相同。最后,联想的销售和服务网络降低了其分销成本,从而进一步降低了联想的成本。

资源配置

联想继续发展其分销网络,这同时又为联想带来了改良成本结构以外的竞争优势。相对于外企或其他国内生产商而言,分销网络使联想的地域覆盖面越来越广。联想将中国市场划分为 7 个区域,到 90 年代末,联想在这 7 个区域已拥有近 50 名授权分销商,且每名分销售都拥有自己的转销网络。除 130 家分布在大城市中的"1+1"个人电脑专卖店以外,联想的分销系统总共还拥有近 2 000 名转销商。相反,IBM 只有大约 10 名一线分销商,且大都分布在大城市中。虽然分销商之间存在竞争,但是联想能与其分销商保持良好的关系,其中许多分销商多年以来都与联想共同发展。比如,90年代中期,联想制定了一条规定,禁止联想的区域子公司销售个人电脑,只允许它们为分销商和转销商提供信息和物流服务。这种政策和做法使联想分销商相对于国内外其他制造商的分销商而言更忠诚。即使联想提高了分销渠道的广度和深度,它也从未在分销商中进行股权投资,包括1+1专卖店。

联想进一步扩大和深化其分销网络及销售与服务活动还为形成其生产设计决策的营销活动提供了支持。联想将从分销渠道和市场营销部得来的有关用户需求的反馈与经验融入到企业层面的研发中心的产品设计和创新工作中。除了观察顾客的购买习惯和选择以外,联想还积极鼓励顾客参与其中,帮助指导其产品开发活动。比如,1998年,联想的一次调查显示,80%的联想顾客购买个人电脑用于上网。但是,即使在购买以后6个月,仍然只有不到10%的用户真正使用电脑上网。联想发现对一般用户而言,将电脑组装起来并连接到互联网服务商(ISP)是一件过于复杂而又费时的事。联想很快做出回应,推出了即时上网型个人电脑。这类电脑的键盘安装有6个"热键",能自动执行上网操作、收取电子邮件、上网购物以及阅读新闻。该产品推出以后获得了巨大的成功,在一年内就销售了90万台(《亚洲周刊》2001)。

跨国公司是联想学习的另一个来源。即使在生产自己的品牌电脑时,联想也一直为惠普、东芝和IBM销售国外生产的电脑。这样做除了能巩固联想在中国作为领先个人电脑分销商的地位以外,还能使联想有机会仔细考察国外产品的设计和顾客对此的反应。

联想还投入资金,发展新的制造能力,同一时期在北京、上海和惠阳(广东省)建立了三家大型制造基地。这些大型设施实现了规模经济,因此为联想提供了更具竞争力的成本结构。它们还使联想通过边做边学快速受益,且受益匪浅,这进一步推进了生产力的发展。为了开展这类制造活动,联想从国外引进了大量的制造设备,从中学习了领先的生产技术,同时还从供应商处获得了全面的培训。联想的现场工程师学会并成功实施了领先的制造管理流程,而无需为传统操作所累;即,使许多联想的国企竞争对手深受其害的、那些未受过良好培训且工作又没有动力的工人以及不符合标准的操作。

最后，联想大大扩展并深化了其内部研发活动，以支持其以成本为基础、以顾客为中心的战略。虽然联想对此类战略支持活动的需求有了基本的了解，而且在80年代末已开始培养内部研发能力，但是联想的管理者对如何构建或管理这类活动仍然没有清楚的认识。他们的第一次尝试是在1990年建立一家200人的公司级研发中心，但未获成功。他们聘请的科学家和工程师对生产基地和市场营销中传达的世俗需求不感兴趣，且反应过慢，他们更感兴趣的是开发大型集成电路和数字转换等最新技术。高层领导人很快意识到联想的战略性商业需求和其研发中心的兴趣之间存在这种不协调的情况。他们解散了这个中心，将研发人员分派到几家新成立的业务部门研发中心去，这些研发中心是为响应业务部门管理者的需求而建立的。联想的管理者相信这种结构能使研发、制造和市场营销功能之间实现更紧密的互动和协调，使联想得以执行紧密结合中国市场的双头战略，即低成本制造和创新产品。

2001年至今：技术开发

环境

与中国个人电脑业的产业政策一致，中国政府继续沿着始于90年代初期的市场自由化道路前进。在90年代的几次降低关税以后，政府同意再次降低关税——从2001年的13%降到2005年的0——这是其入世承诺的一部分。同时，政府也不再限制中国外企的本地产量与其出口量的比例。

跨国公司完全认识到了中国个人电脑市场的规模和潜力，并最终将其视为制定战略决策时首要考虑的对象。虽然中国的个人电脑占有率仍然只有近1.5%，但是根据出货量，中国已成为继美国和日本之后的第三大市场。为了服务于这个市场，各大跨国公司都在中国开展更多的经营活动，不是成立合资企业，就是成立独资的分公司，后者近期更为普遍。

战略

到目前为止,联想不仅成功地捍卫了自己在国内个人电脑市场中的地位,而且还将其领导地位延伸到其他方面。英特尔的创始人兼前任CEO安迪·格鲁夫称联想已具备世界级制造能力(SCMP,1998)。但是,联想的管理者认为有几个竞争威胁他们必须处理,这样联想才能超越其更具决定性的、目标更为明确的竞争对手,从而在日益多样化的国内市场中保持主导地位。首先,相对于戴尔、惠普及IBM等比以往更积极地占取中国市场的领先外企而言,联想在技术能力上处于落后状态。同时,联想的国内对手又在奋力追赶,缩小了它们以前与联想之间的技术鸿沟。其次,当更多的外企在中国建立大型制造基地时,它们同样有机会降低它们的成本,并从本土供应商处获得成本优势,如劳动力和元件成本。再次,在企业越来越无法依靠价格和成本竞争时,以产品创新为基础的竞争日益重要。

为了应对竞争环境中的这些发展,联想管理者根据2000年麦肯锡公司(McKinsey & Company)的一次分析,将技术和创新作为新战略发展的重心。他们的目标是进一步完善联想现有的提供特色产品、将领先技术融入细分程度更高的顾客群中的战略。

资源配置

为了执行其生产更具特色的产品,满足更具体的客户细分群的战略,联想继续发展内部研发能力。公司一直为其中国顾客开发更符合顾客不同需求的硬件配置和软件包。比如,在笔记本电脑目录中,联想提供了五个系列的产品,每个系列都是针对特定顾客群的需求设计的。在家用电脑目录中,联想提供了四个系列的电脑,包括一个专为儿童设计的系列,帮助他们通过游戏和娱乐学习电脑技术;一个专为中老年用户设计的系列,融入了触摸屏技术,替代鼠标或键盘的使用;一个专为高中生设计的系列,提供了更时尚的设计和学习软件;以及最后一个专为成年人设计的系列,安装有联想独家专有的软件。

在补充更具特色的产品线的同时,联想继续深化其分销系统,使其能更好地解决因地域不同造成顾客在购买力、购买态度、生活方式及消费模式方面不同的问题(Cui and Liu, 2000)。2004年,联想将7个主要市场区域增加到18个。这些区域的经理直接向北京总部报告工作,而4个区域平台(北部、南部、东部和西部)仅仅负责物流方面的协调工作。联想还大大增加了其1+1电脑专卖店的数量,从1999年的130家增加到2004年底的600家,以加强其与终端用户的联系。最后,在这一时期,由于戴尔在中国开展直销活动并取得成功,联想认识到了一个新的顾客细分群,于是增加了直销部门,主要利用电话为这部分顾客服务。

虽然联想继续通过分销、市场营销和制造活动收集顾客和市场方面的数据,但是其现行战略所体现的创新本质将应用层面上和更基础层面上的研发工作提到了更为重要的位置。在对其研发活动进行了几次重组以后,联想的管理层最终确定了一个二级研发结构,对应他们所称的"今日技术"和"未来技术"。

第一级位于IT商务群内,主要负责为"今日"电脑开发技术,包括服务器、笔记本电脑、消费类IT、商用台式电脑及其他几个商业部门。这些部门由功能更为具体的实验室负责;比如,台式电脑开发中心包括五个为之服务的实验室,分别负责元配件、商务系统、消费系统、基础构架和标准以及应用软件。这些实验室根据当前经营活动确定的需求负责工程系统和元件,虽然有时候它们会将研究工作转包给二级研发中心。联想希望这些实验室与联想三大制造厂内的生产工程部通力合作,确保他们的解决方案在制造过程中简单易行且节约成本。

第二级研发是公司层面上的研发,由独立的副总裁负责,包括四个中心。联想研究院是联想未来关键技术开发的核心部门,目前的研究重点是协调性应用,开发能充分利用机会使不同信息设备(包括家用电器、电信和电脑)之间相互协调的技术和协议。其他三个中心负责为联想内部所有的业务部门开发技术和平台。软件设计中心开发应用软件;工业设计中心设计创新的产品外观,提供吸引点;接插卡设计中心开发主板和其他零配件,优化联想产品的性能。这些中心旨在支持一级研发部门并维持由内部合同协议管理的一级中心与二级中心之间的联系。

为了资助这项工作,联想于2000年宣布将再次投资人民币18亿元(折合2.18亿美元)用于开发新技术。现在这项工作已初见成果,自1999年以来联想的发明、实用新型和行业设计专利都有了飞速的增长(见表15.3)。为了进一步标志性地强调这种变化,并创建一个可以传播到国外的品牌,2003年联想从Legend更名为Lenovo,意为"领先的创新"。

表15.3 联想的专利

专利分类	1997	1998	1999	2000	2001	2002	2003
发明专利	1	0	2	2	3	10	101
实用新型	0	0	6	18	15	90	102
外观设计专利	4	11	28	31	53	125	104
总计	5	11	36	51	71	225	307

数据来源:根据中国知识产权局的专利数据库查询而得。

但是,由于电脑相关技术和能力的广泛程度,联想管理者认识到他们必须补充内部研发活动,特别是针对未来技术的研发活动,增加与其他企业的合作。为此,联想已与中国电信、IBM、美国国家半导体公司和友讯集团(D-Link)及其他企业建立了联盟。比如,2003年8月,联想与英特尔合资成立了联想—英特尔未来技术发展中心。该中心负责为下一代英特尔产品创建可靠的计算环境、开发关键技术并设计融合计算机和电信的尖端产品。

动态战略匹配过程

我们分析了联想从成立开始经过三大发展阶段的发展路程,结果表明联想的外部环境、内部条件(战略、资源和能力)以及资源配置决策之间存在着一个迭代过程(见表15.4)。这显示了联想管理者试图将其战略和内部资源及能力与其所处环境中的限制和机遇相协调的动态过程。在联想这个案例中,实现协调涉及一系列资源配置活动,这些资源配置活动使联想在电脑业务中实现了垂直整合。我们对这些配置进行了更详细的调查,结果进一步表明联想的管理者同时进行开发和探索。在马奇(1991)的意义上,联想一旦发展了一种新的功能能力或资源——比如,他们的分销网络——在接下来的时期内,他们就会通过"开发"深化那种能力或资源。这些管理者边做边学,提高他们的能力并在熟悉的领域中扩大他们的能力范围。当他们将公司资源分配给新的功能领域(制造、研发)或功能相同但性质不同的领域时(如,规模生产制造转为按订单制造、生产—开发性研发转为基础—技术性研发),他们还进行探索活动。

表 15.4 联想追求战略匹配的各个阶段

贸易和分销,1984—1990 年	制造,1991—2000 年	技术开发,2001 年至今
环境 政府在个人电脑行业出台了自力更生政策和保护新生产业政策;挑选精英国企。领先的外企未将经营重心放在中国市场;二级外企打入中国市场;通过转销商销售;利润率和关税导致中国市场内的个人电脑价格高昂。	政府鼓励中国企业融入全球个人电脑生产网络;准许更多国内企业制造个人电脑(包括联想);降低进口关税。更多外企打入中国市场,并在本土市场中占据主导地位。	政府进一步加强市场自由化,到 2005 年将进口关税降至零;取消了对外国制造商的出口限制。外企更加积极地占领中国市场,并在中国开展更多的经营活动。
战略 选择业务模型;为中国公司分销并安装进口电脑,培训用户。	分销个人电脑并推出自己的品牌电脑;依托与跨国公司在技术上具有竞争性、更适合本地的品牌进行价格竞争。	在技术改进和价格的基础上展开竞争;提出按订单制造,以更好地满足顾客的需求(戴尔的业务模型);向全球扩展。
资源配置 开发:利用员工的电脑专业技术销售、安装、培训。 探索:创建分销网络。	开发:进一步扩大分销网络。 探索:建立新的制造基地及研发中心,开发产品。	开发:扩展研发能力,在此基础上开发产品。 探索:开展与电脑技术相关的尖端研究;建立战略性联盟,共同开发某些领先技术;形成按订单营销、销售及制造的系统;创建国际品牌。

马奇框架的开发要素与 Nelson 和 Winter(1982)的作为路径依赖的程序(或资源和能力)概念化有密切的联系。它还与 Cohen 和 Levinthal(1990)的"吸收能力"概念相关。这种关联引发了这样一个问题,即这些强调路径依赖性轨道的演化理论是否与探索和开发明显不同的资源和能力的概念相悖。事实上,马奇本人(1991)也讨论了作为公司内部矛盾的开发与探索。联想的案例似乎表明这可能是两个迥然不同的过程,但并不一定是相互对立的。联想的管理者就同时进行了这两种活动,并且成功地实现了战略目标,获得了比对手更好的业绩。他们只有根据他们对动态战略匹配的追求将资源在探索和开发活动之间进行合理的分配,才能做到这一点。

联想案例说明了公司"探索"并获得新资源和能力的不同方法。最初,联想通过其母公司开发出来的其他企业的产品或技术在销售和分销上竞争。为了发展并利用环境变化的优势,联想先将制造作为自己经营活动的一部分,然后通过将收购与内部开发结合起来,又将研发纳入自己的经营活动中。最近,联想正在建立合作性联盟,与其他企业共同开发新技术。

我们的分析还确定了产生不匹配现象的两种来源,这说明联想案例还强调了环境决定论和战略决策同时产生的作用。

首先是环境。联想案例提供了许多例子,说明政府政策和竞争环境中的变化如何在外部限制和机遇与联想内部条件(战略和/或资源与能力)之间造成不匹配,而联想管理者通过资源配置决策应对这种不匹配现象。第二种不匹配来源是管理者自己提出的战略目标的变化。联想的管理者改变他们的战略目标,从简单地通过销售、分销等经营活动存活下来到成长为大型综合个人电脑制造商;从具有技术竞争性的低成本产品的供应商到生产尖端产品的供应商。最近,他们还提出了一个新的目标,即从中国的领先供应商成长为国际上的主要竞争者。联想收购 IBM 个人电脑业务的决策正是联想试图将内部条件(资源和能力)与其成为国际竞争者的目标相匹配的表现。

未来研究的领域

我们无法仅仅根据一个案例来测试假设,但是我们可以建立一个融入感兴趣的变量和背景特征的过程模型。联想案例说明当联想在随时间变化的企业环境、管理者战略和目标以及资源和能力互补之间寻求动态战略匹配时存在着一个固有的迭代过程。虽然我们认为一个能在这些要素中实现匹配的企业能比那些无法实现这种匹配的企业获得更高的业绩,但是我们无法通过这次研究设计测试上述假设。以后的研究将仔细挑选案例进行两两对比,对比保持或不保持匹配的过程以及导致业绩提高或不提高的方法,从而探究匹配对业绩的意义。在传统意义上,战略匹配领域的研究依赖于静态的、横截面式的研究设计(Venkatraman,1989; Zajac, Kraatz and Bresser, 2000),而问题在根本上却是纵向的。当加入时间尺度时,大规模的定量研究将有利于我们更深入地了解这种现象。

反应性不匹配和主动性不匹配之间的差异是一个值得以后的研究关注的问题。管理者在何种情况下应该等待至不匹配现象增强,然后努力解决?又在什么时候应该积极地引入不匹配,比如联想的管理者在提出新的战略目标时所做的?主动性不匹配和反应性不匹配以及分配给探索和开发活动的资源之间存在相互作用吗?前期的研究已经显示战略—结构—业绩关系随环境特征的不同而有很大的不同(如,Davies and Walters, 2004; Tan and Litschert, 1994; Tan and Tan, 2004)。认为增强匹配性的战略改变的促进因素——环境压力及管理者的意志——在动态战略匹配—业绩关系中是很重要的一个偶然因素是不合理的。

管 理 意 义

联想案例的研究结果对管理有几个明显的意义。第一,该案例描述了企业可同时深化现有资源和能力组合并开发新资源和能力组合的发展过程。有关如何在开发和探索活动之间分配资源的决策必须根据企业的战略目标和环境中存在的机遇和限制制定。联想的管理者在近15年内创建了一个具备综合功能能力的企业,从研发,到制造,到销售和服务。

这些能力的整合顺序尤为重要,我们认为这是联想当前竞争力的重要因素。正如案例所描述的,联想最初是分销商,后来又增加了制造,然后研发。此外,这个过程的每一步都受企业在下游获得的知识和经验的影响。结果,顾客需求首先被融入应推出何种类型的产品和设计的决策中,此后,又被融入何种类型的技术在市场中具有价值的决策中。

联想案例还显示了企业发展新能力的各个阶段如何要求不同的战略和结构以维持匹配。企业将通过不同的方法获得不同的能力;比如,作为领先企业的转包者、与合作伙伴合作、收购或获得许可。而且,当企业在新的功能领域发展能力或扩大特殊功能的能力范围时,企业必须进行重组,以支持不断增加的多样化活动之间的有效协作。

联想案例还为没有独有技术的企业或其母公司能给予的最大帮助不是技术的新公司提供了另一种发展模式。母公司的重要帮助并非独有技术或大额起步资金,而是技术援助人员、进行商业活动的自由以及成为它们重要收入来源的第一份商业合同。另一个重大帮助是通过母公司与政府部门的联系获得合法资格。联想本身就是在这些因素的基础之上建立的,然后又通过明智的决策成长起来,最终发展为一家全面综合的企业。

但是,到目前为止,联想在中国环境中保持动态战略匹配的能力是否能转移到他们向国际市场扩展的活动中或有助于他们的国际扩张尚不清楚。虽然联想在中国市场上获得了经济和竞争力两方面的巨大成功,但是现在联想只有10%的收入来自中国以外的市场。这种国内销售量远远高于国际销售量的情况可能只是管理者关注的一个方面,但是也可能表示联想的产品在其他市场中的竞争力具有固有的限制性。虽然在未来,仅中国一个市场就可能成为一个重要的不断发展的个人电脑市场,但是联想的产品也有可能并不符合其他市场的需求,这是联想将国际扩张作为一大战略目标时需要解决的问题。虽然联想收购了IBM的个人电脑业务，使联想能够快速获得领先技术，拥有高价值的品牌，但是那些资源和能力会随着行业的进一步发展而减少。换言之，联想现在必须成功地开展开发与探索活动，而且必须以获得与全球市场的匹配为目标，而不仅仅是中国市场。

联想案例还为以后的企业，特别是（但不仅限于）那些在中国等发展中国家建立的企业上了一课。为了占据行业领先的竞争地位，企业可能将研发方面的投资视为头等大事，政府甚至还会奖励这方面的投资；但是对那些相对于大型跨国公司而言资源有限的企业，需要真实地评估这类投资的机会成本和可能产生的成果。资源有限的企业应该将有限的资源分配给能使它们成功地与对手抗争的活动和学习。较之和资金雄厚、技术过硬的企业在同一起跑线上竞争，开发能使企业脱颖而出的资源和能力是更好的战略选择。比如，到目前为止，联想在符合中国顾客需求的分销网络和产品开发方面的投资超过了其在研发方面的投资。从绝对额上看，较之外企竞争对手在研发方面的支出，联想在研发方面的投资简直是很少的。

结　　论

本章利用联想案例确认了新建立的民营企业得以在政策和竞争环境发生巨变的情况下维持动态战略匹配的过程。联想执行了一系列受益型战略改变，在开发现有的资源和能力的同时探索新的资源和能力，从而实现了上述匹配。这个过程对同样需要面对不利的环境、且必须决定发展何种资源和能力、及如何发展它们从而使环境中的机遇和限制相协调的其他民营企业及未来的企业都具有重要的意义。

参 考 文 献

Amsden, A. H. (1989). *Asia's next giant: South Korea and late industrialization.* Oxford: Oxford University Press.
Asiainfo Daily China News. (1999). June 16. www.asiaweek.com.
Asiaweek. (2001). The stuff of Lenovo. May 25. www.asiaweek.com/asiaweek/magazine/nations/0,8782,110144,00.html.
Barney, J. (1991). Firm resources and sustained competitive advantage. *Journal of Management,* 17, 99–120.
Bell, M., and K. Pavitt. (1993). Technological accumulation and industrial growth: Contrasts between developed and developing countries. *Industrial and Corporate Change,* 2, 157–210.
BusinessWeek. (1999). How Lenovo lives up to its name. February 5.
Chen, H. (1997). *Why Legend?* (in Chinese). Beijing: Beijing University Press.
Child, J. (1994). *Management in China in the age of reform.* Cambridge, UK: Cambridge University Press.
Cohen, W., and D. Levinthal. (1990). Absorptive capacity: A new perspective on learning and innovation. *Administrative Science Quarterly,* 35, 128–52.
Cui, G., and Q. Liu. (2000). Regional market segments of China: Opportunities and barriers in a big emerging market. *Journal of Consumer Marketing,* 17, 55–70.
Davies, H., and P. Walters. (2004). Emergent patterns of strategy, environment and performance in a transition economy. *Strategic Management Journal,* 25, 347–64.
Eisenhardt, K. (1989). Building theories from case study research. *Academy of Management Review,* 14, 532–50.
Gold, A. R.; G. Leibowitz; and A. Perkins. (2001). A computer Lenovo in the making. *McKinsey Quarterly,* 3, 73–83.
Gu, S. (1999). *China's industrial technology: Market reform and organizational change.* London: Routledge.
Guthrie, D. (1998). The declining significance of *guanxi* in China's economic transition. *China Quarterly,* 154, 254–82.
Hobday, M. (1995). *Innovation in East Asia: The challenge to Japan.* Aldershot, UK: Edward Elgar.
Kahneman, D., and A. Tversky. (1979). Prospect theory: An analysis of decision under risk. *Econometrica,* 47, 263–91.
Kim, L. (1997). *Imitation to innovation: The dynamics of Korea's technological learning.* Boston: Harvard Business School Press.
Kim, L., and R. R. Nelson. (2000). *Technology, learning and innovation: Experiences of newly industrializing economies.* Cambridge, UK: Cambridge University Press.
Kraemer, K. L., and J. Derick. (1994a). *National computer policy and development in China.* Working paper PAC-060A. Center for Research on Information Technology and Organization, University of California, Irvine.
———. (1994b). *From nationalism to pragmatism: IT policy in China.* Working paper PAC-060B. Center for Research on Information Technology and Organization, University of California, Irvine.
———. (2001). *Creating a computer industry giant: China's industrial policies and outcomes in the 1990s.* Working paper. Center for Research on Information Technology and Organization, University of California, Irvine.
———. (2002). Enter the dragon: China's computer industry. *Computer,* February, 28–36.
Ling, Z. (2005). *Lenovo's wind and cloud* (in Chinese). Beijing: Zhongxin Publishing.
Liu, X., and S. White. (2001). Comparing innovation systems: A framework and application to China's transitional context. *Research Policy,* 30, 1091–1114.
Lu, Q. (2000). *China's leap into the information age: Innovation and organization in the computer industry.* Oxford, UK: Oxford University Press.
Lukas, B.; J. Tan; and G. Hult. (2001). Strategic fit in transitional economies: The case of China's electronics industry. *Journal of Management,* 27, 409–29.
March, J. (1991). Exploration and exploitation in organizational learning. *Organization Science,* 2, 71–87.

Nelson, R., and S. Winter. (1982). *An evolutionary theory of economic change.* Cambridge, MA: Belknap Press.
Nolan, P. (2001). *China and the global economy: National champions, industrial policy and the big business revolution.* New York: Palgrave.
Peng, M. (2003). Institutional transitions and strategic choices. *Academy of Management Review,* 28, 275–96.
Peng, M., and P. Heath. (1996). The growth of the firm in planned economies in transition: Institutions, organizations and strategic choice. *Academy of Management Review,* 21, 492–528.
Peng, M., and Y. Luo. (2000). Managerial ties and firm performance in a transition economy: The nature of a micro-macro link. *Academy of Management Journal,* 43, 486–501.
Peteraf, M. (1993). The cornerstones of competitive advantage: A resource-based view. *Strategic Management Journal,* 14, 179–91.
SCMP. (1998). Legend gives Intel chief millionth PC. *South China Morning Post,* May 7.
Simon, H. (1955). A behavioral model of rational choice. *Quarterly Journal of Economics,* 69, 99–118.
Steinfeld, E. (1998). *Forging reform in China: The fate of state-owned industry.* Cambridge, UK: Cambridge University Press.
Story, J. (2003). *China: The race to market.* London: FT Prentice Hall.
Tan, J., and R. Litschert. (1994). Environment–strategy relationship and its performance implications: An empirical study of Chinese electronics industry. *Strategic Management Journal,* 15, 1–20.
Tan, J., and D. Tan. (2004). Environment–strategy co-evolution and co-alignment: A staged model of Chinese SOEs under transition. *Strategic Management Journal,* 26, 141–57.
Van de Ven, A.; H. Angle; and M. Poole. (1989). *Research on the management of innovation: The Minnesota studies.* New York: Ballinger.
Venkatraman, N. (1989). The concept of fit in strategy research: Toward verbal and statistical correspondence. *Academy of Management Review,* 14, 423–44.
Venkatraman, N., and J. Prescott. (1990). Environment-strategy coalignment: An empirical test of its performance implications. *Strategic Management Journal,* 11, 1–23.
Walder, A. (1995). Local government as industrial firms: An organizational analysis of China's transition economy. *American Journal of Sociology,* 101, 263–301.
Wall Street Journal. (1997). China's personal-computer industry is starting to beat out U.S. companies. November 19.
White, S. (2000). Competition, capabilities, and the make, buy, or ally decisions of Chinese state-owned firms. *Academy of Management Journal,* 43, 324–41.
White, S., and G. Linden. (2002). Organizational and industrial response to market liberalization: The interaction of pace, incentive and capacity to change. *Organization Studies,* 23, 917–48.
White, S., and X. Liu. (1998). Organizational processes to meet new performance criteria: Chinese pharmaceutical firms in transition. *Research Policy,* 27, 369–83.
Xie, W., and S. White. (2005). Windows of opportunity, learning strategies, and the rise of China's handset makers. *International Journal of Technology Management,* forthcoming.
Xie, W., and G. Wu. (2003). Differences between learning processes in small tigers and large dragons. *Research Policy,* 32, 1463–79.
Xin, K., and J. Pearce. (1996). *Guanxi:* Connections as substitutes for formal institutional support. *Academy of Management Journal,* 39, 1641–58.
Zajac, E.; M. Kraatz; and R. Bresser. (2000). Modeling the dynamics of strategic fit: A normative approach to strategic change. *Strategic Management Journal,* 21, 429–53.
Zeng, M., and P. Williamson. (2003). The hidden dragons. *Harvard Business Review,* 81, October, 92–99.
Zhang, F.; Z. Chen; and K. Wu. (2000). Reflections on the history of China's computer industry (in Chinese). *Diannao Shijie [Computer World].* January 10.

第十六章 中国民营企业的崛起:制度和产业环境变革中的理论发展

克劳迪娅·伯德·斯库霍芬

本书所选内容反映了当前中国民营企业学术研究的最新进展。本章主要讨论有关中国民营企业的管理学观点,建议了对描述中国商业组织的多音节、多词汇短语的概念简化,并为寻求更好理解中国民营企业的学者们指出了他们所面对的一些理论的和现实的难题。首先,什么是"管理学观点"?在当前的跨学科研究中,学者们广泛地研究管理学、社会学、心理学和经济学,因此必须对(有关任何内容的)管理学观点做出尽可能广泛的定义。广义来说,我认为管理学观点指有关组织的研究和理论,对管理者和组织的行为具有理论意义。无论某项实际研究的理论侧重点何在,组织的特点都在从管理学观点出发的研究中扮演着重要角色。

管理学观点由管理学范畴之内的若干个次级群组组成,包括组织行为、综观(或中级)理论和研究、宏观组织和管理理论、战略和经营政策以及不同领域的学者对其中某项所作的论述。例如,作为社会学家的迈克尔·T.汉南(Michael T. Hannan)采用了组织生态学的观点,研究社会心理学的理查德·哈克曼(Richard Hackman)经常有著述发表在管理学会(AoM)的期刊以及战略管理期刊上。总体来说,对管理现象的探讨活动中涌现出了一批理论观点,Barney 和 Hesterley(2005)、Pfeffer(1997)和 Scott(2003)对其进行了出色的回顾。总之,是需要解释的理论现象推动了理论范围的拓展,这些理论或许适用于更好地理解中华人民共和国内的民营企业以及随之而来的管理难题。

获取行动结论的必要条件

在下文中将探讨为中国经理获取实际的行动结论而必备的几个条件。首先,在得出结论和出台管理建议之前必须具备有说服力的理论和行之有效的实证研究。世界上大部分经理阅读的是有关如何管理的书籍,其中缺乏实证研究,理论内容少之又少。这些书籍对经理们的建议较多,而除了作者的个人经验和观点之外,对所提建议的论证很少。在任何一家当代书店的商业畅销书柜台都可以找到这类书籍。

其次,在特定的实证研究中采取的理论观点应当切合中国国情。Child(2000)曾提出经济理论和技术进步理论与环境关系不大,因为它们受到国情差异的影响最小。而我认为我们大部分有关组织的理论都与环境的关系不大,因为以英语出版的现有实证研究和理论多半由美国等国家的学者创立发展,他们中的绝大部分想当然地采用美国国情,认定制度环境并无差异。比如,在评论有关组织倒闭率的文献时,Schoonhoven 和 Woolley(2005)发现,研究中占主导地位的有关新建企业存亡理论均未考虑国情,现有的倒闭率模型并未考虑中国国情的主要特点。有待解释的一些理论难题也暴露了我们现有理论的不足。一些学者已经注意到,有关组织的理论总体来说是狭隘的(如 Boyacigiller and Adler, 1991),偏见主要来自于其北美学术发源地的影响。

再次,中国正处于制度变革过程之中,因而形成了实验性的环境,中国的经理以及民营企业家们必须不断地适应这一环境。来源于认真研究的管理建议必须考虑到中国变化的经济、法律和所有权情况。比如,私营企业(大部分以家庭为基础)在中国的大量出现始于20世纪80年代(Gold, 1990),而中国市场经济体制的存在则在2002年中国加入世界贸易组织(WTO)以及2003年中国共产党召开十六届三中全会之后才得到正式承认。

对组织的研究通常以上述主要法律或规章变革的时间作为研究开始的日期,表示制度条件在这一时间点正式变化。现实意义是学者不应假设认定中国的制度环境一成不变,而应当留意对国情所作的重大假设可能是无效的。虽然制度本身便是"想当然"的存在,但中国的制度变革很难于2006年完成。这意味着针对中国国情需要设计纵向和动态的研究,其中还应明确加入一些重大事件的时间,比如中国于1988年正式认可私营企业及2001年批准企业家加入中国共产党。

与之类似的是,直到2003年,中国风险投资者的运营仍然得不到法律保护,因为中国尚未制定保护风险投资的法律架构(Xiao,2002)。到写作本文时止,能够找到的唯一一个立足中国的风险资本组织是香港创业投资协会,该协会位于香港,宗旨是促进香港本地(而不是整个中国)的风险资本行业(www.ChinaSite.com/Business/VentureCapital)。由于中国的风险投资者组织日益完善、影响力日益提高,可以预见他们的法律地位可能得到改善。即便如此,仍必须将当前中国有组织的资本投资作为"新生事物"。而在美国,这一行业被称作"制度性风险资本",这一词语显示了其合法性和法律地位。风险投资者的经营环境在美国税法和投资法中得到准确体现并系统化,这在中国尚未实现。

不断有证据显示,中国的经理和企业家急需掌握更多的基本管理知识。中国新兴科技企业的高倒闭率可以证明这一需要。Chen(1998)报告称,1988年至1998年间,北京的中关村科技园区新建企业为5 000家,而其中仅有9%存在了5年,只有3%存在了8年或以上。通过对比以上数据和其他研究中已发表的数据,Schoonhoven和Woolley(2005)认为,能够度过前8至10年而继续存在的美国和德国新建企业数量是中国北京企业的20倍。① 绝大多数新建科技企业无法长期生存并不是新闻;

---

① Chen的论文描述性较强,提供了一手数据,但未详细讨论方法论。关于倒闭率研究的英语类管理杂志中的论文对"倒闭"的定义非常谨慎。但是,Chen所指的"倒闭"可能与Schoonhoven和Woolley(2005)引用的其他研究对倒闭的定义不完全相符。我们只有在同一时期内对北京地区的中国企业进行更多的研究(包括可比较的概念定义和数据控制),才有可能确定Chen的调查结果是否正确反映了同期的倒闭率统计数据(有否夸大或缩小)。

但中国新建企业过高的倒闭率表明中国科技产业的发展时间将比预计的时间长得多,从企业家和政府观点看来,这都将是持续的效率低下的过程,随着时间的推移和倒闭企业数量的增加,在全国范围内的成本费用也将远远超出预计值。

培育中国经理所必需的知识基础仍处于发展之初,能够代表当前学术状况的几个例子屈指可数,包括《组织科学》(*Organization Science*)特刊《中华人民共和国的公司转型》(Tsui et al., 2002)、徐和刘(2002)主编的《中国企业管理的前沿研究》、徐与他人合著的《中国背景下的管理和组织:当前问题和未来研究方向》(Li, Tsui and Weldon, 2000)以及本书。所有这些文献都是 2000 年或其后出版的。与之相似,中国致力于创立管理知识体系的学者们的第一个正式联合团体——中国管理研究国际学会(ICAMR)于 2004 年召开首次会议,同时发行了刊物《组织管理评论》(MOR),专门发表中国的管理研究成果。但这些出版物和活动都只是过去 5 年发生的事,还不足以开发出适用的知识体系用于在过去 10 年间成立且经营环境多变的成千上万的中国民营企业。

谁是、什么是中国民营企业

越来越多的学者逐渐意识到不应将中国的民营企业看作一个单一实体——仿佛民营成分内部差别不大。就最简单的定义而言,中国民营企业是指非政府所有的商业组织,就如李(第八章)和王(第十一章)所指的"非国有企业"一样。[②] Gregory 等人(2000)和 Zhang(1999)将中国的国内私有成分定义为非农业的(1)雇用 7 人或 7 人以下的个体和家庭经济,以及(2)雇用 8 人或以上的私营企业。1988 年宪法修订后允许私

---

② 魏昂德(Walder, 1995, p.270)将"政府所有制"定义为:"政府选择将一些权利转交给政府雇用来管理那些资产的机构或从租赁合同中获得那些权利的机构,对于这部分权利,政府掌握所有控制、现金流动及销售和清算的权利。此外,国有工业企业由各级政府行政机关拥有、管理,上至中央政府的各部委,下至城镇乡村的政府。"只有大型公共(政府所有)企业保留了"国家所有制",而这些企业曾经是二战以后早期中国投入一产出计划中的核心。

营企业雇用 7 名以上员工。③ 据报道,截至 2002 年底,中国共有 2 377.5 万家个体和家庭经济及 2 435 万家私营企业(Zheng, 2003, pp.148—149)。遗憾的是尚无对这些数据的纵向报道,尽管就个人层面而言,私营企业的雇员人数由 1989 年的 2 120 万增加到 2002 年的 8 150 万(Zheng, 2003, p.146)。13 年间私营成分的雇员人数增长了 3.8 倍,这表明私营企业的数量也在增加,但增速尚未可知。

一些民营企业来源于国有资产民营化,一些不是。事实上,魏昂德(第十七章)坚持认为中国的民营成分并非来自于国有资产民营化,而是来自于新企业的成立。如果这一观点成立,那么我们可以假设认为,平均而言,中国的大部分民营企业之前并非国有,而是新建企业,相对来说较为年轻。这一假设并非低估一些国有企业(或其中的某一部分)转变为股份制公司的重要意义,在边和张(第二章)对中国私营经济成分兴起的描述中也介绍了这一现象。

但"私营"企业一词仍在某种程度上令人误解。在西方,私营企业一词通常表示由私人或企业所有,至少在美国,法律对它们的财务状况披露要求最低。西方使用私营企业一词同"公开上市"企业相区分,后者具有初始的公开发售证券、股票在股票交易所公开交易、须满足政府规定的一系列财务状况披露要求等特征。而在中国,一些类似企业——被倪志伟(Nee)称作"混血儿"(继 Borys 和 Jemison(1989)的说法之后)的那些企业——采取了新的组织形式;它们使用来源于一个以上现有组织的资源和治理结构。乡镇企业便是其中一个例子,它们与当地政府共同拥有企业,以交换政治保护和资源(李,第八章)。但是,根据倪志伟(Nee, 1992)的说法以及本书绪论部分(徐、郑和边),它们的所有权结构仍然"变化不定"。

将中国的多种组织形式归纳为更抽象的一组概念或许对理论研究更有帮助,因为目前对中国经营单位的名称描述过多。"市场化的"和非

---

③ 参见高棣民(本书第七章)对中国私营企业法律地位的演变的有力描述。比如,高棣民描述了中国政府为什么以及如何于 1988 年修订宪法,允许私营公司招聘的员工超过 7 人。

市场化的企业、地方法团主义、乡镇企业、国有企业、国内民营企业、市场化的再分配组织、非正式民营化、部分公众企业……这些对中国经营单位的分类都令人费解。1992年，倪志伟根据财产权分配情况将中国组织形式的多样性描述为一个连续统，从正式的、按等级划分的国有企业到家庭小企业，这一描述颇有见地。倪志伟（1992）解释说，组织形式的多样性（基于所有权变化情况）能够现实地解决由市场结构薄弱、财产权关系复杂以及向市场经济过渡不完全所导致的一系列问题。

我认为，学者们应当获取可靠的所有权数据，从而辨别组织的私有程度，这一点至关重要。相比"区分"组织，描述实际所有权分布情况的演化以及组织的建立年份（存续时间）将在概念上更清晰。有了这些数据，我们能够明确企业建立时的内部和外部条件；建立条件将给组织打上烙印，众所周知，也将对未来发展有着长期的影响（Boeker, 1989; Stinchcombe, 1965）。本书第四章（温伟德、崔大伟和钟少凤）通过对移民国外后又回到中国的民营企业主与一直在中国经营的企业主的对比，说明了需要收集的数据类型。他们收集了在一段时间内包括股东人数、不同所有者持有股份比例、股东与企业创立人的关系以及初始金融资本投资来源等在内的数据。有趣的是，在移民后又返回的企业家所筹集的资金中，地方政府投资占14%。我们应当将这些企业归入国家或政府所有的企业范畴中吗？当然不是。但是我们可以从中看出组织为政府所有的程度。第四章的作者们了解到了在九个类别的投资者中所筹集到的股本比例（连续变量），在分析商业组织的相对业绩时可以利用这些信息。

除了将它们归类为"民营"以外，学者们还需要了解中国民营企业的地域分布情况。很重要的一点是掌握民营企业在不同时间按行业区分的整体分布情况（规模、企业数量、雇用情况以及行业层面上的业绩统计数据）以及行业内单个企业的分布情况（成立时间、规模、所有权分配以及业绩的各种财务指标）。使用"企业"一词时，我指的是销售产品或提供服务并寻求获利高于成本的组织。中国国家统计局及其出版机构中国统计出版社在中国传统行业（如采矿、皮革、纺织、塑料、家具等）上提供的信息要多于新兴的技术密集型行业(如电子和电信),后者在他们的数据表中被归入一类(Zheng, 2003)。出版机构需要进一步甄别中国的技术型行业,尤其是区分基础产业与新兴的技术密集型产业,如计算机、半导体、生物科技、纳米技术等。已经出版了一些行业的年鉴,如卫生部的《医药行业年鉴》;但其中有关生物科技行业的内容少之又少(White and Liu, 2002)。与之相似的是,一些市场调查公司(例如,中国日报信息公司)开始出版地址名录,但入选条件较为苛刻,主要按照企业的规模和市场表现加以选择。

负责收集中国全国行业数据的机构以及市场调查公司通常只选取企业业绩这一因变量作为样本,即只报告达到一定销售额(如500万元人民币)的企业。很明显,采用500万元人民币这一标准意味着大部分新建企业以及雇员少于100人的企业将无法入选;而这两种企业恰恰是西方最广泛存在的企业,实际上中国的情况也与西方相似。进行组织调查时,总体数量(行业)和行业内按企业规模的分布情况是构成有效调查样本所必需的数据。很明显,进行总体(行业)研究时需要了解所有企业的情况。

进行组织研究时,学者们通常控制行业和技术这两项,以明确研究结果所依据的条件。西方的大部分行业协会提供成员的地址名录,这对于生成总体和样本数据非常重要。中国行业协会的发展也许还很遥远。在西方,新的协会往往能够得到成功大企业的财务支持,由它们联合成立,这些企业意识到行业内的联合行动将对本企业有所裨益。就当前而言,中国仅有少数几个由政府支持的行业协会。我们只能推测中国的行业协会何时才能更加独立自主以及是否能够做到这一点,这或许需要效仿西方的行业协会做法。

随着能够公开获得的民营企业信息越来越多,我们将能够设计更切合实际的研究,其有效性和可靠性也将更有保障。目前中国的大部分组织研究所用样本的总体规模是未知数,或许样本是图方便而得到的,比如通过个人关系获得组织调查的资格。只有总体和样本数据更为可靠时,我们才能够从中国未来的组织研究中得出有意义的管理建议。

本书中的管理学研究

本部分的三篇实证研究文章代表了管理学视角研究的广泛议题和分析层次。每个研究项目都经过精心选择并加以实施。在本节中我将针对研究对象的行业、所有权、规模和建立时间以及所进行分析的单位和层次论述每一章内容,并分析文章中的管理建议。

第十三章由樊景立等撰写,所研究的行业包括电子、通信、钢铁、纺织、饭店和制造业。作为样本的52家民营企业为家庭所有或合资企业,它们构成了研究的组织环境,均为中等规模,平均雇员人数为207人,员工从20人到735人不等;都是较为年轻的企业,平均建立时间约7年,其中最年轻的企业刚刚建立,最老的企业已有16年历史。分析的单位为员工($n=292$),分析的内容包括他们对各自经理领导行为的认知、员工的心理反应、对经理的满意程度和依赖程度。

这一横截面研究的基本结论包括,家长式领导的权威维度降低了员工对企业的满意度和组织承诺,而其仁慈和道德维度提高了员工的满意度和组织承诺。要从中总结出管理意义,我们需要了解是否可以单独控制这三个维度之一——例如通过管理培训、选择性聘用和留住人才等方式——从而可以保留家长式领导的有益方面,使企业受益。由于该项研究的横截面设计使得效果的因果关系顺序模糊不清,我们还需要纵向的数据才能推出管理学意义。

研究人员十分明智地控制了单个员工的特质(年龄、教育、传统性、在资源方面对经理的依赖性等),在分析中未将任何与组织本身有关的内容作为控制变量、自变量或因变量。例如,员工流动对企业来说意味着可观的雇用和培训成本,它是否与领导行为有关?权威在哪些管理环境中问题更大或更小?中国工厂的雇员通常非常年轻——刚刚成年——并居住在企业提供的生活设施中。使员工敬畏和顺从的权威作风是否在这种情况下会产生有利结果?是否与基本的军事训练相类似,至少会对年轻员工产生相对有效的结果?培训成本(人员更替)对于饭店员工来说可能微乎其微,而电子和通信产品工厂中的员工均为熟练工人,他们的流失(流动)成本很高,他们对组织的低忠诚度将影响工作的质量。

尽管该项研究很有见地地描述了研究的组织环境,但在分析中却并未应用这些数据。如果分析了与组织相关的变量、收集了纵向数据,这一研究将对中国国情下的管理知识做出更大贡献。根据纵向数据,可以推断出因果关系,从而将能够明确适宜采用不同的管理措施的情境。

本部分中的第二个实证研究由龚亚平等完成,关注了制造业、高科技行业和服务业的117家企业。从企业层面上分析了承诺为本的人力资源管理体制与组织业绩之间的关系。有关组织的横截面数据来源为人力资源经理和中层经理。所有权形式包括国有企业、国内私营企业、中外合资企业和外商独资企业。在控制了行业、所有权和企业规模(平均为1000名员工左右)等变量的情况下,作者认为实行承诺为本的人力资源管理体制的企业在资产和销售收益率、劳动生产率和资产增长方面表现更佳。

他们发现,与预测结果相一致,承诺为本的人力资源管理体制的实施与企业整体业绩正相关;但凭横截面数据无法推断因果关系。更倾向于采用承诺为本的人力资源管理体制的企业包括国内私营企业、外商独资企业和中外合资企业,而国有企业采用这些体制的可能性最小。尽管作者并未说明企业的建立时间,但很可能国有企业的历史要长于其他三种类型企业,也正因为如此,国有企业采用现代人力资源管理体制的可能性更小。了解某一时间点上所采取的人力资源管理体制的不同特征将对研究有所帮助;通过这些数据,研究人员将能够考虑采用这些体制的多年经验,以便预测未来的(当前的)企业业绩。这些企业是否有意识地采用承诺为本的人力资源管理体制以提高竞争优势尚不可知,研究未提供与何时、在何种条件下采用人力资源管理体制相关的任何数据。但是存在另外一种解释:模仿同型化(DiMaggio and Powell, 1983)促使企业采用这些做法,因为企业经常模仿盛行做法以展示与外部环境的同一性。因此,当这些做法为一些中国企业所用时,了解被采用时的条件情况以及历史顺序将对研究有所帮助,可以从中推断出因果关系并得出管理建议。

第三个实证研究由白思迪和谢伟完成,是在企业层面上进行的单一案例研究,介绍了联想公司的发展演变。联想是个人电脑生产商,中国最成功的技术型企业之一,所在的行业包括了计算机系统服务、对其他生产商的个人电脑产品的分销、个人电脑附件销售以及采用当前尖端科技的个人电脑的生产和销售。

联想的成功在几个方面为人所知。尽管中国政府在20世纪80年代将个人电脑作为国家优先发展的行业,但联想并不是政府选定作为中国未来个人电脑行业发展基础的企业。联想公司由计算技术研究所(ICT)衍生而来,而ICT自身是中国科学院(CAS)的一个研究机构。联想的11名创始人以及来自ICT、CAS的赞助人此前在商用技术开发、销售或企业创办方面都毫无经验。就一切情况而言,联想在成立之时都不是一个国有企业,没有国家支持,自成立以来受到的获利要求也较为"苛刻"。白思迪和谢伟介绍了在成立后的最初几年,联想如何在选择不多、资金缺乏的情况下提供技术服务——与美国的新企业开发内部技术知识、获得早期收益十分相似。按照两位作者所说,当跨国计算机企业开始在中国销售产品时,联想成为了AST电脑的分销商,后来成为惠普的分销商,开展了其早期的战略开发活动。作者们介绍了联想如何通过交替使用探索和开发战略,成功利用中国的国情变化而最终成为中国最大的个人电脑生产商,同时形成了研发方面的专利知识资本,服务于进一步的探索活动。

联想公司是一个很有趣的案例,这有几方面的原因。首先,联想的创始人是中国最早的技术创业企业家之一,当时国有企业仍然主导中国市场;民营企业处于合法地位,但法律和政府职能却并未从本质上赋予这些新型企业以合法性。但由于其母体ICT在IT研究方面居于领导地位,并通过中国科学院而与政府有着种种联系,因此联想最终具备了合法和正统性。所有新企业都必须在外部环境中寻求其正统地位,毫无疑问,ICT作为发起单位对联想的早期生存起到了推动作用。

联想的第一个大客户,中国科学院,为联想带来了丰厚的收入。当成功地完成约定的服务时,中国科学院的知名度和地位使联想受益匪浅,同时也进一步增强了其在外部环境中的合法地位。联想早期的收入增长是在相当低的成本基础之上实现的,它与 AST 计算机公司达成协议,分销它们的产品;这个协议基本上可被视为一种早期的战略联盟,使联想得以了解中国个人电脑市场。虽然作者将其视为联想的第一次战略探索,但是这是联想在相当低的风险之上实现的——在相当低的成本基础上通过有经验的行业参与者了解市场,而这个行业参与者又非常积极地融入到有利可图的中国市场中。通过与惠普达成类似的协议,联想显然从中学习到了更多的东西。

通过有效地利用其母体计算技术研究所的实验室开展研发活动,联想成功地在该研究所中开发出了个人电脑接插卡,而在这个过程中,研究所又抽调人员帮助联想,为联想的第一次生产提供了便利条件。当然,联想的新活动所需的预算以外的研发资金相对较少,实验性的生产得以启动,且与香港的合资伙伴共同分担制造费用。

我认为联想早期的生存与发展依赖于其成功建立的战略性合作关系,联想从这种合作关系中学到了很多,同时在其由服务型公司发展为集研发、制造、销售和分销于一体的综合性公司的初级阶段中还将人员、材料和生产方面的成本降到最低。因此,当一个公司通常将相对较高的风险与探索性活动联系在一起时,联想的天才领导者在作为组织间的合作伙伴学习新技能、获得新能力时将风险降到最低。其母体计算技术研究所和第一个大客户——广受尊敬的中国科学院的公认合法性为联想提供了第一笔社会资金。由于计算技术研究所的帮助,联想的第一次研发活动完全没有成本;其第一次制造活动也是与香港合资企业的合作伙伴共同分担成本的。联想将这些能力与在分销和市场营销中从 AST 和惠普学来的能力相结合。因此,联想是一个通过组织性合作关系进行社会学习的例子,而非仅仅简单地通过明智的战略决策选择开发还是探索。这种解释与李和杨的报告(本书第十二章)相吻合。李和杨在报告中称大多数有关中国民营企业的文献资料都强调了各种应对制度约束的战略——比如,建立组织间的关系。他们发现这种对战略的强调不同于西方传统战略管理文献中对战略的强调,后者强调的是通过培养核心能力获得竞争优势。

民营企业和企业家

本书中有几章提及了中国民营企业不断扩大的规模;但是,之前提及的《中国统计年鉴》中的数据似乎认为中国民营企业的优势之一是相对较年轻,一般都成立于 20 世纪 80 年代中期以后。有资料证明中国新公司的成立比率自 1986 年左右以来已攀升到一个相当高的程度。1999 年的《中国统计年鉴》指出,1998 年中国新成立了 16 097 家技术密集型企业。这些统计数字预示了中国经济发展的强劲势头,我们知道这是企业家对国民经济做出的贡献。在对五大洲 29 个国家进行的一次大规模调查中,Reynolds 等人(2000)发现一个国家中企业家活动的比率与国民经济的增长率之间存在正向联系。

因此,除了密切关注中国千变万化的制度背景以外,中国管理学的学生还需考虑中国民营企业相对年轻的分布情况。比如,在樊景立对 6 个行业的民营企业进行的研究(本书第十三章)中,样本企业的平均年龄是 7 年。同样,在温伟德等研究的 200 家样本企业中(本书第四章),只有 4% 的企业成立于 1990 年以前,而余下的 96% 中,有近一半成立于 90 年代,另一半则是在 2000 年以后成立的。为什么中国民营企业的年轻非常重要呢?

众所周知,组织根据其年龄不同而面对不同的风险。较之年老的组织,年轻的组织倒闭的风险更高(Carroll and Hannan, 2000; Stinchcombe, 1965)。根据 Stinchcombe 的"新企业的劣势"理论和 Schoonhoven(2005)的描述,年轻的新组织面对的最大问题是生存。根据这一因素,我们应当转变针对占中国民营企业绝大部分的年轻企业的理论观点。虽然有这个需要,但是李和杨回顾了 1986—2003 年的管理和组织文献(本书第十二章),证明在对中国组织进行的企业研究中,75% 的研究将重点放在非常标准的战略管理主题之上,如公司战略/业绩、公司治理和战略性人力资源以及雇佣关系。只有25%的研究将重点放在企业的创建和新企业的创业技能上。

　　这是一个需要正视的理论问题,因为标准西方战略管理观点是通过研究美国大型产业企业(如,财富500强)及其全球竞争对手(财富1000强)得出的。对于新成立的企业而言,这些老企业均已上市,历史悠久,成功的经验较多,它们面对的主要挑战是随着收入和利润的增长保持竞争优势。这些企业很难构成随机样本。它们对成功业绩因变量的选择忽略了成千上百家未能存续的公司和业绩平平的公司。战略管理理论——比如,以资源为基础的企业观,其核心问题是企业如何发展有价值的、稀有的、不可模仿且不可替代的资源——强调了可持续性竞争优势的形成。相反,新成立的年轻的小公司面对的是赤裸裸的生存问题。在中国,相关数据为数甚少(Chen, 1998)。这些数据显示相对于西方国家的同类企业而言,中国新企业的消亡率史无前例(Schoonhoven and Woolley, 2005)。

　　我们不应以标准西方管理观点看待中国的新企业,而是需要亲自对民营企业所面对的条件及随后进行的发展进行第一手的实地研究,从而得出结论。当这些企业试图应对它们所面对的环境条件时,它们的创始人和管理者采取了哪些行动?在我们为中国民营企业建立理论时如果没有最初的实地研究提供指导,我们只会继续沿用经过检验证明是正确的西方管理观点,而无法了解中国民营企业内部到底发生了什么。虽然中国的背景条件为我们提供了建立新理论的机会(Tsui et al., 2004),但是新观点更有可能在我们进入中国民营企业,直接研究中国新企业的创始人和管理者的挑战和行动时显现出来。在本书所述之九个实证研究中,1/3的研究都以年轻的或规模更小的家庭式企业为重心(温伟德等、林以及白思迪和谢伟)。但是,获得先前提及的宏观产业数据和所有权数据也很重要,这样才能了解中国民营企业的分布情况。没有这些统计数据,学者在研究时就会没有指导依据,只能像盲人摸象一样研究零散的片断,对整个事物的结构无法得出系统的观点。

　　大多数现有的(西方)管理和组织理论都假定管理者意图表现得理

智,但结果却不尽如人意(March and Simon, 1958),并假定组织能通过其管理者做出的决策适应不断变化的外部环境(Boisot and Child, 1999;Child, 1972)。比如上文所述的基于资源的观点(Penrose, 1959)。同样,资源依赖理论(Pfeffer and Salancik, 1978)假定组织及其管理者能预先对外部资源依赖性做出回应,甚至采取更进一步的行动,通过合并、收购和政府疏通工作减少对资源的依赖性。新制度主义理论(DiMaggio and Powell, 1983; Meyer and Rowan, 1977)认为组织采取共同的方案解决制度问题,体现出模仿同型性。代理理论(Jensen and Meckling, 1976)和交易成本经济学(Williamson, 1981)都假定追求效率的行为者是在经济上保持理性的人。那么支撑这些西方管理理论的潜在假设在中国背景下也同样有效吗?

相比简单地采用现有的(西方)管理理论,对各个国家背景下的管理者进行了更多的比较研究更有利于我们确定上述潜在假设是否有效。Ralston 及其同事(Ralston, 1992; Ralston et al., 1993)研究了东方价值观及三种环境中管理价值的差异,为我们所需的比较研究提供了范例。同时,我们还可以参考 Frenkel 和 Kuruvilla(2002)对中国、印度、马来西亚和菲律宾的行为逻辑进行的比较研究。

技术型企业和中国的企业家

最后,在讨论中国对新技术产业发展的战略性重视之前,对中国民营企业的管理学观点的全面讨论工作并未结束。1986 年 3 月,中国推出一项计划,宣布重点发展 10 个新技术产业(Li, Schoonhoven and Zhang, 2005)。为了执行这项发展中国技术与革新能力的战略,中国创建了国家技术开发区,并鼓励企业家在这些开发区内建立新企业,重点发展该计划针对的 10 个产业。技术开发区(或科技园)的创建表明我们在处理中国技术型企业问题时,必须将这一层社会背景关系也考虑进去。

中国政府一直严格控制着国家的战略资源——包括税收政策、土地使用和进出口权利。政府有选择地利用这些资源吸引新企业入驻技开发区,在那里,企业家享有以下几种优惠政策:第一,在企业成立的前三年免交企业所得税,在第四到第六年,只需支付新企业需要缴纳的所得税的一半,这是一笔可观的现金节约;第二,对技术开发区进行广泛宣传。选择入驻技术开发区的新企业因为政府对开发区的支持而享有更高的社会地位及宝贵的外部合法资格。第三,如果开发区从建立之初就一直受到国家政府及其机构部门的支持,那么除税收以外它更有可能在政府的帮助下获得资源。虽然中国也有由省政府或地方政府建立的技术开发区,但是 Li, Schoonhoven 和 Zhang(2005)发现由国家政府资助的开发区的收入和行业生产力的增长远远高于由其他地方政府资助的开发区。

但是,这些"优势"带来的另一个后果是年轻的企业以毫无先兆的高比率倒闭,这是 Chen(1998)在某开发区中观察到的一个现象。高创建率和高倒闭率共同表明,迄今为止,中国政府选定的技术产业的发展是无效率的。Schoohoven 和 Woolley(2005)认为造成高倒闭率的部分原因是选定的 10 个产业在本质上都属于新生产业,对中国而言是全新的产业,因此,缺乏大量经验丰富、知识渊博的高科技行业执行人员和企业家——他们直到最近才涌现出来。研究显示企业家在成立新公司之前的经验减少了新企业的倒闭率(如,Agarwal, Sarkar and Echambadi, 2002; Carroll et al., 1996)。

中国在技术型产品商业化方面的经验也较少。虽然经验有限,但是在一项对北京试验区技术型企业进行的研究中,Li 和 Atuahene-Gima(2001)发现新企业对产品革新战略越重视,它们的业绩就越好。但这是视情况而定的,前提是政府及其机构同时为企业提供制度方面的支持,包括财政支持以及提供便利条件,帮助企业获得引进所需技术的许可。因此,制度背景继续在中国年轻的技术型企业的业绩中发挥至关重要的作用。这些背景反过来又成为中国未来产业基础以及不断增长的民营经济基础的一个重要部分。

结论和我们面前的研究路径

本人已在本章中指出中国民营企业的一个重要特征是相对较年轻，因此在前几年的危险时期，它们普遍面临着生存的挑战。业已成立的较老的企业由于其成立已久，因此相对较成功，因此年轻的新企业的需求与老企业的需求有质的区别。但是，问题是大多数在西方形成的组织理论——特别是战略管理理论——都是通过研究极少数已上市的、且获得巨大成功的精英企业得出的。这表示现行管理理论是以在获得巨大成功的高业绩企业中抽样得出的因变量为基础的。但我们尚未完全了解的是新企业如何在最可能失败的头几年中存活下来。中国的市场经济才刚刚兴起，且财产权又正处于转变过程中，因此商业组织普遍面临着许多不确定因素，从而使得中国新企业的倒闭率居高不下。

更深层次的理论意义是，对西方新企业倒闭率的研究是以制度稳定且变化小为前提条件的。事实上，80%的现有的企业死亡率研究都是在美国进行的，余下的20%全都是在西欧、以色列和阿根廷进行的。1995—2005年，主流管理类杂志上发表的实证研究并未关注过亚太国家的企业或产业死亡率。因此，用以预测组织倒闭率的构念完全忽视了新企业所融入的更广范围的社会文化、法律、政治和经济背景并不奇怪（Schoonhoven and Woolley，2005）。相反，中国组织生命的一个显著特点是在多种制度改革中发生的变化使中国的年轻新企业处于一个充满不确定因素的不稳定的环境之中。

新企业的一个生存战略是利用从多个现存组织中获得的资源和治理结构向混合型组织演变。倪（Nee，1992）发现中国在过去的25年中形成的多种组织形式是民营企业（及希望转为民营的企业）对制度环境的各种适应方式。这种制度环境仍然传达了有关合法性及希望私人拥有商业组织的混合信号。

中国的混合型组织的发展过程导致出现了过多的混乱的术语，用以形容当今中国民营经济中存在的各种组织"类型"。我已很诚恳地建议以后的组织学者收集重点企业所有权的相关数据,并从此将它们描述为不同的投资集团在其组织中所拥有的不同所有权比例。这样,我们在对中国开展大规模的研究时就能按照需要量化并控制所有权。

本章已说明中国的许多民营企业都相对年轻,也说明了中国将其产业希望寄托在 10 个选定的技术产业的发展上,并采取多种激励措施吸引企业家到那些新生的技术产业中建立公司。除此之外,本章还提议将新公司放在制度的背景中进行研究,在中国,情况更为复杂,因为中国大部分新技术企业都受政策的吸引,入驻由各级政府资助的技术开发区。因此,许多新技术企业所处的社会环境(Granovetter, 1985)可能更为复杂,同时还可能比在技术开发区以外成立的企业所处的社会环境更不具价值。就一切情况而论,Granovetter 的工作帮助我们认识到在中国的经济活动的制度影响程度存在差异。

虽然我强调了中国民营经济中的技术型新企业,但我无意忽视现有大型工业企业(大多数为国家所有制或部分民营制)的意义以及联想等民营经济中的新星的意义。正如新企业和新产业改变了现有产业和竞争环境的结构一样(Schoonhoven and Romanelli, 2001),现在占主导地位的产业巨头也为新企业创造了存活下去的必需条件。

在中国存在着一种关键力量,它无所不在,那就是国家政府。政府一直确保社会和政治的稳定,同时也指导着中国市场经济的发展。魏昂德(本书第十七章)已指出在未来,公司(民营企业)、国家和政府机构以及精英企业之间的关系将成为学者亟须研究的新课题。当然,新兴的精英企业和大公司的领导者自然会成为亚洲及美国商业媒体的焦点。随着实力和个人成功而来的公众关注度似乎并不让人满足。但是,在本章的结尾,我鼓励管理学和组织学的学者特别关注中国民营经济中年轻的新企业的出现和发展,以及在这种环境下,新生的技术型民营企业开展的实质性活动。

参 考 文 献

Agarwal, R.; M. Sarkar; and R. Echambadi. (2002). The conditioning effect of time on firm survival: an industry life cycle approach. *Academy of Management Journal*, 45(5), 971–94.
Barney, J., and W. Hesterly. (2005). *Strategic management and competitive advantage concepts*. Upper Saddle River, NJ: Prentice Hall.
Boeker, W. (1989). Strategic change: The effects of founding and history. *Academy of Management Journal*, 32(3), 489–515.
Borys, B. and Jemison, D. B. (1989). Hybrid arrangements as strategic alliances: Theoretical issues in organizational combinations. *Academy of Management Review*, 14, 2, 234–49.
Boyacigiller, N. A., and N. J. Adler. (1991). The parochial dinosaur—Organizational science in a global context. *Academy of Management Review*, 16(2), 262–90.
Carroll, G. C., and M. T. Hannan. (2000). *The demography of corporations and industries*. Princeton, NJ: Princeton University Press.
Carroll, G. R.; L. S. Bigelow; M.D.L. Seidel; and L. B. Tsai. (1996). The fates of de novo and de alio producers in the American automobile industry, 1885–1981. *Strategic Management Journal*, 17, 117–37.
Chen, J. J. (1998). The mystery of the short life of entrepreneurs. *Coastal Economics*, 6, 42–43.
Child, J. (1972) Organizational structure, environments, and performance: The role of strategic choice. *Sociology*, 6, 1–22.
———. (2000). 'Theorizing about organizations cross-nationally.' *Advances in International Comparative Management*, 13, 27–75.
DiMaggio, P., and W. Powell. (1983). The iron cage revisited: Institutional isomorphism and collective rationality in organizational fields. *American Sociological Review*, 48(2), 147–60.
Frenkel, S., and S. Kuruvilla. (2002). Logics of action, globalization, and changing employment relations in China, India, Malaysia, and the Philippines. *Industrial and Labor Relations Review*, 55, 387–412.
Gold, T. B. (1990). Urban private business and social change. In Davis and Vogel (Eds.), *Chinese society on the eve of Tiananmen*, pp. 157–78. Cambridge, MA: Harvard University Press.
Granovetter, M. (1985). Economic action and social structure: The problem of embeddedness. *American Journal of Sociology*, 91(3), 481–510.
Gregory, N.; S. Nenev; and D. Wagle. (2000). *China's emerging private enterprises*. Washington, DC: International Finance Corporation.
Jensen, M. C., and W. H. Meckling. (1976). Theory of the firm: Managerial behavior, agency costs and ownership structure. *Journal of Financial Economics*, 3(4), 305–60.
Li, H., and K. Atuahene-Gima. (2001). Product innovation strategy and the performance of new technology ventures in China. *Academy of Management Journal*, 44(6), 1123–34.
Li, H.; C. B. Schoonhoven; and A. Zhang. (2005). The evolution of technology development communities in China 1991–2000: A community analysis of technology zone growth. Working Paper. Merage School of Business, University of California, Irvine.
Li, J. T.; A. S. Tsui; and E. Weldon. (Eds.) (2000). *Management and organizations in the Chinese context: Current issues and future research directions*. London, UK: Macmillan Press.
March, J. G., and H. Simon. (1958). *Organizations*. New York: John Wiley and Sons, Inc.
Meyer, J. W., and B. Rowan. (1977). Institutionalized organizations: Formal structure as myth and ceremony. *American Journal of Sociology*, 83, 340–63.
National Bureau of Statistics. (2003) *China statistical yearbook*. Beijing: China Statistics Press.
Nee, V. (1992). Organizational dynamics of market transition: Hybrid forms, property rights, and mixed economy in China. *Administrative Science Quarterly*, 37(1), 1–27.
Penrose, E. (1959). *The theory of the growth of the firm*. Oxford: Oxford University Press.

Pfeffer, J. (1997). *New directions for organization theory: Problems and prospects.* New York: Oxford University Press.
Pfeffer, J., and G. Salancik. (1978). *The external control of organizations: A resource dependence perspective.* New York: Harper & Row.
Ralston, D. A. (1992). Eastern values: A comparison of managers in the US, Hong Kong, and the People's Republic of China. *Journal of Applied Psychology,* 77, 664–71.
Ralston, D. A.; D. J. Gustafson; F.M. Cheung; and R.H. Terpstra. (1993). Differences in managerial values: A study of US, Hong Kong and PRC managers. *Journal of International Business Studies,* 24, 249–75.
Reynolds, P. D.; S. M. Camp; W. D. Bygrave; E. Autio; and M. Hay. (2001). *Global entrepreneurship monitor, global 2001 summary report.* Wellesley, MA: Babson College.
Schoonhoven, C. B. (2005). The liability of newness. In M. A. Hitt (Ed.), *Entrepreneurship,* pp. 171–75. Oxford, England: Blackwell Publishing.
Schoonhoven, C. B., and E. Romanelli. (2001). *The entrepreneurship dynamic: Origins of entrepreneurship and the evolution of industries.* Palo Alto, CA: Stanford University Press.
Schoonhoven, C. B., and J. L. Woolley. (2005). New firm mortality rates in China: Contextualizing new venture survival models. Working Paper. Merage School of Business, University of California, Irvine.
Scott, W. R. (2003). *Organizations: Rational, natural and open systems.* Fifth Edition. Upper Saddle River, NJ: Prentice Hall.
Stinchcombe, A. L. (1965). Social structure and organizations. In J. G. March (Ed.), *Handbook of Organizations.*, pp. 142–93. Chicago: Rand McNally.
Tsui A., and C. M. Lau. (2002). *The management of enterprises in the People's Republic of China.* Boston, MA: Kluwer Academic Publishers.
Tsui, A.; C. B. Schoonhoven; M. Meyer; L. Lau; and G. Milkovich. (2004). Organizations and management in the midst of societal transformation: The People's Republic of China. *Organization Science,* 15(2), 1–25.
Walder, A. G. (1995). Local governments as industrial firms: An organizational analysis of China's transitional economy. *American Journal of Sociology,* 101(2): 263–301.
White, S., and X. Liu. (2002). Networks and incentives in transition: A multilevel analysis of the pharmaceutical industry. In A. Tsui and C. M. Lau (Eds.), *The management of enterprises in the People's Republic of China.* Boston, MA: Kluwer Academic Publishers.
Williamson, O. E. (1981). The economics of organization: The transaction cost approach. *American Journal of Sociology,* 87, 548–77.
Xiao, W. (2002). *The new economy and venture capital in China. Perspectives,* 3(6), September 30. The Overseas Young Chinese Forum (www.oycf.org).
Zhang, H. (1999). The rise of another bloc—The restoration and growth of the private economy. In Zhang and Ming (Eds.), *Report on the development of Chinese private enterprises.* Beijing: Shehui kexue wenxian chubanshe.

第十七章　中国民营部门:全球视角

魏昂德

311　中国以独特方式迈向民营经济。在全世界所有转型经济中,只有越南选择了类似的道路:经济迅速增长的同时,国有部门缓慢地逐步民营化。大多数观察者都认为正是这两个特征使得中国的道路与众不同;关于中国民营部门增长的讨论无一例外地集中于经济政策的特质,或者新兴的市场和企业的特征。在这些分析中,中国的政治体制通常被视为笨拙的、过时的、延误并阻挡了市场运行的障碍。但是,从比较的角度来看,政治制度的缓慢演变也可以有其明显的优势,这种优势可以让中国免于遭受其他转型经济所经历的许多痛苦。然而,就本书的目的而言,中国的政治制度造就了新兴的民营部门、民营部门出现的方式,并提出关于这种民营部门的现在和未来的一些问题。

在几年前的一个探讨中国改革道路特殊性的大型经济学家会议上,我开始明确注意到中国(以及越南)所提出的谜团。其中一位主题发言人是世界银行的分析师,他展示了一张幻灯片,描述了1990年之后的10年中十几个转型经济体系的增长趋势。几乎所有这些转型经济的趋势曲线都是前5至6年急剧下滑,然后国内生产总值重新开始增加。但是,这些国家中的绝大多数都是要到2000年时,国内生产总值才能回到1990年的水平。东欧和前苏联地区中的明星是波兰,其增长趋势曲线较早就开始上扬,到2000年时实际国内生产总值已超过1990年的水平大约40%。然而,中国的增长趋势曲线事实上已经超出了图表的范围(见

图 17.1),越南的曲线也距中国相去不远。中国的经济从 1990 年起就急剧上升,10 年过后,其实际经济规模几乎增长到原来的 3 倍。

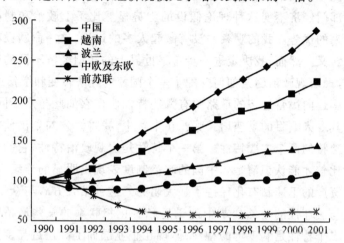

图 17.1 转型经济的实际 GDP 增长(1991—2001)
注:中欧及东欧是中欧和东欧加在一起;前苏联是前苏联各共和国加在一起。
资料来源:国家统计局(1999);世界银行(2002a)。

这些数据引发了长时间的深入讨论,探讨可以解释这种差距明显的经济趋势的制度以及政策方面的差异。有些人认为经济趋势上的差异应归因于改革初始时期各国的经济结构不同。还有人认为是由于以下诸多方面的不同:私有化比率、国家领导人在多大程度上听信不了解情况的西方经济学家、改革的顺序、劳动力成本、国际贸易的机会、向国际资本的开放程度、货币政策,等等。各种不同主张的坚持者都能给出支持案例,但他们中没有明显的胜利者:在每个案例中,那些看来似乎能将中国与其他国家区分开来的特性,至少在几个相对不成功的经济体系中也可以找到。

最初,我对于这场讨论的贡献并非完全严谨的。我观察到:有一个特征可以将中国和越南与所讨论的其他转型经济区分开来,这一特征应该作为增长趋势方面的显著差异的解释而加以认真思考:中国和越南是仅有的两个由共产党统治的国家。这一观察中缺乏严谨的一半似乎不可思议:共产主义对于私有市场经济的增长有利。而这一观察中非常严谨的一半则是：稳定的政治制度相对于政治崩溃和大规模的制度建设而言具有优势。其中隐含的意思是：由共产党领导渐进式的改革同时又维持国有部门经济不变这种理论假设的劣势显然比不上政治和制度的连续性带来的优势。我的观察并没有激起太多的讨论，这一命题没有清晰的政策含义。然而，我决定进一步考察世界上的转型经济不同的政治轨迹，并考虑宏观政治因素如何支配了一个国家的经济转变和增长过程。

中国迈向民营经济的道路中有哪些特性使得它如此与众不同，并可能解释其令人瞩目的高速增长呢？在本章中，我将大致勾划出使中国道路显得独特的两个主要特性。第一个特性是宏观政治特性，它的影响只有通过比较才能认识清楚。中国的政治制度表现出明显的连续性，同时对国有资产的迅速私有化保持了强大阻力。这种结合方式与众不同，它避免了与破坏性的政治变革中的迅速私有化相联系的某些最糟糕的问题。第二个特性是制度上的特性，体现在企业层面上。通过高度竞争的市场环境中小企业的大规模进入和公共资产的"潜在民营化"，产权发生了渐进而又稳定的演变。这一特殊路径创造出了一个具有某些独有特征的国内民营部门，同时也带来了某些挑战。本章的结尾提出了关于当前的民营部门以及其未来扩张（通过增长或者通过剩余的国有部门的持续转变）的研究问题。

宏观政治的角色

政治变革——或者政治变革的相对缺乏——可能无法解释经济增长模式上的差异。但是国家的政治变革模式对于民营部门在转型经济中兴起的方式具有决定性的影响。政治因素在很大程度上决定了民营化的速度和程度、民营部门运作的政策和监管环境以及民营部门兴起的方式。在所有这些方面中，中国与几乎所有的其他转型经济都有所不同。这些政治因素悄悄地塑造了新兴的民营部门，也决定了我们就此所探讨的问题。

政体改变与政治的连续性

全世界转型经济的民营部门在差异巨大的政治环境中成长起来,其差异并不限于通常在后共产主义和共产主义政体之间划出的界限。在后共产主义政体之间也同样存在巨大的政治差异;在很多情况下,我们可以有理由质疑为什么有些后共产主义政体发生的改变比中国多得多。转型经济在政体变革的广度方面具有很大差异;所谓政体变革的广度是指市场改革之前或与之同时,共产党统治集团在多大程度上失去了它们的政治垄断权力,因而必须与其他有组织的实体竞争政治权力。广泛的政治变革通过两种决定性的方式改变着政治制度。第一,原先的政党统治集团失去了任命所有政府机关、公共机构以及公有制企业官员的权力。第二,政党统治集团本身出现分化,导致了党的全国性系统的消失;这种系统与政府以及企业的等级体系平行;这种等级体系安排职业机会,以房地产、交通工具和银行账户的形式集中控制大量的财产。在这种情况下,如果先前的执政党仍然存在,它也只能作为一个非常小的选举政党,只能提供很少的职业机会并控制少量的资产。这种政体变革的最迅速、最具决定性的例子发生在中欧以及前苏联波罗的海各共和国。

在中国(以及越南),党的统治以及它对职位任命以及公共资产控制的变革非常缓慢,在许多方面甚至根本没有改变。然而,许多由于苏联以及南斯拉夫解体而新独立的后共产主义国家最初表现出来的政体变革比中国多不了太多。党的统治在这些新国家中在很大程度上都完整地保持着。在这些情形中的最极端的例子中,共产党获得了重生并具有了民族主义取向,许多继续执政(Collins, 2002; Luong, 2002; Roeder, 1994)。苏联解体时,白俄罗斯、哈萨克斯坦、吉尔吉斯斯坦、土库曼斯坦以及乌兹别克斯坦的共产党从苏联撤出,建立了民族主义政府并存在了许多年。在此类政体中,计划经济瓦解了,并实施了市场化改革;执政党保留了其先前的大部分组织结构、任命官员的权力以及资产。

这种政体变革的另一端是前民主德国:民主德国与联邦德国统一后,其党和政府的组织结构迅速瓦解。与此类似但不那么激烈的是,剧烈的反对派运动带来挑战后引入广泛的政体变革,反对派运动导致了执政党的分裂,此后的早期选举又击败了其残余势力。这一过程迅速导致了旧政体的反对者掌握了政治权力的天平。根据 Mcfaul(2002)的研究,这一进程在捷克共和国、爱沙尼亚、匈牙利、拉脱维亚、立陶宛、波兰、斯洛伐克、斯洛文尼亚都发生过,经过一段时间后,克罗地亚也发生了这一进程。这些新政府中有些采取了明确的反共产主义的姿态,迅速瓦解了先前的行政结构,并通过了法律以系统地禁止那些与前政体有关系的人占据精英位置(Eyal, Szelényi and Townsley, 1998, pp. 108—111, pp. 128—131)。在这些政体变革的中间形态是这样的一些政体:反对派和共产主义时期的精英都没有在后共产主义的政府中占据明显的统治地位,其中最明显的例子是俄罗斯。这类国家中包括一个当前的专政国家(塔吉克斯坦),两个民主国家(保加利亚和蒙古),以及摩尔多瓦、俄罗斯、乌克兰、阿尔巴尼亚、阿塞拜疆和马其顿这样的"部分民主国家"(McFaul, 2002)。

政策及监管环境

民营部门兴起所在的第二类环境状况是政策及监管环境,这种环境要么为政治官员或他们的亲属和朋友侵吞公共资产创造了机会,要么则设置了障碍。侵吞资产发生在这种情形下:当公共资产私有化时,当权精英对这些公共资产拥有管理控制权,或者将它们转变为个人所有。他们能否这么做在一定程度上取决于他们是否能够掌握政治权力,但是同时也取决于政府建立的政策和监管环境。

私有化比率

政策环境中第一个值得注意的特性是私有化的速度,这一点上各国出现了很大的差异。许多转型经济国家抵制将国有资产迅速转变为某种形式的私人所有,而另外有些国家的私有化进程进行得既早又迅速。至 20 世纪 90 年代末,转型经济国家中私有部门在国民生产总值中所占的份额估计在 10% 至 80% 之间。然而,并非所有转型经济国家都是同时开始改革的。因此平均私有化比率差异会更大。中国的民营部门(集体经济除外)现在规模已经很大;但是其改革开始要早得多,民营部门在经济中所占比例的平均年增长率仅为3%。像俄罗斯这样的国家改革开始晚得多,但是私有化推进则迅速得多,其年增长率接近8%(见表17.1)。这一比例并非私有化速度的直接表达,而是两个独立的过程产生的结果:国有资产转变为私人所有,以及新企业的进入(通过外商投资、私人投资或者小家庭企业)。如果我们承认表17.1中处在中间段的某些经济体系(尤其是中国和越南)主要通过鼓励外商投资和小规模私有公司达到其现有民营化水平的话,那更为明显的一点就是:将国有资产转变为新的所有制形式的速度差异很大。

表 17.1 转型经济中的私有部门增长

国家	私有部门份额(2000年,%)	变革开始年份	私有部门份额平均年增长率(%)
白俄罗斯	20	1991	2.2
土库曼斯坦	25	1991	2.8
塔吉克斯坦	30	1991	3.3
乌兹别克斯坦	45	1991	5.0
越南	50	1986	3.6
中国	55	1982	3.1
乌克兰	55	1991	6.1
哈萨克斯坦	55	1991	6.1
吉尔吉斯斯坦	60	1991	6.7
波兰	65	1989	5.9
俄罗斯	70	1991	7.8
立陶宛	70	1991	7.8
爱沙尼亚	75	1991	8.3
匈牙利	80	1989	7.3
捷克共和国	80	1989	7.3

资料来源:除越南和中国以外的数据来自欧洲复兴开发银行(1999, pp.23—24);越南的数据来自世界银行(2002b, p.11);中国的数据参考1998年总产值,根据1999年国家统计局数字计算而来。

推迟私有化的国家政策也为精英侵吞国有资产制造了障碍。然而,如果私有化进程快速推进,那么侵吞资产行为只能通过禁止这一做法的有效监管禁令来约束;这种禁令在对国有资产进行快速私有化的转型经济国家中存在很大差异。这些约束并不随着政体变革的广度而直接变化。

监管约束

尽管资产侵吞在所有转型经济国家中都有发生,但这种情况在两种非常不同的政策/监管环境下受到相对的约束。第一种环境存在于改革的共产主义政体以及后共产主义国家,他们抵制公共资产的私有化并对盗窃国有财富保持有力的禁止。在这种情形下的资产侵吞相对程度较小,但并非由于法律及监管结构的力量——其法律和监管结构以软弱而著称,而是由于私有化开始得晚并且速度较慢。在这种情形下,政府机构和国有公司可能会参与某种形式的资产转移,通过这种过程将公共资产转到自己的组织控制之下的私有实体中。这种策略使得国有公司能够通过获取大量的地下收入而规避监管和税收(Lin,2001)。如此得来的收入被用于多种目的,包括更多的高级管理人员报酬(以工资和附加福利的形式),还有可能将资金转入私人囊中(腐败)。在这种情况下,现任官员可能通过此类做法获得更多的收入,但是他们并未获得这些公共资产的所有权。资产转移和资产侵吞的区别在于:它并不将私有企业资产的所有权或有效控制权转移到个人或私人实体手中。资产由公共组织拥有,组织的负责人只有在他们继续担任公共职位时才能获益。在这种情况下也会发生资产侵吞,但是这一过程进展的速度相对较慢,涉及的国有资产比例较低,并且主要发生于以下情形中:资产转移能够被隐藏起来,或者作案人能够永久移居国外(Ding,2000a,b,c)。

看起来似乎很矛盾的是,侵吞国有资产受到相对限制的第二种情形与第一种差别很大:进行广泛政体变革的同时进行着有序的私有化,资产在透明的规则下转移。在这种情形下,在职的精英官员要么是太快失去了其有影响力的地位以至于来不及侵吞国有资产,要么是私有化过程的监管和控制非常有力。这方面最极端的情形是前民主德国,但是波兰、捷克共和国和匈牙利也表现出了此类特征(Eyal et al, 1998,第 4 章;King, 2001 a, b)。在那些将很大一部分国有企业出售给外国企业集团的国家,当权精英未能保持对公共资产的控制权;他们试图将其管理控制权永久化的策略被挫败了(Hanley,King and Janos,2003)。

另一方面,在两种不同情形下,对侵吞国有资产的约束较为软弱。第一种情形是:执政的共产党在很大程度上没有变动,但是放弃了对公共财产和中央计划的控制,以新的名义继续执政。这种情形在许多突然退出前苏联、几乎没有发生什么对抗和政体变革的新独立的共和国中比较普遍。这种情形使得国有资产可以大面积地转移到官员、他们的亲属以及与他们有密切关系的人的手中,或者依靠其官员的职位权力获取大量收入。官员可以自己决定继续担任或者放弃政治职位。在此类情形下,首要的问题是处在统治集团最上层的人在多大程度上垄断了侵吞国有资产的机会。

允许发生大面积的资产侵吞的第二种情形是:处在广泛的政体变革之中的国家将国有资产迅速私有化,但并没有设置其相应的障碍来防止内部人员攫取对资产的支配权。这一私有化过程通常会允许在职的公有企业和工业局的管理人员在将公共资产私有化时继续担任其职位。他们作为现代企业的高级管理人员出现,摆脱了指令性经济的束缚,现在可以给自己分配比以前高得多的待遇和福利(包括股份),这与资本主义企业中的管理实践相一致。这一过程也可能会允许选举出来的经理和经济官员直接拥有刚刚私有化的大量公共资产的个人所有权。那些能够获得私人所有权的个人转变为新的私人企业寡头,而其出身则是共产主义时期的精英。这一结果在俄罗斯相对来说比较普遍。至1993年,俄罗斯政体中的内部人士在2/3的已私有化以及正在私有化的公司中获得了主要份额(McFaul,1995,p.210),少数财富寡头控制了某些关键经济部门(Goldman,2003,pp.98—122;Hoffman,2002)。"在俄罗斯政府的私有化蓝图和这些官员利益集团之间的最初的战争中,来自原政体的社会力量占据了上风。"(McFaul,1995,p.211)这一过程产生的一个对经济带来损害的副作用就是:商业寡头因为害怕后来的领导人会试图收回资产,因而一开始就打算将其资产转移到国外(Tikhomirov,1997)。

迈向民营经济的四条道路

我对世界转型经济做了两个简单的划分,将那些经历了迅速而广泛的政体变革的国家与那些没有经历这样的变革的国家区分开来;并将那些对侵吞国有资产的约束较强的国家和约束较弱的国家区分开来。根据这两种划分方式产生了四种情形的组合,每一种情形决定了一种独特的民营部门增长道路。这四条道路对应着分别在中欧、俄罗斯、中亚和中国所观察到的经验。图17.2总结了这四条道路。

图17.2 迈向民营经济的四条道路

中欧的道路

中欧国家是那些改革开始时原统治集团瓦解并且前执政党在早期选举中被击败的国家。这些国家将国有资产系统地私有化,但是采用了相应的方式监管和控制这一过程,对原统治精英侵吞国有资产进行限制。前民主德国似乎最接近于纯粹属于这种类型的转型经济。尽管各国的情形有着显著差异,中欧的捷克共和国、爱沙尼亚、匈牙利和波兰等政体看起来都接近这一类型。至20世纪90年代末期,这些政体的私有部门都创造了65%至80%的国内生产总值,如表17.1所示。

在四条道路中,这一条是原统治精英最不喜欢的。他们在很大程度上失去了其地位,并且在侵吞国有资产方面遭受到有力的限制。除非这些精英具有能够直接转换到公司经济中的技术劳动力市场的管理或技术技能,否则他们可能失去职位;并且,他们侵吞商业资产的机会相对来说也很少。在捷克共和国、匈牙利和波兰,1988年时属于政治精英的人只有39%在1993年仍保留了其地位,另外有21%的人提前退休了。然而,1988年时担任精英管理—技术职位的人,却有70%以上在1993年时仍担任同样的职位,这表明了相关的职业经验对于精英生存的重要性(Böröcz and Róna-Tas, 1995; Eyal et al., 1998, 第4章)。在同样这三个中欧国家中,1988年的政治精英中1993年拥有企业的人数(18.4%)比提前退休的人(20.9%)要少;而且大多数此类所有权也只是很小的企业中的有限股份。更多的保留了其职位的管理—技术人员群体都不再可能拥有股份(Eyal et al., 1998, pp. 120—133, pp. 138—142;另参见Hanley, 2000; Szelényi, Szelényi and Kovách, 1995)。立陶宛、拉脱维亚、爱沙尼亚和斯洛文尼亚也出现了同样的情形,原民主德国则是以极端的形式出现此类情形。

由于这些国家都很小并高度依赖国际贷款和国外投资,并且由于都急于加入北约和欧盟,与其他转型经济国家相比,它们在采用西方的法律和监管标准时要更容易。

俄罗斯的道路

另外有些国家也经历了迅速而广泛的政体变革;但是,尽管政治制度上发生了广泛的变革,对于侵吞资产的限制却很弱。这种情形为在职的官员提供了更大的机会,在国有资产私有化时(或者由他们自己将国有资产私有化)可以保持对大笔资产的控制,以较大的经营优势进入新兴的市场经济。俄罗斯大概是这种类型中最鲜明的例子。至1999年,俄罗斯有70%的国内生产总值是由私有部门创造的。

在俄罗斯以及这类型的其他政体中(比如乌克兰),许多原政府官员由于政体变革而被迫离开了其政府职位(部分的原因在于许多机构被废除了)。然而,由于政体不稳定,或者由于私有化进程发生得过于迅速或缺乏相应的监管,对于侵吞国有资产的约束相对来说比较弱。这种不稳定性为在职的官员提供了更大的机会,使他们在公共资产私有化时可以保持对资产的控制权,以较大的经营优势进入新兴的市场经济。俄罗斯精英层的更换没有中欧那么明显,部分原因在于政体变革的开始时间晚了两年。但是,1988年属于政治精英阶层的人至1993年时已有36%离开了原来的职位。然而,苏联时期的管理人员和规划人员保持其精英地位的能力要比中欧的高很多——1988年在经济机关中占据精英职位的人中只有18%的人在1993年时不再属于精英阶层,这反映了俄罗斯精英维持对资产的控制权的能力(McFaul,1995)。此外,1993年中几乎2/3的私有企业精英是前共产党党员(Hanley,Yershova and Anderson,1995,pp.654—662)。

中亚的道路

这些国家经历了有限的政体变革。其共产主义统治集团并没有瓦解,而是从像前苏联这样的多国联邦中撤出,并继续作为执政党,同时放弃了国家所有制以及指令性经济。这些国家中改革进行的初期,共产主义时期的精英在很大程度上还保持了其地位,既没有公共财产继续归国有的约束,也没有受到限制侵吞资产的有效监管措施的约束。在那些开始迈向市场经济和私有化,而政治权力仍保留在原有的统治集团手中的政体属于这种情景,如哈萨克斯坦、吉尔吉斯斯坦和乌兹别克斯坦。

在这些国家中,共产主义统治集团最初完整地保存了下来,但是放弃了对公共所有制的坚持。官员们的一个选择是在市场经济扩展时继续担任原来的职位并依靠其监管或其他权力获取收入,或者凭借对公共资产的所有权或控制权进入私有企业。他们的另一选择是侵吞公共资产后离开原来的职位,全身投入商业活动。这些精英阶层成员选择哪条道路以及是否能获得相对的经济成功,在很大程度上取决于他们担任的是何种类型的职位以及他们以前积累的是何种影响力和关系。这些国家所经历的精英层更换很少,其中的新工商精英在很大程度上都根植于共产主义时期的精英阶层。腐败很盛行,因为仍然担任原来的职位的官员会通过其职位攫取收入。

中国的道路

有趣的是,存在两种完全不同的政体,在其市场化进程中,都对资产侵吞采取了较为强力的约束。中欧代表了第一种类型;看起来似乎矛盾的是,中国与越南代表了另外一种类型。在这些经济体中,对资产侵吞的高度约束出于完全不同的原因。中国和越南经历了一定程度的政治自由化运动,但基本上没有发生政权变革。在改革与市场化进程的头20年,原有的精英仍在位,似乎有很好的机会可以占有国有资产。大宗国有资产的民营化被拖延了十余年,其后进展异常缓慢,这在这些国家中是限制资产侵吞的唯一因素。在这些政体中,民营部门的扩展最初主要发生在国有经济之外的农业与小型企业。由于旧的精英仍然在位,经济监管薄弱,资产侵吞时有发生,但是与俄罗斯和中亚相比,资产侵吞的范围相对比较有限。

在中国和越南,原有的精英并没有被迫离职,但是民营化进程开始较晚以及此后缓慢的民营化步伐使得资产侵吞的机会较少。在此,官员们有两种选择。第一种是仍在他们原来的职位,并试图从中获取更高的收入。这一策略可以采取以下几种形式:(1)利用其影响力为家族成员获取更好的工作或商业机会;(2)通过滥用职权(包括被定义为腐败的方法)获取收入;(3)利用影响力帮助其自己家族的私有商业企业。精英成员的第二种选择是离开他们的职务,到民营部门中寻求有薪的职位,或者经营他们自己的私有企业。由于民营化进程缓慢,官员们侵吞国有财产的能力有限,他们大多采取了第一种策略。

中国道路的独特特征

中国道路独特的宏观政治特征对于中国快速的经济增长并不是毫无影响,而是在一定程度上发挥了重要的作用。中国的政治制度并没有崩溃,这个国家并没有被迫按照一种快速的方式从根本上重建其经济制度。保护国有部门并且在长时间拖延之后缓慢推进这些资产的民营化进程,这一决策常常被批评为是具有负面影响的过度谨慎,然而这防止了出现在俄罗斯、中亚以及类似政体国家中所看到的大规模的国有资产侵吞。似乎只有中欧政体快速私有化了大量的国有资产而没有出现大范围的侵吞现象。但是,这些政体都是更为稳定的民主政府,其经济体较小,与国际经济体系紧密联系并且依赖国际经济体系。假如中国政府按照俄罗斯的方式瓦解,或者它选择按照波兰的方式快速私有化国有资产,其民营部门今天将会是完全不同的状况,将更像俄罗斯或者也许是中亚的私有部门——如果当初做出这种假设的选择的话,也许中国的整体经济前景会和这些国家的前景类似。即使不考虑这些假设,很明显,中国的宏观政治改革道路对于其繁荣的民营部门起了决定性的作用。

创业企业与产权变革

宏观政治因素对新兴的民营经济具有重要影响。类似于苏联模式的经济体——那些将大量公共资产快速私有化的经济体——创造了由寡头政治集团统治的、大规模的私有部门,集团成员中很多是以前的政治官员或他们的亲友。像中国那些抵制大量国有资产私有化的政体,迫使民营部门通过成千上万最初规模很小的创业企业或国有公司的剥离公司,从底层逐渐发展起来。这些民营公司的发展所在的部门并不与国有企业直接竞争。相反,它们填补了公有部门的空白,满足了对农副业、消费类商品和服务部门的早期需求——以前的国有部门在这些方面表现糟糕。非国有部门的快速增长受益于成千上万的小型企业之间进行的激烈的产品竞争,它们中没有一家企业能够控制一个部门或者利用政治影响力操纵游戏规则。

结果,中国的民营部门就像一群蜜蜂。民营部门企业的数量大大超过了保留的国有部门的企业数量;尽管每家企业的就业人数很少,但民营部门的总体就业人数以及总产出现在已是国有部门的数倍。这种增长模式的一个必然的结果是:企业家中绝大多数不是来自政党或政府官僚机构。这一点部分是单纯数量的原因——新企业的数量远远超过了官员的数量。然而,这也是由于企业规模相对较小,对于那些没有因政治变革而离职的官员来说,它们的吸引力相对来说非常小;而官员的薪水与福利不论是通过合法的还是非法的方式,都随着经济增长稳步上升。

因此,中国经济展现了一种其他转型经济体所没有的显著二元性,尤其是与中欧与俄罗斯的经济体相比。在中欧,这一进程在政治上按照这样一种方式加以管理:以前的国有部门现已不再存在,新的政治领导者与新的所有者拥有一个受到欧盟高度影响的私有部门,工商实践日益趋向于欧洲化。在俄罗斯,奉行快速私有化的政治导致产生了一个由大私人公司与政治上强大的商业寡头统治集团所统治的私有部门。我们已逐渐理所当然地认为:到目前为止,中国的民营部门的成长主要不是源自国有资产的私有化而是来自新公司的创立;这些新公司使得整个经济"计划外增长。"(Naughton, 1995)。然而,中欧和俄罗斯先前的经验应该让我们敏锐地认识到:中国的国有部门仍构成了大公司的绝大多数,并且仍拥有大量的资本投资,目前仍需要(以相当不同的方式)进行市场化的变革。

集体部门的曲折之路

中国迈向民营经济的一条独特道路是通过集体所有制企业这一新型的富有活力的部门进行的。分析家们经常会拿不准如何对公共所有的乡镇企业进行归类:这些企业不受政府计划约束,在当地、地区以及全国的产品市场上进行着激烈竞争。尽管这些企业与国有部门很少有共同特征,它们也根本不是私人拥有的企业。我们通常把它们归入"非国有"部门并称它们为"混合"财产形式。不论我们如何对这些企业进行归类,它们都代表着过去20年来中国经济迅速增长的最重要、最有特色的要素,近年来则代表了中国民营部门的加速扩展。

在20世纪80年代早期,市场自由化在消费类商品、服务和小规模建筑部门创造了大量机会,它们所处的部门是以城市为导向的计划经济的空白,国有部门在这些领域通常都没有很好地满足需求。乡镇官员对这种机会迅速做出回应,调动资金投资于新的小型企业,提供产品和服务来满足由于历史原因未得到满足的需求。这种乡村集体部门在20世纪80年代是经济体中增长最快的要素,至20世纪90年代早期就业人数和产出都超过了国有部门。

这一部门在其他转型经济中没有对应物;在那些确认了私人产权的激励优势并将公共所有制看做问题而不是解决方案的经济理论中,这一部门属于反常事例(Walder, 1995)。然而,这一部门是中国的政治变革道路以及其最初在私人所有制方面的犹豫态度的一个直接表现。乡村政府仍完整保持,官员依然保持着权力。他们利用其对于收入和贷款的控制参与了资本形成和投资方面的大规模尝试,在长达十年的时间内推动了中国经济的发展。最初他们压制了与公共所有企业直接竞争的私营企业。

至20世纪80年代末,新企业的大量进入自然导致了更加激烈的竞争以及相应的利润的下降。至20世纪90年代中期,多数此类公有企业都在亏损中运营,政府官员开始寻求摆脱债务的途径(Kung, 1999)。对此的回应是一阵民营化浪潮,企业被大量出售给私人所有者。至20世纪90年代末期,乡村的公有部门缩小,规模不及其顶峰时期的一半。这些公司中最强大的作为民营企业生存下来了;公有资产的民营化而不是新创立的企业第一次成为乡村地区首要的民营部门增长点。绝大多数新出现的民营企业中的所有者是它们先前的管理者。对民营化前以及民营化后的分析显示:这一民营化过程代表了对重组的乡村公有部门的抢救过程,而不是对公有资产的腐败性侵吞和清算(Li and Rozelle, 2000, 2003)。

在中国乡村公有部门的全盛期间,有些私有化的批评者提出这些企业代表了市场经济中的私人所有制的一种替代方案。这一部门此后的衰落和民营化为以下人士带来了更大的信心:他们一直主张民营化是应该采取的道路,试图将公共所有制永久化的努力对经济改革不利。但是,我们通过中国集体部门的曲折之路却了解到一些以前所没有预料到的新内容:它推动了中国的乡村进入以市场为导向并且越来越民营化的非农业经济。早期关于私有化的争论在很大程度上是不切题的;在20

世纪70年代末期,几乎没有多少乡村企业可以私有化。这些新成立的公有企业调动了资金并提供了培训和经验,将几十万中小型企业推向了市场经济。如果中国的政体像许多后共产主义政体那样倒台的话就不会发生这一过程;在专门致力于私人所有制以及西方工商业实践的新的民主政体中也不会进行这种尝试。中国政体的继续存在和它对于私有企业的谨慎态度产生了一个不曾预料到的结果——由公共出资的新创业企业成为通往繁荣的民营部门的迂回道路。

通过产权再配置实现的潜在民营化

私有化概念和产权变更概念之间存在着根本区别。作为一项经济政策,私有化意味着将资产出售给新的所有者,新所有者对资产行使完整的产权:控制权、收入权以及出售权。当我们说中国的公共资产私有化过程进展有限并且被延误时,并不意味着产权配置上很少发生变化。事实上,中国的改革道路中值得注意的一点就是产权配置上的广泛的、逐步的变化:没有出现直接的公然私有化,但是产权配置的变化以正式和非正式的方式发生着。这种大面积的产权再配置也是为什么许多名义上公有的企业却划入非国有范畴的一个原因。这一变化过程20年来一直在发生,而且现在仍在继续。

有相当多的证据表明,尽管没有直接的私有化,大规模的产权变更还是对中国的经济表现产生了重要影响。在整个经济体系中,产权已经脱离了经典国有社会主义模式下的标准配置方式;在原来的模式下,关键的管理决策由企业上级主管部门做出,所有的剩余收入都流入主管单位。在整个中国的经济体系中,越来越多的控制权和收入权被配置到企业内的管理人员手中,主要通过各种形式的管理合同实施。这一演变过程在农村乡镇企业调查中被很好地记录了下来;但是其演变原则被广泛应用于中国经济的其他部门,在一定程度上包括城市国有企业。

产权配置可以描述为一个从传统的国有制产权安排到完全个人所有制的连续统。以下第一个步骤在早期的管理改革中颇为典型:授予有薪的管理人员在生产和营销决策方面更大的控制权,并与之签订激励性合同以使其达到业绩标准,并允许企业保留超出既定水平的利润。第二个步骤向管理人员配置了更多的控制权和收入权:有薪的管理人员"承包"了公有企业,与公有机关就基本经营计划达成一致意见,并同意按照某种百分比分享企业利润。第三个步骤进一步授予管理人员更多的控制权和收入权:管理人员通过竞标在一定时期内租赁公有企业,并同意向主管机构一次性支付一笔款项,以此承担总体运营责任、掌握所有剩余收入的权利并承担所发生的债务。最后,第四个步骤就是我们所认为的"民营化":企业直接出售给一位竞标者,尽管有时候会有合同规定要求他们在一定年限内继续雇用当地的人员。企业的新所有者拥有私营企业所有者通常拥有的大部分权利,包括出售资产的权利(Walder and Oi, 1999)。

这一标准演变过程概括了过去的 20 年来中国的产权改革的本质。经历四个步骤的完整演变过程在乡村工业部门可以观察得最完全,但是其基本原则已被运用于大量的各种城市及乡村环境——尽管大规模的国有部门仍在很大程度上停留在早期阶段。然而,很明显的一点是,产权再配置方式可以对激励以及经济行为产生重要影响。几乎所有人都同意产权改革阶段的激励作用仍不如完全私有产权的激励理想。然而,在很大程度上,这一说法在理论上和实践上都脱离了重点。从经济理论的角度来说,真正的问题并不是哪种产权配置方式在理论上是最佳的,而是转型阶段是否会导致激励以及经济表现的重大改进。多好才算足够好呢?从实际政策的角度来说,这种逐步的演变让稳定的共产主义政体得以建立市场化的企业,其激励结构有了可观的改进;这种结构逐渐开始接近私有产权并且在许多情况下最终导致了实际上的民营化。这一潜在民营化现象是需要从中国的改革模式中学习的主要教益之一。

未来的问题

今天的民营部门来源于一个历史上颇具独特性的过程:小规模民营创业企业部门的迅速扩展,许多中小规模的公有制企业潜在民营化,以及集体以及较小的国有企业越来越多的直接民营化。因此,我们针对这一部门要问的问题也很独特。在考虑今天民营部门的表现以及未来的演变和增长时,出现了两个关键的关系:民营企业和政府机构之间的关系,以及这些民营企业和保留的国有企业之间的关系。

企业和政府机构之间的关系颇为关键,因为政府的决策对于企业能否扩展和增长仍具有重要影响。这种关系的重要性的一个例子就是企业的融资问题。中国银行系统的商业贷款严重倾向于国有企业。对于银行偏爱的国有企业来说,贷款更容易获得,而且条件更为宽松。民营企业要想获得类似的资金(或者扩展到能够与国有企业竞争的行列),往往必须获得相关层次的政府的支持。这种支持可以来自于多种途径:通过任命政府官员(或者他们的亲属)进入董事会或者关键管理岗位,或者通过向某个国有实体提供所有权股份。这种支持也可能是企业迈向民营部门的结果:由于历史的原因,先前属于国有或集体企业的民营企业可能会继续利用与政府机构的关系或者与特定的政府官员的关系。这些关系可能会促进政府决策方面的有利待遇,但是也有可能附带一些从民营化之日起残留的义务(比如,保持一定的就业水平)。因此,了解一个企业的历史以及其关系网络(通常具有政治性质),将是了解企业的前景的关键因素。

与国有部门公司之间的关系也同样关键。从公有实体中脱离出来或者是其"挂靠单位"的私营企业就是个常见的例子。这些企业与国有组织之间的关系在强度和范围方面存在差异,这种关系可能会带来竞争优势或负担。只要国有实体继续以非正式的方式干预高级管理层的任命或者干预重要经营决策,或者只要国有实体继续对民营企业提出有害的资源要求,它就会阻碍民营企业的发展。另一方面,国有实体的管理层可能实际上利用民营企业作为吸收国有资产的手段,结果要么对企业有利要么对高级管理人员有利。在任何一种情况下,所观察到的企业绩效将严重依赖于政治及经济关系网络(正式的以及非正式的);这种关系网络是当前中国相当数量的民营企业的特征。

仔细观察企业与政府以及国有部门之间的关系可以明确揭示一个核心的研究问题:适当的分析单位。随着中国企业的所有制结构的逐渐演变,它们的界限在许多方面依然模糊。这并不是说,大量的一般性管理研究——人事、会计、技术、创新、领导等——在中国的背景下并不重要。事实上这些都是关键的基本问题。但是,要实施有效的技术以及组织技能并产生理想的影响,非常关键的一点是了解企业与国有实体之间的网络关系,以及这种关系促进或妨碍企业的表现和增长的方式。

最后一个关于未来的问题,至少从表面看来完全并非关于中国的民营部门的问题。一度占据主导地位的大型国有部门如今只生产总产出中的少部分,并且雇用了比例更小的全国劳动力。然而,它在经济上仍然是一个关键部门:它构成了中国重工业固定资本投资的大部分,很多公司在有些国内产品领域仍占据着垄断或寡头地位。这些公司中很少有几家做好了在国际舞台上竞争的准备;这一部门正在经历一场重组过程,这一过程将减缩或消除那些过时的或者在技术上落后的生产领域。

看来,中国民营部门进一步扩展为大规模的资本密集型企业将不可避免地涉及剩余的大型国有企业的变革;这种变革会逐渐进行,其方式如同先前在乡村集体部门中所观察到的那样。因此,对于中国国有部门的研究就在很大程度上是对中国未来的企业部门的研究。从全球的视角看来,中国的改革道路使得这个国家处在一个独特的位置。中国目前拥有庞大而繁荣的企业部门,但是大量国有资产仍属于公共所有。比较的视角可以揭示关于这些企业的未来的突出问题。这些资产是否会通过在俄罗斯所观察到的方式被政治精英阶层的成员或者他们的亲友侵吞,从而造就一批在某些部门占据垄断地位并拥有重要政治影响的商业寡头?或者,是否可以通过与在中欧所观察到的方式相同的私有化过程(其中国际跨国资本和金融机构扮演了重要角色)避免以上的结果?或者,这一企业部门是否会通过以上两种模式的混合方式发生变革,或者以与在其他地区所观察到的在性质上不同的方式发生变革?

俄罗斯的早期模式与政治不稳定性和崩溃联系在一起,而中欧的例子则反映了该地区的许多新的民主国家的规模小以及经济上存在依赖性的特点。迄今为止,中国太稳定了,而且其经济体太大了,以至于不可能采取与以上相同的道路。因此,剩下的关键问题就是关于国有部门的公司治理和所有制改革的问题了。我们应该预期,国有部门的产权演变方式与先前在乡村工业部门中所观察到的类似,而事实上已经在这样进行了。然而,对于国有部门来说这个任务要巨大得多、复杂得多。这些公司集中了大量的资本资产,所有制变革要求进行重大精简和重组。这些公司通过如下方式演变将会改变中国大公司的所有制结构以及国际竞争力:建立民营的剥离公司、与国内及国外银行进行债转股交易、在国内及国外股票市场上市,以及建立合作伙伴关系和外商合资企业。这一过程代表着中国的一场史无前例变革的最后一个阶段;而这个国家在30年以前还是世界上最正统的社会主义经济体之一。

对于这一部门的研究将会把新的课题提上日程,并将与先前所做的研究有所不同。家庭调查、小企业调查以及对企业家和地方官员访谈将不再那么有效。研究者越来越需要了解公司治理领域并需要掌握公司财务、公司法以及国内及国际股票市场等要素。中国新兴公司精英的所有权、收入和资产持有量要远比我们以前研究的家庭以及小私有企业活动复杂得多、模糊得多。

中国民营化进程的最后阶段所带来的影响将远超出管理学、社会学和经济学的范畴。当大型中国公司成为民营企业或半民营企业时,民营化的最后阶段将决定这些企业能否成为国际上一支显著的力量,将决定谁来拥有资产,将决定一个有产阶级的精英是怎样的,然后来重新塑造中国社会结构的上层。很难想象还有另外一个进程,在决定未来中国经济和政治以及其在国际上扮演的角色时,更加具有决定性。

参考文献

Böröcz, J., and Á. Róna-Tas. (1995). Small leap forward: Emergence of new economic elites. *Theory and Society*, 24, 751–81.
Collins, K. (2002). Clans, pacts, and politics in Central Asia. *Journal of Democracy*, 13, 137–52.
Ding, X. (2000a). Systemic irregularity and spontaneous property transformation in the Chinese financial system. *China Quarterly*, 163, 655–76.
———. (2000b). Informal privatization through internationalization: The rise of nomenklatura capitalism in China's offshore business. *British Journal of Political Science*, 30, 121–46.
———. (2000c). The illicit asset stripping of Chinese state firms. *China Journal*, 43, 1–28.
European Bank for Reconstruction and Development. (1999). *Transition report 1999: Ten years of transition*. London: Stationery Office.
Eyal, G.; I. Szelényi; and E. R. Townsley. (1998). *Making capitalism without capitalists: Class formation and elite struggles in post-Communist Central Europe*. New York: Verso.
Goldman, M. I. (2003). *The piratization of Russia: Russian reform goes awry*. New York: Routledge.
Hanley, E. (2000). Cadre capitalism in Hungary and Poland: Property accumulation among communist-era elites. *East European Politics and Societies*, 14, 143–78.
Hanley, E.; L. King; and I. T. Janos. (2003). The state, international agencies, and property transformation in post-Communist Hungary. *American Journal of Sociology*, 108, 129–67.
Hanley, E.; N. Yershova; and R. Anderson. (1995). Russia: Old wine in a new bottle? The circulation and reproduction of Russian elites, 1983–1993. *Theory and Society*, 24, 639–68.
Hoffman, D. E. (2002). *The oligarchs: Wealth and power in the new Russia*. New York: Public Affairs.
King, L. P. (2001a). Making markets: A comparative study of postcommunist managerial strategies in Central Europe. *Theory and Society*, 30, 493–538.
———. (2001b). *The basic features of postcommunist capitalism in Eastern Europe: Firms in Hungary, the Czech Republic, and Slovakia*. Westport, CT: Praeger.
Kung, J. K-S. (1999). The evolution of property rights in village enterprises: The case of Wuxi County. In J. C. Oi and A. G. Walder (Eds.), *Property rights and economic reform in China*, pp. 95–120. Stanford, CA: Stanford University Press.
Li, H., and S. Rozelle. (2000). Saving or stripping rural industry: An analysis of privatization and efficiency in China. *Agricultural Economics*, 23, 241–52.
———. (2003). Privatizing rural China: Insider privatization, innovative contracts, and the performance of township enterprises. *China Quarterly*, 176, 981–1005.
Lin, Y. (2001). *Between politics and markets: Firms, competition, and institutional change in post-Mao China*. Cambridge, UK: Cambridge University Press.
Luong, P. J. (2002). *Institutional change and political continuity in post-Soviet Central Asia*. New York: Cambridge University Press.
McFaul, M. (1995). State power, institutional change, and the politics of privatization in Russia. *World Politics*, 47, 210–43.
———. (2002). The fourth wave of democracy and dictatorship: Noncooperative transitions in the postcommunist world. *World Politics*, 54, 212–44.
Naughton, B. (1995). *Growing out of the plan: Chinese economic reform, 1978–1993*. New York: Cambridge University Press.
Roeder, P. G. (1994). Varieties of post-Soviet authoritarian regimes. *Post-Soviet Affairs*, 10, 61–101.
State Statistical Bureau, People's Republic of China. (1999). *China statistical yearbook 1999*. Beijing: State Statistical Bureau.
Szelényi, S.; I. Szelényi; and I. Kovách. (1995). The making of the Hungarian post-Communist elite: Circulation in politics, reproduction in the economy. *Theory and Society*, 24, 697–722.
Tikhomirov, V. (1997). Capital flight from post-Soviet Russia. *Europe-Asia Studies*, 49, 591–615.
Walder, A. G. (1995). Local governments as industrial firms: An organizational analysis of China's transitional economy. *American Journal of Sociology*, 101, 263–301.
Walder, A. G., and J. C. Oi. (1999). Property rights in the Chinese economy: Contours of the process of

change. In J. C. Oi and A. G. Walder (Eds.), *Property rights and economic reform in China*, pp. 1–24. Stanford, CA: Stanford University Press.

World Bank. (2002a). *Transition: The first ten years. Analysis and lessons for Eastern Europe and the former Soviet Union*. Washington, DC: The World Bank.

———. (2002b). *Vietnam: Delivering on its promise. Development report 2003*. Poverty Reduction and Economic Management Unit, East Asia and Pacific Region, Report No. 25050-VN. Washington, DC: The World Bank.